◎山东省社科理论重点研究基地齐文化研究基地重大项目

淄博古代文献丛刊

王志民 主编

毕自严集

（明）毕自严 撰

薛欣欣 付聪敏 整理

山东大学出版社

SHANDONG UNIVERSITY PRESS

·济南·

图书在版编目（CIP）数据

毕自严集 /（明）毕自严撰；薛欣欣，付聪敏整理
. -- 济南：山东大学出版社，2024.1
（淄博古代文献丛刊 / 王志民主编）
ISBN 978-7-5607-7964-5

Ⅰ. ①毕… Ⅱ. ①毕… ②薛… ③付… Ⅲ. ①毕自严
—文集 Ⅳ. ① Z429.48

中国国家版本馆 CIP 数据核字 (2023) 第 203166 号

责任编辑　楚洋洋
封面设计　张　荔

毕自严集
BI ZIYAN JI

出版发行　山东大学出版社
社　　址　山东省济南市山大南路 20 号
邮政编码　250100
发行热线　（0531）88363008
经　　销　新华书店
印　　刷　山东蓝海文化科技有限公司
规　　格　710 毫米 ×1000 毫米　1/16
　　　　　18.25 印张　340 千字
版　　次　2024 年 1 月第 1 版
印　　次　2024 年 1 月第 1 次印刷
定　　价　72.00 元

毕自严画像（山东博物馆藏）

毕自严故居“振衣阁”（位于山东省淄博市周村区王村镇西铺村内）

毕自严宦迹图（山东博物馆藏）

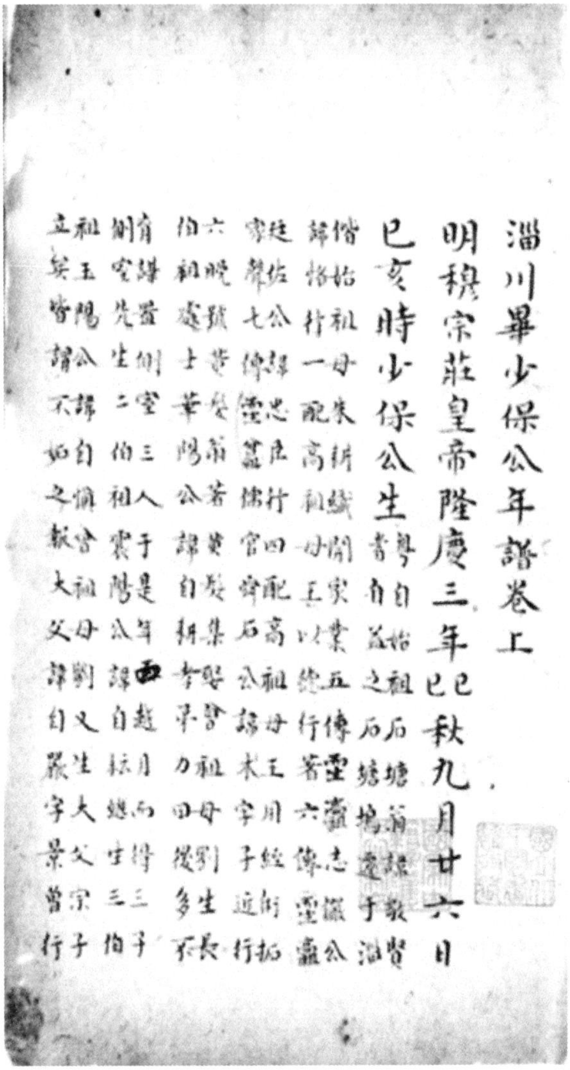
淄川畢少保公年譜卷上
明穆宗莊皇帝隆慶三年己巳秋九月廿六日
巳亥時少保公生

国家图书馆藏《毕自严年谱》书影

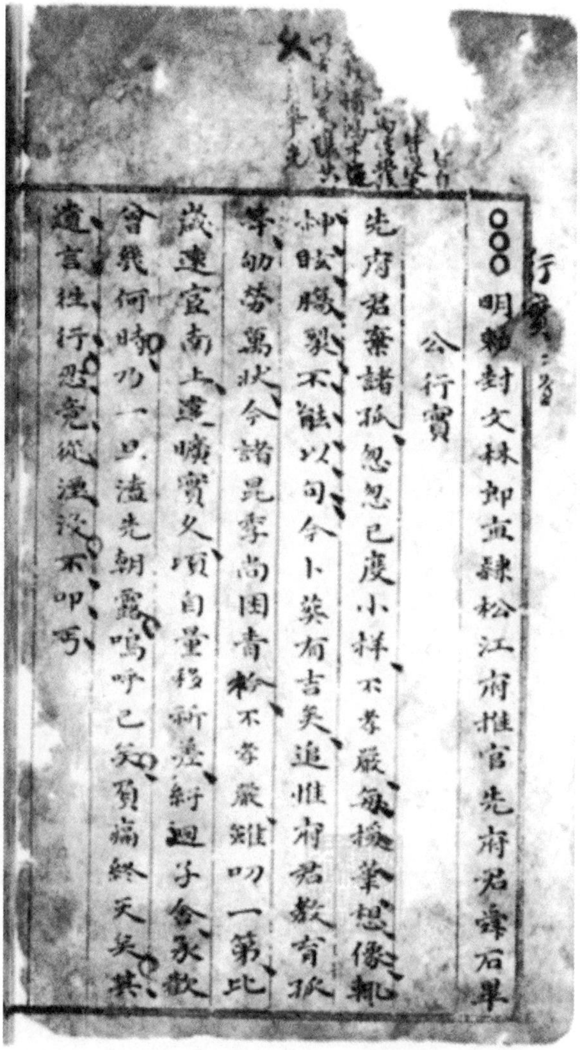

○○○明勅封文林郎直隸松江府推官先府君韋石畢
公行實
先府君棄諸孤忽忽已度小祥不孝嚴每操筆想像輒
神眩腸裂不能以句今卜葬有吉矣追惟府君教育孤
嚴劬勞萬狀今諸昆季尚困青衿不孝嚴雖叨一第比
歲遠宦南土遠曠實久頃自量移新處紆迴子舍承歡
會幾何時乃一旦溘先朝露嗚呼已矣負痛終天矣其
遺言性行忍竟從湮沒不叩可

国家图书馆藏《石隐园藏稿》明抄残本书影

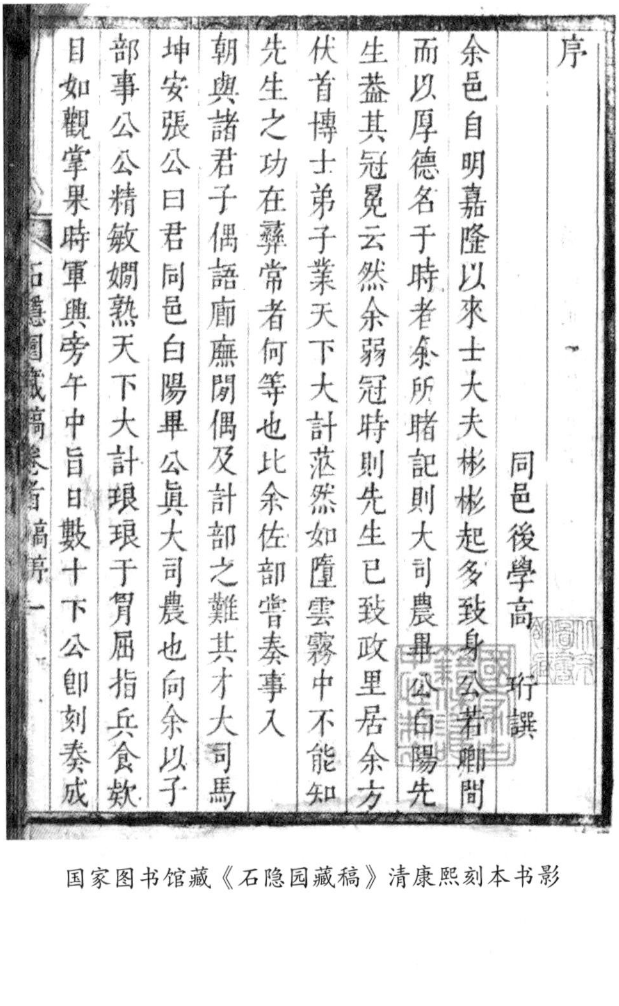
序

同邑後學高珩譔

余邑自明嘉隆以來士大夫彬彬起多致身公若卿間而以厚德名于時者余所睹記則大司農畢公白陽先生葢其冠冕云然余弱冠時則先生已致政里居余方伏首博士弟子業天下大計茫然如墮雲霧中不能知先生之功在彝常者何等也比余佐部嘗奏事入朝與諸君子偶語廊廡閒偶及計部之難其才大司馬坤安張公曰君同邑白陽畢公眞大司農也向余以子部事公公精敏嫺熟天下大計琅琅于胷屈指兵食欵目如觀掌果時軍興旁午中旨日數十下公卽刻奏成

石隱園藏稿卷首 序 一

国家图书馆藏《石隐园藏稿》清康熙刻本书影

《淄博古代文献丛刊》编委会

总 序

淄博是齐文化的发祥地，有着源远流长的著述传统。先秦时期，齐地沃土孕育了诸多文化经典，包括我国第一部手工业技术专著《考工记》、齐文化的百科全书《管子》、“无传记之名，实传记之祖”的《晏子春秋》、兵学圣典《孙子兵法》以及《孙膑兵法》《司马法》《六韬》等兵学著作，还有《慎子》《尹文子》《鲁仲连子》等稷下诸子文献。战国秦汉间，齐人在经学方面成就突出，《易》《书》《诗》《春秋》今文经学的传承，均与齐人有密切关系。魏晋以后，淄博文献众多，有史书方志、科技著作、笔记杂著、戏曲小说、诗集文集等，各呈风采。西晋左思《三都赋》曾令洛阳纸贵，北魏崔鸿《十六国春秋》是研究魏晋南北朝历史的重要著作，贾思勰《齐民要术》标志着古代农书的成熟，唐代段成式《酉阳杂俎》和宋代王辟之《渑水燕谈录》是唐宋史料笔记中的代表性作品，元末明初贾仲明的杂剧“骈俪工巧，有非他人之所能及者”①。特别需要注意的是，明清时期，淄博文风兴盛，涌现出了众多文化名人，留下了大量的文献著述，其中很多被收入《四库全书》，如毕自严《石隐园藏稿》、薛凤祚《两河清汇》、孙廷铨《颜山杂记》、王士禛《居易录》《池北偶谈》《香祖笔记》《古夫于亭杂录》《分甘余话》《精华录》《渔洋诗话》《衍波词》等，而蒲松龄《聊斋志异》被誉为“短篇小说之王”，成为淄博文化发展史上耀眼的风景。

古籍文献是中华优秀传统文化的重要载体。淄博古代文献不仅是研究淄博地区历史文化的珍贵史料，也是中华优秀传统文化的宝贵遗产。党的十八大以来，传承、弘扬中华优秀传统文化成为国家重大文化战略。2017年1月，中共中央办公厅、国务院办公厅印发《关于实施中华优秀传统文化传承发展工程的意见》，要求“加强中华文化典籍整理编纂出版工作”。2022年4月，中共中央办公厅、国务院办公厅印发了《关于推进新时代古籍工作的意见》，指出：“做好古籍工作，把祖国宝贵的文化遗产保护好、传承好、发展好，对赓续中华文脉、弘扬民族精神、增强国家文化软实力、建设社会主义文化强国具有重要意义。”为发掘保护淄博文献资源，传承弘

① 无名氏：《录鬼簿续编》，《中国古典戏曲论著集成》（二），中国戏剧出版社1959年版，第292页。

扬优秀传统文化，推动中华优秀传统文化创造性转化、创新性发展，助力淄博文化强市建设，山东理工大学和淄博市政协决定联合编辑出版《淄博古代文献丛刊》(以下简称《丛刊》)。山东理工大学党委和行政领导高度重视，给予了多方面的关照与支持。淄博市政协专门召开党组会研究，将《丛刊》列为市政协文史工作重点项目；张延廷主席、朱正林副主席非常关心该项目的实施和进展，提出了许多推动措施和指导意见。山东理工大学齐文化研究院和淄博市政协文化文史和学习委员会具体负责项目实施。

淄博历代文献数量宏富，根据《中国古籍总目》《山东文献书目》《山东文献书目续编》等书目及各类方志资料，今天保存下来的淄博古代文献就有近1000种。《丛刊》的收录原则，一是水平高，具有重要文化、学术价值；二是未经过点校整理，或虽有整理但不够规范系统。根据这两项原则，在充分调查的基础上，《丛刊》选取了淄博古代23位文人著述进行整理，共16册(部分文人著述篇幅较小，进行了合并)，总计700余万字。

《丛刊》项目酝酿于数年前。张宇声教授提出编纂整理《明清淄博文人别集丛刊》的建议被采纳，经过专家研讨，根据实际选目，后改为《淄博古代文献丛刊》。为做好整理工作，我们组建了四个编纂小组，分别由山东理工大学张宇声教授、巩曰国教授、上海交通大学朱丽霞教授、山东师范大学王培峰副教授担任组长，张宇声负责《孙廷铨集》《赵进美集》《张笃庆集》《高珩集》《王培荀集》，巩曰国负责《王象晋集》《王象艮集 王象明集 王与玟集》《王象春集》，朱丽霞负责《王教集 袁藩集》《刘一相集》《刘鸿训集》《毕自严集》，王培峰负责《段氏三代诗文汇编》《杨梦衮集》《何世瑾集 王祖昌集》《张象津集》，延请上海交通大学、中国海洋大学、山东师范大学、重庆师范大学、山东理工大学、西安航空学院、商洛学院等高校相关学者组成了一支水平较高的整理队伍。《丛刊》编纂日常工作由山东理工大学齐文化研究院执行院长巩曰国教授负责。

整理过程中，我们统筹组织，多次召开会议，制定具体措施，严把质量关。各集整理者广泛搜集各种版本，科学选定底本与校本，严格执行整理体例和古籍整理规范。初稿完成后，各组成员之间对书稿进行了互审，各组组长对所负责的书稿进行了通审并提出修改意见，书稿汇总后，王志民、巩曰国、耿振东等又组成终审小组，分别审阅了书稿并对各集的前言进行了统一审稿，逐一提出修改意见。各集整理者根据修改意见对书稿进行了修改完善。2022年8月，《丛刊》书稿交付山东大学出版社。山东大学出版社对《丛刊》的出版非常重视，王贻社总编、刘旭东副社长、刘森文主任统筹协调，精心组织编校，保证了《丛刊》的出版质量。

《丛刊》学术价值主要有以下几个方面：

其一，首次对淄博古代文献特别是明清时期淄博文人著述进行了较大规模的整理，填补了学术空白。文献整理是文化建设的基础工作，历来为人所重视。省一级的文献整理，前有《畿辅丛书》《云南丛书》，今有《齐鲁文库》《荆楚全书》《湖湘文库》《江苏文库》等。近些年来，地市一级的文献整理也不断推出，如《金陵全书》《苏州文献丛书》《金华丛书》等。淄博文化底蕴深厚，文献资源丰富，古代文献虽有整理，如《管子》《晏子春秋》《考工记》等先秦齐文化典籍，左思、王士禛、蒲松龄、赵执信、徐夜等文人的著述以及部分方志，但零散不成系统。《丛刊》作为第一种淄博古代文献整理丛书，弥补了淄博文化建设的这一缺憾。《丛刊》16册中，有11册的全部内容均为尘封数百年后首次整理面世。

其二，注重规范、全面挖掘整理，为淄博地方历史文化研究提供了详实资料。《丛刊》各集，对原著者的各类著述尽可能全面收录，如《张笃庆集》，不仅收录其诗集《昆仑山房郢中集》《昆仑山房诗集》，还收录传记类著作《先相国少保公年谱》《两汉高士赞》以及史评类著作《班范肪截》《五代史肪截》。每一种集子，书前都有前言，介绍作者的生平、著述及贡献，书后附录详列相关传记材料、诗文唱和、诸家评论、著录题跋、诗文辑佚以及作者年谱（年表）。这样一册在手，即可全面了解其生平、著述及各方面贡献。文献作者均为淄博人，他们有关当时历史地理、风土民情、名人掌故、名胜古迹的记述，是研究淄博历史文化的宝贵资料。如《张象津集》中《新城水利四议》包含了小清河、孝妇河、郑潢沟、乌河等河流的诸多信息，是研究淄博历史地理的重要文献。《孙廷铨集》中的《颜山杂记·琉璃志》全面、系统地记述了当时中国北方美术琉璃生产中心颜神镇（今博山）的琉璃生产工艺，包括烧造琉璃的原料、呈色、火候、配色、产品、做工、工具、吹制等，对研究名闻中外的“淄博陶琉”具有重要史料价值。

其三，整理发掘诗文、戏曲创作资料，有补于中国古代文学研究。《丛刊》的文献作者均为富有才情的文人，有很多在诗文、戏曲创作方面卓有建树。如王象春是公认的晚明山左诗坛巨擘，主张“重开诗世界，一洗俗肝肠”，推动了山左诗风的转变以及“济南诗派”在清代的繁荣；张笃庆诗歌创作不拘一格，各体兼擅，《四库全书总目》称其“才藻富有，洋洋洒洒，动辄千言，风发泉涌”；毕自严博通经史，雅好文学，高珩誉其文章可比韩愈和苏轼，《四库全书总目》认为“虽乡曲之言，未免稍溢，而以经济兼文章，则自严要不愧也”；赵进美是明末清初诗坛上由“前后七子”的格调说至王渔洋神韵说之间的一位重要诗人，同时也有《瑶台梦》《立地成佛》等戏曲作品；高珩诗文丰富，其诗“近元、白《长庆集》体”，又有通俗弹词《醒梦戏曲》。《丛刊》各集，全面呈现相关作家的诗文、戏曲创作成果，其中包含了一些稀见的稿本、抄本，为丰富拓展古代文学特别是明清时期山左文坛的研究，提供了重要的文献依据。

需要指出的是，《丛刊》文献的作者多出自文化世家，与国内著名文学家、政治家广泛交游，其活动与当时全国的政治局势、文化创造颇有关联，其意义不局限于淄博一地。像毕自严是关涉明末政局的人物，王象春、高珩、赵进美的文学活动都与明末清初文坛发展有很大关系，段成式家族在唐代全国的地位更具代表性。因此，《丛刊》的出版不仅有益于淄博地方文化建设，对于推动山东乃至全国的文史研究和文化建设，也有积极的学术意义。

整理古代文献，弘扬中华优秀传统文化，是我们的历史使命。《丛刊》首次对淄博古代文献进行较大规模的整理，我们深知责任重大。整理中，我们尽管力求严格学术规范，严把学术质量，但校书如扫落叶，疏误在所难免，且《丛刊》是集体项目，出自众人之手，各卷质量不尽相同，恭请专家读者批评指正。

王志民

2023年10月16日

定稿于山东理工大学齐文化研究院

前　言

一

毕自严，字景曾，号白阳，山东淄川西铺（今淄博市周村区西铺村）人。据其孙毕盛鉴所撰《毕自严年谱》记载，毕自严生于明隆庆三年（1569），卒于明崇祯十一年（1638），得寿七十。

毕氏先祖自博山石塘坞迁于淄，传八世而至毕自严。毕氏祖辈以农桑为业，至其父毕木始以文名。毕自严儿时起就在父亲的教导下发奋苦读，长成少年后又跟随名士高捷治经。万历十五年（1587），成婚。万历十六年（1588），中举人，名列省试第二十四名。万历二十年（1592），举进士，授松江府推官。临行前，父亲毕木亲书"清慎勤"三字箴言相赠，告诫他做一个勤政有为的清官。毕自严谨记父亲教诲，在南直隶松江府推官任上六年，公正执法、廉明勤政，被当地百姓称为"毕青天"。离任之时，松江府百姓依依不舍，自发相送，"绅巾黎庶如失怙恃，或至卧辙。松人送公。挽之不得，送于谷水之滑。未已，至青溪，至金阊，至昆陵，至闰州，眺望大父渡江以北，相泣而返"（毕盛鉴《毕自严年谱》）。万历二十六年（1598），擢升为刑部主事。万历三十一年（1603），丁父忧假满赴职，授工部员外郎中，管军器局。万历三十八年（1610），丁母忧期满，复举为山西分守冀宁道。万历四十年（1612），改河东副使，引疾去。万历四十四年（1616），起陕西洮岷兵备道。万历四十七年（1619）四月，升靖边兵备道。"履任，痛革虚冒，力筑边城，清查营路款，战交修边，内外怀德怀威。三秋无烽火警。暇则校士，文风丕变。"（毕盛鉴《毕自严年谱》）。六月，晋右布政使。光宗泰昌年间，升任太仆寺卿。天启元年（1621）四月，辽沈失事，为巩固海防，廷议设天津巡抚，以右佥都御史巡抚天津。天启二年（1622），广宁失守，榆关告急，诏发天津兵卒东防山海。三月，加户部右侍郎，督理辽东粮饷。七月，平白莲教乱。十二月，上疏言朝鲜运道艰险漫长，当由登、莱海运为佳。天启三年（1623），因功迁右都督兼户部左侍郎。天启五年（1625），复迁任南京都察院右都御史。天启六年（1626）正月，任南京户部尚书。十一月，因京师地震奏疏忤魏忠贤，加之痰火症发，故称疾致仕。崇祯元年（1628），诏拜户部尚书。次年，因功加赠太子太保。崇祯四年

（1631），任吏部尚书。同年十月，御史余应桂弹劾其殿试读卷首荐陈于泰以阿谀首辅。崇祯六年（1633），又因郑友玄金花代输一事遭劾，帝怒，革其职，诏有司详查。后崇祯皇帝念其年老功高，故仅革其职，准其戴罪归家。崇祯八年（1635），因四川平叛之功复官，旋致仕。崇祯十一年（1638）腊月十七日，卒于家，享年七十。谕有司造坟，安葬于黄埠之赐阡。

毕自严为官清明，克尽厥职，任职松江时，“年少有才干，用法平允，庭无留狱，性狷洁，常菜羹粗粝，家人常啖麦屑”（嘉庆《松江府志·名宦传》），郡人称之青天公，争相歌颂。他为民请命，经邦济民，任职山西时，因当地黎庶连年赋税沉重，“具疏为三晋黎氓请命”，赴任陕西时，亦“下车问疾苦，酌抚御，修险隘，练戎马，整器械，饭饥乏，葺学宫，著禁约”（毕盛鉴《毕自严年谱》），以此深得民心。他以身许国，鞠躬尽瘁，任户部尚书时内帑空虚，军事繁仍，屡上《辽饷不敷济急无奇疏》《旧饷告匮边镇呼庚疏》《饷银兑支策》《祛饷司宿蠹十款》《清赋八式》等奏陈国事，殚精竭虑，为国家钱粮计。毕自严一生清正忠贞，不结党营私，不阿尊事贵，又深谙文章一道，存世著作颇丰，堪为文人士大夫之表率。

二

毕自严博通经史，雅好文学，一生所编所撰著述颇多，共计三十余种四百余卷。但限于官宦身份，大部分作品为政事所需，未能凸显其卓然文采。本书所整理的《石隐园藏稿》八卷作为毕自严文学成就方面的代表，文体多样、内容浩繁、思想深邃，可以说是毕自严的一部实录。现将《毕自严集》的主要内容及其文史价值，略举如下：

首先，透过毕自严的诗文，可以窥见明末国家形势的每况愈下和内忧外患的与日俱增，可为明史研究者提供重要的文献参考。例如，“叵奈宵小嫉能，哓哓环视，萋菲高张，而先生则义弗援止”（《祭杨冲所座师文》），揭露明末官员不顾民生疾苦，反而嫉贤妒能；“独是匠役之贪，业已彻骨，而诸无名之费，如蚕丝，如牛毛。诸貂珰之横，又不可以理解”（《与沈榔庵》），倾诉堕落腐化的贪官巨珰之害；“沦没封疆痛，凋残战士悲。出车廑庙略，空杼罄民脂”（《小疏条陈饷务有感》），从侧面描写了战事频仍带来的民生凋敝。凡此诸类，不胜枚举，这些作品可为我们更为多元化地探求明朝覆灭原因提供帮助。此外，明末朝堂之内，官员无能，阉党横行，上欺天听，下祸黎民。朝堂之外，边境危急，战乱频仍，局势混乱，内外焦虑。面对政权的千疮百孔，毕自严以亲历者的身份记录了多起战争，如“岁在丁酉，姑苏四郡举武士于乡。时岛倭狂突，再犯我属国”(《〈苏松武举乡试录〉后序》)，记录的是万历二十五年（1597），日倭再次侵犯大明属国朝鲜，为捍卫巩固边陲，多地举行武举乡试；“二东不幸，叛兵为殃；天讨虽行，王师屡溃”(《答侯六真》)，载录的是孔有德等人在登州的叛乱；“喜闻封豕初奔北，愁听长鲸未息尘”《丙子初度感怀》，记录的是李自成起义。另外还有少数民族时时侵扰边境、白莲教众犯乱等，其真实地记录了狂澜既倒、大厦将倾的大明王朝。

其次，《毕自严集》为研究万历一朝的党派之争提供了珍贵史料。万历朝是明代由盛入衰的转折点，皇帝昏庸怠政，以致党派之争盛行，官宦结党营私，各方权力倾轧。阉党此刻早已成为大患，肆意妄为地打击贤臣，大批良吏或死或黜，朝野上下乌烟瘴气。毕自严一生不入党派，却被迫成了党争受害者；他亦不与宦官阉党沆瀣一气，却也难免阉祸之害。例如，毕自严曾痛斥阉臣南宗顺的不法行径，“巨珰南宗顺，外倚强援为宗，内恃恩宠，所为多不法”，神宗在文武大臣的集体上疏声讨下，决定“廷杖阉，发充净君。留都权贵，胥为敛手”(《中宪大夫通政使司左通政筠苍王公墓志铭》)，但毒瘤深种，实难净除。随后魏阉祸起，满朝耆硕魁垒之臣，黜辱殆尽。两年之后，阉祸益炽，所屠灭贤士大夫，不可胜数。高攀龙、周顺昌等名士亦难逃敌手。阉党窃弄国柄，荼毒生民的丑恶面容在毕自严的笔下真实记录着，如“维时，权阉窃柄于朝，一膻万嘬，附者如潮”(《祭刘青岳相公文》)。阉党窃夺权柄，广纳党羽，祸国殃民，毕自严为避阉祸，曾试图乞休，但终究避之不及。崇祯六年（1633），毕自严“以郑濬石事，先为总理所谗谮，继为首揆所挑激，遂罹奇祸”(《答曹葆素》)。堂堂一品大员都已自身难保，更不必说低阶官职的友人们了，如其友人马素年“复以远避寇乱，突为县令仇螯，加以监视。弹章竟至，被逮，谪戍烟瘴，且籍没其赀产，一贫彻骨”(《答朱恒岳·又二》)。然而此情此景，毕自严即便想施以援手也无能为力，只能表现得“颇不谓然”(《〈度支山东奏议〉序》)。毕自严一生正大不阿，亦在诗中表明心志——“余隐誓效之，腐鼠安能吓”(《石隐园怀古》)，罹难至此，却心怀坦荡，可谓铮铮傲骨。这些史料无疑为进一步厘清明末官场的政治生态提供帮助。

再次，《毕自严集》展现了明朝中后期文坛的“百家争鸣”，为我们深入考察明末文学社团的衍变、资本主义萌芽的出现等诸多因素对文学发展的影响，起到了极大的文本支撑作用。明代中后期经济发展迅猛，农业、手工业、私营商业等空前繁荣，特别是在长江中下游地区出现了商业集镇和资本主义萌芽。明代是资本主义萌芽出现的时代，又是程朱理学盛行的时期，“存天理，灭人欲”的观念给明代社会思想带来了巨大影响。因而，也产生了公开以人的真情为主的社会思潮。在经济刺激与思想禁锢的双重冲击下，这股思潮也直接影响了明代文学的创作。当前七子、后七子的复古行动如火如荼的时候，出现了李贽这个儒学异端，与复古背道而驰；当发展到公安派“独抒性灵”反对复古之时，又出现了复社、几社的复古论调，文学团体此起彼伏，循环往复。毕自严与同属公安派的袁宏道和江盈科都交往甚密，故而其诗文也体现出独抒性灵的特点，“诗，以道性情。自昔三百篇，所载野樵、田畯、村媪、闺秀，横口所出无非诗，总以道性情所欲言而已”（《〈类选四时绝句〉序》）。同时，竟陵派作为后期的一个派别，与公安派一样反对拟古，毕自严与其成员也常交游往来。面对流派的弊端、创作的取巧，毕自严在文章中大胆指出，并专刻文集，予以规劝，如“余观近日之文，多影附响传，千人合喙，如群瞽取道，一大相与，按肩从之，进旅进，蹶旅蹶，不自持也”“居同闬也，而习为诽上掺下，则称狂；出同游也，而工为游声借誉，则称躁；仕宦同功名也，而饰虚亡实，燕石而宝函，则称浮。夫是狂与躁与浮，戾乎雅矣”（《〈云间雅奏〉序》）。毕自严未加盟任一团体，故能以旁观者视角理性待之，客观地记录了这些流派的兴盛与没落，为研究明朝中后期的文坛风貌提供了宝贵的文献资料。

最后，从诸多感怀诗以及毕氏的书信出发，我们也能更为真实地还原毕氏浮沉宦海、出处行藏的心路历程，从而为勾勒明末文官的心灵世界提供帮助。毕自严出身于淄川毕氏家族，在明末危亡之际，执掌户部，竭力补偏救弊，“支柱其间，前后六年，综核敏练，为天下所推”（《四库全书总目提要》），可堪为晚明栋梁。究其一生，有年少轻狂时的一腔热血，也有饱经风雨后的沉沦寂寥，尤其是将自己已然鞠躬尽瘁却无济于国运之实了然于胸后，归隐之心就日益显露，如“俯瞰名利客，撩乱扑春虫”（《题韩惺庵中丞久视楼》），“高怀忆茂叔，昕夕起留恋”（《赋得薰风入菡萏》），“一朝仗慧剑，抉破早抽簪。从兹事南亩，优游老岩嶂”（《河东请告归途咏怀》），“永矢南郭隐，长谢北山移”（《留计移疾获请咏怀》）等，无一不是向往田园的心灵写照。然其归而不得，便构建了石隐园，“斯为石隐园，吾以适吾适”（《石隐园怀古》），是他心灵上弥补归隐的一处慰藉，也是在琐碎俗世中对理想状态的渴求。毕自严是明末万千名臣儒士的一个缩影，从他在面对四面楚歌、千疮百孔的乱世时的矛盾心境中，我们亦可窥见明末文官群体的心灵世界。

由此可见，整理出版《毕自严集》可为以上领域的研究提供更加丰富可信的资料，是不应该被忽视的基础性工作。除以上领域外，《毕自严集》

中更多有价值的思想，有赖读者朋友亲自去发掘。

三

此次整理的《毕自严集》，从诗文保存的完整性和流传过程的可信度等多方面综合考虑，选取毕自严自撰的诗文集《石隐园藏稿》作为校注的主体部分，同时结合搜集到的诸多散佚诗文，对主体内容加以有效增补，是为补充部分。

《石隐园藏稿》共收录毕自严所撰各类诗文作品八卷。其中，卷一为诗歌，卷二为序，卷三为跋、说、略、记、传，卷四为墓志铭、行状、祭文，卷五至卷七皆为奏疏，卷八为书信。补充部分则包含了《毕自严遗稿》《石隐园诗草》在内的多种文献。作品体量宏富，不一而足，充分体现了毕自严的文学风格和成就。

作为本次点校主体部分的《石隐园藏稿》，目前可查见的有四个版本，按照版本的时间顺序来排列分别为：一，明残抄本，仅存部分墓志铭，有批点亦有残缺，藏于国家图书馆；二，刻本时间最早者，为清顺治十七年（1660）毕际有刻本，藏于中国科学院图书馆；三，刻本数量最多者，为清康熙二十五年（1686）毕际有刻本，藏于国家图书馆、清华大学图书馆、复旦大学图书馆、上海图书馆等处；四，《四库全书》本（简称“四库本”）。经过初步比勘和试校，我们选定国家图书馆藏清康熙二十五年（1686）版毕际有刻本（简称“国图本”）作为底本。需要说明的是，明残抄本虽时间最早，然因其不完整，故未选作底本；清顺治十七年（1660）毕际有刻本，因中国科学院图书馆在装修且无法借阅出馆等种种不便，亦未选作底本。同一刻本系统中，上海图书馆藏本因有清人批点而略显芜杂，且仅限馆内阅览电子版，故未选作底本；清华大学图书馆和复旦大学图书馆等处藏本亦因种种不便皆未选作底本。

作为本次点校补充部分的其他文献资料，基本来自于《山东文献集成》第二辑，属于诗歌类的有《石隐园诗草》一卷附《石隐园题咏》一卷、《石隐园杂咏》一卷，属于文章类的有《毕伯阳奏稿残本》一卷、《毕自严遗稿》一卷、《白阳毕公自严遗迹》一卷。从内容上来看，这些补充材料或为诗歌或为行状、奏疏、手札，皆集中于某一特定的文学体裁，远不及《石隐园藏稿》全面、丰富，故而亦作为参校本使用。

此外，其他辅助性参校材料又如国家图书馆藏《淄川毕少保公年谱》、国家图书馆藏明崇祯四年（1631）刻本《度支奏议》等，不一而足，大多已在校勘记中悉数列出，俾读者按图索骥，便于寻找。

为更加清晰地考察毕自严的生平履历及历史评价，整理者另将其孙毕盛鉴所撰《毕自严年谱》，以及《明史·毕自严传》《山东通志·毕自严传》《淄川县志·毕自严传》《淄西毕氏世谱·毕自严传》列入附录，作为勾勒毕氏生平梗概之用，以期对人物历史地位予以客观评价。

在查阅古籍版本过程中，我们得到国家图书馆、山东理工大学齐文化研究院的大力支持和帮助。朱丽霞教授时刻予以悉心指导，全程倾注无微不至的关心与帮助，方使艰难漫长的工作得以顺利进行。周庆贵师兄亦在文字辨析、版本校对方面给予许多帮助。在此一并致以衷心的感谢。

由于整理者才疏学浅，谬误实难避免，在此袪衣受业，敬请读者批评雅正。

付聪敏

二〇二二年四月于上海交通大学

目　录

卷　一

诗

赋得薰风入菡萏

微风起青苹，吹入芙蕖畔。翠盖相招摇，红妆争历乱。伫观绰约姿，忽讶天香荐。中有鸫鹭群，唼喋时隐见。高怀忆茂叔，昕夕起留恋。

夹竹桃

竹操一何坚，青青冬不渝。桃夭一何艳，灼灼春华敷。尔且兼得之，绿葩间红柎。三歧依彩槛，五出曜琅玕。竹兮饶媚态，桃兮耐岁寒。回风聊萧瑟，朱翠舞珊珊。余本素心人，常作嘉卉想。兀坐手一编，长日恣欣赏。夜月照前除，对尔更神爽。

月季花

花开惟一度，尔独占四时。几番新雨后，绿叶发华滋。春明伴桃李，夏至映榴葵。秋争霜菊艳，冬斗雪梅姿。高低互隐见，深浅总葳蕤。节序暗中递，红颜无老期。灿灿夺朝霞，而堪荐玉卮。聊植中庭畔，悠然慰我思。安得骚人笔，烂熳[①]写新辞。

河东请告归途咏怀

行年四十六，通籍念复三。自揣无寸补，滥竽至藩参。驰驱南北遍，世味短长谙。况兼愁病侵，久已万虑澹。双丸不我待，五斗安足淹。盛名难副实，造化忌取贪。一朝仗慧剑，抉破蚤抽簪。从兹事南亩，优游老岩嵁。积书富万卷，俯仰恣幽探。此身轻蝉翼，苦去乃得甘。止足远殆辱，汉代有高谈。进退当自决，

① “熳”，《山东文献集成》民国抄本亦作“熳”，四库本作“漫”，两通。

任人笑予憨。

题韩惺菴中丞久视楼

老氏育先天，发皤颜若童。驾言西极游，紫气满关中。绪出五千言，著名河上公。犹龙仙驭远，谁复叩玄风？畔援汩天真，优游伏鸠戎。妍媸浑莫辨，五色令人懵。所以羡长年，而无久视翁。中丞蚤闻道，泥滓起冥鸿。夷夏[1]勋名满，飘然晦厥躬。辞荣赋考盘，问道慕崆峒。避俗营真境，楼居焕以崇。社中同志侣，杖履镇相从。卉态看皆幻，心柔气亦融。灵光葆太和，返照见真空。澹漠神愈王，希夷体自充。机缘日以啬，性命日以丰。朝彻澄如水，谷神寿比嵩。我来登此楼，俨入清虚宫。快聆长生秘，欣承炼性功。俯瞰名利客，撩乱扑春虫。松柏与龟鹤，会极数有终。独兹久视诀，历劫将安穷。

留计移疾获请咏怀

观光忝昔幸，解组嫌今迟。自嗟姜桂性，兼之蒲柳姿。七尺猥承匮，四牡几载驰。晚荷储糈寄，寻缀纪纲司。未几叨敷扰，奚以报鸿慈。禄厚责弥重，汲深绠莫支。筋力空殚竭，膏肓悲暗滋。匡弼况未效，其如青史嗤。坐是乞鉴湖，烟水聊自怡。窃庆拜明纶，从此免素尸。贝丘宵梦绕，岱麓春云垂。华膴非所愿，衡泌可乐饥。永矢南郭隐，长谢北山移。

送康庄衢少司农擢南大司寇

知君莫如我，送君难为别。岂无阳关情，未语喉先咽。念我发云短，持筹担莫辍。物力值寒俭，欲舞肘已掣。天幸假我公，埙篪如夙结。夷险与同舟，浅深共厉揭。谈笑亦先忧，念兹在涸辙。肝胆照松筠，金石镌齿舌。朝对巫山云，暮见峨眉雪。元气浑浩溟，风韵自爽洁。法曜忽南移，帝简在名杰。旧都繁华地，雅镇惟素节。谁谓汤网疏，明允可立折。九府泉流清，三章约法晰。惟此有本人，纲整而目截。天阙山最高，秦淮水更洌。山水有知音，声价为君设。北指是斗杓，褎然冠九列。钧衡岂相私，霖雨待手挈。惟祝君此行，得情慎勿悦。

---

① “夷夏”，《山东文献集成》民国抄本亦作“夷夏”，四库本作“中外”，两通。

石隐园怀古

天地为蘧庐，光阴成驹隙。名誉等浮沤，冠簪亦陈迹。世网空劳劳，礼法殊役役。所以贤达士，雅有烟霞癖。山简迷目花，赞皇酲酒石。李白桃李园，谢朓青山宅。缔思古人风，堪作今人格。余今凋朱颜，何须恋赤舄。抗疏谢轩冕，跣足践蓬藋。筑屋治场圃，宾云友泉石。赋性本清真，秉心矢皓白。阶前饶葱蒨，架上富坟籍。黄鸟鸣林皋，蠹鱼侵几席。醴酒恣欢娱，山蔬供烹炙。焚香理素书，悬榻迎山客。维石性最坚，从不受磨折。余隐誓效之，腐鼠安能吓。不羡公与侯，何心仙与释。宁知春与秋，并忘朝与夕。斯为石隐园，吾以适吾适。

追赞耿侍御年伯

大夫矫矫龙鹄姿，才华气节倾当时。惠文柱后豪右避，埋轮都下豺狼悲。一朝南巡持绣斧，风凛霜冽和甘雨。明有法度幽鬼神，宁能希指滥网罟。浮云蔽日天听高，江干泽畔空牢骚。仁人放麑诚不忍，独秉三尺障洪涛。论定司徒还上书，贤奸皎皎列前除。炙手气焰有时尽，保全忠谠论非虚。况看喆嗣绍前修，慰籍[①]虞渊援鲁矛。啬前丰后较孰胜，且有竹帛光千秋。

送苏直指云浦由三晋移节濩泽有序

直指苏公，三楚人豪也。其立朝大节，所献替摘发者，悉关安危消长之数未易，更仆论其按晋也。当绣斧久悬后，吏牍填委数十笥。公剖决如流，浃旬立办，犁然中肯。岁大计，纠弹贪墨长吏以上数十人，肃然澄清矣。至行部虑囚，刻意平反，俾戴盆者共耀光明，有古下车泣罪风，三晋啧啧，诵神君不置，乃无何有中州观察之推矣。一时中外咸愤懑为不平，而公归思甚浓，澹乎有以自适也。发为诗歌，一夕数千言，间出相示，忠厚潇洒。盖公妙解禅理，已臻大觉。一切功名富贵，直浮云视之，泰宇定矣。忆昔公为中翰，严待罪虞部，邂遘[②]于西朝漏舍，片语倾盖。嗣是不通闻问者六七年，乃复执鞭弭以事公晋阳。初入晋，严以冀宁分藩，循例迓境上，既有事于大阅及文武闱，皆奉奔走。比按节河东，则严又以公鸿芘，先量移蒲坂矣。周旋浃岁，岂非夙缘。公推心置腹，

---

① “籍”，《山东文献集成》民国抄本亦作“籍”，四库本作“藉”，两通。

② “遘”，《山东文献集成》民国抄本亦作“遘”，四库本作“逅”，两通。

往往出堂帘[①]行迹之外。兹自河东移节濩泽，未几，且得代南还。严夙抱嵇生之癖，年来感公知遇，未即挂冠，行且谋引去。后晤未卜，临期黯然。严最朴樕，不娴声律，勉缀数言，亦中情之不容自禁耳。异时展卷，或堪捧腹也。

往岁晋国逢阳九，蕴隆虫虫戎连酉。蹲鸱乌昧何处寻，鏊转老羸壮者走。柱后惠文此时虚，萑符[②]潢池啸聚有。弹压咸思暴胜之，绣衣持斧频回首。有命一朝畀苏天，孺文风采已先传。国人望君如望岁，早见河汾春色妍。累疏乞休休未得，幡然受赠绕朝鞭。西来马首澄清始，惠露仁风溥大千。乱民乱绳理不急，卖剑买牛旋自戢。去甚亡何害马驱，劳来未久蜚鸿集。得情惟念孑遗余，谳狱每为累囚泣。一意平反挽太和，雨旸时若蒸民粒。鼠牙雀角牵姝嫠，大书严禁示转移。头会茧丝清解绶，根株薙本拔褰帷。撤除驺从乘传日，大简车徒阅塞时。数年官事浃旬了，到处登临有所思。风味眉山自潇洒，情澜性海何如者。文章三昧属家传，游戏精毫总入雅。怪底风霾撼并州，离思欻忽嘶骢马。浮云聚散公不惊，满腔温厚凭诗写。天王原不负直臣，豸绣如故金紫新。热闹场中谁是主，繁华梦里未为真。读公新诗见公意，片语咽喉每逡巡。只今典刑将渐远，临岐那不泪沾巾。

寿金陵沈年伯母

君不见，沈氏母，半世心如熊胆苦。良人早背二孤稚。课读灯前数夜鼓。凤毛五色一朝成，九万飞如大鹏怒。衔来阁下紫泥书，婉转双龙护天语。旁人羡母母反悲，曲房掩袂泪如丝。夫君墓树堪作柱，那得见儿身贵时。

南中二老图诗有序

《四友图》成，题咏不乏。会华翁总留宪，而何翁亦转留刑，复寄余《二老图序》。二老周旋秣陵，协恭昕夕，不啻周室之有共和，惟余孑然辇[③]下。二老远书惠寄，倘亦招徕襟带之意乎？因念聚散偶然，晤言难再，惟友生之差可乐，舍吾党而谁与归？亦称四，亦称二，睢阳会屈指五人；或在北，或在南，耆英堂心联一席。且也，年齐绛县，术美龙城，文昌并列于中台。础柱分肩，鸿巨埙篪，相期于不老恩波。共迓升平，五阅岁而穆然思，会计当乎？羞为四卿之

① “帘”，繁体字“簾”，《山东文献集成》民国抄本亦作“帘”，四库本作“廉”，两通。

② “符”，《山东文献集成》民国抄本作“符”，批改为“苻”，四库本作“苻”。

③ “辇”，国图本作“辈”，据四库本、《山东文献集成》民国抄本改。

一，再披图而辗[1]然笑，须眉宛尔，可容二老为三？所怅南北既歧，升沉渐异。茫茫萍水，雁行已怅离群；涓涓淄流，麟阁敢希并驾。人于同年，亦有情乎？闻其语矣，今虽千里，不殊面也。庶几遇之，述香山，雅慕醉吟先生；追雒社，仿佛资圣故事。聊摅短引，敬质名坛。

南极老人星不孤，轻风洒洒披佳图。青城何来紫烟气，羡门园客无时无，我亦颓焉自放思蓬壶。年来鹿鹿造物驱，拮据职业形神枯。闲窗展对快硕肤，须眉欲语欣吾徒。一掌留禁释不辜，一总陪宪饬廉隅。载读高谈稷下与吴歈，滴滴灌顶甘醍醐。曹刘可役屈宋奴，酒后耳热歌乌乌。翩跹曳履钟山趋，不让当年九老在东都。道能随物化，身肯要人扶。仆本淄簧一毫夫，蒲姿亦与名贤俱。五载艰辛东野御，居然滥吹齐之竽，夜行秉烛胡为乎，菊荒三径真为愚。咄哉二老皆通儒，寿身寿国道味腴。君不见齯齿重生鬓欲角，增筹赐卣良非迂。

式榖歌

自昔中原歌有菽，教诲尔子期式榖。元亮虽有五男儿，衔杯委运拟恸[2]哭。余初鞠子苦艰辛，年近半百始诞育。壮儿孱弱且多疾，爱养娇痴徒碌碌。目今年垂十九龄，胸次茫然真朴樕。有儿生晚又八祀，宦邸嬉戏相追逐。诗书诵时转眼忘，督责才加便嚬蹙。孚儿襁褓尚未离，贤愚优劣应难卜。吾今罪废且衰迟，一声长啸入幽谷。箕裘绍述赖尔曹，安得文行常郁郁。立身孝友植本根，当效汝父与伯叔。任子官薄不足为，踽踖辕下空匍匐。人生不学止滥竽，何异冠裳被禽犊。式榖回首成绝响，陶诗歔欷不堪读。尔曹从此须努力，荏苒光阴如转毂。勿甘暴弃堕尘埃，人为刀俎己鱼肉。

请室课子歌

淄黄老叟鲜机心，四十二载点朝簪。中外南北频拮据，度支承乏惕影衾。六年持筹嗟仰屋，华发种种类临深。匪朝匪夕躬尽瘁，畏首畏尾力难任。黔驴技穷驽马殚，倦鸟回首思高林。屡疏乞骸玦未赐，一言忤旨狱吏侵。只身狼狈困缧绁，十龄稚子相追寻。俯仰天地等逆旅，依依将雏祛烦襟。忆昔夏侯与黄霸，异姓授书传古今。况尔年少方趋庭，好惜寸阴如寸金。君子患难行素位，经史乔梓足哦吟。天王神圣公论皎，浊醑逡巡对月斟。

---

① “辗”，国图本、《山东文献集成》民国抄本作“辗”，据四库本改。

② “恸”，国图本作“动”，据四库本、《山东文献集成》民国抄本改。

戊寅夏日题泌水园

曩辞藩县守衡门，卜筑先开泌水园。名缰牵人苦[①]不解，荏苒念载托空言。羲爻倏逾亲鱼鸟，此地初构亭与沼。亭对青山绕翠微，沼涵碧水通深窕。乘风坐月景偏奇，柳色莲香竞陆离。有时独步或揖客，一觞一咏足栖迟。更忆孔门各言志，惟有点也契圣意。兹园可浴亦可风，依稀似得狂客致。老态龙钟厌世纷，何殊野鹤与闲云。科头跣足聊自适，门外阴晴付罔闻。

腊夜侍家大人与陈明轩陈荆泉待月清晖亭

腊夜邀明月，衔杯祛暮寒。高谭霏玉屑，胜友傍芝兰。生意涵枯干，惊飞见羽翰。漏更何必问，徒倚遍雕栏。

六弟有美才，恐其荒于嬉也，漫赋相勖

彦士吾宗少，才名逊尔先。胜情酣一石，雄藻洒千篇。幽谷须腾翼，青云早著鞭。无为抱楚璞，沦落怨流年。

河东请告，归次黎城阻雨

孤城沾宿雨，旅客困征蹄。冀北音难至，齐东望转迷。金风入夜肃，蛩韵趁人低。留滞中山道，式微吊古黎。

游范公泉

春日探奇胜，晴峦入望来。翠屏千丈列，石窦一泓开。促坐争长技，分曹命巨杯。山灵应自喜，桃李映莓苔。

游青云寺

崒嵂深山里，青云傍紫霞。如来禅土净，释子梵音嘉。缺月孤峰影，堆金满岸花。平台当落照，转觉兴无涯。

---

① “苦”，国图本作“若”，《山东文献集成》民国抄本作“若”，旁批云“当作苦”，四库本作“苦”。

清明邀诸兄弟过南村，因至桥畔流觞

埙篪集令节，信步过桥头。涧水潺湲泻，杯醪次第浮。媚人花欲语，唤友鸟相求。行乐须乘兴，悠悠看水流。

小疏条陈饷务有感

沦没封疆痛，凋残战士悲。出车廑庙略，空杼罄民脂。纤啬宁甘谤，勋名敢冀垂？何年烽燧息，衡泌任栖迟。

戴罪蒙恩，张华东年兄赠诗，答和二首

风波尝注目，憨性奈余何。持议逢时少，抗章忤旨多。金鸡欣在宥，巢燕喜仍过。高义戢良友，殷勤白雪歌。

持筹嗟太拙，贾祸竟如何。臣罪丘山重，君恩浩荡多。罢牛丹陛念，明旨云：念其衰病日甚。蹇卫故园过。食力惟耕凿，妻孥共啸歌。

寿高柳溪封翁八十

齐鲁归先进，枌榆诵得全。灵根元不染，粹质自逾妍。植操松筠厉，推诚金石坚。更饶侠气古，剩有素风偏。博雅同高允，冲和类偓佺。清时轻拾紫，华发重思玄。喜约寻真侣，闲移载酒船。临淄五亩宅，傍柳一溪烟。经术趋庭授，文章染翰传。恩纶来舜殿，褒衮戴尧天。八袠逢初度，三朋敞寿筵。花魁纷艳发，月色倍规圆。奏曲咸翘颈，称殇共比肩。济南充道路，蓟北溢郊躔。玉斝摇琼液，雕轮控锦鞯。婆娑惊皓首，矍铄羡长年。令子鹓雏美，中朝骢马贤。谏书开睿思，簪笔肃官联。泽洽千山润，风行万国宣。秩加卿贰上，勋在锁闱前。况有芝兰长，而兼雨露鲜。醉歌声缅缈，戏舞彩蹁跹。愿保乔松算，常看沧海涓。遥瞻园绮伴，时寄九如篇。

初夏宴集张华东年兄黄山会景园

副岳临玄圃，高梧隐绛房。几拳凝翠霭，一勺聚沧浪。恰遇清和日，欣逢正觉场。灵椿推总宪，丹桂羡诸郎。谱牒招曹偶，姻联萃绣裳。阳丘三璧玉，

桓邑两琳瑯。邂逅[①]及参佐，丰标俱激昂。嗟余惭朽质，亦幸齿班行。野旷容疏放，时暄荫晚凉。雄风多岸帻，霁月在雕梁。歌啭雪儿艳，屏开云母光。呼卢情愈浃，下榻兴弥长。高论窥今古，清言洒肺肠。凌晨瞻法座，孤峭礼空王。兔柴峰峦秀，仙踪石印彰。青精煮作饭，松蕊啖生香。金谷堪同咏，兰亭可媲芳。驱车薄暮去，寤寐忍相忘。

濮州张侍御，在嘉靖中弹劾不避权贵，廷杖足跛后晋符卿致仕。歿数十年而子沧西登第，具册索诗，因赠

柏府森森五夜寒，当年直气震长安。雄心欲扫豺狼道，壮发时冲獬豸冠。频[②]死不言臣节苦，余生惟戴主恩宽。悲今吊古情何极，遗草令人掩泪看。

清明偕诸兄弟拉友游青云寺

四围崒嵂插苍穹，路入青云一纤[③]通。石隙泉流疑漱玉，松盘涧曲漫吟风。骄嘶金络惊群稚，飞瀑雷轰震梵宫。游兴正赊山色暝，归鞭遥盼月朦胧。

六弟寅新构醉吟亭

曲槛疏篱结草亭，醉吟相伴昼还冥。烟笼晓树供诗料，露浥春风映酒馨。七字喜从酩酊得，百瓢偏为浩歌醒。竹林高况今何似，爱汝新书座右铭。

八弟肃西园芍药

春花片片早飞飏，国色独留殿众芳。红丽丹砂争炫彩，白夺[④]琼玉暗生香。喜随豪士开芳宴，懒逐佳人上艳妆。把酒相看无限意，好收风味付奚囊。

---

① “遘”，四库本、《山东文献集成》民国抄本作“逅”，两通。

② “频”，《山东文献集成》民国抄本作“频”，四库本作“濒”，似“濒”佳。

③ “纤”，《山东文献集成》民国抄本作“纤”，四库本作“线”，似“线”佳。

④ “夺”，《山东文献集成》民国抄本作“夺”，四库本作“逾”，似“逾”佳。

赠曹逸人长庚

早谢青袍餐紫霞，春风到处即为家。经翻贝叶禅心寂，鼎煮黄芽仙气赊。百斗陶陶天作幕，千言纚纚笔生花。情深把臂怜同调，惭负琼瑶报木瓜。

丁未清明后一日，偕潘茂昆郡伯登峄山

灵气遥分泰岳来，篮舆登眺信奇哉。千寻峭壁撑云出，万壑夭桃映日开。仙洞翛翛常欲雨，古碑矗矗半封苔。相携赖有安仁在，选胜题诗共举杯。

壬子晋闱，中秋陪苏云浦直指明远楼玩月

碧海高飞白玉盘，危楼永夜许同看。谭分贝叶尘心净，人在冰壶慧眼看。千顷玻璃浮桂影，一杯沆瀣傲霜寒。殷勤为祝多才出，疑有奎光照画栏。

赠别苏直指

乌岭苍茫滞远林，使君骢马晓骎骎。披衷浃岁堪回首，极目穷途迥系心。楚岫云飞迎藻思，江干潮落祛烦襟。清时未许潜威凤，终向枫宸献六箴。

河东请告

忆从春日束归装，梧叶惊飘逗晚凉。尘世已知多缺陷，微生转觉更苍黄。寸心一夜飞千里，削牍终朝奏八行。何用名缰牵懒吏，梦分蕉鹿笑亡羊。

贺许绳斋宪副擢符卿

把袂河东岁月湍[①]，论心千里托飞翰。山惟长白青青见，路自中条隐隐看。翠捧五云金案篆，花飘双佩玉瑯玕。圣朝侧席期名世，国士还摅一寸丹。

---

① “湍”，《山东文献集成》民国抄本作“湍”，四库本作“遄”，似“遄”佳。

王邑侯招同高东溟中丞游苍龙峡即事

咫尺仙岩愧未登，使君携我上崚嶒。深潭隐见龙鳞跃，古洞硿礲鬼斧凝。酾酒烦襟浑欲脱，倚栏尘虑若为澄。浮名已断人间锁，从此山阴兴可乘。

西固道中

对峙双峰云际巍，洪波滚滚日边回。桥无根蒂仙为造，阁在虚悬佛自来。有鲁班桥、观音阁，俱悬崖栈道。日暮云烟迷岫霭，夜深风雨落江埃。几番叱驭勤王事，辙迹逡巡遍草莱。

阶州道中

境入阶州势转雄，高山流水祛心蓬。迎风稻稚鳞鳞翠，映日椒馨晔晔红。阶近蜀，多稻椒。万像仙灵垂幻迹，朝阳禅脱证真空。万像、朝阳，二洞名。万像深邃奇诡，备诸形态。朝阳有化禅师肉身，近二百年不朽。岷江一派流初远，裘葛迭思迴不同。岷江入阶为白水江，约四百里，寒暖顿异。

壬戌长至后，值万寿节，时齐、蜀同月献俘

何幸功成奏紫微，庙廊从此慰宵衣。侍臣鹄立间绵蕞，宿将龙骧拥佽飞。况际呼嵩纷辑瑞，更逢吹律启阳晖。鹓行拜舞欢声沸，侧耳铙歌傍彩旗。

癸亥夏五，祷海祈风有应，郭赞司以诗投赠，倚和

衔尾艅艎出淼茫，酸心玄菟旧封疆。征徒欲饱千仓粟，息飓还资一瓣香。转盼鲸波皆顺轨，须臾鹢首竞张樯。圣明自是如天福，海若而今亦肃将。

送李懋明中丞擢少司马兼归省亲二律

畿南建节羡中丞，入典枢机骏誉腾。瀚海烽烟看昼息，潢池氛祲见宵澄。位居北斗司喉舌，官自西台任股肱。糠粃更兼砂砾质，怜余疏拙巧相承。

海上寒云护帅旌，滹沱冰合马嘶鸣。燕山未拥趋朝节，兰渚先分曳履声。落日片帆彭蠡泽，倚天长剑豫章城。悬知到日春偏丽，何限莱阶娱彩情。

丙寅春祝东宁伯焦太夫人

六珈屡下净光天，翠节琼章鹤背鲜。舞袖生云多异色，宫袍挂月不知年。绛趺欲照轩辕鼎，青鸟争看太乙莲。别有仙家金镂管，歌成燕喜倩人传。

留计移疾东归，途次咏怀

蒿目风尘赋倦游，恩深赐玦拜宸旒。人生若梦老方悟，世事如麻病亦休。华发羞为丹毂恋，旷怀好共赤松谋。堂开姱节书千卷，拟用明旨建一草堂。枕漱闲闲伴海鸥。

丁卯三月望前一日，邀于鼐先登冲山分赋

嘉客遥临暂启关，相将别墅眺春山。溪流似鉴宜供漱，村酒如渑解驻颜。霭霭峰峦形倏幻，鳞鳞墟落望中斑。不缘衰足妨游兴，藉草盘旋薄暮还。

四月朔，石隐园小酌，用鼐先韵

夏届春归花尚红，披襟更喜故人同。烟霞秀色山堪饱，松竹浓阴圃可宫。盘荐畦蔬无异味，堂开瓮牖有薰风。栖迟自笑真疏放，惭负清时奏最功。

送孙龙拂太史还朝

榴红行色映恢台，折柳缤纷萌[①]水隈。夙羡掷金孙绰赋，今看前席贾生才。蓬池日近频颁鲙，鳌禁云深半覆槐。次第丝纶劳启沃，三篇说命补天裁。

题清朝《四友图》

追随赢得步趋宽，千里修途百尺竿。曳杖应随野老后，弹冠犹续少年欢。漫言岁月惊非故，却羡须眉未改观。一幅丹青传妙手，松筠遥映在云端。

① “萌”，《山东文献集成》民国抄本作“萌”，四库本作“荫”。

送冢宰闵曾泉予告驰驿旋里二首

封章十上乞闲身，天语春温动路人。乐圣堪倾乌氏酿，投簪欲饱太湖莼。青门竞羡新疏传，紫阁仍传旧统均。多少人伦思玉尺，东山宁久卧璘珣。

风月平分入锦堂，罥云老树郁苍苍。杖藜数点孤峰晓，蜡屐一生几两茫。龙隐震泽①犹带雨，葵悬魏阙故倾阳。相看剩有烟霞骨，寤寐淄黉未可忘。

送大司空曹葆素予告驰驿还里二首

桃花潭水怅分襟，宦海谁能不陆沉。老我秋风徒忆鲙，多君逸兴早抽簪。玄圭正听星辰履，白社俄分烟月心。万古青齐青未了，几时把臂共探寻。

深入白云莫算程，临风相送几驰情。山含远意迟轻屐，水约回波问旧盟。春醉人推新社宰，道装谁识故冬卿。只今圣主方宵旰，纵卜东山卧未成。

送南大司寇沈何山年兄予告归里

秋叶如蓬清露盘，遥闻莼鲙倍加餐。东山岂为苍生卧，北斗长悬法曜丹。竹马有缘白发旧，西湖无恙海鸥宽。看君仪羽云霄上，愧我陈情墨已残。

送孙瞻园兵宪还秦

西风拂拂起燕尘，一策垂杨影外身。茹蘖芳名犹在蓟，凌霜客梦已先秦。当年筹国惭分席，此日临岐倍惨神。闻道崤函烽火息，但逢征雁即怀人。

送江岱宗民部归新安

相看一策出都门，此际离情未可论。似我衰颜应草野，如君英茂亦丘樊。故人意惨秋云澹，逐客神凄夜月昏。白岳黄山高卧处，须知盛世有余恩。

挽南铨正郎王文水

北地风高旅雁哀，故乡千里讣音来。百年文武协三德，念载行藏付一坏。

① “震泽”，《山东文献集成》民国抄本作“震泽”，四库本作“具区”。

魏阙羁臣残骨在，天涯姻友梦魂回。怅余凭吊知何日，极目乡关漫自猜。

乙亥正月祝张华东年兄七衮

亚相勋名斗极悬，功成身退领云烟。古来龙马神元王，世外鸾骖兴自便。径转月萝青嶂晓，樽浮露桂紫霞仙[①]。仙人白兔前身是，甲子何须数绛年。

和张华东年兄淄城夜饮

榻下茅斋骢驭巡，烹蔬设醴意殊真。韶年共躐云霄路，晚岁相将丘壑身。胶漆情殷浓似澹，埙篪谊重久如新。向平未了何须问，蹑屐登临觅友人。

丙子初度感怀

蓬弧六十八回春，潦倒颓龄愧此身。学圃只期松菊茂，传家岂虑子孙贫。喜闻封豕[②]初奔北，愁听长鲸未息尘。但愿太平调玉烛，烟霞高卧庆芳辰。

偕杨张两年兄登岱

排云直上叩天阍，石磴嵯峨杖履存。汉畤几经藏玉简，秦松曾此驻金根。俯窥遍瞩获麟野，远眺空疑系马门。夜宿峰头寒彻骨，同人虚约探朝暾。

韩中丞仙洲图

开府归与乐事赊，名园飞阁枕沣涯。桥通芳沼横朱槛，泉激回湍溅雪花。缥缈峰头鸾鼓翼，嶙峋石窦笋抽芽。扁舟晚钓一轮月，曲洞晴分万缕霞。棋局共弹松影静，金尊长趁竹阴斜。溪翁雨过呈芝菌，仙子云临寄枣瓜。三岛疑从尘世觅，十洲堪向个中夸。已知在涧吟梁父，更取临流砺莫邪。绝塞烽烟犹未息，穷檐榷采正含嗟。谢公夙系苍生望，宁许东山恋物华。

---

① “仙”，《山东文献集成》民国抄本作“仙”，四库本作“鲜”。

② “封豕”，《山东文献集成》民国抄本作“封豕”，四库本作“朔骑”。

题《四友图》用香山体

长安为觅壬辰谱，纫佩相看几故人。共荷清时联八座，每逢雅集拼兼旬。低徊素发三千丈，颉颃青霄四十春。松柏岁寒终不改，波澜世事莫重陈。诗缘兴会旋成韵，酒对心期讵问巡。醉后披图从指点，商山吾欲卜芳邻。

惜庭花

提瓮汲新水，阶前着意浇。好花初烂漫，底事苦飘飖。

屈指归来日，效白体七首

屈指归来日，中秋桂影圆。赏心无个事，棠棣倍相怜。屈指归来日，东篱花正开。寒香三四种，斗室共徘徊。屈指归来日，悬弧逼贱辰。蓼莪空洒泪，茅茨却无春。屈指归来日，依然韦素看。杜门甘养晦，当路耻相干。屈指归来日，清贫守故常。缊袍体自暖，藜藿味偏长。屈指归来日，荒园满绿苔。夷犹堪得句，放浪可衔杯。屈指归来日，竹桃正著花。还应识故主，烂漫吐红霞。

拟游黄华洞，以大风不果

咫尺困罡风，黄华不可见。山灵解妒人，藏却本来面。

赠曹长庚二首

世情洗尽直如弦，耽酒工诗妙悟禅。莫道曹丘空四壁，满囊珠玉总娟娟。

蜡屐行吟逸兴多，墨花飞洒遍山阿。道经写罢无他羡，翻笑羲之欲换鹅。

汉寿亭侯墨竹

凌霜心事许谁知？书付萧萧竹两枝。秘意当年浑未解，丹青千载绘新诗。

戏柬曹长庚问病

为问东村曹长庚，匡床何事负春风。药炉初沸参苓饮，好泻纤纤玉手中。

壬子初春有感

荏苒春光去不还，朝来白发镜中斑。簿书扰扰成何事，返我山中学驻颜。

于鳦先天才隽逸，久别乍晤，感喜交集，长至有诗，倚和二首

阳生缇室初惊序，斗灿奎光已映身。三十年前铅椠友，于今重作论文人。

但著千秋不朽业，无劳深羡宰官身。若教科制仍词赋，君是龙头第一人。

壬戌长至，有感时事，漫赋二绝，用白苏韵

一灰葭动新吹律，五夜香焚旧检身。笑我硁硁还碌碌，圆通常是不如人。

泰道将亨尚未回，侧身天地一孤荄。故园松菊今相待，屈指春和归去来。

真如寺春日杂咏二首

籍田旷典萃鹓斑，萧寺孤臣抱膝眠。憨骨自嗟还自艾，梦魂空绕御炉烟。

家音读罢暗销魂，季子疾侵仲议婚。堪叹此身同桎梏，爱缘抛却任乾坤。

和张华东年翁《斋居祈雨》韵

雷电惊心夜不眠，一朝浩荡九霄传。初衣已遂无他愿，但乞时丰供税钱。

途次和张年翁咏桃花

绿杨春树荫芳邻，中有夭桃别样新。马上不烦频指点，好花应笑白头人。

丁丑夏月，和韩邑侯《喜雨》二绝句

青鬟谁驾代天工，一夜甘霖万井同。岐麦共欣沾化雨，虞弦还喜奏薰风。

夕曛洒润抵朝阳，悔祸天心忽降康。试向翳桑阴里听，声声布谷唤人忙。

戊寅正月，寿张华东年兄七十三初度，兼订观海之约

宦海同游五十年，归来衰鬓各皤然。于今抛却人间事，共向王乔问大还。

传闻海蜃幻楼台，仙屋筹添瑞气开。岱岳孔林游屐遍，何当把臂向蓬莱。

先大人即于是岁见背，未几，而张年伯亦捐馆，二首遂成诗谶，恸哉！先少保公志存康济，素未尝殚精声诗，顾偶一为之，皆性情所发也。昔有间，曾以锓行请，先君曰："吾所可不朽者，原不在是，无令人反唇我。第能藏之家塾足矣。"刻诗非先君志也。然先君之刻，先祖黄发翁诗也谓"昔人云人不爱倕之指，而爱己之指，不爱昆山之玉、江汉之珠，而爱己之苍璧小玑，则情有独钟而爱不忍割也"有之。刻《石隐园藏诗》亦犹先君刻黄发翁诗之意也。男际有识。

石隐园藏稿卷一终

卷　二

文一

《云间雅奏》序

夫文之称雅，何昉乎？盖自宣父删诗，风存国俗，雅载王谟，而雅之义始曙[①]。国俗采之方谣，间有征夫思妇，凄凉惨结之声；王谟笔之禁署，则多哲王硕辅相与，蜚扬鸿骏，铺张盛美之什。其词典重，其旨深醇，无钩棘，无萎薾，故综文家往往鹄而树之乎雅。雅者，常也，正也。匪常匪正，离厥鹄矣。余不慧，不敢谬托知言。顾于艺事，间尝染指，窃鼎一脔。以故释褐后，尤津津喜谭艺不厌。盖农人说农，贾人说贾，自其所好，非其能也。又幸承匮云间。云间故机云里，称风雅奥区。都人士家抱荆璧，人握隋珠，即谈艺而求轨于雅道，舍此奚之焉？

余观近日之文，多影附响传，千人合喙。如群瞽取道，一夫相与，按肩从之，进旅进，蹶旅蹶，不自持也。惟云间各建旗鼓，独成队伍，不肯饾饤剽掇，丐人牙后余馥为膏容。今其文具在，可覆按。是宜众噪，无谐声哉。而顾族而命之雅，何也？盖惟不能为创也，乃不能为谐。苟能为创也，则庄娴者取传典依经，无取株守剑刻，娴者归雅；瑰奇者取穷神极变，无取佶倔聱牙，奇者亦雅。比如金玉相宣，丝竹并奏，器数则殊，而成文协律，无乱无奸，节韵常合。向所谓钩棘者、萎薾者，一切扫去，惟常惟正之兢兢，又何弗谐之有？

余既喜谈艺，诸士子复谓余生齐鲁，渐靡文教，以为于此道必有窥睹，故无择衿生髫俊，争以其文来就评骘。或矢口风檐，或湛思芸阒，或从余拈题印可。材不问类，构不问时。总之不离乎雅者，乃入是刻。刻成，弁之序，且更有讽焉。

夫士于雅道，微独文词间也。居同闬也，而习为诽上掺下，则称狂；出同游也，而工为游声借誉，则称躁；仕宦同功名也，而饰虚亡实，燕石而宝函，则称浮。夫是狂与躁与浮，戾乎雅矣。而当其始为先资也，未尝不讪旁蹊而崇大雅，则言之未可信人也。如是今日，余及诸士相观摩维是编，他时余从诸士相征信维是编。倘其贞固纯实，躬必逮言，以共勖乎雅道。居名儒，出硕辅，令海内正

---

① “曙”，四库本作“著”。

襟而褒文，行必口实吾云间，是云间士又不直以是编重也。余有厚愿焉，故始终敢以雅之一言进。

《苏松武举乡试录》后序

岁在丁酉，姑苏四郡举武士于乡。时岛倭狂突，再犯我属国。侍御秦公夙夜兢惕，选将练兵，图固我圉。而尤仰体天子，拊髀颇牧，思拔一二虎臣，称上任使。盖是役也，载毖载慎，凡得士五十人以献。籍既成，自严谬列校售，当用一言醮士。

夫职守文墨，改步而谈干戈，见谓越俎。顾与农谈耕，与贾谈贝，从所习也。则兹醮士，舍战奚谈哉？第吴士，讳言战久矣。二百年来弦诵图史以为常，若乃睹矛戟则心悸，闻铳炮则掩耳，却走者皆是也。当嘉靖中，岛倭剽吴，才数百人，而大江以南，连城累十，无能发一矢摧其锋者。时胡、李两公为政，调集楚、越精锐，数年而后克之。天下自是目吴为无人。夫吴果无人哉？子胥用吴，破楚威晋，詟服诸侯；项籍用吴，灭秦鏖汉，分裂四海。彼亦吴人也。昔胡以劲，今胡以脆，毋亦恬愉既久，举精华果锐之气，阴销默耗而不自知欤？

闻之战，勇气也。气不锐而能制敌者，天下无之。顾气听于心，犹卒听于帅。心之所至，气必至焉。自严勖诸士，策励报国，请从心始。试观诸士，环集辕门，跃马弯弓，鹄在其左，中必左者，心乎左也；控弦比耦，鹄在其前，中乎前者，心乎前也；及锁闱射覆，匿绪藏用，莫可端倪，往往曲中，心乎覆也。然则心至气至，而决胜因之，此足以观矣。

尔多士果能外不有其身，内不有其妻子，断脰决颈，主上是为，将奋迅激昂之勇于是焉，发冲锋陷阵之能于是焉，出靡坚不摧，靡强不破，即缚长鲸，筑京观，讵云难哉？夫御盗者之与盗者等人耳，然而十不当一。盖盗之心必死，而御盗者之心不必也。故士之心，诚必于死，绥谓前有劲敌，吾不信已。不闻润州妇之扼虎者乎？虎入其室，攫其姑，妇操梃挞之，虎为所毙，而以其姑返。夫弱莫如妇，然能出姑于虎口，心爱其姑也。倘多士爱国，诚若妇之爱姑，宁复有敌，猛于虎者耶？而奈何甘心令天下目吴为无人哉？多士勖诸。

《山西求生录》序

直指苏公之按晋也，每行县录囚徒，辄平亭疑法。其从死比而傅生，议者娓娓言之，彻至无遗理，曲至无剩情，了然于心，复了然于口与手，真若隔垣洞五脏矣。盖一念求生，笔端自有造化，即公亦若不自知也。既竣事，录其语成编，某拜手受而卒业焉。因叹曰："医，生道也。人亦有言学医者，人费则何欤？是不求者之过也。不求即生道，可以杀人矣，况乎书狱之家，以法杀人者乎？"

若晋之多辟，则犹有足求者。其民好轻生，又好倾人之生以自快也。本自投缳，而以为有引绳者；本自落井，而以为有下石者；本自试毒，而以为有进而强之者；本自刎颈，而以为有持太阿而授之柄者。本怼以手自捣，以头击壁户柱，而其所伤，实类见疻绝无毫发差者。案验之，茫不得其状也。求之证，而所左袒之人，不难以舌剑辅之；求之伤，而所索瘢之人，不难以口沙射之；若求之爰书，而所锻炼之人，又不难以墨兵攻之。三求者，皆求所以杀，而此囚宜无生理矣。

不宁惟是也。杀人者死，似可无求矣。然无如齐力共殴者，何也？合数人以格杀一人，其间下手轻重，微论旁观目眩，即当局亦自茫然，安所得制其命者而断之？大都暗中摸索耳。即不然，亦无如怨家告变，姑后其仇雠而首所欲龁龁之人，与所易恫疑恐喝之人，何也？其人不赇，而竟以不赇堕奇冤，赇而又以赇持左券。待讯者、通诬者，穷而应抵之人，固得以间执其口，谁得为分明之？犹未也。伤亡几何也？而加功以趣其尽，局外亡相与也。而借躯以报其仇，又甚则明明乎手刃人也。姑归难于未获，彼借以徼末[①]减，而续获，反无以自解焉。明明乎途之人也，妄蔓引为同盗，彼借以脱真党，而横罹者反无以自白焉。诸如此类，求之不精，此囚又终无生理矣。非无生理也，无有为之求者也。非无求之者也，心不苦则不深入；心不慧则不照彻；心不虚则奏当之成。虽咎繇听之，犹以为死有余辜也。扁鹊不能生死人，而能因其可生之道。其于听囚之求生也，亦若是而已耳。然世之为扁鹊者几何人哉？可叹也。故吾于公之录求生，而深惟其意也。

圣人之言曰："雷雨作，解，君子以赦过宥罪。"又曰："五刑之疑有赦。"贤人之言曰："求其生而不得，则死者与我俱无憾也。"夫圣人之言如天，故直以眚灾肆赦为任；贤人之言如地，地承天者也，故犹若有得有不得焉。非必其量不同，实其分有然者。即此意而推广之，君犹天也，臣犹地也。今上屡诏天下停刑，固直与之以生。而公第曰："为之求其生而已，无成，而代有终。"其纯臣之用心乎！

某从公周旋久，无能佐旁求之资，而公且谬以为求于某而有获也，则其求之勤可知已。故漫述数语，用弁简端，以明公勤恳无已之心，且以示后之书狱者，毋惜纸费而轻以人费也。则所谓上医医国者，欲检方书，当在是矣。若曰"活千人者封"，则公悟彻六通，已断名根久矣，计当不屑此，即某亦不敢以此

① "末"，四库本作"未"，疑是。

言相谀也。

刻《署印须知》序

余以暗劣，待罪晋阳，惟是察吏安民为兢兢，第道属州县颇繁，阙官时有，而治中别驾尤鲜。每遇摄署，四顾乏人，间委州县倅贰，旁及广文。即素猎声称，多旋踵败事，非墨则溺矣。盖疾首腐心者久之。王覲在迩，代庖亦多，言念民瘼，脉脉关情。因思人岂尽不才，或无为提醒，故举足成谬迷耳。

偶检行笥，得吕司寇新吾前抚晋时所辑《署印须知》一卷。乙未入计，孙冢宰立翁，时为御史大夫，曾先期颁布宇内。今取而读之，开谕谆切，正署官对症药石也。亟为校雠，用付梓工，俟传檄摄署，辄人给一帙，以比于耳提面命之义，庶有疗乎。倘弗若于训，则三尺具在，谁敢私焉。

语云“前车之覆，后车之戒”，“前事之不忘，后事之师”也。又曰：“一命之士，苟存心于爱物，于物必有所济。”倘诸贤有味斯言，而三复于此编，思过半矣。

《河东兵略》序

岁己酉、庚辛之交，河东大祲。夫运在金，宜穰。而旱而毁，计然七策，不尽可用也。所在易子析骸，莫必其命，萑苻之佩牛带犊者，走死地如骛，狟又时时蹂躏我河上无虚日。天子俞主爵议，从田间起绳斋许公来视兵事。

公至，首行部，阻深僻远，将皆必有车辙马迹焉。每下车，延见吏民，劳问疾苦，虽耘、牧、婴、妪，无不周咨拊循者。溥施予、哺饘酏、矜寡昧、圉奸暴、汰贪墨、平输纳、簿金矢、禁厨传、严保伍、警斥堠，民是以有宁宇，盗是以有戢志。乃其兵策之大者，尤在大创徊。问：“扼塞几何处？某所可地守？某所可堵截？执殳之士几何人？其可以贾勇先登者，谁氏之子也？”《周官》之移甲而具财用者，何若汉法之践更者？何若天堑岂能飞渡其借寇舟者？何以听彼坐而饷者蠡縢耶？介而驰者象人耶？何以不为百姓出死力，鞭七人，贯三人耳，岂异人任也？盖精神与文告俱流，赏罚与指挥并用，而狟一再失利去，从此不敢窥平渡关矣。

会公以祝厘行，重念天子恩，不忍忘河东，即不忘狟，遂手录其已事成篇，而自志之曰《河东兵略》。余读而叹曰：“甚矣！公之知兵也。”详哉乎言之矣。直略也与哉，又宁独河东也与哉！大者军旅，微者奏当，而兼焉；难精者君子，不易检者小人，而兼焉；米盐凌杂，簿书期会而赅存焉。是兵刑之脉络相通也；是司马辨论官材、司徒井田军赋之指也；是黄颍川之精力独能行，而诸葛武侯之所尽瘁军务者也。

赵营平，晋人也，所伏羌亦狪类，史称其“沈雄有方略”，营平亦自言“愿至金城，图上方略”。乃当时徼玺书报可者，屯守而外无多也。岂惟无多，疑有班史傅益之者，非尽出营平舌本也。是二者，公皆过之。略乎？不略乎。乃若所略，则有之，不铺张于前，不夸诩于后是也。当狪氛未靖，天子且破留中例用公，乘机蹈隙，条事论功，安知不为封拜地，而仅烦记室示不忘已也？嗟乎！公可谓不贪功者矣。然何以不并此已之？兵势，国之大事，老臣不明言利害，谁当复言之者？是又营平之长虑，而忠荩之远谟也。且公以太守为前茅，而谬推余为后劲，即诸铜墨之长，一善必有记籍焉。公之心可见也。嗟乎！公可谓不贪名者矣。夫公介性所至，雅负奇节，已信于士大夫矣。亦有知其不贪功、不贪名者乎？是可以告天下之治兵者。使公一旦管中枢、鬮外阃，得尽展其奇略，其奇功应笼盖人上。而犹仅符卿相畀，岂非以不钓奇之故耶？

若余则真录录无奇者，而独于公有奇契。且余与公生同里，与公季举同籍。余先为云间李，而公之刺郡后之；公先为秋曹，而余之入署后之；余先公参藩晋中，而其副臬也又后之。神相萦也，趾相错也，斯其机缘亦已奇矣。知公，宜莫余。若岂待西域反侧，而后知定远，语非平平耶。至公惓惓称太守、策太守，惓惓传公策，交相爱也。操斯以往，何向不克。是又可以告天下之同力而治兵者。

《东皋漫录》序

《东皋漫录》乃余年友参知毓奇杨公，林居所裒辑者也。上自战国、先秦、两汉，迄于唐、宋。胜国中间，人物妍媸，国是臧否，兵机胜负，如正直德量、忠烈明鉴，以及险邪倾陷、权势谄媚之属，分门别类，聚成一书，离为八帙。将付杀青，以广其传，而授简猥命余序。余与公生同里，举同年，师同门，服官同起部，宦游同淮扬。公家于安德，为南北水陆咽喉。余往来燕京，出入必经其地。至则投辖下榻，把臂论心，臭味相符，是知公者，宜莫余。若此，公问序于余也。

余受而卒业，辄叹纪载自昔，若二十一史为剖判，来一大部旧朝报，几令人童而习之皓首，若河汉无极。要惟读史，在胸中有吃紧线索，腕中有信手筌蹄，目中有照垣池水，意中有运斤郢垩，始可与言史，可与言读史。不则史自史，我自我，往往考证讥商隐之獭祭鱼，记忆费燕公之绀色珠。虽博古晒腹有余，而摛词夺篹不足，良有以也。公自万历庚戌解组，杜门却扫，于史无所不窥。当其触事会心，随读随笔，如春蚕之抽丝，匪湿而不入，匪干而不出；如良农之殖稼，日新月盛，不崇墉比栉，而富仓箱不休；如齐王之食鸡，跖千而后厌腹；

如长康之啖蔗，次第渐入佳境。盖自有史后，《通鉴》兴；有《通鉴》后，《纲目》兴。尝譬涑水于历代，犹爰书；新安于爰书，犹铁案。此录伐山二家，碎金群乘，获宝聚沙，拾珠象罔，几与公家执戟《法言》《太玄》，竞爽先后。无俟有子云，知子云也。

东皋十亩地，系公所栖托。绝移文于草堂，寄盘涧于菊径，因得以寤歌余隙，适志副墨伎俩。信惟灵均逐而著《骚》，虞卿穷而著书，自当不以彼易此矣。公夙擅才名，由花封而粉署、而兵防，政务纠纷，无不咄嗟立办。偶为当路所枳，暂返初服。比今岘消雨雪，中丞直指累疏推毂环召，恐难卧稳东皋矣。夫赵韩王，以半部《论语》侈口佐命，况以一部全史，千古提衡，出而匡时经世，于补天浴日何有？敬拭目以俟。

《正韵类抄》序

夫备万物之体用者，莫过于字矣。汉制：尉律之官，敕学童十七以上，通九千字者试为吏。挽近字学不明，习为卤莽灭裂，诸读书而不识字者比比也。

明兴，稽古右文。太祖高皇帝因休文韵多用吴音，命宋学士辈辑为《洪武正韵》。音律本中原，注释罗经史。其六书之总括，斯道之指南乎？闳览之士，披载籍而未谙，辄思检音义于《正韵》。迨手是编，又复汪洋，邵顾莫测津涯，何也？字既未习，则噤不知所呼，其何以别声而辨韵耶。近世刻有《海篇直音》，虽觉直截，易于检觅，而其音律或与《正韵》时有牴牾，兼以注释潦略，令人不无挂一漏万之叹。

岷山分在穷荒，简帙甚渺，独有《正韵类抄》镂板，储之有司，余因得寓目焉。先以形析字类，随以韵冠字颠。字缘区分音，随字注释义，胪列靡遗，别韵旁出附见。盖合《正韵》《海篇》二书而一之。俾按形索字者，不劳余力而可烛照数计，至便也。岷山学者苦无师承，其于音韵点画，往往谬宫商而淆亥豕，则是书犹岷山士人对症之药。

顾原刻不列纂辑姓氏，而梨枣岁久，亦多损剥散佚者。余访之故老，乃前任宪副京山刘公，督诸文学所辑书也。刘故楚名家，曾刻《道署题名碑记》。其吟咏篇什，散见于纪乘、流传于郡邑者，戛戛乎金石之音也。是书嘉惠后学匪浅，而可没其名且湮其传哉？因属抚民郭二守，补其脱落，葺其雕敝，然后复为完书。播之缝掖，傥亦熙朝同文之一助乎。

二守博学好修，克绍箕裘，信楚材之良也。是书之兴，固有数云。

《奉常邵先生奏疏》序

窃读《易》之兑，“和”于初为“吉”，“孚”于二亦“吉”，“商”于四为“有庆”，“引”于六为“未光”，而独“来”于三为“凶”。正以兑上兑下，刚中柔外。刚柔合而和，且孚、商，且引。曰“兑：亨，利贞”。此其说于谏臣，为最急古之箴。尹保氏补阙拾遗，若皋陶、益、稷之陈谟，仲山甫之补衮，率是道也。

夫圣人说《易》深远，凡言吉凶悔吝之际，谆谆以“贞”为训，而犹期于“兑”说。余读翼廷邵先生奏疏，知先生先后委蛇琐闼间，其庶几于“贞”者乎。盖先生从中秘擢司谏，为斌斌博物君子，扬历户、兵、刑、工、礼五垣。诸牍数十百上，靡不侃侃批鳞、凿凿中款。一时宫府中外，谋王体，断国是，悉攸藉焉。而其最鸿硕、照耀人耳目者，如疏发宁远父子不法，为勋贵公私曲徙；疏抑黔国，无将青田越俎，为带砺世禄防微；疏汰冗费、抑滥恩、省内供、停季取，于以息惮人而实储糈；疏旷郊祀、虚召对、辍储讲及科场窦弊，于以肃典礼而隆宾兴。迄于革运，总苏班军，重边计业。奉俞旨，著为令甲，于以裨功叙而垂永。

赖七尺独立，岳岳罘罳，凡皆以贞矢贞。贞于履之兑，为履尾不咥；贞于临之兑，为临刚浸长；贞于睽之兑，为见舆曳牛；贞于夬之兑，为扬廷孚号。即或留中屯膏，不免掣肘，要惟兑说无恙，卒以独行。遇雨化壮頄之凶，以月望匹亡，收挛如之孚，岂非以荃宰之交鱼水不易？一切婉转开导，尔雅温厚，明习掌故，洞晰事情，和之、孚之、商之、引之，总非来兑之阴柔，不当位。比夫来兑不当位者，不贞也。贞则含白履素，负气敢言，因事献替，夙夜尽忠，二簋可享，于巷可遇。为熙朝景烁，为纯臣苦心，宁与抱寒蝉而甘立仗者，可同日语哉。

先生即不为折槛叩墀之过激，而实有鱼头凤鸣之精忠。说论昌言，百虑一致。盖上帝临之，而神明鉴之矣。惟是《易》有“兑”说，而后有维有解。以先生条议城工，触冒时忌，无何，奉常甫擢，贝锦相加，竟以改南，赍志殁。未几而论定，仅存是稿，为不朽一斑。洵所称“王臣蹇蹇，匪躬之故”，在先生，诚不以彼易此乎。

昔韩忠献为谏官，三年所存谏稿七十余章。初欲焚之，恐无以彰人主从谏之美，因集曰《谏垣存稿》。先生既殁，是刻在，诸长兄而猥以门墙，问序于严。

忆严戊子歌鹿鸣，先生实薪槱山左。迄今，转盼星霜几周，七十五人化乌有。严幸备位九列，承匮留都，密迩师闬，缅惟在三之义，讵敢以不文辞。因不揣，妄演《易》义，为奏疏叙，愧不足揄扬盛美万一也。

《类选四时绝句》序

诗，以道性情。自昔三百篇，所载野樵、田畯、村媪、闺秀，横口所出无非诗，总以道性情所欲言而已。然读《关雎》《葛覃》《卷耳》《芣苢》诸什，无不以四句止，自绝句鼻祖云。尝闻王元美论绝句："离首即尾，离尾即首，而要腹亦自不可少。妙在愈小而大，愈促而缓。"又谓："读《维摩经》得此法。一丈室中置恒河沙、诸天宝座，丈室不增，诸天不减。又以刹那定，作六十小劫。须如是，乃得旨哉。"言乎良！以学士家藻缋纵横，即令广之近体、排律，以畅其致；侈之歌行、乐府，以竟其趣，虽不可谓骈拇枝指，而大较惟绝句为近古。绝者，截也。从近体中，或前半后半为截，或中腹四句为截。离其合，合其离，有占有韵，韵不旁借；可对可散，散亦累贯，则绝所由名也。

不佞不娴诗，亦不谈诗，然独喜绝句不置。但五言绝止二十字，犹觉寂寥而鲜春容；若七言绝以四语二十八字，该括四始六义，尽足发舒性灵，舒豁胸次。先是，余见崇雅山人有四时绝三百六十首，每月止三十首，边幅太窄，譬之鼎脔，味美而嫌挂漏。嗣见徐司马京咸所梓有《日涉编》，虽以四时为主，而诸体兼收，譬之凌云构具，而乏剪裁。逮甲寅乙卯岁，余自蒲坂挂冠归里，岩栖多暇，因翻架上之藏，搜而广之。总之不离四时者近是。从春而夏，从夏而秋，从秋而冬，支甫一周而三万六千刻，为时几变，时变而物徙。如草木夭乔，以植物变；昆虫跂喙，以动物变。空闺梦骨、孤戍惊魂、姬扇辞辇、征衣寄边，以人事怨旷、俛仰舟壑变；樱桃景妍、兴逸烧尾、毾㲪色惨、致楚铩羽，以道飙石火、黄粱黑甜变；已彻竞爽、籁发锡杖、皎贯玄对、毫吮昙钵，以露门绮语、净土骚情变。凡此变而又变，以至于无可变，悉绘之诗，悉收之选，良以"诗言志，歌永言，声依咏，律和声"也。非必言四时，非必不言四时，而实具体四时矣。谓以七言绝尽四时之变，不能谓以四时之变入七言绝，于以供驱使、听炉锤，即倚马击钵者，不益疾捷；呕心枯髯者，不加推敲也。倘所称昌歜之嗜者，非耶！试由绝而推之，即为律、为古、为排律，入如啖蔗以渐，出如涌泉不涸，必不能窘以所不受矣。

顾今世论诗者，多尊盛唐而卑中晚，况宋元乎！是选兼取宋元者何？夫宋元酝藉声响，间或不无少逊李唐，至匠心变幻，则愈出愈奇矣。昔人谓唐人绝句，至中晚始盛。余亦妄谓中晚绝句，至宋元尤盛，如眉山之雄浑、荆公之清丽、康节之潇洒、山谷之苍郁，均自脍炙人口，独步千古，安可遗也？袁石公贻张幼于书云："世人喜唐，仆则曰唐无诗；世人卑宋黜元，仆则曰诗文在宋元诸大家。"此虽有激之言，抑亦足为二季解嘲矣。白门暇日，偶一讽咏，因为诠次评品，置之案头，庶几饿可当餐，卧可当枕，聊自为解颐尔。若欲公之人人，传之通邑大都，将无为有识者之所胡卢乎！

《辽变会议始末》序

余弟辽抚中丞，遭宁远兵变，赍志以殁。或谓事繇缺饷，或谓不尽繇缺饷，然终不得谓饷非缺也。圣明特采廷议，独持睿断，杜边臣之口实，绝效尤之骄戍，削余弟生前官阶，以伸三尺法。而仍先以违制稽饷，致乱辱国之罪，斥革署篆少司农。夺其恩荫，以昭缺饷之实，以明余弟之缘法而得削。炳炳天语，情法备挚，殁而有知，殁且不朽，夫复何憾！中行荀献子，为未卒事于齐也，不瞑不含，而瞑含于嗣事。如河之誓，论者始识纯臣心事。羊叔子覃虑图吴，及病亟，卧护不奉诏。逮吴平，叔子逝，天子为之恻忆，知封疆之有劳臣也。余弟为国尽瘁，一往直前之气，毫无反顾。遇变而蹶，虽不尽谅于人人，而诸疏之见谅者亦多矣。其不谅者，多出风闻；其见谅者，多出目击及身与共事者。公道已大彰明，清议具在众口。余弟为封疆而受削，亦为封疆而受原。异时论定，将复为封疆而受知。九原可作，亦应且为封疆瞑而受含。余用是裒集《辽变会议始末》，付之剞劂，上以著圣天子之宸宪，下以垂诸大夫之公评，并以见余弟之不终弃绝于清议也。俾后之论世者有所凭而考焉，于以希冀圣明帷盖之恩于万一，因弁其首。

《度支薄伐奏议》序

此辽①警以来，所朝夕条上封事也。上不以臣严为不肖，命统中邦之赋二年于兹矣。逢时之艰，手拮口瘏，仅此纸上陈言，无能佐度支万分一。天子轸念封疆，宵旰其未有释焉，臣罪曷逭？虽然，臣力盖竭，臣心益苦矣。

夫司农，掌天下财赋出入者也②。则壤定赋，成规具在，何至遂如幻蜮之不可问？乃今日者，肉既已剜，肘亦且露，旦夕之命难必，缓急之数莫救也。此其故难言之矣。盖自东西交讧，几十年所迩，乃烽火达于甘泉③，关镇之将云集，勤王之旅星赴也。月糗行糇，旧镪新赍，有一一不取办司计者乎？司计者即令手可左右画，胫可东西驰，当亦操何术应之也？累朝储偫，荡若洗矣；闾左膏脂，

① “辽”，崇祯本《度支奏议》作“虏”。

② “掌天下财赋出入者也”，崇祯本《度支奏议》作“以出入掌天下邦计者也”。

③ 自“盖自东西交讧”至“乃烽火达于甘泉”，崇祯本《度支奏议》作“自辽左发难以来，东西交讧，处处骚驿者几十年所尔，乃封豕馋蛇，盘伏肘腋间，天子赫然命讨”。

殚若干矣。加派搜括诸例，既如竭泽之不可再；屯盐鼓铸各款，又如聚沙之不可成。嗟嗟！削针聚之，逝波涤之，九头争喙，一瘿溃元，是亦难言；披发呼之，冷袖去之，独拍莫响，长鞭不痛，是亦难言；漏船居之，骄兵食之，有牙狺狺，维音哓哓，是亦难言。

丁斯时也，即令夷吾握筹，酂侯司券，刘晏辈权子母于其旁，终不能调悬梅之渴，激活鲋之勺也，况谫焉者乎？徼天之灵，皇威遐鬯，敌氛远靖，犹可勉苴目前，不即以首领膏斧锧。然而羸马智穷，拙妇炊尽，精卫卒难填海，蛸蜥终成坠壁。毋亦累累陈言，寄之纸上，以明吾老臣牛马之报在兹编也，心力枯于斯，而知罪亦听于斯。①

《度支奏议堂稿》序

《度支奏议》一书，严不佞②心血，尽于此矣。标堂稿者何？稿所载，大都拜官辞官、晋秩辞秩、舛误认罪、衰老乞骸，及家难控吁等章，皆私情也。例不由各司案呈。其次，则为召对登答之稿矣。登答以补敷奏所未尽。其次，则为条陈便宜之稿矣。条陈必出胸臆所独见。又其次，则为纠荐官员、申救司属之稿矣。纠荐原从钱谷起见，申救亦为堂属存体款，皆有限。

惟是己巳之冬，变起仓卒。雉堞之外，即为戎郊，埤卒战旅，所在叫号。于是圣明不时传旨，倚马需报。严亦不敢复下所司，磨盾属草，寥寥质语，累累成帙，盖其侈也。他若会议边饷去取群策，征收之压见直剖，抚赏之部边分过，拣粮金吾之纷纠，行取推知之查驳，屯盐大政之集议，动关兴革，矢口嫌怨，皆以痴肠热血，扼腕而出，不顾利害，不避忌讳。其间硁硁执掌者固多，而忤时贾戾亦复不少。③

呜呼！观于《堂稿》，而严之遭际④，严之朴憨亦堪嗤。种种棘局，种种孽案也。⑤

---

① 崇祯本《度支奏议》后有“崇祯岁在庚午，月在壬午，赐同进士出身资德大夫正治上卿侍经筵太子少保户部尚书淄青毕自严题于计部之经济轩”。

② “不佞”，崇祯本《度支奏议》作“不佞五载”。

③ 崇祯本《度支奏议》后有“惟《赋役全书》一事，谬欲尽清海内之田赋，卒以筑舍未成，仅搜刮四十余万，抵充边饷，少救庚癸于万分一耳”。

④ “遭际”，崇祯本《度支奏议》作“遭际堪怜”。

⑤ 崇祯本《度支奏议》后有“作《堂稿》序。崇祯癸酉仲夏端阳日长白居士毕自严识”。

《度支边饷司奏议》序

国家九塞棋置，一切粮谷茭藁，皆取资屯田。复以盐策募人，入粟实塞下。其法盖相表里。又虑不足，捐延边郡邑赋税佐之度，所以裕兵食者甚具，未闻仰给太仓者。太仓之有年例，自正统始也。于时烽火不靖，征调浸繁，然犹仅四十六万。裔是屯盐诸政，稍稍芜废矣。而民运又辄不及格，边吏倚太仓为外府。蚁穴既开，不可复窒，蚕食者因以为窟。兵则土著之外，又有召募；饷则馈士之外，又有赏边[1]，而究之兵属刍灵，饷填庐壑。太仓之金钱，日夜辇输以给诸镇。武夫债帅，饱则飏去，徒益市良田、美宅、歌儿、舞女自媮快而已。天下无事，处堂以嬉；猝有风云之警，则眈眈疾呼，以求遂所欲。陵夷至神、熹两庙时，出入大不相当，瓶罄罍空，肘露踵决，所负各边饷额，岁不下一二百万。

嗟夫！财犹泉也，必无以汩焉徐清，无以扰焉徐生。甃而泄之，犹惧不继。今也不徒酌之以中衢之尊，而且归之于沃焦之泄。其日相寻，以底于尽，何怪乎？圣天子中兴，锐意安攘，严承乏度支，日钩考钱谷簿书，惟恐不能副上指。会察罕[2]发难，转饷不赀，因集廷议，猎其有裨实用者，如汰冗、赋役、奇羡、事例诸款，见之施行，约岁可增十数万。而严复推本《周官·太宰》制国用之意，用屡省法，以绳郡邑吏之怠若事者，一时差有补救。出入相准，见额粗足，间以其扐偿宿逋一二，实念年以来所仅见也。己巳之冬[3]，勤王兵四至，左枝右梧；暨秦晋兵荒，东征西讨，转输络绎，或[4]侥天幸不至乏绝。终严之任，脱巾无闻，则繄维二祖列宗之钟鼓，实式灵之。老臣无状，鼯鼠之技，亦尽于此矣。同事诸大夫，则有若三辅张鹏翀、二东王肇生、三巴喻思慥、三楚谢肇玄、魏公韩。所相与商确[5]入告者，往牒具在。

语曰：“万里之渊，连于窾木；千仞之溪，升于垂绠。”及今之时，补牢顾犬，未为迟也。执其通施，御其司命，毋轻其毫厘而积之，是所望于后之君子。[6]

---

① “边”，崇祯本《度支奏议》作“夷”。

② “察罕”，崇祯本《度支奏议》作“插酋”。

③ “己巳之冬”，崇祯本《度支奏议》作“己巳之冬，虏薄城下”。

④ “或”，崇祯本《度支奏议》作“咸”。

⑤ “确”，崇祯本《度支奏议》作“榷”。

⑥ 崇祯本《度支奏议》后有“崇祯岁在癸酉，月在林钟，中伏毂旦，长白居士毕自严书于萧寺之松叶屋”。

《度支云南司奏议》序①

国家②定鼎燕云③，西北亿万，张颐待哺，总取足于东南烝粒。祖制：漕糈额四百万石，俾畿辅内荷戈擐甲者，得果腹以卫神京。又念邪许而来、飞樯而至者，无自灵之胫翼。酌道里远近，米值低昂，画以三六、二六、一六，轻赍辅米而行，然犹惧禀承者之或有眩瞀也，著之则例；更防时势之有穷变也，刊以议单。

经理于南，则淮抚虔其始；清核于北，则仓场厚其终。弹压震慑，则凛惕于巡漕之绣斧；催发押空，又藉力于藩臬之霜棱。至津关桥坝，转运防护者，累累若若，设法綦密，秩官綦备。审若兹计部，将晏然受成事矣。乃频年连章累牍，不其骈拇之枝？今者菑木及此，不又凫胫之续，而兔且角乎？是不然四百万石内，有永折者，已为正额之概；复有灾折者，又为意外之缩。近且截留沓至以割之，至于弁旗起欠挂欠胥、米粟螟螣、搬运经纪、车船人役，又皆水陆蟊贼，将则例议单，祇属虚悬之方策；而仓漕厘剔，亦有殚竭之声灵。兼以己巳之冬，艅艎匝地，人心惶骇，其不为盗赍粮者，天幸耳！余曷敢因仍旧贯，不为穷思变，变思通乎？爰是议更单限，而峻其罚。三年来胥，八月报竣。其初虽束于钦限，不无张皇。迨一年，回空既早，来岁整暇自如，今习而安之矣，此不亦仰副圣明，挽迟为速之一效乎。

若夫申严留通之禁，以实京庾，而增放通庾之目④，以固根本。东孽匪茹⑤，长安薪桂，而米价独弗昂值，此不亦杞忧嫠恤者之又一效乎。撤通济库之轻赍，以归太仓，而篃羡诸款，计欠尽扣，每岁省十万以充边饷。即新饷外解偶诎，亦藉为不时之需，此不亦裕漕而并裕边乎。它如通厅销算，反复驳查，使奸胥不得上下其手。革经纪合子之米，禁车船预支之弊，减歇脚完粮之值，核先今岁出之额，裁运旗冒滥之优恤等银，汰运总、运弁之盘缠等费，此皆滥觞之挽，而逝波之砥也。又如条催防欠月粮于通署，查收米价为库镪，诛运役之旧欠，催运弁之夙逋⑥。若是者，不敢为娲石之补天，亦庶几塞漏卮于万一也。

余待罪度支日久，自新旧二饷而外，惟漕运为巨，而区区节省拮据一念，

---

① 崇祯本《度支奏议》作“刻《云南司度支疏草》序”。

② “国家”，崇祯本《度支奏议》作“缅惟我国家”。

③ 崇祯本《度支奏议》后有“圣天子自固封守”。

④ “目”，崇祯本《度支奏议》作“月”。

⑤ “东孽匪茹”，崇祯本《度支奏议》作“奴孽匪茹”，四库本作“军旅倥偬”。

⑥ 崇祯本《度支奏议》后有“匀扣不爽锱铢，而檄催纷如雪片”。

实与新旧二饷鼎立而为三。由今追思，事事皆心血也，事事皆怨丛也。侥天之幸，及仗圣天子之宠灵，亦事事臻实效矣。兹于全编中特为拈出一二，俾后人有谅余苦心，而因以识余振举漕政，原非沿套窠而滋废弛者，则私心慰矣。若谓偾辕之辇，不可复乘，奈何喋喋其词，则余窃有恧而。[①]

《度支山东奏议》序[②]

兹不佞严五载间所订山东司奏议也。山以东，民赋无逋，侯度克共。迩者妖祲叛孽，所在嚣嚣。中外条上青齐利病，虑不敢高阁报罢，然大都汇入新饷疏中。且也汶地无侵，匡言亦安于同轨；渠弭有渚，禺策总还之定数。实随地补救，迄不能大有兴革云。独是盐法关兵食大计，概隶本司职掌。严不敏，于先齐煮海遗业，稍窥崖略，矧丁兹三空四尽，加意讲求。除旧额约一百二十万，及先年加增辽饷不满三十万外，自待罪以来，如改大工、陵工之协助，酌新饷、旧饷之递增，定割没食盐之余赀，加积引票价之新税，计不下七十万。以新视旧，十居八九。盖蒿目腐心，诛积寸累，诚戛戛乎其难之也。

犹有说者窃尝以今代盆牢，量今代食指，国家似尚未能尽盐之利。虽然，利亦安可尽也？宋盐铁史陈恕议立茶法，因商所条陈，第为三等，曰：下等灭裂无取[③]，上等取利太深，不可行于朝廷，惟中等经久可行。古今人所见，大抵不甚相远，且非不欲尽也。往，军兴孔棘，二三贾人子伺急窥便，愿先输镪而后行盐，如淮之部商、浙之季引。听其言，譬饥时闻炊，津津色喜。一时巡鹾台使者，往复发难。严颇不谓然。迨客逋，法壅力绌情见，乃知若辈尽为超次鬻窝计耳，于公家无补也。

“不行其野，不违其马”，知言哉，知言哉！严因是株守章程，力持增课不增引之定本，以破除云雾。间有竖义澜翻，标新鼎峙，不易地而引课加倍者，未尝不惊怖其言，顾无如夏虫疑冰。拙见之固陋，何也？行吾所明，不敢行吾所疑，以俟慧心厚力如刘晏，其人此段竑论，固有能辨[④]之者在。鄙人何足以知之？偶次旧稿，因自道惶恐如此。[⑤]

---

① 崇祯本《度支奏议》后有“崇祯六年癸酉季夏吉旦长白山人毕自严谨识”。

② 崇祯本《度支奏议》作“刻《山东司度支奏议》序”。

③ “下等灭裂无取”，崇祯本《度支奏议》作“下等固灭裂无取”。

④ “辨”，崇祯本《度支奏议》作“办”（繁体字“辦”）。

⑤ 崇祯本《度支奏议》后有“崇祯癸酉相月上浣之吉，长白居士毕自严题于真如禅林”。

户部题名序

户部，古司徒职也，载在《周官》，详哉其言之矣。明兴定鼎燕都，散中书以归六曹，爰仿古制，设户部尚书一员，左右侍郎贰之。掌寓内户口田赋之籍，经费酬给之数，漕糈挽输之额，用以仰佐宵旰，俯恤幽隐，任綦重也。后复有总督仓场，有耑理钱法。今圣天子龙飞，值军旅倥偬之际，丁寰海耗蠹之极。岁供九边金钱，车輂相望，军兴饷从，动以数百万计。靖蛮氛于黔蜀，款察罕于宣云。其他莲妖海寇，犹且疥癣视之。一人秉心烛以运，四方竭膏血以随，于是有新旧饷之名，有左右分划之敕。盖官愈增，事愈剧矣。

严承乏度支，帑藏虚而边圉瑕，饮冰斯署，鼯技悉穷。间取往喆懿渠，自维不逮，则于题名碑记有羹墙焉。顾其石例，惟列之堂皇，虽亦昭垂来祀，而姓氏里居不逾域外。究且与人俱陈，何如揭付杀青，犹能不胫而走，寓目斯存也。一时二三寅寀，谬以严言为有当，怂恿成之，属当叙首简。粤稽向所贞镌，自国初迄今，无虑二百七十余人。其间谟猷品望，可法可垂者，未易更仆。揭其最著，则如夏华容、刘湘阴之卓识定力，韩洪洞、赵历城之劲气清标，以及灵宝许氏父子，后先彪炳。心仪者如岱宗嵩岳，齿芬者如桂醑兰浆。后之视今，亦犹今之视昔，列名于斯册者，其亦顾諟此名乎。夫匪独以名艳也，亦以名核也。功德并茂，则缁衣好之；人位相左，则鹈梁讥之。夫人孰不以誉忻，以毁拂。然忻与拂，实于其居位时所自致。积久论定，不独我不能招麾，即人亦不能增损。师资法鉴，一瞭凛然，其《羲易》无文之六画乎？吉凶悔咎，跃然于其中矣。时势迭易，报称维艰，则严实蓄缩于今日，尤不能不懋勉于来兹也。

《东省剿叛公疏》序

嗟呼[①]！此诸叛贼鸱羽方张，暨鼠穴负固日，吾二东诸朝绅所上公疏草也。于时墨翟守穷，计或中变；申胥泣尽，语鲜和音。今幸庙算得宜，东牟告靖。不佞偶取阅之，痛定思痛，悲喜交集。或曰："人情各见一方，圣明虑周万动。微此疏，庸讵不破抚为剿，剿庸讵不尽乎？且夫狐埋狐搰，宿祝旦诅，东谋实忠，人其谓之何？是草也，固不可以焚乎？"予曰："唯唯，否否。夫救焚不惜新墁，急渡或怨守风。事固有相反，而归诸两得者。"初作难，使登抚以组练数千，迫压之境上，开譬祸福，则渠魁可执，焦烂可免，抚之未尝不便。迨反戈诱胁，夫素所卵翼之恩抚，乃欲以不知谁何之人得其要领，不待吾东人决其非算也。

① "呼"，四库本作"乎"。

虽然，窃有愿者。两抚互持而逆焰炽，一督参制而莱困剧。皇上深维成败之计，撤去督臣，专责抚按而底厥绩，师克在和，断乃有济。吾乡公孙平津所谓“东齐鄙人，不知其便若此耳”。兹草之锓也，盖以志朝廷惠顾全齐之大德，朝吁夕俞，使父老子弟家世传诵，而桑梓中一段灼艾分痛、当箸废餐之情，亦略见颠末云。若夫雀鼠食匮，犹罹敲龈之惨；鲸鲵假息，尚忧破浪之风，则自有秉史笔彻桑土者。

《抽簪赘言》序

严不佞，待罪计曹五载余矣。奉职无状，谴辱备加，上负国恩，下隳生平。嗟此自戚，夫复何言。虽然，拊臆感时，老臣于此，盖有万不得已者在也。

夫遭际圣明，谁则无纵壑顺风之想？严所遭独否。疆场多故，瓶罍交耻。计数年来，有一非手口拮据之时者乎？绠短而汲之深，早知其有今日也。抑老马疲途，又谁不儌有脱缰解鞿之适？严所遭又独否。九阍时叩，天听愈高。计迩年来，有一非残喘苟延之日者乎？筋绝而策不休，早又知其有今日也。拙宜去，老宜去，病宜去，屡误宜去，人言宜去。哓哓之音，亦既声泪俱尽矣，而终不能儌明主转圜之听。非温纶谕之，则大义督之。嗟此枯朽，岂真遗履亡簪，足长系圣思哉。毋亦曰:“出入大计尔，惟佛肩担且可卸，咎将谁诿？”迨至辕债矣，轴折矣，昭昭罪状，虽以覆载，不能曲宥。而后乃急从吏议，而后乃忽荷宽政，而后乃转万死为一生。而犬马帷盖之恩，因益浩荡而无涯。然则向之羁縶不替，主恩也，而雷霆之加；今之缧绁余生，主威也，而雨露之沃。连疏累牍，不能得一赐玦，则诸疏赘也；连章累牍所不能得者，竟以罪谴得之，则诸疏益赘也，因名之曰《抽簪赘言》，纪罪亦纪遇云。

孙兴公《四书约说》序

莘之野有异人焉，兴公孙君是也。缝掖则树赤帜于艺林，鸿渐则以世道生民为己任。初令山阳，措处万金抵充辽饷，而免邑民加派催科之苦。维时余方督饷津门，固已洒然异之。嗣晋虞部，职在戎器，一切禔躬持论，筹国急公，率孤行一意，不为势屈威惕。及接其容，恂恂如也。

兹得所著《约说暨题说》读之，竟其旨，考其衷，渊乎其不可测。始知兴公，言圣贤之言，行圣贤之行，而心圣贤之心者也。夫圣贤心行，所托以千秋者，只此口语，而兴公能体认而直达之，故有是说。世之老于训诂、著为讲解者，不知几千万家而无纪极。然非蔓以僻，则隐以离，岂若是说之简而正，明而不畔哉！何也？鞶帨蝉联者，见谓蔓而不克，依经切注则辞支而僻随之；聱牙棘吻者，见谓隐而不克，顺理成章则义晦而离继之。兴公约情天性，就题阐微，每于字逗句转处，洞见古人之心。故知其言非若今人之言，则其心自非今人之心，其行亦非今人之行也。即其涉世不偶，遇合维艰，政其不迂回圣贤之心，以自迂回其心耳。且有莘为阿衡故里，夫固乐尧舜之道而心尧舜之心者也。故言尧舜而行尧舜，自不于幡然之后知之，则兴公宁徒阐圣贤之言者哉！

《东皋续录》序

古今论著，要皆各有指归，未有指归不立，而其书可传，传可久者也。盖豪杰生当斯世，凡风会之相荡、事势之相激，既已盱衡于目、收贮于胸，而又不获身操事柄，为所欲为，中怀约结，莫可发摅。于是取前代行事，叙次其治乱、是非、得失、邪正，而又时时著论，以自见本怀，以抒写悯时、病俗、抑郁、无聊、垒块不平之气，使人一开卷而如即其人，见其心。故孔子惧而《春秋》作，司马愤而《史记》兴。彼其别君臣、严父子、遵制明法，以至《平准》《货殖》《酷吏》《游侠》之属，莫不各为论列，以讥切当世，凡皆指归之所存也。

余友安德少参毓奇杨公，中岁挂冠，隐居东皋且三十年，阅世深矣。前取二十一史历代诸事，汇集差次，共为八卷，题曰《东皋漫录》，余既以一言弁之矣。兹复续录宋、元二史，凡二十卷，较前加详，示余问序。余才一开卷，而益窃窥其指归之所存也。盖自疆域震荡以来，兵连不解，海内困于转输。云中、上谷之间，恫喝要挟；山、陕、楚、豫之界，剽狡跳梁，如火之燎于原，不可扑灭。天子数下明诏，切责违玩，而诸将多首鼠顾望，恇怯不前，徒以敌遗君父。又或贪残不法，以自见其强鸷跋扈之形。视昔宋之蹶于金也，元之裂于盗也，诸将不杀盗而杀良，民既苦盗而又苦兵，将无有同者耶？故公于宋、元二史，特致意焉。借彼形此，睹往知今，所以示《伐柯》之则，不远之鉴也。昔孔子于定、哀，其辞微；而史迁当汉武，多激论。兹录也，立乎我朝，指乎宋、元，言之无罪，而闻者足戒。辞故不必于微，而论亦无嫌过激者也。然则，公盖合孔子之惧与司马之愤，并积胸中，而为兹录，吾固知其书可传、传可久无疑也。且今之荐绅，居林下者何限？高者寄傲诗酒，用以消壮心而遣余年；下者酗嬲为快，攘寇为豪；甚者从旁操监司守令之权，以大肆其贪婪。公独辑前代行事，备今人法鉴。假令朝廷起公东山，授之操柄，俾得为所欲为，吾知必将以此录措诸实事，匡时拯溺，不徒以空文垂世已也。

刻曹长庚诗序

司马子长云："古来富贵而名湮灭者，不可胜纪，唯倜傥非常之人称焉。"盖倜傥非常之人，一切世味，举非所嗜，而独以鄙陋没齿、文彩不表见于世为耻。九原如可作也，吾谁与归？其曹君长庚乎！

长庚意气豪肆，才情横逸，儒、释、道诸书无不读，与余家枌榆相望、瓜葛相萦。自为诸生，即数与余兄弟周旋。余心折长庚才，每茗酒追随，把臂论文，而与家季畏甫尤称莫逆。长庚既自负，意不可一世，乃屡不得志于所试，视青衿之于身，如桎梏之于手足也。傲然曰："士子重一艺，姑嘬不已。不能退，不能遂，如触藩之羊，苦且滋甚。吾何恋恋一蓝袍，而不获安意肆志为！"于时年未四十，即决意弃去不顾，而独纵情曲蘖。鸟鸣花艳，日落云飞，及人世可笑、可悲、可喜、可愕之事，一发之于诗。其为人在儒、侠之间，趋人之急，甚己之私。晚而家益落、诗益奇，独与畏甫唱酬为多。方其相与盘礴时，一觞一咏，殆不复知孰长庚、孰畏甫也。以故自长庚没，垂三十年，畏甫每念之不置。今且采辑其诗之散轶者，将寿诸梓，而请余弁其首。

余谓诗能穷人，非诗能穷人也，盖人穷而其诗乃益奇耳。彼其胸中，有无限抑郁、无聊块垒、不平之气，诚不胜英雄失路，托足无门之悲，而借诗以写之。故曰："《诗》三百篇，大抵皆贤圣发愤之所为作也。"向使长庚低回一蓝袍而不能去，安能孤行一意，放浪于诗酒，如今之可传也。所谓倜傥非常之人，非耶？当嘉靖中，骚坛奇人，首推徐文长。然使海内知文长之奇者，则余年友袁中郎为表章也。余自视不逮中郎百一，而长庚之才、之狂，则真可与文长伯仲者。余既窃附长庚交籍，且心重畏甫生死交情，因援笔为述崖略，俾后之君子，庶几因余兄弟得长庚之概焉。

度支恩遇日纪序

古者事使交尽，君曰礼，臣曰忠。礼者，元首所为明；而忠者，股肱所为良也。故君眷臣愈隆，臣感君愈至。即有形迹微嫌，君或不无致疑于臣，譬之大造亭毒，雷动风挠，俄而天清日霁，则亦安于适然之数而已矣。天高地厚之戴，曷敢忘也！

臣严赋性恬退，雅意丘壑。自司理云间，以及分藩河东，每投牒乞休，辄以不遂所请为恨。属天步多艰，非臣子优游田里之时。值熹庙初，承乏津门，管计留都，而倦鸟投林之念，未尝一日释诸怀也。无何，权珰煽祸，戕虐忠良，乃决意解组，抗疏归田。谬蒙圣明，奖以"姱节"。当是时也，枸泉石以为友，与花木而结盟，麋鹿之性，自分没齿山林已矣。不意圣主龙飞，南北推毂，起草莽中，授度支任。再疏控吁，未蒙弃掷。用是供亿军兴，筹画生节，承召对，侍经筵，天郊地社，日朝月夕。宗庙之享祀，社稷之祈祷，孔庙之释奠，或分献，或遣代，或陪祭，无不骏奔，从事其间。天威咫尺，悚惕靡宁。且也宫保荐加，荫赉稠叠，上章乞骸，而眷注弥殷，数经会推，而留用益切。尘露何裨于海山，日月委照于葵藿。厥后，虽以诖误贾戾，折足覆竦，然风霆无竟日之怒。未几，赐生还矣，复官职矣，叨叙赉矣，是圣主之湛恩渥惠。即去国后犹有加无已也。

里居多暇，回思度支一役，数年间圣朝蕃锡，恩光焜耀，历历可数。因辑而授之梓，上纪朝廷知遇之隆，下表臣子高厚之戴，昭兹来许，以志不忘。嗟乎！即古明良相，遇何多让焉！臣耄矣！狗马有心，惟矢与世世子孙，无忘报塞已耳。

淄西毕氏世谱序

善乎！柳子之言曰:“人生果有初乎？吾不得而知也。然则孰为近？曰:‘有初为近。’”夫人欲自今而溯之千百载以前，诚若血脉之邈绝。无怪乎同室而有吴越之视也，以为是亦不可知之人已耳。独不有始祖而下，谱牒之可稽者乎？即以是为生人之初可已，使人各不忘其初，孝弟之心，安得不油然而生乎！古者天子建德，因生赐姓。或氏于官，或氏于国，诚欲使后世之不忘其初耳。

若我毕者，肇国于周，自公高而后，因以为姓。世远代湮，谱牒莫纪。所可考者，吾宗一枝，自明初从益都之石塘坞，迁居淄西之崔家庄。粤自始祖石塘翁讳敬贤者，蕃衍十代，子姓凡数百人。先世以来，俱乐志稼圃，晦迹丘园。逮吾曾祖志俨翁，始以隐德闻，乡曲争重焉。至吾祖廷佐翁，益以雄略为邑里推服，辟塾延师，以一经授先大夫舜石翁。先大夫苦志公车业，虽不获售之身，而竟得之不肖兄弟。不肖严与弟肃，俱以谫劣，继登科甲。弟寅复登乙榜。不肖兄弟，扬历中外，黾勉供职，颇不得罪于清议。其他衿带之士，廪黉宫、齿监胄及列庠序者，尚不下三十人。盖皆吾祖廷佐翁之孙曾，而吾曾祖志俨翁之嫡派也，岂非吾祖德之流长乎！

先大夫初修《毕氏世谱》一编，略记宗派渊源，而又建先祠于万村白业堂西，详载列祖考妣讳氏，朔望率诸子罗拜祠下。凡所以训诲之者，期于各随分业所至，仰不愧于几筵而已。每遇诸子游泮、登第、展墓，如礼必虔、必敬，必尽族属与偕。又立会封牲，每岁以良月朔日，大聚族属，举祭于列祖诸父之墓，祀讫仍设宴会食。于是族人大浃，少长欢洽，蔼然一家骨肉之至谊。《语》曰“观于乡，而知王道之易易”，信矣。惟是谱多挂漏，惧其久而湮也。不肖严叨列仕籍，浮沉四方，见所至之处，宗法立而谱牒明者，其俗必淳。或好徙而轻去其乡者，必其俗之嚣陵诟谇，而宗法之不明者也。因念胜国以前，吾宗之散在石塘，其姓名湮没者何限！即洪、永以后，其徙处淄西而昭穆失传者又何限！今吾始祖之子孙，屡困践更。自嘉靖中一族析为三甲，门户分而休戚隔。逮我曾祖以下，尤称繁庶。余惧数传而后，族属远则渐疏逖，子姓夥则易涣散，以一体所分者，遂化为痛痒不相关之人，安所称礼义文献之家也。于是稽之版图，讯之宗老，遍缉宗祧，尽索孙枝，分别世系，务蕲详审。于以正名分于既往，惇伦序于将来。奕世之后，无论贤愚，披谱一阅，世系昭如。缘枝求干，共为一根；溯流穷源，同出一派。岁时聚会，其分可辨，其情可联，不至于紊且涣焉。族愈远，而情愈笃矣。列祖在天之灵，庶几其少慰乎！间有遗忘而未备者，严犹愀乎有余恫焉。疑则从阙，盖其慎也。忆自丙辰，业已成帙，笥藏数载，订证再四，今始付之剞劂。庶几人授一编，家藏一帙，聊以萃涣合暌，用识不忘一本之初云尔。后世有同志者，越十余年即增补而润色之，刺于简而寿于梓，以永其传，则克家之肖子矣。

贺许绳斋宪副擢符卿序

盖闻之“君子比德于玉”,其义何居解,在乎《管子》之“论玉”矣。曰:“温润以泽，仁也；鄰以理，智也；坚而不蹙，义也；廉而不刿，行也；鲜而不垢，洁也;折而不挠，勇也;茂泽光华并通而不相陵，容也。”比之为义，取类此乎？古者方寸之玺，各服所好，即玉不禁焉。其天子独称玺，而群下莫敢用玉，非古也，自秦昉也。余不具论，独援是以赞今尚玺卿绳斋许公。

许公，余里中人也。里中多贤豪，类不至阿所好，然皆称公为圣人，不啻王子明心逊李文靖也者。公何以得此声于缙绅间耶？公始典州，适赋不登，谬示以抶之，而阴属意督邮以下，使为解免。其宽仁多此类。至其持节河东，一意施舍、平反。春赈贷，冬馇糜，水旱则倾储倒囷以予。民单赤，隐恫虑，亡不拊摩也。所醳冤滞狱，甚夥夥也。德至矣，余以服其仁。晨起坐堂皇，朝见吏民，令各条白，徐次第分疏之，咸得请而退。已，椽吏共撰决事，吏议难知者，为平处其轻重。已，又作记或答，教布之下，俱如隔垣见五脏也。闾里根株，窟穴所在，及吏受取请求无诛两之奸，皆知之。余以服其智。高都于州称雄，云间于郡称望，俱沃土云。公后先所莅，皆垂橐去之。及监司体，颇隆重矣。车门如洗，无飧璧之敢干，老吏化焉，亦濯手抱案。行部所过，厨传共张，一切报罢。岁时邮侍所上米盐之资，综计岁或仅何曾一饭，公悉捐以买田，令诸赤贫宗人，待举火焉。余以服其洁。豪右大姓，以气力渔食闾里，虽有势如山，必问车后。马通虽在暗室，若畏神明而负霜雪，亡敢黠取一钱。狷贼蠢动，民有摇心，公慨然灭此朝食。从扃棘中，虑不旋踵，亲持斧，督捕之。卒得解散，鸟兽窜去，闾阎按堵。余以服其义且勇。“以和颜接士，其尉荐待遇吏，殷勤甚备。”一介之善，必与褒纳抽扬非绐。为非法奸臧有左验者，不务为抉剔诇伺。时手自牒书，正其细过，而词语温润，无伤害意。尤以诚长者处官，雅不欲告密，漓其俗。诸武谲网络张设，非其好也。余以服其行与容。盖公之徽美，其彰彰在人耳目者如此矣。

余即不敢侈谭圣人，伤公长者意。将以称于天下曰："君子其亦孰能间然哉！”则为之赋《小戎》之一章曰“言念君子，温其如玉”，良足风也。采风者亦既上其事矣。度上所褒崇，即不得如汉宣帝时黄次公辈故事，二千石以治行入为九卿，亦当令秉钺建牙，为疆场重，以风示有位。而仅以玺卿相畀，迂其途以待之，何也？夫玺卿，在汉郎耳。今名虽卿，而秩实视郎耳，岂足君所者？旁求而曲解之，用人者无亦从公所好，默示比德之义，而有古人佩玉之思乎？虽然，霍子孟手解昌邑玺，授之宣帝而不惊，乃半夜殿中，独不能夺一按剑符玺郎？千古而下，郎与黄次公辈，照映史册，且视功名损于治郡者，犹若有过焉。士固所自树耳。名位恶能颉颃之哉！况九卿之席，又未始不虚左而待公也。特以公素澹漠，不敢浓郁语相向，烦公厌去耳。请以质之诸大夫，其谓鄙言为然否。

贺刘母彭太孺人八十序

粤稽《书》侈五福《诗》颂难。老聃以久视为尊，周以全生为理。上自王侯，下迄氓庶，人情所甚愿者，莫寿若也。故盈虚消息，维天之经；损益盛衰，维人之纪。贫贱而长年者，补其所不足者也；富贵而不长年者，夺其所有余者也。故夫不贫贱而长年者，罕矣。即不贫贱矣，长年矣，乃或子姓廖阔，不则放荡佚肆，以废坠其家声。即富贵而长年，未尝不咄咄悲也，何乐焉？故夫不贫贱而长年，而又有贤子姓者，尤罕矣。乃今所睹刘太母，其天纵以全福者乎！

太母诞自名门，曰嫔右族，家擅素封，优游内阃，今且八十所矣。而目荧荧，而齿铮铮，而履翩翩，颜赤而发玄，容泽而神王，一何健也！且也芝兰玉树，森列阶除。伯子起家功曹，膺章服，侍温凊；仲子入游太学，荐历光禄，日跻华膴；诸孙济济，登胶庠，课铅椠，蝉联鹊起。岁时伏腊，诸子若孙，修瀡滫之，共以娱左右，岂不欣然愉快而忘老哉！故曰："若太母者，真天纵以全福者也。”然犹有进焉。余前所述，是太母之寿也，而非其所以寿，又非诸子所以寿太母者也。

太母幽闲婉嫕，本自性生。以端庄范躬，以勤俭操家，以慈惠逮奴隶，以轸恤周闾里。盖古所称女士、令母两无愧焉。诸子耳濡目染，是则是效，绳趋尺步，抱质履贞，无为福先，无为祸始。淄青万口，无不推为谨厚长者，是太母能葆太和以自为寿，而诸子又能共迓天和以助太母之寿。视履考祥，介此景福，即百龄宜未艾者，宁第八袠哉？不然，彼苍者天，至难谌矣。奚所取于凉德之人而畀之寿，又奚所取于败类之子而寿厥母也。

岁在乙巳，嘉平之念三日，为太母设帨辰。以光禄君为余伯父馆甥故，诸兄弟谋进卮酒，称寿堂下，而索言于余。余不佞，无暇远征，敢以太母福履子姓之全，与夫德福相因之本，漫书为贺。

贺东菴伯兄七十序

余尝横览淄渑之间，其庞眉黄发称难老者，不少概见。即俛得一二，率戴笠饭粮者流，至贫苦矣。若家颇温给，寿登古稀，驯致大年者，则寥寥乎蜀之日、越之雪也。天道犹水，洼则盈之；亦犹橐籥，张则翕之。其殆有数存焉者乎？

余伯兄东菴翁，生于嘉靖昭阳单阏之岁，抵今上壬子，凡春秋七十所矣。于是同宗弟侄辈若而人，酌此春酒，以介眉寿。有进者曰："夫世亦有七十者矣。七十羸焉，媻姗摇摇，如八九十者，无宁挤壑，而焉用七十？翁玄发星瞳，红光注射颧颊间，足躩如也。齿坚緻如童龀。予以壮夫匕箸，犹然善饭。此壮夫而七十者也，乃翁寿哉！"已，有进曰："颐养不备，则寿元不培。翁田拥蹲鸱，服曳蝉縠；使令足以息体，车马足以代步；夕憩重楼，朝栖华屋，达万物而同情，拓三蹊而命侣，此安富而七十者也，乃翁寿哉！"已，又有进曰："子姓不繁，则神情不王。翁子如鸑发，孙如兰茁，匪徒承家，将必大其阀，以绥兹纯嘏，此多男子而七十者也，乃翁寿哉！"

余曰："唯唯。兹翁之寿也，非所以寿也。"翁天性倜傥，而好行其德。客至无问贫富，悉丰具款之。宗人窘乏，不难倾囊指囷，以抒其困，人人倚为外府也。即终弗克偿，弗问。岁苦荐饥，亟为饘粥活嗟来，且捐萑槥厝道殣。远迩颂声隆隆，闻于邑侯，旌以棹楔。州里践更之役，必躬劳，费周计画，以先诸属，毋偾乃事。乡邻中有悍不逞豪相搏也者，翁居间解之，人各厌其意，多折矢詈。非翁实薰德化之而善良乎？长兄东楼公无嗣，翁命次子子之，以主烝尝。孀嫂同炊，历数十年，无纤芥语言之隙，皆人所难。二子并以儒起家，长游太学，次隶春曹。翁亦晚被章服，稍稍贵倨矣。而愈益慎毖，教子孙以忠厚长者为标准。今皆恂恂醇谨，不忝万石君家风，诚若于训也。大都翁之涉世居室，一以冲和巽顺为主。夫是能以和召和，以顺迓顺，而享有无疆滋至之休也。不者，徒索沃田甲第，自愉快也。不宗之恤，而藏是忧。括糠摘米，即握粟谨持之，且恃孔方，以舞车上，式穀之谓何也？心必躁结而不解，神必颤掉而不宁，算日促矣，胡能得天之独厚，而席人间全福若是哉！然则耄耋期颐，翁未可量也。

是日也，衣冠萃止，拜舞声喧;酝人献醴，庖人割鲜;丝管铿然，金石鍧然。而翁陶然其间，真天伦乐事哉。余为序已，复系之歌。歌曰:“有美人兮山之阿，毓灵秀兮葆天和。种福田兮海为波，跻遐龄兮山嵯峨。祥光霭兮瑶池过，沆瀣餐兮朱颜酡。欢情畅兮舞婆娑，愿言百岁兮期无他。”

贺左司徒李孟白擢留都大司寇序

尝观古今治兵之才，犹十得一二，而善治饷者，百不获一。汉之兴，淮阴、九江、豨、越、绛、灌之属，不下数百辈，而转漕发粟，使大军无乏绝忧，则酂何一人也。元狩、元鼎间，冠军、长平，下暨广利、博德，骁将累若，而问钱谷以佐军兴，则自桑田诸贾子外，未闻有继何而起者。抑何多寡之迥若是乎？盖兵者虚道，用奇、用倦、用饥、用弱、用俭。胆张气壮之人，每一往而得胜，一胜则愈壮愈张，即其人力不缚鸡，亦能功成走狗。至若治饷者，雨粟雨金，不能觌之天；流钱流帛，不能得之地；三空四尽，又不能剥之民。量沙终不可饱，无米终不成炊。苟非真具经纬天地之才略，料理竹木之精神，则虽穷山罄海，能以有限之财，供无穷之腹乎？是以疾舒众寡，归于大道，而属意于仁人。谁谓富国之学，圣贤置弗问，而酂何之功，不于今为烈哉！

虽然，使酂何而在今日，恐亦未能遽收足食之效也。盖何自关中，以转给天下，远不数千里，漕转陆挽，计日而至军前。今欲凭万里之海波，经哨聚之远岛，与蛟龙豺虎共此刍粮，而使三军无庚癸之呼，吾知何不能也。且淮阴辈所向多克，往往因粮于敌，而不藉粮关中。敖仓之粟数百万，不亦少纾酂何转输之力乎？今治饷之臣，费千万心血，而云屯山积于边陲。治兵者一不戒，即为敌人之仓庾，更欲从头凿空复求。比栉崇墉，吾知何不能也。何收秦图籍，因计关中户口，征粮以给军，盖赋额既定，自不劳而输。今且听命于未必发之帑藏，不克完之加派，偶一纳之事例，而欲使万灶烟屯，吾知何又不能也。然何所一一不能者而能之，自孟白李公始。

盖公以涵江吸海之气宇，镕金篆璧之品格，纵横六合之弘猷，兼以周画不混茧丝，咨爰不废刍荛，故虽事事创始，而节节安详。彼其筹海奇勋，不逊古人治水，岂输将伟烈，不高出酂何万万哉！假使治兵者能如冠军、长平辈，扫虏迹[①]而置亭障，则公此时百万户之封，亦不在汉彻侯下，岂仅仅以留都邦臬谢公勤劳乎？然汉使酂何定律，而周命召公居洛，寝陵重地，借元老以奠安国。法三章、得士师而明允，则帝心之简在，亦何尝在汉侯下哉！且也酂何文墨小

① “虏迹”，四库本作“烽烟”。

吏，而公固命世真儒；酂何垂白而赐剑履，公且黑头而阶师保；酂何不闻有家庆显，公有两尊人在堂，俱寿登八袠，封亚上公；酂何之作室也，后世贤俊世不肖，则继世者之贤与否，尚不可必；而公有佳公子，洞庭云梦之奇，不足供其笔下之波澜。公不高出酂何万万哉！

所愧余才远不逮公，而竟作代何之曹参。虽芳规在望，不敢更张约束，而以治兵之拮据靡效者，欲收理饷之肤功，恐驽骥相去，终不能以数武止也。余与公同事晋阳，夙有金兰之雅。迄公秉钺齐鲁，获庇棠榆之下。兹处津瀛，儌公之左提右挈者，又经匝岁。今复步公之后尘，则与公相遇之缘、相代之巧、相契之深，亦百不获十者也。即才不逮公，而绍公前徽，又何敢辞。是以公之行也，不能无言。

贺津抚李懋明擢少司马序

任天下之事易，成天下之事难。乃若任事于始基甫定，经制未备之日，而又疾呼莫应，孤掌独持，此其成为最难。盖始基者，非无开创之劳瘁，而当其时，必有不容已之势与不可缓之时。则中外人情，知而谅，谅而应者，亦或有之。且凭空缔造，必稍与以经始之费。而事无因，仍即草草结构，观者已为丕变。迨前局初奠，节次未调，而昔日之不容稍迟者，此时视为可急可缓；昔日之与以经费者，此时业已釜洗罄悬。时势万难，而事内之人，若诿于无可为，以坐视成败，则前功又隳。是以成事之难，必倍蓰于作者；而成事者之才猷，亦必倍蓰于作者。则余与李公懋明是已。

盖自封疆外陷，烽火内惊，建牙津门，以卫都城而援榆塞，余实首事焉。募锐选劲，治械剡舟，竭一人之力于匝岁，亦庶几苟完矣。然旅成而未习，谁作其气？器列而未周，谁裕其备？伍立而易虚，谁稽其实？楫治而易敝，谁葺其疏？云锦之奇未众，谁广其畜？露处疲而市处婺，谁为谋居？赏欲厚而罚欲信，谁为旌勇戮悖？以一一缮教之用，济夫经始者之未逮也，则公之功巍矣，杰矣！

公既为余所不能为。而余当肇造时，尚有部帑十万金，虽铢聚寸计，亦极其节省。然公莅事来，所存又不及余之十二。事剧于昔，费缩于初，人之视津应津者，复懈于曩日，而公独为余所不能为，则成事者之才猷，必倍蓰于作者也。三辅方恃公若长城，九庙方倚公若泰山，而余亦乐观厥成，以幸逭于罪戾。会上鉴公才，念公劳，因召公入佐枢密。公昔也饬一方师旅，今将典天下兵柄。夫天下之窳宜葺，惰宜振，耗宜清，杂处者宜使之安栖，驽蹇者宜养之骁壮，亦犹津门也。而公以其素所张皇乎津者，发纵指示于上，将不烦于倾帑倒藏之劳，而坐收夫虎贲鹰扬之效。边腹军容，有不大振者乎？则公之经纶天下，亦犹津门也。

虽然，公即经纶天下，亦乌足为公有哉？盖公固深于理学者也，返游子于故里，烛瞽师于长暮，追太素于青黄，所以芟支言、删异统，而独窥濂、洛、关、闽之奥旨。苦心微虑，亦不啻孤掌独持之难也。乃公之有功斯道，则五谷饱世，广居覆人，又仅仅天下介胄之士，安其所而生其共乎？虽然，天地之机，在乎阴阳；性命之微，在乎动静；龙蛇之蛰，在乎屈伸；而治兵之道，亦在乎正变。是以精于性命之学者，而后可以治兵。

公之张皇于津门，发纵指示于天下，正公之藏于密，伏于潜也。公岂以经纶之才自表哉？但恨余才不逮公，而上且命余兼公任。夫余之作始者，尚藉公以有成。今公去而人之视津应津者，益缓于公在之日。余又一手两画，其不使公之政颓且废者几希，则公之发纵指示者，又望先暨于津也。因赠公行，而并为公请。

贺郭邑侯迁历城序

我邑侯平乡郭公，以岁癸亥受玺而莅邑事。甫逾年，贤声蔚腾，荐剡数上。甲子秋，历下缺令，当事者特疏以公闻，诏曰“可遂改治历”云。于功令，凡治行卓异，而任未及瓜者，改治繁剧，以需内召，典甚重也。侯行之日，会余奉简书，治饷海上，不获从父老子弟卧侯辙下，而父老子弟咸走牍以告，曰：“上胡不久借我神君乎？”余闻而懿之。盖余自司李，以至今日，谬得司提衡，于令长深有概。于我侯之成政，而知天下之治易易也。

夫治有因革，机有阖辟。御劳民者利宽，民劳而棘，是以乌堇而起羸弱也；理剧政者利猛，政剧而纾，是舍鞭荚而骖驽乘也。善治者，调甘苦之节，适缓急之宜，一张一弛，不竞不絿，斯以游盘错而有余，试羊肠而不轵矣。翳我小东，其在于今，兵燹再罹，野有蜚鸿，榆关师老，征输不时，不可谓不劳也。爰书山立，羽檄星飞，监司布列，轺使联镳，不可谓不剧也。我候自剖符以来，考政问俗，修宪布令。度吏之所趋避，而为之操纵；体民之所偭背，而为之聚施。无硗硗以厉，亦无泄泄以驰；无察察以核，亦无容容以慢。胥吏负霜，编民爱日。宾至如归，而馆人不匮；输租满品，而官刑不施。当大役而民无哀惮，人有震邻而民无歌《杕杜》。善良服习以安其教，慆淫跳伏而不敢出。然侯非以精明武健之道治之也。侯唯敦教化，崇经术，日延见三老，课诲子衿，而师儒之训成焉。又何其优优而彬彬也。于《诗》有之：“恺悌君子，民之父母。”恺以强教，言威克也。悌以悦安，言爱克也。强教悦安，所谓宽猛互调，竞絿无害者。

诚哉我侯以之矣！

历，固六郡望邑，其所以称繁吾淄者，要不过藩邸之轻侠，四国之轮蹄，诸大吏之倚办，三十州邑之氓隶杂沓而居耳。要皆侯已试之政也，驾轻就熟，则历固难于淄也。闻侯临历之始，属当校士，棘闱内外，事事猬丛。侯方圆并画，指挥立办，入棘分校，尤称得人。斯不亦庖丁之技乎？夫庖丁之目无全牛也，以理解也，诚非髋髀，安用斧斤？以侯之批大郤、导大窾，而谓释铓刃以满志，必不其然。彼其视止行迟，怵然为戒，则淄与历犹之乎族也。依乎天理，砉然而解，快哉！侯之奏刀，有余地已。今上励精求治，计典褒崇，卓异赐宴南宫，以风循良。异时，侯报绩阙下，行且以尺一征。侯跻于青琐赤墀之间，将见历人士亦不能久借侯也，吾父老子弟安得而久借之哉！

尝观沟浍之水，润不过畎，而膏雨既零，孰是一畎而不润？宵燃之烛，照于一空，而皎日丽空，孰是一室而不照？侯在淄，而淄专其润与照。进而治历，则历一淄也。又进而齐鲁之郊，有闻大夫之风，以淄之治治者，将齐鲁一淄也。又进而薄海之内，有闻大夫之风，以淄之治治者，将薄海一淄也。是侯且为膏雨、为皎日，夫安取一畎一室之为快？余故曰："于侯之成政，而知天下之治易易也。"余未能承侍侯左右，而受泽为渥，聊以所得于父老子弟恋恋我侯，与家仪部孝廉之感咽者载之牍，以附于舆颂。使异日考绩者，有以列吾淄于单父、武城之后，则不腆下邑，亦尚有荣怀于古昔矣。

贺纳言林先生九十序

今海内学士大夫，推耆硕系苍生望者，咸屈指漳浦考翁林先生云。

林为闽鼎族，由来远矣。祖孙、父子、兄弟蝉联踵接，以道德勋业为当世鹄，乃不独世有其贵，而且多寿考故。其贵以八座为恒调，而其寿以八袠为小年。王弇州尝称说："南安公享年百有四，台使为竖百岁坊。而其子少司徒时年已八十，华发相映，金紫属目，为世所侈艳。"迄今又见之考翁先生。先生生于嘉靖乙未，抵今上丙寅，年九十矣。维时先生伯子肖考，仕滇南宪副；仲子平华，以右司徒兼中丞，与余共事留都。得以闻先生所以享纯嘏、跻期颐者，大率以清真忠孝之德，敦夙夜、笃明发。而尤以急流勇退之、节食知止之、福储不罄之，用于以寿国寿身，皆操券取偿。非与夫窃阴阳之精、工吐纳之术、熊经鸟伸，以致遐算者可同年语也。先生以嘉靖乙丑成进士，起家南云曹郎，即执法不阿。历苍梧、上饶郡守，皆洁己字氓，所在尸祝。嗣治兵饶南，适故相江陵用事，裁省司道，先生亦在裁中。亡何，它裁者旋补，先生不以竿牍抵政府，甘自沉晦，就子舍养亲，十载丘壑，恬如也。朝论高先生品行，起补楚沅，仍饬兵。乏饷士哗，先生缚首倡，立斩以殉，士慄然归伍，楚用是无震。进参藩，分守酉阳。念母太夫人春秋高，复就子舍，躬侍汤药。疾则衣不解带、足不出户，率百余日以为常。及襄事，补粤西宪长，寻擢粤东右方伯。以入贺行交，寇乘间破钦州。往例，捧赍事竣，类就便游家园，逾年始返。先生闻钦被寇，星驰至境，总饷督征，冒险海上不为瘁，赖以大捷。歼渠魁，俘馘数百，东南以宁。天子嘉乃绩，劳以金币，增俸一级。已，晋蜀左伯，入为冏卿，陟通政使。人谓先生治兵，兵饬；戡乱，乱定。上置之喉舌，将大用先生也。居顷之，遂乞骸归。人疑先生遭遇圣明，忠罔不鉴，功罔不酬，况五官之用甚旺，胡遽拂衣？咸以不尽其用，为先生惜。

以今观先生飘然尘外，丹颜黄发，一觞一咏，畅遂幽情，为当代人瑞。盖温公洛社，田父慕其姓名；晋国午桥，四译问其年岁。以方先生，又岂异乎？若夫经国大业，救时石[1]画，所能尽而不肯尽者，付之喆嗣，为世名臣，以阐厥绪，而光大之。然则，惟先生不尽其用，为能取多于造物，以介兹景福；唯嗣君能大其用，为能聚顺于先生，以成兹荣寿。矧绕膝侍杖履者，尤彬彬称窦桂谢玉。伯仲宣力于外，诸季戏彩于庭，先生乐可知也。是知先生以忠孝报君亲。即以贻谋式穀，亦以表世范俗，令当世士夫仪刑其出处，想像其丰采。知先生之多福寿，多贤子姓，皆大德有以致之，讵偶然哉。昔武公九十余作《抑》戒，伏生九十余授《书》晁大夫，令誉并垂千古，其在先生哉！异日者，天子宠异大老，为竖百岁坊，与南安公后先济美，林氏之泽，其未有艾也夫。

送李邑侯上计序

稽古良吏，莫盛于汉，而卓鲁为最。卓初到密，有所废置，吏人皆相与嗤笑。邻邑闻之，亦鄙其无能。卓不为嫌，治事自若。数年之后，教乃大行。鲁令中牟，务以德化民，不任刑罚，卒致三异。初，不必按诛东高西高以立威。劳慰食道旁，为乌攫肉吏以示察也。然已各称良吏，冠千古矣。

李侯之莅我淄也，适不佞以病予告归里，习侯治状，因得而论列之。意侯盖古卓鲁之流也。邑赋，故主以大姓、公费一之，私费什之，大姓相踵就毙。长民者知其然，敕科金于民，而官自为募诸闾里。轻薄恶少、无市籍商贩，作务而博醉，以游行金钱豪长者为关说，窜身募中，要民重耗，以自媚于令。令稍愦愦，辄尽攘归私橐。民所耗什二三，而令曾不得赖其锱铢之用。又赋长及主守，相朋作奸，诡令以所未察，各私赋以为樗蒲调笑之资，而虚列其齿于令。

① “石”，四库本作“硕”。

按簿则有，课实则无。岁终会计，乃逋逃他所，亲党无辜坐累，连逮数十百家。天子以赋逋不入，下诏切责，守若令有夺饩者。侯与民约，量赋阔狭为限，限尽赋满，终不问羡金也。又限辄为算，主守无所肆其奸。积猾曹吏，伺民有赴愬者，阴窜去其冤状，上掩令耳目，下以防民口。侯早觉知，具服抵罪，诸曹吏凛凛矣。

天不吊淄甿，有尉自长安来，挟中贵以恐，动人墨殊甚。其爪牙虎而冠，词民间儿女子搏黍之争，辄捽缚蛔啮之。而乡曲之猾，望里中蚩弱不为供牛酒费，捏诬投陷，中人之产立尽，其刺剟淄土殆遍。侯谓："我在也，而人敢鱼肉吾民！"呼来庭数之，更为教布诸民。诸逐捕盗贼外，即有他事，尉勿与知。虽怙权自用不少悛，竟罹巡方直指三尺。而侯之惠心，民歌舞之矣。

属大比，往令惟从学宫取一二右试者荐诸上。侯不忍以耳为目也，进诸生，亲试品题。侯所识拔，即格于府，无不随牒入棘者，令凡百余城无侯若。盖侯为闽中名宿，故能得之学使者，言辄听之，不厌数云。算军兴，使者敕郡国，出仓粟于民以易米，辇致诸上。民受粟不满斛，辄以米倍偿。盖主斛者，类邑中豪，实繁有徒，狰难禽制。侯遵养时晦，不轻以身为孤注，曰："多行不义必自毙！"

上官好自为名，移檄属县，修复乡社，令民出粟自为备，公私不胜其扰。侯为寝之，不迫民以必行，以从谀上官，民受庇焉。

侯于县事，责大指，不为苛细。言事，曾不出口，而民情洞然。出入，省驺从。尝应征主武试，抵途，天大雨雪，马毛蜎缩，舆卒战掉不能前，因各奔窜，对灶燎衣，独置侯风雪中。侯无亟心，无躁容，其宽仁大度，诎己爱人类如此。

侯令淄，裁数月，会计期，届行矣。今天子龙飞伊始，励精图治，行且嘉侯治行，擢置兰台，冠柱后惠文，弹压百僚。即惜侯之绩未底，俾还治淄，侯又将大有造于淄也，宁直兹期月之可已乎。于是不佞偕邑中荐绅大夫，称觞堂下，而书此以代骊歌。

韩长卿邑侯力复条鞭序

我淄役法，一准自东阿条鞭，从来久矣。士绅优免有成例，余悉征之，供军国费。一切递马、俵马、守柜、漕米及诸不时之役，胥按亩输赀，官自为办。上不失优礼贤士，而下亦取民有制。风会日流，事势相激，额所设者，不足给军国之用。又长吏数易，建置不常，甚或怀醉饱之心，并额所设，不复可问，而徒一诿诸民。缙绅之家，既有所口实，不复与民共邪许，而诸徼缙绅之灵者，又实繁有徒，兔爰雉罹，不均孰甚焉。以故民趋一役，若赴市曹。幸获已于事而竣，而厥家已化为乌有矣。

邑侯蒲坂韩父母莅任，洞见淄人之计无复之，而秕政之不可复沿也，乃毅然担当，议恢复条鞭法。斟酌润泽，计亩均输，除按级优免外，即缙绅亦且预急公之义，而士民不复受偏累之苦。既谋野而获上，爰颁布以更始。于是递马官自喂养；漕米定价一金；俵解革绝；帮贴差役，摊以原坐；柜书止用房胥；钱粮官为解纳。即他不尝[①]之役，亦皆因事制费。向之费中人数十家之产者，才裒众出之毫厘而已。官无逋事，民亦不知所由办。退私吾余，以老吾老，幼吾幼，弛然而卧，蹶然而起，怀沟壑之恐者，今胥获安堵之庆矣。非独此也，章程具，而永规垂，凡我淄人，将世世食侯浩荡之恩于无穷。倘所谓以修明兼创始，以恢复启率由者耶！

昔管敬仲柄齐，下令于流水之源，需诸高国世卿者，皆取之如寄。彼经国子民之大略，诚有以服之也。侯，世跻台鼎，学有渊源，故刃初发硎，修复成宪，批郤导窾，章章若是。浸假而晋秉国成，宰割天下，当不第如敬仲之治齐而已。虽然，兹法也有法法者，余窃忧。夫修复在侯，而率由不尝在侯也。唐刘晏转运江淮，谓大计不惜小费，置场造船，船给千缗，半以资执事者私用，无窘官物坚完。行之五十余年，馈运不乏。后有吴尧卿者，始估给直，无复余羡，船益脆薄，漕运遂废。今立法给费，尝[②]若有余，侯之为虑至深远矣！

嗣是以后，惟冀画一守之，奉若蓍龟。脱或并今所加派者复不可问，而徒以责诸庶人在官之殷实者，曰“吾不扰民也”。庶人在官者，夫岂有异民，亦犹是淄之父老子弟也。力不堪命，势必及民，变态丛生，祸又不可胜言矣。淄余黎民，侯方鸠之泽中，倘异日者复为哀鸣之飞鸿，能无恻乎？“有治人，无治法”，良有味乎，其之言也。

贺牛润寰姊丈暨长姊夫妇双寿序

夫寿者，得数有常之谓，人所希冀，而不可必得。然握其常然，则亦有必然无爽者。天有常浮，地有常奠。冈陵得之，不骞不震，故冈陵为寿；松柏得之，历风霜，贯寒暑，而柯叶无改，故松柏称寿。人而淳朴不散，浑浑闷闷，无所变易，其常德亦能久视而后凋。此夫握其常然，则亦有必然者，如余长姊丈润寰牛公与余长姊是已。

盖余兄弟八人，姊妹亦八人，称极盛焉。无奈造物忌盈，甫及中年，颇多凋谢。

---

① “尝”，四库本作“常”，似是。

② “尝”，四库本作“常”，似是。

今兄弟止存其三，稽厥伉俪，非续弦则鳏居也。姊妹止存其四，除幼妹“宜尔室家”外，其为嫠者二焉。若夫妇偕老，年俱七袠以上者，自润寰长姊而外，不更见也。岂惟吾兄弟姊妹为然，即求之先世与余宗党间，其寿考而偕老者，固亦寡矣。《诗》称“君子偕老，副笄六珈”，又称“宜言饮酒，与子偕老”。良以寿而偕老，斯为吉祥善事耳。甚矣！齐齿燕喜之难也，润寰与长姊岂倖致而侥得之哉！

润寰起家右族，不以气岸先人。嗜饮好客，不为酒困。里闬嚣争，得一语解纷，无不冰释。长姊脱簪珥，谢纨绮，手理丝枲，目察米盐，茹素断杀，扶颠持危，解衣推食者无虚日。今润寰七十二，长姊七十一，健饭安履，精神强固，敬德相宾，祺寿作朋。凡宗党内外，吉庆大典，燕饮嘉会，则润寰与长姊必在。诸侄女、孙女、侄妇、孙妇，当于归见庙，初得长姊一语训迪，禀若蓍龟。此之以和召和，以顺致顺，其天不滑，故其神不伤。所谓握其常然，而因获其必然者非耶？初，润寰冢嗣，游庠蜚声，而竟不禄，人多为致憾焉。今子孙成立，翱翔塾党，贵贱与偕，潇洒闾阎，庶几冈陵常静，松柏常贞。由今而后，益自葆神集禧，乌测其所至也者。世人以全难之，而润寰长姊，以全收之，斯不称覃厚哉。余因是叹造物于人，抑何巧为挹注也。或丰之而先以约，或翕之而后以张。有余、不足之数，若为剂量裒益于其间。昧者，以为适然自知；道者，循本测末，直若寓而取耳。非达观天人之际者，其孰能洞晰于斯乎？

余与长姊为同母弟。昔年，诰赠一品夫人先母在堂，余每游宦遐方，必赖长姊左右承欢。暨当大事，倚藉尤殷。余役江南、陇西，润寰不惮险远，必重茧跋涉，视余宦邸。休戚相关，视他人若倍蓰焉，余诚不胜私感。当此双寿骈臻，舆情共快，余尤不胜私喜，故邀兄弟、率子侄，共为登堂称觞，而备述颠末如右。

贺从弟渌池举乡饮宾介序

古者“养国老于上庠，养庶老于下庠”，故曰“庠者，养也”。明兴，尤加意养老之政，敕有司岁时举行乡饮酒礼。既推择荐绅先生、台背黄耇、望重乡评者为大宾，复从缝掖韦布中举齿德俱尊者为之介，合而飨于胶序之堂。执酱而馈，执爵而酳，祝噎祝鲠①，授几授杖，煌煌乎巨典也哉！

余从弟渌池，丁丑之春若冬，实两与焉。余家群从昆季，暨诸子姓，其丽不下数十百人，所为翩翩俊逸，美秀而文者，固自不乏。间或倜傥不羁，即于慆淫失计，从轻黠、为游侠者亦有之。渌池不少濡染，一意好修。其修也，不务为瑰异绝俗之行，惟务入孝出弟，行仁义，以克让之为兢兢。曰:“吾侪庸众，

① “鲠”，四库本作“哽”，两通。

人第能为庸德、庸行已耳！”简束抑畏，敦尚勤俭。当少年时，慨然想见古白圭倚顿之属，与僮仆同苦乐，而畜五牸者再焉。桑以百数千亩，谷千亩，麦菽称之；泽中千足彘，千角羊，骡马之属称之；园中百畦韭，它果茹之属称之。凿煤窟，酿酒醴，权子母，征贵贱，胥有成算，百不失一，居积饶裕，号素封矣。

尝历稽其生平，与古人较之。事父若嫡母、生母，承颜顺志，没而哀毁骨立，作孺子慕，是闵子骞无间之芳躅也。昆季八人，当析产时，宁让肥居瘠，让多居寡。同母兄早逝，家无立锥，食嫠嫁女，终其天年，无几微见辞色，是姜肱布被之懿行也。急公好义，自占修石城垂百尺。岁时财赋，率先输纳，用补族中之寒俭者。曰：“吾幸徼天之福，都温席厚，何可使有《离》上抵负名，且无以效葛藟之庇于本根也。”是卜式助边之卓轨也。敦故睦族，禽椟急难，崇儒重贤，宾至如归。诸沐浴德泽者，游声延誉，淄青千里，诵义不休。是晏平仲好施之高风也。世之人名为孝养，计费酒脯，斗粟寸帛，同气反面。因陈臭败，阿堵绕床，恝视饿殍，铢勺费捐。其较渌池，天壤悬矣！夫鸲鹆盛而有鶋明，猰貐盛而有驺虞。天下善者，必缘不善者始彰。渌池生居阛阓，非有明师良友左提右挈，乃不言躬行，若陟杏坛而登华胥。当风靡波荡之时，而能孝弟仁义若是，斯亦今之鶋明、驺虞也。兹且逾六望七，会当举乡饮宾介，博士弟子，因共推毂，邑申督学使者以示风励，洵有光巨典也已。

渌池虽少失学，不获致身通显，既抚有诸丈夫子，征名宿，为督课行修，进币惟腆。诸子联翩庠序，每试辄岳岳诸生间，几与计偕者数矣。顾渌池恂恂雅饬，而诸子希心豪举，若不规规占毕为者。使其简炼于学，淘汰于师，譬之厥父基，厥子乃堂而构之；厥父菑，厥子乃播而获之，无曰前之人无闻知也。于以保世亢宗，焜耀吾族也，犹掇之耳。是又渌池胸臆中事，而余群从昆季及诸子姓咸所厚望祈向者也。故当同族之称觞举贺也，既谱渌池生平，而又勉诸子以所未足①云。

《度支新饷司奏议》序

刻《度支奏议》，新饷居其四五；刻《新饷奏议》，芟佚尚居其二三。文与岁繁，纸亦偶因时贵。敝笥可弃，告饩难泯，踌躅四顾，仅得成帙。盖试次而视之，有呼若詈、应若讟者，日剧一日，而兵氛之衰恶，民力之纾纠，犁然具也；庄而绎之，有可曰俞、否曰咨者，事详一事，而宵旰之焦劳，谋断之委悉，犁然具也；侧而视之，其厚倍焉。有切责诘难，往复求宜，补牍执奏，数四得

① “未足”后，四库本又有“以期于交砥”。

请者。年棘一年，而主计之心血、案司之手腕，犁然具也。不佞乃感而言曰：“自辽烽日炽[①]，中外旰夕，以辽为的。致遴专司、优超陟，几与职方氏等。盖兵饷交须之切也。”

熹庙之季[②]，帑颁波属，枢计撑支无事[③]。盖今上[④]元年秋冬，饷始岌岌，告脱巾焉。不佞拙与窘会，无他谬巧，但有理未焚之责，节久餍之腹，涔瀹滴挹，以沃焦釜，而獷[⑤]骑又啸上东门矣。有仓卒客，无仓卒主人。郇厨不戒，良庖且为束手，矧以族庖炊空铛乎？鼫鼠枝梧，天幸勿乏，追念犹有余悸。嗣是虎符云辏，斗众者用多，募死者利厚，骚然烦费，姑为权宜救急之剂。几幸一二年间，辽水澄波，燕然裎碣。方将条便蠲烦，与民休息，而天未悔祸，不佞亦复病与罪值矣，可奈何？昔，苏威有言：“今兹赋法，譬若张弓，后有君子，谁为驰之？”兴言及此，则今日辇而入，岁贮若干镪；明日辇而出，岁遗若干镪，皆非余志也夫，则皆余戾也夫。我皇上勤兵[⑥]省饷之愿，矢兹六载，而不佞承乏其五。新饷独贤，积劳之司，迨今十人，而不佞共事其四。岁月滋久，薪胆相怜。如蜀之范子矿、亳之薛子邦瑞、楚之刘子镐、上谷之张子鹏翀，皆相与寒沾暑湿，仰承明作之威，蘖茹冰嚼，俯淬盘根之锐者。风雨鸡鸣，其忍忘诸！

因忆己巳之冬，刍饷旁午，亟索世庙。庚戌时，部中条列兵食状，只字竟无可考，则斯刻之不容已也。将远以备太史之采，使本末无遗于平准；近以订胥史之阙，令司同得征夫文献云尔。若曰：“臼杵在望，行矣不忘，桑土依然，飞而犹顾。是刻也，不乃告劳乎？”则吾岂敢！则吾岂敢！[⑦]

《八镇经制》序

忆庚午夏，畿辅始扩清。次第治兵，图捍御，图恢剿，阅壬申春，始定经制。经者何经，不经也；制者何制，不制也。不经不制者何？先是，调援云扰，组甲被练多创，名之八镇六督抚。心心喙喙，正正奇奇，视太仓为中衢之鼎，而莫适告饱。忧其继，故示以常也。常者何？凡兵事尚阴，而数不可以不阳。

① “辽烽日炽”，四库本作“边衅日起”，崇祯本《度支奏议》作“辽豕荐涉”。

② “熹庙之季”，崇祯本《度支奏议》后有“胡雏卑飞”。

③ 崇祯本《度支奏议》后有“盈之征诎，伏则思抟”。

④ “今上”，崇祯本《度支奏议》后有“龙飞之”。

⑤ “獷”，崇祯本《度支奏议》作“奴”。

⑥ “勤兵”，崇祯本《度支奏议》作“歼奴”。

⑦ 崇祯本《度支奏议》后有“崇祯六年癸酉季夏吉旦长白居士毕自严题”。

商[1]子曰："明于机数，而机数无敌。"盖选徒与峙粮并焉者也。

国初，太仓岁入四百万，以充京支及饷九边之用。维时有旧兵无新兵，有旧饷无新饷。自辽事起，而关宁皆新兵，食新饷矣。浸假，而及蓟、密、永三镇，才十之一二耳。逮己巳后，三镇所设新兵，渐倍旧兵，且新兵之饷厚浮，关宁旧兵之饷，例比新兵。逮于昌、通、津镇，亦皆日新月盛，度支一再加派。岁赋除太仓外，又增九百余万，视旧额凡两倍以赢而犹不敷。长此安穷，民力奚堪，是经制之定，诚今日救时第一议。嗣后尤当慎守勿失，宁减勿增者也。或曰："是常也，终无变乎？"曰："唐制三变，兵多而悍，不为用；宋制十余变，兵多而懦，不足用。顾变之何如耳？"今且以兹制为八阵方图，某阵限饷若干，限兵若干。嗣此而或得百金之士焉，得千金之士焉，如九军六花，圆变无方，而总不失平沙簇石之定格。所谓因兵以置饷，勿因饷以置兵。为饷谋，尤为兵谋；为国计，兼为民计。意深远矣！

是役也，司马主庖，司计主俎，无相越也。皇上以臣严狗马日久，申谕专责，而严亦幸从本兵督抚后，授成画于刘子镐。刘子受而目营掌垒，见成师焉。凡商确匝月，易稿再三而竣，俱得旨报可。今封事具在，简付劂人，用存掌记。区区筹兵节饷，爱国惜民之意，可对天日，即恩怨毁誉，弗恤也。兹严叨恩弛担，而刘子尚薪积为郎，索米长安邸。回首今昔，宁无感慨，因缀数语，以弁其端。

石隐园藏稿卷二终

① "商"，四库本作"商"，似是。

卷　三

文二

先君黄发集跋

盖闻翕张循环，天道也。从古韫德弢奇之士，蹇于其躬，而后后人得食其报。非独庭训，端亦遗泽远也。严尝持此，差等天下，若合符券，而先君则犹彰明较著者矣。

先君少负隽才，计可芥拾一第，而竟弃去。学稼学圃，意愉愉然乐也。既蒙家难，左撑右持，熖壞万状，乃始中悔。悔而发奋，课子实殚厥心。间以余闲，泄为诗歌。总之直抒胸臆，诠契神理，或可解颐，或可裂眦。罔拾时人饾饤，绰有先辈风骨。惟不喜藏稿，故多佚，儿曹每私录之。一夕，虞庠不戒，尽付嬴火。今存者皆出记忆之余，及晚景所啸咏，才什之三耳，然亦足窥一斑矣。

严以中人以下之资，滥竽郎署；肃弟，复点贤书；而诸兄弟，并列诸生，津津向进，伊谁之赐？则先君之遗泽、庭训两有藉焉。严不孝，牵系升斗，奔走南北，睽违日长，承欢日短。蓼莪早辍，风树永怀。严独何心，能不悲哉，能不悲哉？所幸生平卓荦，仰丐二三先达为志、为表、为状，庶几不朽。而诗尤当年心精性灵之所阐，才一披读，音容在接若之，何不检授劂人，以永思慕也。因念先君卧疴时，儿曹以遗草请，先君曰："宇内名集，充栋汗牛，尚未必传，予生平何尝抵意雕虫，若乃灾梨枣以取嗤耶？"

噫嘻！此治命也，顾以昭弓冶，俾著存，兹刻又乌容已。脱观者曰"诗不李杜，辞不班马，是赘也"，则不肖严，无所逃罪，而先君业早见之矣。昔人云："人不爱倕之指，而爱己之指；不爱昆山之玉、江汉之珠，而爱己之苍璧小玑。"则情有独钟，而爱不忍割也。严意亦若斯乎？是举也，遐思追悼，诸兄弟有同心焉。而搜括校雠，则寅弟之功居多云。

易佥商为官买说

尝闻治国之要先经费，经费之要先恤民。是以管敬仲言："物有多寡，而情弗能等；事有成败，而意不能同；行有进退，而力不能两。"其间盈缩裒益之权，人主不能自操，而每睨其成于所司，故或有十倍人之功，而抑或有不赓本之事。此其芒芴针芥间，殆有研桑莫能殚，而功集于不使知者。维我国家经制大备，而细及香蜡刍秣之务，旧用京商市之，以供郊祀庖厩之需。始立法，未尝不善也。浸假而人且居为奇货，浸假而疲极奸生，商与国交病。每一佥商，辄而买名捏报。闾左绎骚，毛尽皮穿，呼天抢地，情状几不忍见闻。夫好义终事之谓，何而令至此极也？

余谬司主计，尝蒿目扼腕。嗣奉旨，一再查议，即矢口极言，竭力主持，竟易佥商为官买。夫官何可令买耶？无主伯亚旅之相扶，而足不履市廛平准之所辏，乌在见其便也？虽然，商买也，而不经之费，强半付之。亡何，官则丝丝皆公家用也。商按成数而征，所裒聚多楛窳。又或致上下互蒙，聊取结局，无殿最之虞。而官买，则刻刻为身名地也。商隶土著，代倩者多，每有逾年而逋额尚烦。征比徒令人咏《硕鼠》之歌，国起蜚鸿之慨，竟无补于经储。而官买，则瓜期未及，亟图省成。稍不及额，而跃冶无所容，则匝岁皆有成候也。若夫估值之审定，物候给价之惟恐逾时，议汰加斛之冗费，以省漏卮；议分运脚之内外，以资崇墉。甚且京粮不敷，至借新旧饷济之。度缓急，揆难易，较轻重，非祗以便官也。官便，而法之行也滋久。商之息也，亦将永赖而不复议更。此穷则变，变则通，通则可久之道也。

严不肖，仰体我皇上惠顾辇毂轸商之至仁，而又不欲遗当官者李代桃僵之实害，其究不至使官降与民市，而能使民乐为官输。盖心血为枯，而寸发几落。今幸始事诸君子，奄观厥成矣。后之踵厥武者，或亦谅余苦心，而不致为饲狙之嚆矢也。《诗》曰“惠此中国，以绥四方”，老臣志也;“无弃尔劳，以为王休”，诸君子其勖诸！

改《观海编》为《尚友编》说

《语》不云乎“以文会友”，时虽邈矣，论世知人。盖肺腑之精神，汇而为言，原非糟粕之末；制作之光彩，久而愈著，直与日星不磨。故孔子有“无文不远”之词，而孟氏揭“知言养气”之指。彼空疏不为世用，祗忧“才富学贫”，乃灰烬忽有神行，所谓笔歌墨舞。

某胸无他嗜，性僻耽佳。辐辏人伦，思首彰夫大义；薪传道脉，恐将绝于微言。非敢拟昌黎，以六经之文，起衰八代；或亦如郑谷，有一字之益，不负半生所见。选刻多家，终嫌挂漏，便觉启蒙可藉，罔裨高明。用是蒐翰弥勤，究心独苦，辄乘休沐，遍及缃囊。若表笺，若奏议，事君经国之资；曰箴铭，曰记赋，警目写怀之作；论、赞、序、启，得力于格物缔交；志、传、碑、文，结想于伤今吊古。上溯秦汉，下迄宋元，无义弗探，有奇必录。古质拟商彝周鼎，丽藻侈万卉千葩。一代必有一代之体裁，清浊不嫌异制；一时即生一时之俊彦，精光倍觉陆离。手自较雠，躬为钞录。大者钦其经济，如河汉之倬彼清霄；小亦喜其才华，如荇藻之影于秋水。真铢积而寸累，殊殚精而敝神。

初以《观海》为编，读之如望洋向若；嗣以《尚友》名帙，对之如缟带纻衣。从此夕濡朝涵，等于幼学；不觉手披口稔，狎我良朋。味腴搴芳，编蒲缉柳。自昔一言投分，定交于杵臼之间；惟兹万卷作缘，托契在编摩之内。喜而不寐，乐可忘餐。童而习之，恍金兰之在望；嘤其鸣矣，扣寂寞以求音。安得四海绝随肩，而眼空丘索；纵使闭门坚裹足，而交遍贤豪。我思古人，幸获我心，恐画脂镂冰，而未寻其妙；世间何物，益人神智，虽汗牛充栋，而不以为繁。有钱无贯，与有贯无钱，不善读书者交病；从酪得酥，先从乳得酪，能自取法者方知识荆。于往行前言，虽休勿休，十五年不殊宁越慕蔺；而循名责实，或默或语，千百世自可相如。日孜孜然，发种种矣。

顷比岁滥竽版使，亦乘间兼典书仓。慕酂侯之关中，转漕必先图籍；企伏波之殿前，聚米以象山川。年华叹石火之不停，独意在怀人，而不遗远躅时事，慨水沤之易涣。即光如秉烛，而犹胜昧行；如见故人，斯为胜事。识买椟还珠之诮，子有余师；当舍筏登岸之时，印须我友。聊因副墨，敬告同心。

西征纪略

余濒发时，六弟以《东莱纪行》见示，因诺以《西征纪行》相酬。顾此一役也，经涉四省，直驰驱四千里。形胜景物之奇，名贤古迹之概，不可胜书，所谓一部十七史，从何处说者也？况余行则昼夜星驰，止则簿书堆积，亦奚暇为之。念不忍负诺责，无已，则举其大者焉。

首所逮，章丘北女郎山。密迩城郭，近在几案间。楚楚有致，居然一小藐姑射也，是共五弟登览者。至浚县，闻大伾山甚奇，而未登也。邑人王越，在天顺中以文臣而多武功，封威宁伯，大是异人。读其诗，不尚推敲，极有豪气，令人倾仰。

抵孟县，渡黄河，波涛汹涌，洞心骇目，自是伟观。孟津以南，觑北邙山，巨坟累累，如丘如陵，意必前代王候卿相之墓。昔人诗云：“纵有千年铁门限，终须一个土馒头。”是与女郎山前列冢，俱可发人深省。又行数十里，则洛阳矣。古称天地之中，都会之雄。伊、洛、瀍、涧，流衍其间；二程、康节，笃生其地，迄今王气犹存。市廛充斥，光景繁华。所经郡邑，惟有清源与此仿佛，真胜区也。

前此率皆坦途，过此而西，则多山矣。入渑池，访故令曹鹤老遗迹，尚有知者。邑乘新修，颇不鄙夷，乃知先达树立，要自不苟。再西陕州，驿名“甘棠”，即古召南故址。而洛阳，则古周南也。

自陕以达灵宝，即秦崤函古地。所谓“一夫当关，万夫莫敌”者，盖在此耳。若今之潼关，虽有黄河天堑之险，别无形胜，不得称函谷也。入潼关四十里，即为华阴，华山出其南。先谒岳庙，规制恢宏，多唐宋碑碣松柏；次登华山，畏壁立，不可陟，意欲至青柯坪而止。迤远望之，如一朵芙蓉，分为五瓣。由山径，二三十里以入，峭峭[1]孤峙，绝无依附，如锯解斧劈之状。便觉非他山可及，始悟昌黎诗中“太华峰头玉井莲，花开十丈藕如船”，盖指山形言之。而崔颢[2]“天外三峰削不成”，真诗中画也。山中流水汤汤，清澈见底。寺观多幽雅可观，惟玉泉院最胜，是陈希夷卧处，中有希夷卧像。人生大梦，利名为幻，未卜何时可唤醒也。进五里许，为希夷峡，峭壁狭长深陷，上有一穴，中藏仙蜕。又进则沙萝坪，有沙萝树在焉。树亦不大，余无奇者。再进至玉皇庙。抵青柯坪尚数里许，而日暮道险，舆夫惫矣，因驱车而归。复从邑令索《华岳志》读之，始悉华山之胜，曩所瞻眺，曾不得什一也。

翼晨入华州。城南又有少华山焉，遥睇而已。一棹楔岿然，为王庭诗、王庭论、王庭譔三兄弟，一以十五、一以十六、一以十七，先后俱登乡试。英俊若此，岂山川之灵所独钟耶？已，又俱登甲科，庭譔且掇探花，恨无年耳！

由渭南抵临潼，则绣岭照耀。城南秀色可餐，山上松柏苍翠，宛如画图。温泉出于山足，气蒸如汤。行里许，不解唐明皇初得杨贵妃，赐浴华清宫，即此地也。中有一亭，扁曰“洗心”。内为官池，扃锁甚谨，官长荐绅，沐浴其中。池制不方不圆，南北如环，东西亦如环，而差长焉。说者谓杨妃小字玉环，故作此制。岂好事者，为之说欤？名人题咏石刻充栋，集而为墙，名“萃玉屏”，亦佳话也。当时唐建都长安，距此尚六十余里，翠华屡至，荒淫可知。此外有民池二、女池一。女池旧亦有室，后因妇女出浴，恐坏风俗，废之。不谓反有裸露以往浴者，民之愚而难化，亦可慨矣。此虽小于华岳，而近在眉睫，无跋涉奔走之劳，山光水色，绮丽非常，当为西征第一奇观。

入西安，会城古迹奇踪，不及细探，但觉规模阔大，犹是前代帝王都会气象耳。又五十里抵咸阳，则丰、镐、泾、渭四水交流，而文武、成康、周公、太公之墓俱在境内，盖周故都也。又数程，为岐山，是文王时凤鸣处。

自长安而西，地势平衍，至陇州，则古关山道矣。山长百余里，嶙峋高险，不通车辙。舆人累息而上，跬步为艰，宜若登天。然山上多虎、多猿，行

---

① “峭峭”，四库本作“峭壁”。

② “崔颢”，国图本作“老杜”，据四库本及《崔颢集》改。

者什伍结伴，方敢出途。时闻流水潺湲之声，古语曰："陇头流水，鸣声幽咽；遥望秦川，肝肠断绝。"余西征至此，亦不免回翔却步云。过此则入天水界中，山川风俗，别载《洮岷考略》，兹不具。

洮岷考略

岷州西距洮州一百二十里，洮州西距旧洮州六十里，过此则边外矣。洮州设副总兵一员，领兵四千余。旧洮州设守备一员，领兵一千余。岷州兵三千余，旧有守备领之。前道张君，条议裁革。顾守备，如网之有纲，如裘之有领，似终不可罢，徐当议复也。此外，阶州、文县、西固所，各有守备一员，各领兵一千余。本道所辖洮、岷、阶、文、西固等处，俱系番民杂处。番，即《唐史》所称吐蕃者也。投入中国者，收塞内，为熟番；其在塞外者，为生番。每年六月，俱以马来易茶。它边无论，洮、岷二处约得马二千匹。茶之外，仍以盐与梭紬赏之。缘塞外多番，与羌杂处，中国全靠各番探听人犯消息。而各番畏其威，亦往往泄露中国情形。中国明知，然不得不以茶马羁縻之。不者，番羌相合，为患愈大矣。本道所辖信地惟二，洮最为要害。每年秋防，岷、阶、文、西固等处，各拨兵诣洮防范，共一千五百名。五年之前，曾入犯一次。每遇失事，则必具题，总督、抚院、兵道、总兵而下，以次议罚。堵截有功，则加升赏。余初至，未及简练兵马，闻黄河冰结，羌每踏冰而来。目下亦时闻警报，未入境耳。顾亦有来降者，前道收畜，近三十人，妻孥幼稚，俱有粮饷。意在以敌攻敌，而狼子野心，殊难驾驭豢养。其射艺精绝，常中飞鸟。上官初到，妻女皆来谒见。辫发椎结，真秦越一家之气象哉！

本道所属阶、文、成县等处，咸有矿洞。边地民贫，矿徒颇多，有司不能禁戢，甚或隐匿不报。近闻每夥辄至一二百人，有盔甲马匹，自称银兵。官军逐之，东驱则西走，南驱则北走，总不离前项州县之内。又各营惟洮州军按月支粮，余俱压支年余。今四十四年终，才支四十三年夏季。原编饷银，多在西安、平凉。二府借口灾荒，屡催不解。万一匮绝，能免庚癸之呼乎？此其大患，又有不尽在边境者矣。

洮岷北界，为临巩道地方，疆场相接。兵道为少参张准我，讳键者。原以兵科例转，昨本道阙官，系渠代摄。有好大喜功之心，议欲两道于旧边二三百里之外，再筑新边墙一道，保番御羌。其说亦似凿凿可听，然实深入彼地，工程浩大，万一乘机抢掳，恐版筑之功未成，而冲突之事旋有矣。余受事伊始，抚院亦曾问及。欲称便，则恐贻祸于地方；欲称不便，又嫌于忌人之功，且渠屡书来，恳玉成其事，极为难处，姑俟相机进退可也。

岷州东距巩昌二百四十里。巩昌西行六十里，即为漳县地方，本道属也。巩昌自清水县入境，类不乏高山峻岭。若漳县以西，达于岷州，则巨山联接二百余里。峰峦崒嵂，中道线路，流泉潺湲出其间。时值隆冬，冰澌满地，攀援而进，道滑径险。山上松树丛生，青翠可挹，即乡所谓蚰蜒松也。高低映带，景色奇绝，有过此题咏者，称为“天开图画”，不诬矣。地最高寒，山松常与白云相接，不见树杪。行时累日大雪，更增一番凛冽。山松有合抱者，有拱把者，修干亭亭，傍鲜附枝。土人恣意取之。价亦甚廉，商人市作木筏，顺流而下，鬻于西安、蒲州、河南、京师等处，皆岷产也。土人率取木板作屋，其上仍以薄板覆之，压以碎石，尽废陶瓦。巩昌境内，大都尔尔。惟庙宇、官舍始以砖瓦从事。诗人所谓“在其板屋”，西戎之俗，固未改也。抑木贱且多使然欤？松檩一根，界为两破，售以为薪，值仅分许。乌薪亦贱，无煤炭也。山既广大，山中人烟鲜少，虽旦旦而伐，尚自蓊郁无斥。恐数十年之后，亦渐见濯濯矣。山麓生一种竹，围圆仅如手指，亦鲜枝柯。取以为薪，车载担负，络绎于途。春月亦或取笋，滋味差可。而南方片笋巨竹，绝迹不到。官府刑责，率用木板，蠢拙异常。说者谓岷地寒瘠，民贫特甚，非赖山中材木，安望生活？此亦彼苍嘉惠边氓之意也。

岷地高寒，冬月点水成冰无论矣。山上每晨多雾，虽晴明日，雾辄作雪花飞飏。闻洮州尤甚，几所称山岚瘴气者矣。岷城外即洮河，颇号巨津。初谓可种稻，询之土人，塞上早寒，粟谷且不能生，况稻乎！岷人止种大豌豆及青颗，即青大麦也。间或种春小麦，俱用作饼。虽缙绅武弁家，率止食此。即有外来稻米，聊市些须，作汤已耳。四五月间，始见鲜菜。春麦、青颗以六月熟，大豆以七月熟，过此则霜降矣。或谓春秋常著毛裘，夏月不废绵衣。窃计每岁可省扇数柄，非快事乎！面稍佳者，谓之府面，云是秋种者。顾土人嗜利，间以春麦面杂之。作饼犹可，若作面食馄饨之类，则糜烂不堪矣。境内水磨，约千盘有奇。大豆、青颗，藉此成屑，势不得不多也。其制，引水顺流，用一长木箕承受，而狭其舌以束水，轮转磨动。其上作屋，与吾乡同，但不待洪流耳。以此类推，白泥河、冶头河，皆可作者。安得仿此式而为之。

岷境不出绿豆、黄豆、黑豆、芝麻，然间有贩至者，亦不乏绝。惟真香油绝少，皆用菜子油耳。洮河间亦得鱼，而肉理粗疏，如嚼蜡然。酒则贩自千里之外，从陇州度关山而来，谓之陇酒。每瓶止三四杯，值一分五厘，味亦不甚佳，乃糯米作也。本地止小米酒及烧酒二种，真有太羹玄酒之味。古意犹存，可发一噱。幸余非嗜酒者，使遇竹林辈，当复何堪？夙闻巩昌出褐，意谓在在皆被褐翁也。比入境，则人多著单衣，即皮衣亦不多得。询之，乃知民贫而耐寒故。若此褐，太粗者既不堪用，细者价亦不赀，所谓出处不如聚处也。缙绅衣著，率尚兰绒，距岷尚在六七百里之外矣。

洮岷之俗，率以酥油、牛羊乳、湖茶、花椒、草果，煎而食之，谓之“油茶”，日用必需。余初至，闻碗盏器具，无不腥膻，饮食大减，越数日始定。岂入鲍鱼之肆，久而与之俱化乎？商人贩茶，规得重利，官辄抽取其半与番易马，故私茶之禁特严。茶自四川、湖广来，味重而色黑。用竹筒盛之，圆如茶瓯，长约三尺，谓之一篦，本地价值七八钱。每茶十篦，可易一马。政以油茶番人急需，顷刻难离故也。询之乡绅武弁，亦多嗜此，盖渐于其俗久矣。余意此必多所补益，少久亦欲习而用之。随乡入乡，又何妨乎？

岷城无生药铺，每需药，必诣省城及巩昌市之。巩昌亦不多得，医止一二，又不讲于岐黄之术。其它衣食所乏，尚其缓耳。署中书胥止六名，俱在按察司，三年一换，多痴拙不解文移。每自起稿，尚费数日誊写。缘边地方，设一按院，屡经澄汰，故至此。此其最称不便者也。

本道属陕西，抚院为李瞻于，讳起元，河南人。又属总督，军门为刘定宇，讳敏宽，山西人。抚院在西安，抵任时已经晤对矣。军门驻扎固原，距岷仍九百四十里。昔年靡不谒见，近例率行停止。先遣一传牌往，比至中途，遂有书手来辞，即返辔矣。余莅岷以十一月十三日，诣固原以十九日，中途而返以二十五日，盖席尚未暇暖也。

岷州为卫，先年曾改设知州，后又改为抚民同知。幅员亦二三百里，但多山耳。生员八十余人，有廪膳二十余，文多肤浅。每年一贡，照府学例，故此中贡士甚多，且极少年。边方小县，科举止四五人，廪亦十余，出贡甚易。此鼓舞边方人文之意也。

西征山川，因行役倥偬，都置之矣。因遣苍头东归，欲诸兄弟知余足迹车辙之所至。一夕书此，大都据耳目之所睹记，笔意之所向往。潦略杂记，非足自附于作者之林也。

三叟同游记

从来宇内名山大川，可以开辟胸臆、陶铸性灵。故严君歉意于九州，向平婴情于婚嫁。士君子未有不以登选奇胜、搜讨灵异为愉快者也。顾游必有时，则闲莫如退休；游必有方，则近莫如梓里；游必有与，则契莫如同籍。若余三叟今日之游是已。

先是，癸酉甲戌岁，余与张叟华东，先后自长安归，数相过从。因念海内同籍，指不多屈。然存东省者尚余四人，其两人则安德杨毓奇、安丘马见素也。见素垂老投荒，我辈爱莫助之。乃杨叟，才三四百里而近。曩每过安德，辄欢洽移日，今竟契阔已乎！因相约为三叟之游。惟是内外警报频闻，居守戒心。逮丁丑春暮，始拟会五峰、历灵岩、登岱宗、谒孔林，订于望日甲寅起行。

是时桃李盛开，乙卯次龙山。余先至，小设以待。张叟薄暮至，直来就语。丙辰过梁家庄，同赴历。姻黄君邦柱之招探春，芬芳满室。然以道之云远，不遑即安，虽投辖弗从也。道出华不注下，青翠若削芙蓉，是春秋晋郤克所为逐齐师三周者乎？日下舂，过济城东南郭。客有邀观趵突泉者，吾侪以未便徘徊省会，辞不往。驱车出望仙楼，睇南山一带，如大佛、千佛、玉函、马鞍之属，峰峦起伏，秀色可餐。欲觅宿山墅中，居民不应。舆人告困，遂跨款段从之宿于黄山铺。张叟招余共饭，山村岑寂，而肴核精腆，盖宿戒也。

丁巳欲早发，闻张叟未行，姑待之。与店主闲话，询以村居乐乎？对曰："差役烦苦，有司不能抚循，且加朘削。兼地近藩封，府役飞而食人，不可向迩，安所得乐？"余闻之凄然。及同行出铺，则有长清赵孝廉之故园在。园有石有花，颇就颓废。而古松三株，苍翠奇崛，若广厦覆帱，若虬龙蟠旋。士人言孝廉久捐馆，其子赤贫，他产尽鬻，而深念先人手泽，独留此园，躬为灌蔬。清风家法，有足重者。过大小炒米店，人传杨叟肩舆已过。余与张叟闻之，且疑且信。以安德抵五峰，比邹、淄较远五六十里，况携幼子，意必迟迟，其行或愆期。会既抵五峰，而杨叟果先在焉，余两人喜可知也。甫抵寓，杨来，张继至。因同诣杨寓。杨叟已登五峰、礼三元讫，且就道院治蔬食相迓。有次子士秀同行，礼度烂熟，应对敏捷，真英物也。久别乍逢，握手论心，共话积阔，其乐陶陶。少休，张叟与余觅径右转，先拜伏魔大帝祠，遂登山之西偏，拜广生殿。沿路松柏郁葱，鹿兔狉獉，洵称佳境。绝顶为三元殿，规制宏①丽，法象森肃。稍下有藏经阁，藏《道藏》书，装潢精洁，且闻内有《神农本草》，与俗刻异，张叟亟索览之，因仓卒难觅而止。是地孤耸秀拔，初惮其险，徘徊他途，及觇峭壁鳞次，更起艳羡，遂从磴道直下。通计二百余磴。峻矣，峻矣！山称五峰，中会仙，左聚仙、升仙，右庆仙、迎仙。东青龙泉，西白虎石，皆五峰之盛概也。晚，会饮张叟寓。夭桃高楸，互映山侧，大助登临之兴，三叟各赋一诗，纪事咏怀。已，更相属和，以识胜游。

戊午，东行数里，过德陵。地踞高冈，脉从五峰顶来，周围崇墉，扃钥甚设，道路崎岖，舆人称艰。各舍车乘马。日晡，抵灵岩寺。初进山门，北望山形如狮，有驰骋不可控御状。入殿拜大士、文殊、普贤。像端严妙好，皆唐宋丹青也。登灵岩阁、千佛阁，雄杰诡丽。殿西一柏，大可十围，突起百丈，目所未睹。东行为鲁般洞，内设二门，门不可启，见者诧为神奇。再东有铁袈裟，上存褶

---

①"宏"，四库本作"壮"。

文，下无根柢，不知谁为铸之，而又谁能著之也。谛观转轮藏，令从人推挽数转。又观双鹤泉，遥望丹鹤栖集树巅。自此路渐险，天渐瞑，遂偕过小寓晚餐。己未，复欲穷山之胜，同诣张叟所居方丈。修竹数竿，风枝袅袅欲舞。香积内有泉，为佛图澄飞锡处。稍北为辟支塔，高十三层，游人或盘旋而上。北行里许，势愈陡绝，乃弃舆徒行，从人前掖后拥，始免颠踣。有碑题“灵山第一泉”，即甘露泉也。泉居慈室，甃石为井，僧取小瓴，挹水进之。清冽沁人，不知与惠山、中冷[1]，谁当伯仲。泉流四出，曲沟回环。稍上，树色笼[2]葱，有亭曰“抱灵”。寓目则插天翠黛，倾耳即瀹地银笙、幽襟大快。攀萝再跻，为大石棚，势如斧削，有僧栖焉。旁为圣水池，池水入夏已涸。前有石刻“关圣画竹”，默寓归汉之意，虽真赝难辨，亦忠义佳话也。自此，陟白云洞，直入证盟功德佛洞，即狮峰。绝巅架木为桥，仅可置足，纵目四顾，渺然无极。僧献白水黄精，身世两忘，意豁如也。相与趺坐移晷，寻旧路下，则日之方中耳。复同束装，言迈道出湾德约二十里，经鸡鸣山、明孔山，皆西来旧路。至湾德始转而东，则泰山路矣。晚宿长城丛林，此战国时齐所建自卫长城也。

庚申，抵泰安。自香店外，无寓客者。适阳丘姻家李济斋太守宅在西郭，因偕寓焉。时青州司理齐公以督税至，藩司照幕耿公以署篆至，孝廉广文郭公已报升江山令，皆来顾。吾侪坚辞不允，遂以野服见，齐送登山大小肩舆。辛酉质明，出登封门，抵歇马崖易舆以行。由黄岘岭度回马岭，势弥峻削。至快活三，颇觉纾衍。南望徂徕诸峰，罗列如儿孙之拱立。路侧一巨石，青色，有黄红筋膜横束之，时人所目为“蛟龙石”也。进此为御帐坪，有飞来石，即昔年五大夫松故处，后为洪水漂堕压仆者。进此为朝阳洞，为半山亭，有米万钟“云根”字，又有赵世禄“名山洞府”字。停舆小憩，便觉神思飞越，迥隔尘寰。进此为大小龙峪，为小天门，前人题有“风清云壑”“振衣千仞”等字。即景会心，处处逼真。忽值云雾排空，风雨骤作，恍惚飘荡，不知所向。阴霾中但见为十八盘者三，则三天门也。旁刻“仰之弥高”字，鸟道盘纡，壁立万仞。舆人从喘汗中，勇猛精进，吾侪亦险夷祸福度外置之。

始抵绝颠，望见碧霞元君祠，会风雨亦渐息，遂肃衣冠而晋谒焉。昔有镀金铜殿在正殿前，今已筑台其下，若增而高，兼竖镀金铜碑，交相辉映。余念东岳为万方生物之府，而元君又神之至灵至秀者，比岁氛祲交作，海内凋残，登高望远，戚然动心。顾谓张叟曰：“曩科臣葛泰垣疏言：‘泰山铜顶，金木相刑，年来祸乱之作，多有左验。’语虽近幻，似亦生克至理。”张叟然之。右折而上，

① “冷”，四库本作“泠”，似是。

② “笼”，四库本作“茏”。

探李斯篆及玉女池。旧在公署后，今公署已圮，直埋没沙碛中耳。左折而上，探日观、吴、秦、越观诸峰及仙人桥、舍身崖，骇目洞心，应接不暇。若磨崖碑，雄峙怪伟，尤称奇绝。再北登玉皇庙，观无字碑。高二丈许，色理细腻。论者多谓劳民伤财，驱他山石至此，及与张叟观附近石，色理多相仿佛，其为近取无疑。最东为孔子小天下处，有圣庙焉，方在修葺，则守道吴公也。至东岳为泰岱主庙，乃满目倾颓，铁瓦数百，飘积毁垣败壁间耳。晚归公署，饫二守、陈公所授餐，优人在焉。匆匆竣事，退就寝。三叟共居一室，风声凛冽，色相凄清，几于所谓“连床夜雨”者矣。尚拟风定观日出，不意彻夜不休，岂非山灵之妒人乎？

山后黄华洞，胜地也，余昔曾再游。二叟晨起偕往，余畏肤粟，不果，直兀坐以待同归。归途强半，则东折入石经峪，署州设馔于此。巨石横亘数亩，俱隶刻《金刚经》，书法精峭，水流其上，半明半灭，映带可喜。张叟令从者拓“阿耨多罗三藐三菩提”九字，古色惊人。直北有亭，或刻其上曰“高山流水”，又曰“冷[①]然清韵”。下山，谒泰庙。庙制宏敞，环以砖城，雉堞森然。城八门，南面者五。庙前汉柏、唐槐及银杏树，干云合抱者凡数十株。巨碑可数丈，龙头龟趺，多出宋祥符间。迨万历中，碑阴续刻“万代瞻仰、五岳独宗”八大字。又太极图、东岳图二碑，皆作巨丽观。

癸亥，脂车入曲阜，晚宿大汶口。河阔水驶，有道人修桥焉。米价腾踊，不用升斗，而用权衡，舆人廿钱不饱。道左榆钱、杨叶，多斧斤以取，倾筐塈之，其凶年之景象乎！甲子，入曲阜境。涉泗水，清流漫衍，土田膏腴。眺望林木，皆挺拔高耸，特异寻常。盖周公建封奥区，自不同也。路旁有“功参造化坊”，即孔林。入林先拜飨殿，次谒先师及伯鱼、子思三墓，皆马鬣封也。翁仲角端古朴，殊常制。近西一室，为子贡庐墓旧场。洙水自西而东，绿净澄澈，为洙泗桥。门东有端木手植楷，枯矣。尚存根株二丈，垒石护之。林中自松柏外，高楷林立，扶疏畅茂，不下千百，则皆端木手植云。仍也无奈，人情嗜利，采掇颇多。楷芽可茹亦可茗，犹无大害。楷木取为杖，可以扶老；制为棋局，其声清越。有兖守乔公碑，厉禁薪樵，弗为止，且皆孔氏子孙擅其利。人情熙穰，一至此乎！三墓周围设垣，可二十亩。其东、西、北三方，皆设重垣，广可数顷，孔氏子孙世世祔葬其侧。此则黄虞以来，神明之胄，所不再见者也。晚宿东关，其居停者即孔姓。虽在韦布，亦方巾如宗室例。

乙丑，斋沐入城，谒大成殿。殿九楹，柱础皆白石，刻蛟螭，前后左右以

---

① “冷”，四库本作“泠”，似是。

四十计。先师冕旒黻黼[1]，俨王者之仪，牺樽象罍，皆前代法物。盖用所封文宣王礼也。殿内刻顾凯[2]之所绘《行教像》、吴道子所绘《小像》。殿前一亭，碑题“杏坛”，字金党怀英书，光泽倍常，可鉴眉睫。诸古庙中，此类颇多，人呼为“透灵碑”，世俗影响之见耳。亭前有魏陈思王，唐李邕、崔行功，宋吕蒙正、米元章所书碑，均称瑰奇，而近刻《圣迹图》亦佳。诸拓碑鬻书者充牣其中，人争市易。而张叟独拓壁间“五凤二年鲁三十四年六月四日成”十三字，则好奇甚矣。步出奎文阁，下弗克登。门东为先师手植桧，虽未腐朽，而无枝叶，护以石栏。说者以为荣瘁关国运，及考所载发荣之期，亦不尽然。余谓此树生死，不必强为之解。试观庙内，松柏参天，阅数千年，林内荆棘不生、鸟雀不巢，亦足以明圣道之独大、造化之独钟，不必区区于一桧论荣枯矣。李文正公诗云：“一方烟火无庵观，三氏弦歌有子孙。”信然遐哉！圣化不可尚已。右为启圣殿金丝堂，即鲁共王坏壁处也。左为家庙诗礼堂，一联云：“文岂空华，字字皆躬行之谱，咿唔时，何不反躬体认；道非绝诣，人人具圣哲之胎，景仰会，便须著力担当。”此提撕真切语也。嗣拜颜庙，其规制视孔庙差狭，而轮奂不减。入克己门，窥陋巷井，始知能发至圣之蕴者，其食报亦与至圣俱无穷也。城北有周公庙，相传是灵光旧基，树“制礼作乐”“经天纬地”二坊，庙设周公、鲁公神位。东西二高埠，为两观故址，即至圣诛乱政大夫少正卯地也。

维时游兴渐阑，将回辕矣。欲邀杨叟取道长白，不从。因留恋半日，各治盘餐并赠杨公子小诗，翌日丙寅别去。余与张叟并辔归，是晚仍宿大汶口，因未便再入泰安。丁卯，问道北鄙。道颇修阻，舆马相代而行。渡渐汶河，有策马来追者，则年家王利川弟也。利川，讳楫，泰安人。巡抚宁夏，死乱兵手。生平清绝，司饷辽左，一尘不染，且因亡弟冲阳缺饷陨生，发愤抗疏。余在泰安，亟侦其庐吊之，或告以在乡而止，不知停柩近此，真一交臂失也。询嗣人，止一子，伶仃穷约，不觉恻然。顾日晷渐晚，张叟已远，而余欲返旆难矣。疾驰宿段家庄。因念大汶口俗呼“待闷口”，渐汶河俗称“酱瓮河”，戏为口号曰：“大汶口为‘待闷口’，渐汶河作‘酱瓮河’。俗人不解通文义，袭舛承讹奈尔何？”张叟续前二语云：“虾蟆陵原是下马，古人已误奈今何？”盖用白香山《琵琶行》中事也。戊辰，过龙磨角、杨家困诸山。两山南北夹立，中开一径，似二龙抵触状，但地原非冲边，不知杨家何以困此？志乘无考，徘徊久之。是晚风起，遂宿杓山。己巳北发，遇险峻处则骑而行，幸登降无虞。比抵坦途，余马见朽柳空腹，突惊逸而堕，痛晕移时。张叟业跨蹇前往，复回慰视。余追诵

①“黻黼”，四库本作“黼黻”，似是。

②“凯”，新旧唐书作“恺”。

杜诗云："不虞一蹶终损伤，人生快意多所辱。"惕然增感。亭午抵颜镇，拜颜文姜祠。一泓清澈，错落珠玑，二泉汤汤，横流城郭，真山明水秀区也。入城，吊总督张公明衡，继贺宪副赵公暨垣。及觅赵解元嶷叔，则他出矣，晚宿其书舍。次日，孟夏庚午朔，余邀张叟便道过敝庐，意难之，至焦庄而别。后闻二叟皆以是日抵家，维余亦然。盖通计往返，各十有七日，而游事竣矣。

岱宗为南北孔道，余昔宦游邗江、彭城、金陵，道皆出此。凡登眺者四五，阙里亦尝一至其域。若五峰、灵岩，则今目中所创见者。五峰奇胜不逮灵岩远甚，而新丽过之。彼以天巧，此以人力。正缘逼近德陵，有藩封金钱，资其鼎建耳。灵岩相传本希有如来出世道场，开山祖师为后魏梵僧法定，有青蛇、白兔、双鹤、二虎之异。寺兴于汉，盛于晋唐，迨宋真宗始锡今额。御书炳焕，祷祀骈阗。迄我朝弘正间，香火犹盛。今且颓败冷落，景象萧条，遂俾金地香钵，渐有阻饥之患，岂兴废固有时乎？宇内有四大刹，灵岩居一焉。唐李吉甫所图，固不诬也。岱宗嵯峨雄浑，晴晦开阖，气象万千，尼父登之而小天下，自非他山可与较长挈大。然自余游览之初，越今仅三四十年，凋敝之状，日增一日，香火之来，年减一年，独齐鲁近地居民，祝釐祈福，犹稍稍相与点缀荒凉耳。孔庙为道学渊源，荐绅藉途发轫。比岁圣明右文，增置科目，甲乙名流，顶肩相望。近汤文宗题请醵金修理，虽未讫工，渐见更新。第询衍圣公，尚滞京华，曲阜尹待对牙角，泗水令署篆，仅属遥制。春秋朔望，谁与奉烝尝而勤瞻礼？亦非崇儒重道之时所宜有也。抚今追昔，真见风会日流，江河日下，宁无歔欷于中乎？

古称山水之理，不可以卤莽而得。三叟往返千里，通计十有七日。杖履匆匆，一切胜迹奇观，固未能一一探也。独念吾侪已老，无用于世，与其守拘挛于斗室环堵，疲精神于求田问舍，视今之寻盟谱牒，出没烟霞，虚而往，实而归，岂不有径庭矣乎？

目今海寓[①]多艰，触目戎马，吾侪虽老居林壑乎，脉脉关情，正非优游啸傲之日。惟邀社稷之威灵，不腆二东，幸获安堵，兼以敦年谊而践宿约，则事不容已。粤自壬辰通藉，迄今四十余祀，同籍兄弟，落落晨星。比岁南北宦游，一二同志曾有《四友》《二老》图咏之刻，士林艳之。暨归田来，把臂益鲜，乃屈指济郡，尚有安德少参杨毓奇，梁邹总宪张华东及余三人。邹淄接壤，犹可继见；安德越境，益怅离群。因相约为岱宗、孔林之游，兼及五峰、灵岩。既以骋游目，且以纾契阔。丁丑春，始寻前盟，纪为《三叟同游》。是游也，山川之奇秀、祠宇之瑰玮、古迹之灵异，毓翁记中载之，华翁又评释之，不啻

① "寓"，四库本作"宇"。

详矣。第三叟当苍颜华发之余，畅浴沂风雩之致，或唱或和，亦步亦趋，幽怀渴思，藉以披豁。傥所称“偷闲学少年”者，宁非圣明如天之鸿赐欤？抑亦可与前《四友》《二老》诸刻，共侈年谊之盛者也。顾余窃有愧焉。毓翁年七十有五，华翁年七十有二，而余犹歉古稀之一，则齿不逮也；二叟神骨崚嶒，登名山如履平地，余以龙钟潦倒，每遇绝巘幽谷，瞠乎其后，则健不逮也；纠合胜游，华翁首倡，操觚作记，毓翁先登，余直碌碌因人者耳，则风流文采又不逮也。余兹厕足三叟之间，岂不厚幸矣哉！故漫书以附于后。

赠奉直大夫泰州知州广文竹轩徐公传

於陵海曙徐君，发解壬子，与亡弟辽抚为莫逆姻友，余因得从之游。窃觇海曙，锦心绣口，规言矩行，循循然有道君子也。植德有本，意必得之过庭，而未敢请越。壬申，海曙谒选人，授泰州刺史。当江淮之冲，值丸羽之驰，而能方圆并画，保障干城，无不如意，循声藉甚。一日遣冢嗣小侪踵余门，曰：“日升不肖，藉先人遗训，以博升斗。顾先人丰于德而啬于遇，恐遂湮没无闻，愿得一言表章。”余取年友王公立宇所为志铭，三复之，言言实录也。且小侪实亡弟快婿，谊不容辞，因据志铭及里闬所习闻为之传。

公讳子肃，字德寅，别号竹轩。其始祖伯亮，自枣强徙於陵。五传至岁贡君玠，娶于樊，是生公。先是，公家世服穑，至岁贡君，始攻博士家言，文明肇起。公生而歧嶷不凡，甫舞象，即齿秀于黉，试辄前茅。先后丁内外艰，婴婴孺慕，大著孝名。督学邹公，特加旌异，遂受国士之知。万历辛巳，起家选贡。癸未，司渠丘训。公念学者诵诗读书，将有所效于世也。今纵不获大成，何妨小试，宁忍弁髦，师范龌龊，自甘已者。见义必往，视利若浼，推诚御物，敷教在宽。诸子衿侍函丈，咸如坐春风中。察贫窭者，罢其贽；丧不克葬、婚不能委禽者，捐俸赒焉。有小眚而褫衣巾者，为白之，复其故物。一生耄而贫，需次当贡；一生富而黠，从旁构之。阿而佐构者颇众，公独排群议，竟与耄而贫者。即贿嘱，弗为动。由是渠丘诸生啧啧诵义不休矣。

比迁谕聊城，属岁不登。公条上荒政，用佐长吏所不及。故游泮帮补有陋例，曰“公堂”，或实怀醉饱之心，摭[①]充私橐。逮有公事出，复列姓名，效沿门持钵状。公则悉以副公费，义不私一钱也。王生文教，才锋犀利，而家徒四壁。公解衣推食，勉以潜心大业。王生感奋，后竟发解癸卯。每见同籍中与公密迩者，辄询徐夫子起居状。及问辍，又未尝不泣数行下也。其他受公陶铸，矢无负公，

① “摭”，四库本作“抚”。

相继处囊脱颖者，尚繁有人。

辛卯，升西安府教授。会关中督学姜公思鼎，谋创书院。公为相地鸠工，区画井井，建尊经楼，市群籍充牣其中。督学嘉之，檄集名士百余人，属公督课而殿最焉。当途者凡两委摄州县事，计可脂膏自润，公固辞弗往。寻转威海卫教授。时海曙下帷攻苦，已岳岳诸生间。公喟然谓西人士曰："人生石火电光耳，幸席先世之敝庐，可以庇风雨；薄田百亩，可以供馇粥；徼天之幸，有子且才，可以读笥经。吾年逾知命，何恋恋鸡肋为，而往来东西，不惮烦也？"遂投簪归。解弢释缚，尚羊自喜。邑大夫重公行谊，征为大宾，"执酱而馈，执爵而酳"者十余年焉。

公坦夷高洁，于物无所狎侮，遇朋好欢然道故。饮可二三斗而醉，终不及乱。客前奏奕，一再局子声丁丁然落枰中，然终未尝撄情胜负。性喜客，户外屦常满。然亦率家有无，循分任真，终未尝下何曾之箸，而饱虞悰之馔也。至其教子，身作仪的，式縠惟谨。方幼而津津若长，既长而岩岩若幼。迄今海曙守身守官，蔚然誉起，即厥孙茂才、小侪，文学酝藉，风气日上，洵翩翩玉树哉。其所得于义方之训者，匪浅鲜矣。公壮岁习熊经鸟伸之术，老而弥笃，啬精葆素，惟治心养气为兢兢。病亟他无所言，独谓海曙曰："吾贷刘氏金，而汝不知。吾没，汝必偿之，勿使吾歉歉地下也！"不欺之学，凛于四知，庶几其得正而毙者乎。后讣音抵聊城，士民悲悼，因摭公论，以名宦请，当途许之。又越十年，而海曙乃首举于乡，则其出于人情之懿好，可知也。

司徒氏曰："余观今世宦途，其情态可鄙、为世揶揄者，莫甚广文。非广文之可鄙，而为广文者之可鄙也。日暮途穷，倒行逆施，以子衿为食邑户。诸里选游泮及优考食饩者，按瓠抉子，勒索不已。口实公举，头会箕敛，无宁时。囊橐稍充，辄夤缘署州县篆，大肆渔猎，怨汝詈汝，一不顾。且日薄崦嵫，恋不能割，必俟夺，然后罢逐，然后去，或不获正首丘。呜呼，惫矣！恶在其为诵法孔子，模范多士也！"

赠公幼学壮行，务期无负而后即安。三莅泮林，所至辄克广德心，匪怒伊教。成人有德，小子有造，即委以代庖弗应。年才逾五旬，飘然远引。具至行而负高韵，持特操而涵真意，卒以广文，庙食聊城。夫俎豆宫墙，世不乏人，非身都华膴，易为顺风之呼；则子列要津，藉为显亲之典。赠公竟以萧然寒毡得之，即有哲嗣，未露头角。庚桑畏垒，千载同符，斯亦三代直道，而后所不多见者也。

论者多疑位不配望、寿不配德。然仕则名宦祀之，退则令长宾之，兼启胤子为名刺史，纶綍舄奕，光贲泉壤。今且入赞大农，匡勷军国，树立骎骎未艾也。菑畲弓冶，食报无穷，安在其道之不大行哉！

始祖石塘翁传

粤惟赐姓受氏以来，溯源探本之思，自天子达于庶人，古今一揆。宋儒谓士大夫家，宜立一所，自出之祖，祀于祠左。顾必以创业垂统为可继者，以为大宗，盖其慎也。相传吾宗原籍枣强，不知肇自何年，徙益都之石塘坞。世代谱牒，莫可考镜。其徙于淄之南铺庄者，则石塘翁昉也。饘于是，粥于是，八传而至自严。据老父所记断，当以翁为始祖，作《石塘翁传》。

翁讳敬贤，生长石塘。洪武初，中山王统大兵入北平，元主远遁沙漠。是时日月重揭，不苦兵革，乐土多旷，可以择便栖处。翁因过南铺庄，古名崔家庄者，乐其风气庞茂，南面豹山，北倚长白，东西则走济、淄孔道，土厚溪清，可耕可稼。于是，画地为业，筑场圃，营室庐，遂定居焉。又自念去丘墓远，思慕无已，因徒父母骸骨，负而驰马北来。维时尚有兄弟在石塘者，追将及，则急掩于庄西新耕陇亩中以灭迹，不卜而坟。迄今，望其地脉，自豹山北来，冈阜砂水，起伏环抱，蔚为佳原。非神之相之，宁讵偶得此乎？此严少年所稔闻，而先大夫备载之世谱中者。子孙相传，号为石塘翁。翁配朱氏，生三子：长士宽，次士敏，次士全。迄今十余世，裔胄三四百人。仕者、耕者、读者，各守其业，皆吾始祖之遗泽也。

赞曰：以愚观古，所谓升虚望楚，降观于桑，度其隰原，观其流泉，未尝不叹古人所以燕贻者，其用意深而心良苦。夫安土重迁，人情之常，乃或借避而徙，或借徙以为式廓之谋。如筑九层之台，惟恐基址稍瑕，后或颠蹶，必于深山大泽之处，相土宜，择利便，凡可以为子孙计者，无勿用也。此固豪杰之士，所见无大小殊矣。即石塘坞，山谷幽邃，兵革罕至，前人非无谓而处此。乃翁且捐弃勿顾，以草昧之际，造次经营，实开吾宗以有茅茨袯襫地，何其见之决，处之密，而规模宏远若是哉！

岁时拜祠下，遐想缔造艰难，真若羹墙在望，所谓敦孝友，以光大之，是在缵绪之人矣，可不深念哉！

山左济青诸县称自枣强迁来者十家而九，虽人有同辞而家无确据，大率得之故老之传闻也。吾族之谓迁自枣强，自始祖石塘翁，至先祖黄发翁七世矣，始纪之世谱。然又载有自石塘坞迁葬之事，按《颜神镇志》，自唐天宝间世掌顺德夫人庙祀者四家毕姓，其一迄今无改，故碑尚存，即居石塘坞者也，并无来自枣强之说。又考自唐以来颜神镇在淄州封内至元世祖至元二年始割属益都，是知吾族历唐、宋、元、明以来，世为淄川人也。九世曾孙际有谨识。

曾祖志俨翁传

曾祖讳恪，字志俨。曾祖母王氏，御史云石公祖姑。吾宗自石塘翁徙居崔家庄，五传为志俨翁。家世农桑，翁守故业，躬耕力田。以勤俭治家，语及华奢习则耻之；以孝弟为乡閭标准，语及浮薄态则耻之。生平未尝殚精占毕，而诗书所载古今兴衰治乱及圣贤名节忠义事，悉能举其大端。庄训子弟，罔逾尺寸。言有物，行有恒，人莫不信且悦焉，曰："志俨翁长者，长者！"邑令廉耆硕，推为忠信乡保正。凡里中婚丧大典，非翁莅止，则争以为恧；伏腊宴集，非翁祭酒，则众皆不欢。诸少年有过，惟恐翁闻之。翁煦煦不为谯让，咸内愧避匿，痛自创艾，而后敢见。崔家庄之南北，各有巨壑，岁苦秋潦，病涉。翁竭力损[1]资，各建梁跨之，行旅称便。翁产不逾中人，而轻财好施。中外族党或婚嫁丧葬有不给者，辄倾橐佐之。虽没齿布衣，举迹不逾里闬，而百里颂义，令问施身。古所称"居三年，而畏垒大穰，众思尸祝者"，信不诬也。

有子五人：长迁，次正，三直，四忠臣，五忠敬。自此孙枝愈繁。论者以为，吾宗至翁，即有于门将大之兆。不肖曾孙自严，自癸亥及辛未，回翔二品者八年，中间屡经请告，尝以国恩不及曾祖为歉。续获备位一品，辛未始得蒙恩，赠我曾祖为光禄大夫、太子太保、户部尚书；曾祖母王氏为一品夫人。盖发祥于先而食报于后，非偶然也。

赞曰：古云"修之身，德乃余"，又云"治人事天，莫若啬"。夫事天者，治身之谓也。以齐之有淄，古所称豁达智匿。其俗无不笙竽、六博、斗鸡、走马为雄快。乃我曾祖志俨翁，独以诚心朴学、恂恂礼让、规矩先民，人亦争昵就之。又以古训格言，时时为子孙告诫。岂非作法于啬，矫然不为末俗之渐靡者乎？其所以启佑我后人者，抑何深以远哉。

祖善人翁传

祖讳忠臣，字廷佐。生而魁梧卓荦，处村落中，如珠玉在瓦砾，顾盼容止有威仪。体长上短下，姑布家咸占为福相，知子孙当兴。初为邑掾[2]，以古人自期许，有平恕称。寻弃刀笔而力稼穑，攻苦茹淡。闲家训子，即臧获辈，咸凛然画一，如事官府。有不率者，先以鼙鼓申命，继以夏楚收威，阃以内外，雍雍如也，肃肃如也。祖母王氏，为王公东和女，兢业慈祥，实相佐辅。有子七

---

① "损"，四库本作"捐"。

② "掾"，国图本作"椽"，据四库本改。

人，长柳溪公檠，次双泉公架，三前川公丛，四云洲公林，五云峰公树，悉蒙故业治菑畬，且为门户徭役虑，先后入粟为藩臬郡邑掾。三考竣事，咸得省祭冠带，祖心终未慊也。先大夫舜石公，行在六，独器重之。每笑而摩其顶曰："孺子可教也！"命入乡塾肆业。无何，先大夫厌薄塾师，复令从邑大儒张仪部松石先生游，借铨部王公秋澄执经问难。学殖日新，即松石先生，亦自矜为两高足弟子。及秋澄公登第，先大夫竟以数奇偃蹇青衿。然而，子孙经术渊源自兹始。迄今垂裕后昆何？莫非祖穀诒之赐也。七为昆山公本，晚出。

祖天性友爱，笃于兄弟，推及群从诸侄，抚摩不啻己出。兄子合居，室屡空，祖为置产者二。仲季兄弟早殁，遗孤女三，悉收育，择偶资嫁，俾各得所。以至亲故，诖误不能赎、旅困不能归者，必代为输锾，出之犴狴，千里治装，使遄返，保有家室。扶老周贫，恤孤抚寡，好义施仁，不蕲寸报。邑故事，举耆年有德为公正以司市，适推祖。祖念已见推择，不忍负，常曰："第闻投钩分财，投策分马，非以钩策为均，使美恶两忘，足矣。"幅巾青袍，质成踵至，务调停解纷，不分左右袒，而自令人意解。一时，闾里化之。稍有纰行，惟恐吾祖知也。如是十载，引老家居，邑侯弁名"旌善亭"示劝。以是[①]子孙相传为"善人翁"。

祖辟地创建菩提庵于东万庄之南，施田以赡香火。捐赀专人，印藏经一部于南都，迎贮其中，延名衲讽诵，梵呗之声相续也。诸子次第析爨，即命各居一村。长伯东万庄，二伯栗家庄，三伯南铺庄，四伯黄埠庄，五伯王村镇，先大夫西万庄。田产楼房，咸有定宇。七叔生晚，另营一村，居之郑家庄。乃祖暮年，所自拮据，又不以纤毫累诸子也。越数载，各能成立，污莱尽熟，通计肥瘠田可六十顷。里中人或意祖望腹也者，祖笑曰："昔人称良田广宅，面水带山，九月肃霜，三春捧茧。烹羔而酾斗酒，击缶而歌《南山》，彼独非夫乎？大都人各有志，斥鷃榆枋，安知垂天之翼，九万扶摇为？"

祖虽自顾一山泽癯，而胸次阔大，议论瑰玮，莫测涯涘[②]。里[③]人又[④]皆敬且惮之。祖母先没，祖自卜茔兆于西万村之离方，手植杨柏数百株，郁郁森森，佳气攸萃。迄今龙章宠赍，马鬣腾辉，皆吾祖考卜所致。此又天相发祥，恐青乌家未必有此奇中耳。异哉！晚年尽谢家秉，陶然自适。坐卧一小楼，诸子雁

① "是"，国图本作"示"，据四库本改。
② "涘"，国图本作"埃"，据四库本改。
③ "里"，四库本作"里中"。
④ "又"，四库本无此字。

行侍立，以次上食；诸孙绕膝觅梨[①]栗，融融泄泄，笑语移日。人谓祖，不独吉祥善事骈集，厥躬造物不为少靳，抑亦澄怀恢志而善享之也。

祖生于弘治十年四月初七日，卒于万历三年八月二十日，享年七十九岁。祖生当皇风沕穆，身际五朝太平，躬享全福，泽流苗裔。殁又四十余年，始以不肖孙严陕西参政秩满获赠中大夫，最后累赠光禄大夫、太子太保、户部尚书。祖母初赠淑人，最后累赠一品夫人。吾宗昔年率守先民之朴，虽有祖妣葬时隧道之石，崖略特甚。今邀天宠焜耀，国恩家美，岂容佚遏不宣？业勉树坊表仪卫于墓门，而墓道之碣文尚虚，谨摭述生平，以干如椽之笔。当祖母没时，严尚未堕地。及祖没时，严仅七龄。祗据生平所闻于先大夫者，敬书以备采择。祖妣有灵，无所逃于挂漏之罪矣。

赞曰：不肖严生平朴遬无他长，所藉先大夫遗训，奉为司南。惟日日救过，出处幸无大戾，为九原羞。弟寅若肃，扬历中外，咸兢兢克举其职。虽由先大夫拮据堂构，而先大父之弓冶实多。向非先大父辟塾课子，易草昧为诗书，即再传而后，亦终晦迹陇亩而已。盖先大夫于不肖兄弟，以一经遗，代满籯金，譬诸琼膏玉露，为天人粮。若先大父之于先大夫，是有太羹玄酒，而后有肴核醴齐也。不肖辈承匮中外，滥竽簪缨，讵敢登枝而忘本哉！

先君黄发翁传

先君以儒业肇基，含华韫采，俾不肖兄弟咸受一经，子弟辈得彬彬与于文学之列，皆遗泽也。忆辛丑见背，壬寅襄事，曾备列行实。丐进士中白高公为行状，选部秋澄王公为志铭，宪副顷阳刘公为墓表，宫谕瀛海张公为传。亦既借雄文为华衮，第维时仅封文林郎，官不过七品，于子心未惬也。距今癸酉，三十有三年矣。不肖严滥竽中外，屡膺天宠，累赠十有一次，至光禄大夫、太子太保、户部尚书。国恩家美，焜耀前后。近修世谱，益觉明发兴怀，拟丐名硕绪言，以贲马鬣之封。谨据当日行实，再加整次，搜罗为传。深虞词涉藻绘，文或掩质，故与其文也宁质。盖先君所以修诸身，而训诸子若孙者，不过人伦名教、布帛菽粟之常，今亦直肖本来而已。

先君讳木，字子近，别号舜石，晚又自号黄发翁。天性英敏，须容伟异，目光炯耀，貌癯神王。读书多妙解，不事章句。髫时偕王铨部秋澄，从张仪部松石先生游。先生海内大儒，慎许可，乃亟称二俊，无所轩轾。无何补郡庠，晋增广生。又与王侍御云石、韩参知约庵、孟别驾对轩，结社青云寺，撷英漱

① “梨”，国图本作“黎”，据四库本改。

润，试辄高等，一时才彦咸避舍，先君亦慨慷自负，可顺风而翔。乃王、韩诸君，相继陟通显，先君独以数奇，再困棘围。年甫三旬，遂幡然改曰："孝弟力田，吾家法也。薄田足供饘粥，儿曹可继书香，以善养当禄养足矣，奚恋铅椠为？其桎梏我也！"遂弃青衿不复顾。学使者惜焉，给冠带，命为儒官。事父母竭力承意，务得欢心。疾作，更切孺慕。药必尝，祷必虔。逮捐馆舍，哀毁骨立。仪节悉仿《家礼》，墓草凄凄，祭必血泣。又立祠于白业堂西，肖遗像并肖己像侍侧，如事生仪。复推肇迁始祖以下，建主奉祠，逮同堂伯叔，并列昭穆。朔望率诸子拜奠，垂老不衰。岁时，萃期功，荐时食，俾宗人之疏者、贫者，咸得祀其先，既以报本，且以睦族也。兄弟友爱，村落相望，常联镳过从无虚日。中年遭家不造，左撑右持，振纷纠之急，惟先君是赖。大伯柳溪公，二伯双泉公，皆以先君为才，倍加怜爱，先君亦庄事之。殁，咸嘱曰："以是藐孤嫠累矣！"先君饮泣受教，为诸侄析产襄事，悉虑殚心，覆翼备至。

初，先君授产膏腴，三伯前川公欲之。先君逊焉，易西万村以居。及伯值怨家含沙，台使逮治，室毁产荡，先君被褐振裾，跋涉千里，百计拯援。虽雪夜凛冽，坚冰在须，弗顾也。比县令惑于仇口，罗织株连，宗戚避匿，伯且有死之心矣。先君独毅然登堂，据理直陈，伯始及于宽政。先君羞伐其德，事平，绝弗置喙。伯晚复病痿痹，每肩舆邀之，膝语竟日。饭必罗数品，恣所嗜以为常。四伯云洲公，庶也。先君谱族，以直书获戾，参商几十载。一旦变起家庭，伯以老见辱，自分必死。先君矢天指日，洒泪拯之。时严初入仕途，仆马书币，赍相望于道，卒保无虞焉。五伯云峰公，最谨愿，亦为仇所螫。先君殚力周旋，乃获公道昭明，不罹文网。迨殁而乏嗣，诸属哄然，谓："奈何以数千金，轻弃螟蛉手？"先君正色曰："此死者所爱也，如饮恨地下何？"质之官，以犹子时荣入继。义男鹏，出姓归宗，犹给别宅二区，腴田三百，才令不乱宗祧而止绝产，一无所利。七叔昆山公，庶而早孤。先君既身为训诲，复多方捍蔽，无敢弱小侮者，故叔特敬惮先君，比于师保。

先君素负达观，尘芥轩冕。逮三伯罹大难，始歔欷曰："吾薄占毕不为也，乃构闵受侮，重为门户累，匪诸子孰与偿乎？"于是，督不肖兄弟于精舍，授以坟典，杜宾客，肃扃钥，丹铅句读，朝程夕课。每缀艺，必手自点窜，间就正诸先达，以决向往。试辄治装与偕，驴背上仍令背诵《四书》一过。传舍会食之余，亦俾手一编把玩，曰："岂谓汝曹必藉此顷刻者，如终食间无所用心，何不使有寸晷之逸？"类如此。而更随材迪诲，因事奖掖。常令勃然、跃然自得于绳墨彀率之外。或夜分罢读，挑灯共饭，话家庭娓娓不休；或暇日命酌赋诗，旁及涉世应务之概。天伦真乐，又未尝不融融泄泄也。

始，严与兄慎，屡试屡蹶。先君曰："业患不能精，不患有司之不明。"逮丙戌己亥间，始受赏于霞城吴司理、质亭薛参知，且进而与其子相切劘。用是先君以义方特闻，两公争引为布衣交。顾迫而后见，见未尝不抗宾主礼也。询以民瘼则尽言，有托居间则不应。暨不肖辈各授室，愈加简励。随置善恶二薄，朔望日分别登记，张先祠，示劝惩。自制《薄序》，其略曰："古称父为子隐，吾非老悖，欲张子过，正欲汝曹兢惕，勿即匪彝耳。汝曹他日遭际与终身展布不可知，第能择地而蹈无灾，厥躬虽潜伏草莽，吾快志多矣。不然，即怀金纡紫乎，操行不轨，众秽所聚，此为盗不持矛弧，攻而不用弦刀者也，奚贵焉？父子之间不责善，子舆氏盖激于父之愎谏、子之非类者言之，非通论也。以责善，固至情之不容已者也。中材之养，几谏之事，亦何？莫非善用其责善者。况家庭隐匿，疏者不肯言，贱者不敢言，至父若子，而犹以责善为解，则过何由闻，而善何由迁哉？"识者服为确论。

越戊子，严举于乡。先君曰："未也！汝小子宁无满志于贤书，猥效薄俗，欲从里少年饮博，恣狎邪游邪？非吾子也！"所以操之一切，如诸生时。壬辰，严释褐长安，即贻书曰："祖宗积德累世，发祥在汝，汝宜厚自树。不者，遗泽自此斩矣！"需次得松江司理，便道省觐，惓惓以访察为戒，曰："任耳者废目，吾日坐环堵而逖听，巧比中人于三寸之颖，宁无天谴？汝伯可念也！"继贻书曰："云间脂膏地，汝当秋毫无点。吾力农自赡，义不取锱铢污汝。"严廪廪，奉以周旋，无敢失坠。迄，量移抵里，检橐中，止图书无长物，而后先君喜可知也。

逮诸季尽入泮宫，而严以司理考绩移。封章至，乃潸然涕曰："余曩者不尝为辕下驹乎，宁虞今日？乞灵先人，以邀天休，不啻拮据以鸠此室也。夫困穷犹生我，而后将无骄奢淫佚败乃家声。余子孙其覆亡之不暇，余悲且惧矣！"

严在松，以水土不服，殊病困，因投牒乞休。惧伤先君意，亟驰使以白，先君怡然报书，允令归田，仍附一诗，末云："吾庐红药青松好，何用樊笼困小官。"其超旷如此。后，疾亦愈，历俸六年，仅转比部郎。大惧以拙宦为先君嗔，及便道拜膝下。先君曰："小子年甫而立，识见未定。若骤得台省，朝野属目，一言不当，将贻终身无穷之玷。诚不若粉署含香，随分尽职为愉快也。"

宗属繁盛，间有一二任侠敛怨，或凶暴阋墙者，率摈不得谒，甚则诮让、批挞随之。其有事抵公庭，非冤抑不为请。抑强扶弱，宗属断断，一听约束，乃至恤厥徭役，周厥匮乏，不啻痌瘝切身。尝曰："斯孰非同源而共派者，忍令偏肥偏瘠，若秦人之视越人乎？"大母家，旧著姓，后裔中绝，遗冢不封。先君慨焉，每令儿曹以时致祭。无怠事。

岁值荐饥，贫民窃剥榆皮屑为糜。他人多加穷治，不亦荆棘粪秽护之。先君独否，偶遇，必迂道引避。若剥干遗颠，则亟伐而听其恣取。里人贷粟，凶年不克偿，焚券可数百缗，曰："余愧无厚积，以大庇天下饥寒也。奈何与鹑衣枵腹者较区区！"

松石先生仙游，先君深念国士之遇，匍匐哭尽哀。仍制衰服会葬，徒步执绋。严等自里选、乡举，以逮筮仕，必命削辞絜酒，拜先生墓左，谓为"渊源自也"。每为儿曹延师，务求高明，而犹不废综核，以故多逊谢引去。独与中白高先生臭味相投，去住久速，一任其便。间与论难书指，唱和篇什，时出独解，互有启发，高先生倍为倾向。柏林黄先生，布衣也，素行谨饬，则委以监督程课之任，俾诸兄弟先后悉侍函丈，赖以不荒于嬉。先君解衣推食，历三十年。先生每自叹："何以得封翁若此久也！"殁，犹遗命畀宅一区，田数亩云。内外戚党，非时乞索，庞杂于门，欣然应之，不以为烦。

历下马德，飘泊淄土，垂老丧妻且无子，仅一女孙相依。先君为资给婚葬。已，进董圃，政日鼓腹槐阴中，以终天年。阳丘陈德祯，穷困转徙，乡人莫之收也。先君念属瓜葛，与之居室器物，赡其衣食。及先君殁，陈恸绝复苏。忽梦先君招与对奕，一夕弃世。岂其信然欤？抑感德深也。尊崇高年，不遗疏贫，如里中王忠、刘思仁、宋昂等，频加问馈，间招与会食。满座苍颜白发，噢咻备至。

先君腹饶经济，议论滚滚，举中肯綮。邑侯虞庭王公，首询均田之策。先君为借前箸，凿凿善也，公竟用以报最。海曙朱公，以缮城遍咨乡彦，久无应者。先君为上便宜十余款，曲尽利弊。公将次第举行，会有阻其事者，役卒罢，然抱负可卜矣。

释典道藏，冥搜殆尽，复揭要语，置屏幛间，故能刚而以柔用之，明而以晦出之，皆从释老精蕴中来。独不喜轮回黄白之说，曰："此淄[①]流黄冠所为惑世诬民者也。"至星相、堪舆、巫祝、方技之属，虽好事者陈左验于前，确乎其不信矣。居家整肃，昧旦夙兴，饬家政，白首不怠。子舍奴仆，食指累千，异爨同居，米盐琐细，必均必遍，无不帖然就处分。置产则曰："人非甚不得已，孰不自爱田庐？而乘厄为利，又亏折稽迟，俾不得救旦夕之死，则毒矣！"内顾弗给，必弗受券；其所受，必使无憾而后即安。自奉节约，用俭成廉，誓弗权子母，逞渔猎为垄断行。即炭窟利薮，虽进说百计，不纳。或怀契愿献，竟日不敢吐一语而去。惟胼胝畎亩，咏《伐檀》以见意，每倒空囊而自处恬如也。邑侯韫所沈公，雅负人伦鉴，莅县数年，独敬服先君，常叹曰："澹泊清苦如封翁者，鲜矣！"

厌薄苛礼，谢远贵介，惟耽嗜名胜。亲昵朋旧，风月妍美，则相与徜徉长白、夹谷、东陵、三台、青云、醴泉、花沟、滴水诸处，挈壶蹑屐，尽日忘疲。

---

① "淄"，四库本作"缁"。

笔札工妙，尤善行草。好为诗歌，每有感发及眺览会意，操觚缀思，顷刻立就，有陶柳风味。特不欲以此见奇，稿成辄削去。诸子或私藏之。一夕，书室不戒，都付烈焰。今《黄发集》所载，乃未尽散佚者耳。邑侯岁时读法，数虚大宾席，亲为劝驾。先君勉一赴之，雍容曳履，里人环桥观望，侈为盛事。嗣即逡巡引谢，曰："邑中贤豪夥矣，余何敢久压人上也！"

笃嗜营建，虽廪无余粟，囊无余赀，而一日不督工课肆，则神不怡。创造一禀匠心，度材量费，胥有成算。且教苍头各习一技，法令峻而程限宽，卒赖其用，故节省常数倍他家。虽窃视效慕，莫及也。晚治二与园，垒丘疏池，种树莳竹。建黄发楼、玉清堂，棋局诗卷，栖迟余年。及卧疴静摄，惟把玩琴剑、花石、图绘，或纵谈漆园吏所称"南面王乐"，用自解譬。秋澄王公来视，先君瞪目问曰："人死犹有鬼乎？"已，复笑且叹曰："天下安有不死之人，即寿夭彭殇奚择焉！"王公服为知生。夙昔称贷，悉从卧内措办以偿，曰："余砥砺一生，殁而汶汶，冒宣尼在得之戒，目不瞑也！"后事俱预为区画。疾革，仍命进头陀诵《圆觉》《楞严》诸经。其于生死梦觉关，殆了然矣。属纩之辰，不作世情语，第命击钲伐鼓，声震阓外，脱然而逝。是为万历辛丑正月二十二日也。距生于嘉靖丁酉七月二十八日，得年六十有五。元配刘氏，侧室王氏、李氏、王氏。男八：长自耕，早卒，先君哀之，为制墓文；次自耘，郡庠生；自慎，岁贡生；自严，壬辰进士，历任太子太保、户部尚书；自裕，邑廪生；自寅，乙卯举人，历任南京户部广东清吏司主事；自强，邑庠生；自肃，丙辰进士，历任巡抚辽东、都察院右佥都御史。女八。耕、严及长、三女，为嫡母刘出；自耘及次女，为二母王出；慎、裕、强及五、六女，为三母李出；寅、肃及四、七、八女，为四母王出。孙男女三十余人，详在世谱。

窃念先君，生平教子，殚竭心力。严以颛愚，滥膺簪绂，秋毫总属庭训。当庚子乡试，兄弟四入棘闱，先君日盼得隽而卒不谐，未几见背。癸卯服阕，肃弟即举于乡，良以教泽固未湮也。嗣偃蹇一纪余，始登丙辰会试，寅弟亦登乙卯乡试。自析爨后，诸务纠纷，功课实不逮昔，而仍博一第，则当日下帷力也。向使天假先君以年，计寅、肃奋迹必早，即若慎、若裕，亦不至终老明经青衿间矣。故淄称善教子者，必首先君。矧规言矩行，无不为训迪计，如葺旧庐而题以"白业堂"，联曰："积善修白业，读书养道心。"构新居而题以"玉清堂"，联曰："君子褆躬重于山，直北岩岩仰止；丈夫比德清如玉，此心翼翼思齐。"治小圃而题以"投豆亭"，联曰："检点身心，投豆亭中无黑子；怡愉情性，护花篱畔赏黄英。"此其身心性情，惟恐越轶绳尺弗克。闲家教子，而欲以清白传世者，意殷殷矣！

今隧上之木已拱，儿曹一触简编，犹如膝下初问字时。寻绎耳提，谆谆教诚，又不啻新免于怀。以故在朝[①]在野，日征月迈，战战兢兢，惟恐有负堂构，为先君僇人。严尝妄拟先君：其决是非可否，若悬鉴；其料成败利钝，若炳烛。里闬宗戚，疑者咨访，争者质成，隐然系一方之重，可谓智；平易近人，共坐春风，即横逆之来，无怒容，无仇念，汪洋千顷，人不能窥浅深，可谓仁；藐大人，轻千驷，遇事慷慨担当，不以造次颠沛而惊，不以晏安逸豫而惰，可谓勇。殆合三达德而兼之矣。玄览之士，当不以严为阿。

先母慧淑恭勤，拊严虽极钟爱，不废程督。在诸生，则勉以进取；为刑官，则勖以仁恕；抚摩诸子，不异属毛离里。乡党称不妒之德，比于螽斯麟趾。晚更好佛，不饮酒，不茹荤，恶烹宰若仇，至罢蚕缫，以全生物之心。预刻亡期，遗命祭奠，无设牲醴。人谓母生于淄西之佛生庄，岂不有宿缘欤！先君初封文林郎、直隶松江府推官，累赠光禄大夫、太子太保、户部尚书。先母累封太安人，累赠一品夫人。四母王氏，以子自肃贵，累赠恭人。俱葬玉清山之阳，盖先君生平所杖履，爱其明秀而扁为堂者。及卜兆域，莫此为良，遂窆，以成先志。当初得此地时，严梦寐中忽成一联，曰："遗命曾教封北陇，殊恩犹待表新阡。"今葬后，褒赠且十一次，坊表林立，仪卫森然，而肃弟亦四赠其生母，视前联，若合符节，岂偶然也。

赞曰：粤惟上世，肃肃明农。猗欤我祖，遂振厥宗。既富方穀，言发其蒙。亦既训止，礼乐雍容。我祖播之，我父易之。勿俾尔莠，载锄载耔。匪神是笃，一穗两岐。二三小子，幸际昌时。乃刈乃获，罔敢斁思。宁云善述，聿怀先德。一言一行，实为彀率。以步以趋，重趼弗及。百尔后人，是效是则。

石隐园藏稿卷三终

---

① "在朝"二字，底本漫漶，据四库本补。

卷　四

文三

户部河南司主事铭绅张公墓志铭

呜呼！余安忍铭吾年友张公也！往壬辰岁，郡中登第者十四人，独余与公葭莩莫逆，既而以吏事差池南北。已，俱被召为郎，燕市邸舍，昕夕把臂。未几，公以疾请告，余亦以使事还里。遭家难，公一再过唁。余谓公二竖且退舍，而讵意竟不起耶！惟余知公稔，令嗣来请，乌敢以不文辞。

公讳笃敬，字汝淳，别号铭绅。其先淮阴人，自洪武初徙家新城。高祖宗让，宗让生福。福生利，多施予，有善行。利生磁，州吏目，赠文林郎，芝娶封太孺人忽氏，生丈夫子四，长即公。公幼聪慧嗜学，补博士弟子，试辄冠曹耦。岁己卯，以诗魁东省，壬辰成进士。需次推择为令，得元氏。元氏，故并州瓯脱地，视列邑繁埒。而俗悍习诡，鼠牙雀角相轧，格禁难治。公自念令为天子牧元元，要以泂酌餴饎，罔违罔咈，唯是三尺，斤如岩如，焉知其他。于是下车不逾旬，门内霜肃，门外雨恬，四境喁喁，咸歌来暮。

已而值矿使驿骚，如王虎者尤骜横不可制。公上书两台，以为“剑山苍岩间，迤逦无几，凿之无金，徒使奸人汹汹”。书上，邑矿卒报罢。元氏父老尸祝神君，而珰亦莫可谁何。自此，台使者啧啧咤异，荐章相望。已，三载奏最，赠公父如公官，母太孺人。再岁，乃擢户曹主政。始视仓场，继典银库，厘奸塞窦，一切劳怨无避。事竣，钦谕纪录。维时，真保矿务，以故事当差司属。大司农应城陈公，谓公素敏练，计可从中调剂，欲令往。公谢曰：“职在臣子，剧易诚非所辞。顾此何等役也，方愧不能折槛伏蒲以回上意，顾可当先为逢，贻点青史也。引镜自照，何以施眉目而立宇宙。”因乞身终养与部疏交章并进，事卒寝。其伉直不可枉以非义，多类此。

居顷，榷关命下，便道还里。公念母老，不以三旌易一日，奈何以绝裾忘回驭。顾太孺人勖以靡盬，遂辞行。次淮上，谢疾遽归，得以赋闲。居侍板舆，卒如公志。不二载而疾没，享年仅四十八。

呜呼！惜哉！公生平落落寡谐，遇物鲜脂韦，而孝友性成。当文林公以磁州尉疾作，公奔视，吁以身代不起，哀毁骨立。迨手一经，课诸弟，无间寒燠，卒俾后先青衿，不愧弓冶，则公友于良足多。为令务宽和，不事鹯击。顾民有不法状，则置之理，无骫。居恒冲素，于世膻[①]泊如。尤嗜吟咏，厌剥啄。通籍以来，箧有数卷，门无杂宾，非必移床远客，戛玉代清而萧然自远。以余观公之概，所称朱霞白鹤，丰玉俭稷，庶几不愧。且遇事凛凛独持，有故名臣风。令天假之年，克究厥施，必有以树非常、垂不朽，而今已矣。嗟嗟！跖修颜短，天道茫茫，宁论哉！

公生于嘉靖甲寅，卒于万历辛丑。配胡氏，封孺人，则公与余同忝门楣云。男三：胤振，郡庠生；胤拓；胤扬。孙一：桂翘。卜于癸卯冬十一月初三日，葬公于宝山之阳。

铭曰：繄孰不仕？繄孰仕而循良？矧劲节浩志不可夺，屹然岱宗，岿然灵光。斯亦足不朽，何必耄耋大年为阳阳。在昔达人旷观，所以齐彭殇。

顺天府尹霞城吴公墓志铭

大京兆吴霞城先生，余生平受知第一恩师也。余自髫龄，遭家不造，外侮繁兴，先封公亟望成立。自辛巳冬，即出应童子试，而屡龃龉于郡邑。愈下帷发愤，至丙戌春，年十八岁矣。再值里选，惴惴惧不得当。

维时济南太守为约齐李公，云间名家也。先生以名进士为郡司理，雅相契重，推为文坛牛耳，府试品题，多出先生手。已取余第三，尚未发案，外无从知。恐不获隽，复赴告考，又属先生为政。时济下三十属，赴告考者可数千人，独拔余为首，大加击节，而以先兄岁贡讳自慎者次之。不俟放榜，辄召谒见，称赏不置。又立试数题，皆许可。余自分落魄已久，一朝得此知遇，真生平殊遘。继入督学屠公道试，余与先兄同列府庠，得时领先生明诲。又辱守道薛公物色，招余兄弟衙斋诵读。每谒先生，辄命题课艺，耳提面命，所为勖其勤而警其惰者，不啻慈父之于爱子也。

越二载，戊子，余叨荐乡试，出惺宇张公房，而感恩怀知在三之谊，视房师有加焉。己丑，余应春闱下第。先生入为铨部郎，余走济下送别郊外。先生在铨衡，甚有令誉，而以抗直不阿，遂从外转。比余壬辰成进士，谒选得云间司理，则先生旬宣两浙[②]久矣。吴越密迩，遣使通贽，大相慰藉。戊戌秋，余以司理，历俸六年，转刑曹郎。入浙四明，辞盐直指袁公，道经武林，则先生方为廉宪，政范清肃，芳闻籍甚。衙斋小坐，握手道故，并与诸世兄晤对，亟

① “膻”，四库本作“味”。

② “浙”，底本作“淅”，据四库本改。

以道义名节相期许，蔼然骨肉也。甲辰，先生以江左右方伯入觐，余时待罪冬官，得再睹丰采。佩服教指，五内洒然。事竣，抗章乞骸。部覆勉留，而先生高卧家园，竟不复抵任矣。无何，即家起大京兆，恳辞不赴。此其难进易退，出处大节，岂不超然远出尘寰之上哉！

嗣余薄游中外，强半家食，驰驱南北，多居塞上，益与先生音问杳然。乙丑春，余待罪津门，忽从邸报见《八闽举荐地方人才疏》，知杖履无恙。亟颛力往讯，力旋得手书数纸，颜筋柳骨，依然济下品题，铅椠墨妙也，益令人勃勃神往矣。未几，叨转留宪，岁杪历任。丙寅，再转留计。值珰焰益炽，即挂冠亟归。丁卯夏，维扬周君觐光，俨然莅草堂焉，实先生肺腑亲也。方先生寄书时，谓余在留都耳，不知已归也。盘桓数日，报牍南还，自是鳞鸿绝矣。

戊辰夏，余叨起计部，碌碌戎马钱谷之间，迄无宁晷。方拟觅便往候兴居，而副郎林君一柱者，为先生同里内戚，以庚午春，持世兄太学君祖学、文学君祖越、祖擢讣书见贻，始知先生于戊辰孟冬，已作古人。

痛哉！先生生平，和而能介，风轨遒整，翛然不滓。辙迹所至，咸切庚桑畏垒之戴，而《菁莪》作人，《棫朴》造士，恬退止足，枕石漱流，雅有古先贤之风焉。乃先生所自状者，一切韬晦不言，惟取林下隐居数事，以明无憾。而卒皈依于西方之教，则其素位而行，耻为夸诩，与世之大言不惭、好自标榜者异也。诸世兄以墓石见托，先之束帛。余即不文，而不忍负先生大德，则缕述其当年知遇之奇，与所目击出处之大者，漫为削稿，以自附于门墙思慕之义。

按状，先生讳献台，字启衮，别号霞城。晚而更署素心居士，表厥志也。裔出唐屯田员外郎祭公之后，十数传而讳富者，为先生八代祖。富子洪，洪子熊，并有隐德。至熊子希贤，官翰林侍读学士，封熊如其官。希贤子彰善，彰善子正谊，累赠江西左方伯。配林氏，累赠夫人，为先生大父母。正谊子三。畏，广信郡丞，累赠江西参政、江西左方伯，配程氏，累赠夫人，为先生二尊人。两代貤恩，悉以先生贵。而郡丞公先起家台州宁海学博，程夫人生先生署中。括苍山川奇胜，赤城石壁如霞，故赠公取以命先生名号。盖当日期望之意，业甚远且大。而先生果以万历丙子领乡荐，庚辰捷南宫。初授绍兴司李，复除济南，升吏部，历四司主事、考功员外郎，例迁台州宪副，即先生发祥地也。旋晋大参，仍分守宁、绍、台，寻转按察使、右方伯。先后仕浙最久，亦异矣。嗣改江右左辖。值入觐，乞休不遂，径解组回籍。及升顺天府尹，始得请致仕。从此，山静日长，或读释道诸书，或吟《长庆》《法藏》二集，或临卫生帖，或散步兰渚大堤。徜徉于云烟水月之下，凡二十五年，然后骑箕从九仙游。距生嘉靖戊申之岁，得寿八十有一。先生自以为备造物清福，洵不虚矣。子五，孙三，曾孙四。此先生自状世系、行藏、子孙崖略，而余覆按之若此。至所树德若功，既不自表异，即余前所论次，亦何能悉底里。

顾余回环状中语，更有一言欲质先生于九京者。计先生悬车之日，政礼可以为卿之年，而视京兆若敝屣，急流勇退，得失之心澹矣。捐馆舍在大耋，而手营玄丘于念载之前。临革自为行状，若彭泽豫作诔词，全无恐怖，生死之心亦澹矣。在世了了，来世亦应了了，乃遗语："送终无荐牲食，惟延高僧诵内典以惬素心，将为来世法缘。"是果于西来，意何居，余得而窥之矣。曹溪有言："常自见己过，即与道相当。"古人、圣贤、仙佛，只在日用人伦上修持，故先生居官，到处有声。而状乃自歉："悠悠禄食，无功朝常，无裨氓庶，林下比逍遥游。"而状称："不愧此心者，独在建修先人祠墓，冀释怨恫。"此即是真忏悔、真行业。"心迷《法华》转，心悟转《法华》"，戒牲延诵之嘱，犹"羊鹿牛权设"云尔。余本不知禅，第恐人疑先生落二乘，故僭拈此一段，与先生相质。先生以为然否？

先生藏骨之山，厥名泰林，负兑趾震。中穴先生，左林夫人，右侧室周氏。辋川堪绘，盘谷可歌，先生所自卜也。先生传神之照，厥质纯素，欲晦弥扬，上不负国，下不负亲，远不负祖宗，非愚非智，简简惺惺，所自写也。先生之作备矣，无容赘矣。无已则绎焉，而系以铭。

铭曰：大道无歧，至德时迁。既壮乃行，未老归田。由孔印释，得鱼忘筌。惟忠惟孝，亦儒亦禅。彼纷奴主，曷窥行圆。壶公之侧，先生幽阡。幕天席地，襟巘带泉。三立不朽，霞光长县。有报斯获，余庆用骈。谓余阿好，盍视遗编。

贵州道监察御史忠门宁公墓志铭

岁在己巳，侍御忠门宁公，捐宾客于平原。时，长君顾韩，甫九龄，诸子皆呱呱泣于褓，是未克葬。越六年，元配张孺人亦逝。又三年，长君既已著声黉序，诸季亦各知敬业，乃谋卜吉窀穸，且辑生平徽烈，介余犹子际竩问志铭焉。

初，公与余六弟自寅同荐贤书，旋又与八弟自肃同捷南宫。及为蠡县令，适余以督饷之役待罪津门，倚办召买，借光荐剡。又八弟亦分符定兴，同寅莫逆，因订姻好。逮丙寅丁卯间，余自南司徒谢病归里，公亦读礼家居，过从甚数，臭味沦浃。戊辰秋，余起家度支，公亦遂已持斧畿南。适丁八弟辽左之变，公亟驰书吊唁，蔼然骨肉。兹余回首畴曩昆弟之好，与夫出处周旋之雅，宛焉如昨，诚不觉其怆然有动于中也。志何忍辞，因据长君行实，次其崖略。

公讳光先，字廷瑞，别号忠门。宁之先，有行一者，元末徙自枣强，卜阳丘之西，锦川大埠里居焉。生子信甫，信甫生克忠；克忠生友德，友德生贵。贵好阴行善，生二子：长曰祥，领宣德年乡荐，除荥阳广文，历松江，二车所在，有去后思；次曰铎，铎生纲，纲生守宽，守宽生希孟，是为公父。娶于韩，生四子，公第居三。公生而神骨秀拔，聪颖绝伦。舅氏澄江韩公，有子而殇。泣谓太孺人曰："弟以乏似，万念俱灰。姊幸多男，曷以幼者续吾后，俾弟没世无为若敖之鬼，惠孰与姊多。"乃以公嗣韩。

韩父若母，鞠如掌珠，不知其非己出也。七岁入小学，九岁能文，辄时时造乡先达伛偻请益。癸卯，补子衿第一。时岁大祲，鲜可以饱。韩父贩官鹾，权子母，佐灯火费。公下帷漯水之浒，韩父渡河饷公。值夕，潦水暴下，几殉彭咸。公感泣曰："人皆一天耳，吾独戴二天。大丈夫不能扬名显亲，何强颜天壤为也！"益发愤，咿唔摩砺[①]以须。闽中晦生王公，来牧阳丘。季试诸生，得公卷，诧曰："驮騠騕褭，四蹄雷电，一日千里，不足云也！"延入署中，为其子傅。自是，每试辄冠军，人无不以大捷目公。公亦独喜自负。乙卯，举于乡，即出王公房。明年，成进士，人皆奇王公知人能得士，惟公亦能不负所举也。时有以复姓从[②]臾者，公正色曰："吾少失怙，微韩父若母不及此，且韩父若母，发种种矣，方虑报韩日短，何忍以是举，伤厥心乎？客毋复言！"除直隶新城令，迎韩父若母就邸养，太孺人鱼轩预焉。新当长安孔道，冠盖相望，不遑宁处，操刀者类血指去，公游刃常有余地。邻邑来质成者，日造于庭。当事者才公任剧，调蠡县。蠡旷僻，最号难治。公至，清衙蠹、均徭役、裁冗费、旌节义、兴学校，治化翔洽，家户尸祝。当是时，诸台使荐牍，累累无虚日。辛酉，光宗登极，覃恩中外，封韩父如公官，韩母封孺人。居无何，韩母遘疾，弃桮棬。公哀毁骨立，扶榇归里，殚力营葬，远近称孝焉。既禫，值蠡令缺，铨衡为地择人，复以公往。蠡人士侦其来，纡青垂白，载道欢迎，且悲且喜，如婴儿之复觏慈母也。公驾轻就熟，敦大廉平，大慰民望。

甲子，驿取入都。未及考选，而韩父讣闻。公呕血茹痛，抵家襄事，一如前丧。丁卯，服阕，选授贵州道监察御史。公既簪笔兰台，居恒明发不寐，曰："吾以宁嗣韩，犹侨居也。向吾不即归宗者，以韩父若母拊鬻劬劳，思图报万一耳。今韩父若母偕即黄垆，封章具矣。而生我者，曾未沾一命之荣，天下宁有无父母之子哉！"乃具疏复姓，且请以直指新衔，貤厥二人。情词恳切，上为感动，于是赠公父如其官，母封孺人。公既两邀纶綍，光宠四亲，其矢报朝廷益切，遂疏保圣躬、温圣学、核起废、处降丁数事；又首劾建祠媚珰者二十六人；又谓帝王之执中，在虚平；虚平之寄脉，在用人。疏荐乔公允升等林下诸贤，皆蒙嘉纳处分，而虚平一议，尤荷旨褒奖。

寻巡视皇城，权贵敛手，辇毂肃清。出按畿南，诸如驰关禁、节土木、表幽贞、

① "砺"，四库本作"厉"。
② "从"，四库本作"纵"。

白冤滞，措注烜赫，照人耳目。先是，巡方使者有所举劾，类摭骈丽而晦事实。公复命以散辞易俪语，上大喜其独得体要，且著为定式，敕永遵焉。役竣，便道谒太孺人，奉卮酒，前为寿曰："儿以王事鞅掌，定省久疏。古人不以三公易一日养，今母老矣，儿亦积劳善病，姑移疾归子舍，得晨昏莱彩相依，不亦快乎！"太孺人不许，趣之行，公重违膝下。又简书在念，虽勉为促装，而五内彷徨，精神销削，日渐羸弱。行至平原，病加笃，遂殁于逆旅。

嗟夫！骅骝方骋，而霜蹄顿蹶；干镆甫试，而锋铓忽挫。惜哉！公性禀孝友，恂恂退让，服朴茹淡，既贵不改。构园绣江桥畔，竹树阴森，仰山瞰水，大有辋川之致。时偕二三贫贱交，游息其中，啸傲题咏，怡然自得。初，公之归宗也，仍留次子嗣韩，奉舅氏祀。既而嚣然，谓鬼神不歆非类，以宁嗣韩，何如以韩嗣韩？乃疏择诸韩中当后者立为嗣，付以舅氏遗产，更捐所续置田产留赡焉。公生平苦心举子业。同门方孟旋、孝廉张宾王，狎主文坛旗鼓，每阅公艺，辄赞叹不容口，有评订就正稿行世。

方公食贫，而张孺人实来。张孺人者，同邑张应皋女也，有内则。壬寅归公，以纺绩佐诵读用，显其名于朝宁间。及封孺人，称贵倨矣，而纤啬自奉，练裳布被，泊如也。岁时苹蘩，奉先惟谨。视小星辈，一意慈和，昵如同气。不但衾裯逮下也，且鞠爱诸孤，一如己出，有鸤鸠之风焉。即姑太孺人，后公二年殁，而丧葬悉轨于礼，不辨其非公也存者。是又能为国劝孝情者哉。

公，生于万历乙酉，殁于崇祯己巳，享年四十有五。孺人生于万历丙戌，殁于崇祯乙亥，享年五十。子四：顾韩，邑庠生；嗣韩、持韩、卫韩。独持韩出孺人，余皆副室王氏出也。女三。张出者二，一适廪生王濂；一适余弟自肃，男庠生际谊。王出者一，未字。长君等卜于三月上巳之辰，葬公大坞之新阡，张孺人祔焉。

余观公以白屋崛起，而冠惠文。为学而英敏，为令而循良，乃其大节，尤在居乡复姓、立朝直谏二事。夫公在宁继韩，卒以成名，其受卵翼恩不薄，而水木本源之思，又必不可已。公初以花封封韩，终以豸史封宁。先后四亲，养生送死，胥无余憾，洵宦途异数也。且复叩阍陈情，为韩立后，幡然归宗，敝屣遗产，绝无一毫依阿濡涩之态。即其命名诸子，未尝一日忘韩，而卒发乎情，归乎礼义，合乎天理人情之正，是为难耳。古称死者有知，生者不愧，亶其然乎？至其立朝，适当圣明龙飞之初。公以谠论昌言，伏蒲谔谔。嫉珰祠则胪列重劾，一时如梦初醒，人皆股慄；悯遗贤则阐幽推毂，俾山陬海澨之彦，莫不弹冠而起。诸所纳约自牖，因事效忠，沥胆披肝，不遗余力。傥所云"夙夜匪懈""靖共尔位"者非耶？兹可以垂不朽矣，是宜铭。

铭曰：立身扬名兮显亲，内既有以酬我二人。抗疏正言兮匡君，仰复有以答夫紫宸。生我者与养我者双慰，蠹国者与干国者并陈。孝耶忠耶，世孰与伦？故古之人有言，求忠臣于孝子之门。呜呼！移孝作臣[①]兮，即忠成孝。是则忠门之素履兮，允符于彝伦之大道。夫何位不配德兮？寿未展其所抱。徒留余庆于无穷兮，俾子孙世食其报。

昆山毕公墓志铭

昆山叔父，以客岁戊辰仲冬，无禄即世，将以兹岁己巳仲冬，葬郑村之北原。维是圹底，一片贞珉，藉垂不朽。不肖侄自严，窃愿檃述其概。弟自寅复从吴桥公署，约略叔畴昔以状来。才展读，不觉涕泣之何从也！读竟，因为志。

志曰：叔讳本，号昆山，子务，字也。累赠资德大夫、太子少保、户部尚书，王父廷佐翁稚季。王父怜其早慧，常置膝下；越数龄，见背，累赠资德大夫、太子少保、户部尚书。先府君舜石翁，以小弱弟，笃昵之。先府君课严辈句读，亦课叔；授严辈制举义，亦授叔。以昵故不甚苦叔，叔亦不甚嗜也。每嗜涉猎稗官野史，过目辄不忘。时为绘嗜，解衣盘礴盈尺，而山水人物具焉。酷嗜琴，抚徽动操，辄多远韵。寄嗜澹，故其兴会奇；兴会奇，故其世嗜愈澹。其句读制义之不甚嗜也，其夷然有不屑嗜者也。先府君愈笃昵之，叔亦敬事先府君无少怠。一举一动，惟先府君是程是命。先府君嗜客，叔亦嗜客；先府君嗜奕，叔亦嗜奕。风花之朝，雪月之夕，客奕未尝不从，叔亦未尝不在。时严已驰驱王家矣。兄慎、弟裕，暨寅若肃，俱怀璞待售。先府君谓："非二三子辈，何以拓我家声？非小弱弟，何以娱吾暇日？"则笃昵之情，见乎辞矣。先府君即世，叔彷徨无依，悲悼欲绝。会先府君茔域，卜于玉清之阳，直郑村之坎。方当治圹时，叔常徒步省视，又手植二桧于墓，依稀当年端木氏行径，志思也。

叔天性超迈，兴致潇洒。产不越中人，而不为戚戚；家才足温饱，而不为营营。最喜游观川岳，啸傲泉林，跻攀不厌，赑屃崔嵬，不惮婆娑。于是，登眺岱宗，瞻万仞之郁嵂；踞陟碧霞，观羲驭之沉浮；纵目杏林，寻孔颜之真乐。不觉手舞足蹈，徜徉自得。间复问胜沧溟，瞰珠玑蓬莱三神山，在洋洋万顷中，留连不任去住。嗣是，靡日不游，靡游不奇。穷奇于武林，羡飞来之绝巘；穷奇于普陀，艳落伽之芳躅；穷奇于燕赵秦晋之墟，顾瞻帝都万年王气。以至龙门、汾阴、王屋、太华诸名胜，拾级踵顶，足迹几遍。迨游倦而返故庐，岁时伏腊，携嘉宾、邀契友，尽乡井之一岫一泓，靡不探及。畅饮酣歌，幕天席地，有浴沂风雩之趣焉。居常不喜营建，而好种植花卉。奇芳异葩，缤纷间出；早蔬硕

① "臣"，四库本作"忠"。

果，甘鲜殊常，论者比之郭橐驼云。室而拳，圃而盎，具有溟岱蓬莱之胜，克追《考盘》薖轴之风。晚岁更嗜歌律，喜读元白长庆诸集。操觚染翰，牖牖与一骈联，仿佛几盘座右之遗。偶得口占，取焉编置《击壤集》中，谁辨乌之雌雄哉！盖收寥廓之乾坤，归诸内性；取耦俱之天地，散为人间矣。严兄弟既忝列缙绅，叔行辈最尊，于族为长，严觅得告身衣冠，献之叔前，以备婚祭大礼之用。叔笑而置之，曾不数数御也。门第虽高，不作贵倨色相。其所与游，率皆山翁、溪友、村叟、邑耆，油油与偕。我伯叔兄弟若而人，皆执犹子礼甚恭，叔一意慈和，不失常度。公私宴集，必叔在座乃大欢畅。乡党人人谓叔忘形昵己，即侄辈亦人人谓叔忘长下交，而叔若不知也，亦聊藉以自为栖泊，自为位置已尔。得之游，应之心，上可与冠盖公卿伍，而下亦可与田夫野老俦。好义乐施，远迩诵德。假令先府君而在，其笃昵又不知当何如矣。

叔生平襟怀宣朗，素无膏肓之疾，寿甫逾耆，虽不健饭，而能雄饮。二子，一游胶庠，一就散秩，俱能克家力农，无内顾忧。严，尝以为吾宗第一福人，消受政未艾也。客岁初夏，我仲兄震阳公捐馆，叔哭之哀甚。迨仲秋[1]，而有季弟辽抚中丞之变。凶问至日，郁郁不乐。比季秋，旅榇抵里，凭棺长号，至再至三。既惜季弟不究其用，而又虑门祚之中落，愵焉如捣，神情大伤。未几而染疾，驯至不起矣。天下有钟情如叔者耶？呜呼！恸矣！先府君伯仲七人，仅有叔在。严思侍先府君弗获，侍叔如侍先府君焉。兹复羽化去，严何从寄侍耶！追忆客秋，严奉司徒之命，应召北征，叔同六弟祖饯拱玉园中，期许眷恋，百倍恒情，岂意衔杯瞬息，遂为千古永诀之期。即严异日伺圣明乞骸骨，归卧故园，谁与嬉游？冥鸿渐远，甡甡子姓，将何仿德而寄傲焉？呜呼！恸矣！居不获奉叔溪毛，游不获负叔杖屦，殁不获属叔纩息，葬不获临叔穴兆。仅借斯志，用识拳拳。因志叔并志其欿然于叔者如此。

叔生于隆庆二年四月十七日，卒于崇祯元年十一月二十四日，享年六十一岁。配刘氏，善秉家政。男二：时甄，邑诸生；时行，遥授鸿胪寺序班。女一，适邑诸生王僩。孙男六。甄出三：长昱，次鼎，次炅。行出三：长昇，次晟，次昪。孙女五，甄出四，行出一。曾孙见明，昱出。子姓之早且盛，亦吾宗所仅见者矣。因为之铭。

铭曰：莹然而映者珠耶？栗然而润者玉耶？且清且和，惟珠维玉者，其我昆山叔父之德耶！生于斯、居于斯、息于斯，玉韫珠藏，亿万斯年，其永袭休而衍庆耶！

---

① “仲秋”，底本作“仲春”，据同书《儒官震阳毕仲公墓志铭》改。

儒官震阳毕仲公墓志铭

嗟呼！天之降割于我兄弟一何惨也！先是，岁在庚申，连丧我三兄五弟，已悲玉折矣。兹匝岁间，仲夏既夺我二兄，仲秋而八弟凶问复至自辽左。迍难频仍，肝腑寸凿，此余所为欲濡毫，而哽咽屡废者也。顾八弟致命边陲，尽瘁王室，自有公论为之阐扬，青史为之记载，且无俟余赘。若二兄醇朴之素，玄古之行，匪独阶序仪型，抑亦乡闾惇史。假非家庭自为表章，窃恐湮没弗传。爰拉泪盥手，而为之志。

兄讳自耘，震阳其别号也。以所居震方多山，又伯兄早殁，而兄于雁行为长，故以震号云。余先世自始祖讳敬贤者，从益都来迁于淄，五世而及曾祖讳恪，毕氏始大。曾祖生王父，赠尚书廷佐公，讳忠臣；王父生府君，赠尚书舜石公，讳木。府君生余兄弟八人：长为处士自耕，次即兄，三为岁贡生自慎，四即自严，五为邑廪生自裕，六为乙卯举人、今吴桥令自寅，七为儒官自强，八为丙辰进士、故辽东巡抚自肃。盖兄与三兄暨余，异母而同齿。自儿戏时，以届弱冠，庠党占毕，靡不附踵肩随兄者，友于之谊特殷。兄赋质谨愿，而稍迟钝，念岁始补博士弟子员。视三兄暨余，差后二载。乃兄独慨然曰："余禀不及诸弟，奚啻三舍。令弟辈电焕亨途，联翩鹊起，余即青青子衿以老，宁不大愉快乎？所栖志于焉在矣！"益惇庆建之行，为诸兄弟帅。间承府君命，代家秉佐宾筵，拮据琐屑繁纤之务，俾读者得一意攻苦，皆兄力也。

兄孝友笃挚，事府君、嫡母及诸母并以孝闻。生母王氏病，兄亲为制药饵，每废寝食，危疾顿起。今母年逾八袠，而依依菽水，未尝一日衰。府君尝纪兄孝行于责善薄，置先祠中，以示法诫。先祠居厅事右，兄朔望候谒惟毖。岁首，必先率诸子弟侄庙见，还返厅事，少长以次成礼，俨若朝典。先考妣大事，悉藉兄领袖，终丧无违礼。遇先忌，必庀牲礼，召诸弟，诣茔域共致凄怆。或称述先人德业，至涕交双颊，真终身孺子慕矣！怜爱诸弟，文行兼勖，且刚柔介婉，各随性为调剂，故和气翕如。府君尝以伏枕垂命析爨，兄泫然长跪，曰："吾兄弟三十年，入则共器而食，出则并辔而骑，同胞一本，毫无间然，岂分荆遂居田氏下哉？"比割产，一听阄分。或谓兄于室为长，宜擅其腴者，兄哂而谢之。五弟拙于生计，家产中落，余谋诸兄弟，剖廪以佐菑畬，胖囊以助征税，使弟力学进取，庶成第五之名。兄谓"先得我心"，亟为坚决而首倡焉。又推己宅畔田以易五弟远业，不使有鞭长不及之累。迨三兄与五弟继逝，三兄遗孤有七弟抚视，而兄抚五弟孤尤力。张君士超者，佳士也。兄尝延为塾师，至是让以课侄，曰："以是藐诸孤，非明师不可。"日夕程诸侄学业。长弗嗜读，则切诫其嬉。仲季早慧，风气遒上，则喜动眉宇，谓："五弟当需显扬，含笑地下耳！"

且兄弟两孤，并有遗产与兄共赋册，及分任，而余虚粮几二顷，兄宁自输，曰："弗忍累兹惸惸者也。"

有同母姊丈，庠生殷师胶，清贫而跅弛。岁时馈遗，趾相接也。尝以产鬻，兄为倾囊受券。姊丈后益窘促，乃置酒相劳苦，手出前券，一一简还，更为具牛种，毋艰东作。而产内征徭，则始终强半代输，无德色。有同堂兄，富而无子，或巧讽兄仲子当出嗣者。仲子闻而涕泣不食，兄谕之曰："吾非忍斩人祀也，然岂以千金易一子哉？儿无恐！"竟叱不许。至舅氏王汝生之丧与葬，并其子女之婚与嫁，悉兄营办，不少吝诸。敦伦慕义，未易更仆数，而此其流注一本、渐被九族者，真至性有大过人者矣。

尝治荒圃，暇则具壶觞，邀诸弟酣适其间。有白业堂一区，故府君发祥地，余推以让兄。兄为新且廓焉，情亟肯构，榜仍旧题。每列坐堂中，必追谈祖考肇基事，娓娓不倦。风恬日暖，则时过诸弟宅，商确家务，每至夜分。兴到或移履石隐、拱玉、二与诸园，讨论泉石，洗盏治蔬，流连忘返。埙篪迭奏，不减稚龄时也。兄粥粥善下，与物无竞，凡与游者，如坐春风里中。祈年祷赛之役，无不躬往。莺花淑景，结绮郊原，朋好追随，行歌互答，长白、豹、儒、东陵诸山，杖履几遍。又尝修社为雅会，族戚咸集，彷佛香山雒下之风。乡人有疑就质，有纷就解，有宴贺必推为祭酒，若忘兄为贵介，而兄亦油油然处之，俾人人满志而去。大要兄生平以培本滋善为心，以济世泽物为用，情靡撄于宠利，界尽撤夫町畦。虽行不越闾阎，乃一种真率浑庞之气，蒸于一堂，渐于一乡，并流自肺腑，见诸实事，讵徒以蔗言夸行，猎取美谈者哉！

兄训子义方，动称先德砥淬。伯子际泰，喜击剑，习武事，则亦听之，以自显荣其身；仲子际复，有文誉，食饩黉序，浸露头角；季子际观，敏而绩学，甫游泮而遽殁。兄实深西河之恸，遂致不起。呜呼！伤哉！

余因是而益增感悼于兄也。属毛离里，亲莫亲于父子，頳年榆景，至殒命相伤，其情深何如！乃先是，兄有叔子胤丰者，先慈以余艰嗣，命襁褓育之，兄毫无难色。及九龄，一疾而殇。余悲恸哀号，踊躃无地，而兄怡然不少芥蒂。自非天显大义，有以默夺于中，安能割爱至此。此余所为吊鸰原而肠裂，睠棣萼而魂惊也。

兄疾起丁卯夏，疾觉脾胃失调。入戊辰春，渐剧，然亦无大患苦，时赴宴会，步履笑语如常。时余适在告里居，时常趋视，庶几旦暮痊安也者。乃卧床甫数日，溘然逝矣！念兄他无遗恨，惟是白发在堂，萱荣正茂，遄违色养，目应未瞑于泉下耳。呜乎！伤哉！

兄生于隆庆己巳四月二十六日，卒于崇祯戊辰五月十一日，享年六十岁。配赵氏，继配王氏。子四：长际泰，加衔海运都司；次际复，邑廪生；次即胤丰，为余嗣者；次际观，邑庠生，早世。女四。孙男五：盛岦、盛岫，泰出；盛谟、盛训、盛赞，复出。孙女五，泰出者二，复出者三。

昔马文渊慷慨贾壮，及经略岭外，下潦上露，悲视飞鸢，跕跕堕水中，辄忆从弟少游，乘下泽车，驭款段马，尚羊乡里之乐，邈不可得。方余待罪岩塞，承乏海隅，拮据戎马之场，鞅掌钱谷之间，风波万状，艰苦备尝。回忆兄丰容伟干，朱颜碧瞳，蔚为耄耋期颐征。且有衡泌之息机，而绌其枯槁；有绂冕之辉映，而避其劳瘁，受天全福，为世完人，未尝不羡之慕之。满望异日，吾兄弟辈各返初服，兄且岿然为鲁灵光，相与狎渔樵而侣鸥鹭也，而讵意其以下寿终耶！兹泰、复二侄，将卜以仲冬二十七日，葬兄玉清之先茔，介于赠尚书先府君之侧。余以匏系地官，执绋无从，遥溯悲风，长憾奚已。会六弟吴桥令列状状兄，而不肖自严，特摭捃志之，以少展其孔怀之情，并为铭。

铭曰：洕洕淄水，东郊丝传。秉厥懿嫩，孝弟力田。惠利斯溥，廉让为先。韬光弗耀，儒术终旃。嗟吁鹡鸰，分飞背捐。萱景方绮，棣华失妍。所可慰者，芝兰满前。荟蔚佳城，兄其归仙。遥瞻素旐，不禁涕涟。临文写淑，尚永斯年。

中宪大夫通政使司左通政筠苍王公墓志铭

往赠通政方屿王公与先君赠司徒公，偕二三耆旧为五老会，遨游山水之间，觞咏甚适。暨先君殁，方屿公哭最恸。故余与通政公为世好，屡议姻连。余主政比部时，公为大行。每偕兵部主政怀南胡公，数相过从，情好无间。癸丑，公分守冀宁，余实以糠粃先之。把臂入室，相得益欢。甲寅，余自河东守道，请告归田，则公又转河东巡道。先后画一，亟藉曲成，循卓芳声，每彻睹听。及公暨蹶，复起冬曹。维时余在津门，相距咫尺，音问不绝。是悉公生平者，莫余若也。公既殁之明年，葬且有期，公子兆生等，缞跣以状，来请志墓。余虽衰病，谊何忍辞。

公讳孟震，字启胤，别号筠苍。其先冀州人，有讳瑾者，从妇翁吴宦淄。乐其风土，因卜居于孝水之浒、庞涓墓侧，号将军头者家焉，是为淄之始祖。瑾生杰，杰生凤；凤生经，经生宗道；宗道生长垣县丞度，即赠通政公，方屿其号也。娶于苏，生三子，长即公。赠公一夕梦商山老人，自言愿托君家，即而取香啖之，遂生公。甫四岁而性嗜香，此其符也。初，赠公卜地葬父，相冢者录征词以示，曰："丑山未向，用癸分金，当出水命者纡青拖紫，居官有冰蘖声。"公果生于癸亥，比一官归赋，家徒四壁。相冢者固奇验乎？而公之生，洵非偶矣。

公生而奇颖绝伦，日诵万言。才兆角即游乡校[1]。益发愤曰："士当举大名耳，宁第以子衿终耶！"遂负笈游荥泽令心泉刘公之门。荥泽公师道甚尊，从游士传习少惰，辄用刑人收威。公亦严事荥泽公，出入以度，外内知惧，即梦寐及之，如楚在背也。章既成士望者，尽返走。辛卯入棘，荥泽公名列贤书，而公以命题遗字被放。郁挹悲愤，如不欲生，益下帷攻苦，咿唔不辍。甲午试竣，梦一道士从后拥。公寤，谓同舍诸生曰："是何祥也？"时宪副中白高公，豪放不羁，语多奇中。解之曰："士而倒之，其一十乎？"维公亦窃独喜自负，已而放榜，果然。乙未成进士，观政都察院，而太恭人讣音至。公归，哭踊襄务。服既禫，犹彷徨哀恋，若不知慕君者。赠公趣之，始谒选，授行人。庚子，典贵州试，所入彀多誉髦。甲辰，赠公殁，公哀毁骨立。既葬，公泫然出涕曰："为臣尽忠，为子尽孝。顾尽忠有日，尽孝无时，异日者即列鼎而祭，孰与菽水之逮亲存也？"丁未，起补原职，奉命取福清相公入朝。役竣，擢浙江道监察御史。

公自以起家草茅，十余年遂冠柱后惠文，称天子触邪之臣，簪笔荷橐，言天下事。于是，侃侃正辞，无所避忌。当福藩未之国，而母贵妃擅宠于内。一时，朝臣思集菀、冀非望者，实繁有徒。光庙孤立，危若赘疣[2]，公凡三上疏调护之。疏虽留中不下，而国本卒不至动摇者，本商山老人羽翼之力也。巨珰南宗顺，外倚强援为宗，内负恃恩宠，所为多不法。公特疏参论，言甚切直。时神宗静摄久，诸台谏弹劾，多规瑱置之，不复区别是非。至是特用公言，廷杖阉，发充净军。留都权贵，胥为敛手。都人士行行且止，争相戒，勿犯"髯王"也。盖公美且鬈云。光庙在东宫，嘉公忠直不阿，疏公名缄《周易》中。每一简阅，辄叹为"真御史"。然公受知方深，而妒者或侧目矣。庚戌，奉敕按辽，未行而例转。癸丑，始以少参分守冀宁。乙卯，提调晋闱。先是祁县有颉生鹏者，奇士孤寒，未知名。公尝与省，方赏其艺，荐诸衡文，遂取冠多士，领牒入闱。比放榜，公语人曰："必颉生者实首麟经。"已而果然，遂联飞去。其知人如此。寻转宪副，分守河东。丁巳察处，犹以为侍御，时抗疏论事，不避权贵故也。

公优游林下越数年，癸亥，补河南理问，旋升营缮司主事。甲子，升都水司员外郎，历郎中，寻改光禄寺寺丞。乙丑，升尚宝司卿；八月，升通政使司左通政。时魏珰方擅权用事，势甚张，群不逞争走其门，务为媚说，冀速化。有登第不数岁，而骤跻孤卿者。珰顾独欲得公为重，公谓："吾嫠妇也，贞白自守；鬓刁骚，秃欲尽矣，乃复失身狭邪乎？"拒弗通。阿珰者遂诬奏公党附异类，竟削夺归。丁卯，今上御极，首剪元憝，诏核逆珰所驱逐者，补给诰命。公乃

---

① "校"，底本作"较"，当为形讹，据四库本改。

② "疣"，底本作"庞"，当为形讹，据四库本改。

复官如故，仍授中宪大夫。赠方屿公如公阶，母苏为恭人。台臣累疏荐公，诸抚按每举地方人才，公辄与焉。屡奉遇缺起用之旨，然公绝意仕进，卒未尝走长安一字书也。镌一石章，自号“霞邻主人”。构一别墅，约二三故旧，效香山九老之社。刻觞政曰：“勿谈席外事，勿牵席外人，勿以礼相绳，勿以言相上，犯者罚以金谷酒数。”尤善为小品歌曲，兴至，辄命家僮歌以侑酒。奋袖低昂，蹋足为节，不自知其拓落不偶也。

公为人爽豁伉厉，性不能容人之过，即昵子弟，辄面质责其不合者。常曰：“吐之则逆人，茹之则逆己。与其逆己也，宁逆人。”以故多为细人所嫌。公既不巧于宦，家无余积，日用多不给。性顾喜施予，诸以急归公者必周之，不以无为解。故所善风雅名儒成君靖宇，遭家不造，自母及身，下逮诸子，六丧相继，棺累累暴堂中也。公悉为卜佳城，倾资营葬，义不费成氏一缗也。荥泽公弟肖鸣公与交契，自同研席及白首无间言，即萧朱让信矣。又青藜生者，荥泽公仲子也，屡蹶名场。公以异书秘录，资其博雅，文房佳玩，供其清赏。生好作诗赋，为古文辞，公虑其以雕虫妨大业，即杯酒间，又未尝不微辞隐讽也，可谓笃于故旧者矣。

公生于嘉靖癸亥十一月十九日，殁于崇祯丙子十月初七日。殁之日，顾见庭中皂衣环列，肩舆甲马，无不毕具，若迎候官府状。语诸子曰：“吾将逝矣！”既而奋身坐起状，曰：“取我袍笏，拜迎恩诏。”遂瞑。享年七十有四。元配贾氏，邑长者克道女也。先公二十五年卒，累赠恭人。男六人。兆生、蕃生、福生、寅生、东生，俱邑庠生。又晚年，育幼男曾生。女六人。孙男四人：久祯，久视，久祥，久禧。孙女二人。崇祯丁丑十月初六日，卜葬公于麓村之新阡，贾恭人祔焉。

余惟士大夫立朝，苟松桂为心，介石自守，即忤权贵，绝属籍，而正气英风，犹堪与璞玉争光，秋霜比洁，况忠言亮节，见知于时。白日既升，光复故物，人貌荣名，曷有既乎？公在西台，席未暇暖，辄以伉直，不偕俦伍，例推候命，株守在籍者数载。且公出京，实在辛亥京察之前，是后未尝一日居长安也。乃辛亥既脱然无累，而忌者复于丁巳京察中之马鸣仗而被斥，兰当门以见锄。嗟乎！冤哉！及其再起谪籍，拾给[①]而上，一岁数迁，朝野拭目。方拟出膺节钺，入秉铨枢，功著旂常，铭勒钟鼎，而又以忤珰削夺，怀琼握兰者终其身，数亦奇矣！顾公三疏，羽翼元良，神宗不督之罪，且独用公言，为摈权珰。光宗在潜邸，至疏公名藏之，叹息不置。今上龙飞，洗雪沉诬，补给诰命，数欲征用未果。公即愠于群小乎？又何尝不受知列圣也！是足以不朽公矣。

① “给”，四库本作“级”，当是。

铭曰：维公之生，厥有异征。商山入梦，癸水储精。皇皇者华，骈骈者牡。载驱载驰，周谘穷蔀。既列西台，厥犹益远。抗疏翼储，埋轮击阉。参藩山右，分臬河东。清操愈励，嘉誉弥隆。谁秉察者？高下在手。璧完于前，雉罹于后。甫离涸鲋，旋挫逆珰。辉煌纶綍，忠荩聿彰。郁郁新阡，般水之浒。垂裕后昆，雕龙绣虎。

奉政大夫吏部文选司郎中秋澄王公行状

国家得百才谓之士，不如得一正直之士。顾正直之可见者，在执法；而执法之所难者，在铨衡。近代典铨推正真不阿者，必以吾邑王公为首。嗣是，后起之俊，影附音和，犹百川之归巨海，鳞介之宗龟龙也。

公讳教，字子修，别号秋澄。雅志凌空一世，不染纤尘，因自期云。先世籍枣强，后徙淄忠信里。曾王父纲，生文；文生赠考功郎珏；珏生丈夫子三：长政，以孝子称；次敬，太医院吏目；季即公也。

王氏世以淳德闻，赠公复兴仁好施。岁祲，常倾囊活饥民，为乡里所重。暮龄，苦践更，家稍中落。晚举公而奇之，曰：“是亢吾阀！”

公少颖敏绝伦。年十四，从仪部松石张先生学。与先封公，同侍函丈，语必惊人。又与王云石佥宪、孟对轩别驾、张介石司教，共结文社。诸君子固皆推毂公，而仪部亦以衣钵相属矣！

年十九，值赠公丧，号踊柴毁，闻者酸鼻。自是，家益窘徭，徒四壁立。公食贫攻苦，试辄居首，声隆隆起。许宜人，出名阀，其尊人颇难其婿，择公乃字，与张仪部夫人实兄弟也。宜人归，则肃妇道，勤拮据，晓牕夜火，相对操作，以资伊吾者无倦。内外之间，雍雍如也！

甲子，公举于乡，家政一任两兄，不私一钱。即鹿鸣觞爵，亦归赠某氏。上春官不第，筑室一区，下帷发愤。董课诸侄，不啻严师，益治古文辞。越辛未，成进士，赐二甲，观礼部政。癸酉，授民部主事，榷崇文门，榷故利薮，权显中贵，每以私轻重掣肘，商因缘为奸。公则凛冰操，裁以三尺，诸请托者俱咋舌，而奸商洗手奉法矣！已，司明智厂、司太仓，剔弊剪蠹，在在有声。以三载考绩，得赠封父母。冬，奉命榷浒墅关。关当三吴要冲，贾舳鳞次，贪墨者喜为脔鼎，往往濡指靡骨。公至，则痛革之，而宽其文网。关外设便民桥，桥下为下关，计其尺寸，适符小舟不中榷者，令出其下。曩有四出侦逻，绝勿出。于是，商之望关者如云，薄征而赋自倍旧额。经岁三万，公止十月，积四万余。浒墅人感之，若畏垒之于庚桑焉！

公遭许宜人变，遂告归。宜人素仁厚，从公入邸，梦寐太夫人，每相对以泣，便道归舍，不胜依依。抵浒墅益感念，竟以幽忧致疾而殁。再室李宜人，亦贤淑，能继许志。抚茂才君所明，忘其非已出者，人称公前后有两内助焉！

己卯，仍补计曹。庚辰，监江西兑。兑司，职专督饷，体貌虽隆重乎，有司率易视之。公下牒所属，肃宪贞度，裁去一切浮费。所属令有用已事，多赎锾以尝公者。公按律明剖，而免其罚，令乃心折，而诸属窃廪廪，人人有“神明公清”之号。秉铨者方侧席待公，而公奉太夫人讳，归矣！

读礼三年，哀同始殡，足迹不履公门。即亲友小集，亦坚不一诣也。服阕逾期，犹恋恋不肯赴阙廷，以两兄力趣装，乃起。未至，即补考功主事，寻转文选。公慨然曰：“夫官不负人也，而人可负官哉！”矢心清毖，门庭如水，而又虚衷广询，精核不爽。虽至亲昵，弗为曲说，部中称真“冰鉴”。

乙酉，以考功副郎主山西试。时，京考官久废，是科始复，典故漫无可考。而公所创，动称得体，至今率为故事。得士王浚初等六十五人，王实山阴相公子。拆卷，而众以为嫌，请置第二。公曰：“诸君阅卷时有知为相公子者乎？”众曰：“无之！”公曰：“夫知为相公子而录之，与知为相公子而抑之，等私耳！有言，我任其咎！”竟置首录，而时论更服其公。初，有司饬主考供亿颇繁费，公力为汰节。入京，而县令积所羡走送公。公艴然移书曰：“是重吾不德也！果尔，是不受于公而受于私也，是阳省之而阴实利之也！”竟峻却。

复部，值丙戌大计，激浊扬清，公实多所赞助焉！二月，擢正郎，得告返里，而李宜人亦捐中馈。公以两室，俱共公清苦，未获食报，而相继谢世，意颇忽忽，顿慕考盘，不欲出。而当路之劝驾旁午，佥谓公不宜无意国家，乃以庚寅夏，起补考功郎。覆议诸劾疏二百，贪墨不职者，虽原奏轻，必正之；而负冤者，随亦洗雪。不柔茹，不刚吐也。有都掾，为银水注于后署秘处，进称援故事可循，以动公。公大怒，立笞革，奸胥悚息。旋转文选郎。公，业夙负重望，而时太宰为五台陆公，与公相倚为左右手。公益秉公持正，登进真才，杜请托、抑奔竞，不惮强御。选人有托巨珰居间者，前此率得志以去。公正色曰：“丈夫须眉如许，而俯仰刑余以为奥灶，此其贤不肖何如也？不可当吾世，而使士风扫地。”非惟不从，更加劣处。用是巨珰衔之，甚欲甘心焉，未有间也！自六月，讫岁杪，凡四选，屏绝关节，推升内外大臣李对泉等若干员，取选科道韩淳寰等若干员，天下翕然，以为得人。无何，而胡黄门事起矣！

胡居言路，建白颇不塞人望，摭拾猥琐，至及市蛙都下，有“虾蟆”之号。公欲年例处之，会有漏言于胡。胡知不免，先疏诬公。一时，人心大为不平，台省遂交章劾胡，谓“文选二百年，无如公清正者，不宜被此蜚语”。即胡辩疏亦曰：“言官得风闻言事，未见反为人劾者，事大可睹矣！”越数日，适部推饶公伸、万公国钦，两公皆论去相，奉特旨谪者。巨珰庇胡憾公，乘主上思去相时，捧疏进，故触上怒，致一司尽黜。时公以胡疏尚注籍，推疏实未署名，人以为可辩。公曰:“我素司选事，以我累列公，更忍辩哉！”《辞朝诗》云:“丈夫去就寻常事,小帽青衫亦主恩！”怡然就道。行李萧条，倾都祖赠，略无所受。时壬辰正月也。

公归，筑山房，偃息盘桓，谢绝公府。长吏造庐，始获一见。望藩臬旌旄，辄削牍为止之，曰：“不敢以废弃故，烦小民厨传也！”独与故旧，相从留连，昕夕道肺腑甚欢。故眉之中堂云：“典剧才疏，放逐敢忘明主赐？论交势尽，笑谈翻喜故人来。”丁酉，宫殿灾，主上奋然更始，复诸公冠带，下诏举逸。铨部疏列，起用则公为首，升用则邹公南皋为首。舆论以为相当，疏寝不报。暨中丞直指，累疏交荐，铨部亦极力推引，咸冀一究公用，而终格不下。公处之漠如也！

庚子春，大饥，脯糗草树皮，殍瘠埋壑。公捐粟，作糜救之。给散有法，饥民不受郡邑赈，而受公赈以活者殆万计。有司异其事，欲以上闻。公辞曰:“我非为名者，我仅以继先志耳！”

《邑乘》久废不修，朱邑侯登堂固请，公乃受。简删葺新，故凡地方利病、风俗、异同，无不洞本原、中肯綮。而人品优劣，据事直书，几于鲁《春秋》矣！

天性纯孝。自入仕，积俸余，营祠庙三楹，精确十倍居室。朔望率子姓入拜，风雨弗间。岁时祭两尊人，辄伏地愊抑失声，伤禄养之不逮也！事两兄，友爱笃挚，可可否否，要于相成而止。经纪丧葬，不惮劳瘁，而损费无论已。以侄孝廉君所须，为仲兄遗孤，怜之剧。旋果蔚然鹊起，则公训诲之力可知也！公伉直自好，不能与世委蛇而同其波。左规右矩，处俦旅中，常如怀冰暑月亦有霜气，人多以庄见惮。驭诸族属，禁非分之为，毫不假借，亲友以私干者，摇手不顾；比至情迫切，则又委曲覆翼之。事后，即一茎之及，亦面赭不受。盖公之清棱孤介，禀自性生，历仕宦、里居，数十年如一日也！

世以奢溢相高，公无所芬华。室庐才蔽风雨，日饭脱粟，非宴会不兼味，浣衣蹑屝，无异儒素。后学以文艺求正，始谢不敏。既援笔雌黄，不轻许一字，后学多所琢成。居恒掩关，手一编若诸生,《坟》《典》汉魏而下，无不掇菁咀华。于诗宗少陵，于文宗于鳞，皆能得其神髓。寸纸单行，居然鼎彝，然第以寄意兴、写性灵，不竞雕虫之誉。至捉麈而谭名理，商风雅筹，政治得失，其发若机括，其擘画若聚米为山谷，玉屑霏满四座，令听者爽然自失，洒然忘疲矣！澄心封情，娈童季女之好，澹然不萌于念。门除之内，严若朝典。

晚岁，念茂才君壮年寡息，因为之计久远，择继嗣，区画甚具。尝吟曰:“关心日有熊罴梦，去国时怀犬马惭。”又曰:“满颊衰毛白胜雪，一生苦味多于甘。”殆实录也！

癸卯冬卧病，至仲春不愈。时值孝廉君，试礼闱归，抱头一恸，刺刺俱勖子侄语。更三日，逝矣！

呜呼！公居乡，乡重；在朝，朝重。夔路骎骎，竟以中蹶，识者咸为扼腕。虽高栖丘壑，中外候车音，以望公之复出者，无异谢傅之在东山也，而讵意中寿而止哉！不肖严生同里闬，世缔姻好。先人既附牛耳，严髫髻承指南，启益不浅；叨第后，一再归省，辄辱枉顾招集，促膝夜分。严固仰公若泰山，而公亦谬许为可诲，动以道义人品相期。居庐三载，提命尤伙。客秋北上，犹祖道，握手叮咛。乃未几寝疾，又未几讣及。不胜哲人之感焉！顷，严承乏冬曹，会茂才、孝廉两君，具实征公状，而肃弟与孝廉同乡举，亦代以请。严虽朴遬，无能为役，然清标劲节，耳而目之者素矣！以公品格，卓然间代殊绝之人物，虽千载上，犹将师友之。顾亲炙有年，而敢默默已乎？知先人窀穸之事，实赖公雄藻，以光隧道之石。夫公不轻假人片言，而独殚思以志先人，又安忍忘报也！

公生嘉靖庚子九月，卒万历甲辰三月，享年六十有五。子一，所明，邑廪生。嗣孙二：袭吉，鼎吉。公之子侄谋以今冬仲月八日，奉公暨两宜人，合葬于祖茔。严不揣，为次第其状如右。伏惟名公先达，赐之琬琰之章，俾得比于太丘有道之碑，以垂诸永永，则王氏岂特夜泉之光而已哉！

祭王伯峰廉宪年伯文

呜呼我公！天挺异质。初度揆吉，帝赉良弼。瑶枝世承，玉貌端凝。旭日方升，万里扶棱。时方髫龀，孝声以振。冥搜精研，万斛涓涓，莫之或先。况有婉娈，内政惟葳，助公丕显。笔磨崆峒，气吐电虹。裒然南宫，司李简注。洗冤斥赂，清问以度。证膺春曹，条议心劳。藩辅肃嚣，置邮霜清。汤沐干城，萑苻不惊。汇泻疏瀹，川渎咸若，媲功河洛。平籴赈荒，规制孔良，虽菑不伤。甘霖应祷，苏焦润槁。至仁灏灏，天子曰善。晋参浙甸，亿兆攀援。医门多疾，再起补秩。河北是恤，河伯羊肠。诘戎峙粻，惟公劻勷。榷采纷呶，闾左荼痡。公覆而濡，挺挺独立。谁訾谁翕，巨珰敛戢。抗章亲藩，侃侃忠言。祖训恪遵，兵农水旱。咸底成算，国是攸赞。舆诵讴歌，尸祝婆娑。百岁无他，何遽不永？彼苍耿耿，有问谁省？父子勤王，靡功遐方。奕世同芳，闺壶合德。如琴如瑟，存没罔忒。绩茂中外，忽失蓍蔡。分猷奚赖？苍黎一哭。斯世不淑，谁为渗漉？

某缔交令子，埙篪可比。满拟纳履，公厌尘居。倏还太虚，有泣雪如！

呜呼！胡多而年？胡植而兰？簪绂蝉联！何秋非春？何子非身？百代如新！公目可瞑，公德可咏。修短前定，椒浆苾芬。瓣香氲氲，公其来贲！

祭高柳溪封公文

伊大块之播氛，斯哲人之挺瑞。豹藏雾以匿耀，鹏抟风以鼓翅。每挹彼而注兹，如的张而矢至。

先生龙门标峻，凤穴振仪。脱人世之徽缠，达老氏之雄雌。吾无非以无誉，岂如韦以如脂。嗟铅椠之弗售，遂徙业于耒耜。倘逢年之可期，虽拮据乎奚鄙？既亢宗以毖勤，幸趋庭之有鲤。尔乃陋籯金于拾紫，明毁壁于谈玄。元规之尘永谢，徐孺之榻高悬。羡玉树之绕砌，喜豸绣之鲜妍。

值再被乎国纶，隐君赐而心怵。奉正供于官帑，问疾苦于亲昵。周禄入之公典，殚忠孝之素质。若夫陶心大隐，拟迹小山。叶仲长之怡性，偶潘岳之栖闲。看岫云之来往，听好鸟之间关。

于时，望重比闾，寿登大耄。类廷尉之归觐，群子姓而诏告。挈根本以披示，并诒谋之大道。进霞觞以促膝，娱彩戏以流连。赏洽袁公之地，情披乐令之天。谓建木较其长短，而大椿齐其寿年。夫何翠霭云迷，祥烟电灭。神剑没于延津，骊珠毁于贝阙。固曰万物之大归，而实世界之陷缺。

某夙依玉树，款缔金兰。方松茂而栢悦，忽芝焚而蕙叹。黄鹤飞飞不复返，青山去去遥相看。

嘻嘻！曲散熏风兮事已灰，歌成薤露兮声何哀？康强迪吉兮福履该，马鬣将归兮隙驹催。乘彼白云兮游蓬莱，式荐箪醪兮魂归来！

祭刘少溪兵马文

呜呼！人生如梦，人死如归。盈虚消息，古今所悲。独有令德，遐迩共闻。非梦非归，谓之常存。

于惟我公，庶几其人。丰姿巀嵲，襟度汪洋。桂林馥郁，片玉辉煌。抝谦自牧，慷慨中肠。辟雍拔萃，上国翱翔。胸藏渊博，汗牛充梁。筮仕司城，秉心平恕。煦育犁毂，徽音腾著。移佐中州，戴沛甘澍。永坚一节，苞苴攸除。世莫我知，曳裾归去。笑傲烟霞，脱迹尘趣。年甫知命，天乎何妒？九原脱屣，夜长不寤。

公有佳圃，兰芍芬芳。交阴列植，谁其徜徉？公有华屋，清湛靓虚。高甍曲榭，谁其容与？轻财好施，罔食其报。欲叩苍穹，杳焉莫告。电光石火，安问彭殇。仁声义问，芳烈永飏。

某，里闬相联，幸托肺腑。晋宁一别，寒暄未布。谈笑如昨，倏尔闻讣。半世金兰，永隔泉务。椒浆远奠，庸抒寸悰。衔哀写词，吁歆东顾！

祭杨冲所座师文

惟国家人文蔚茂，讵乏才之虞。而惟不获兼才是倚。若夫赋质夙慧，绩学崇侈，才埒东箭之利，器逾南金之美，藻绘天葩，词倾峡水，运筹帷幄，制胜千里，斯不亦嵬嵬柱石，荡荡金汤。而非先生，其畴与拟。

以先生崛起神童，藉名黄纸。濮阳之治，龚黄共齿。异等之筵，大官首指。爰有征命，分曹版使。优移本兵，古职方氏。奉国竭忠，从容管剧。文昌七兵之政，赞宣惟已。朔方之变，忧勤天子。而先生坐伐其谋，罔遗半矢。

叵奈宵小嫉能，哓哓环视，萋菲高张，而先生则义弗援止。云渚烟峦，萝岩竹汜，屋八九椽，垣三四雉。酒熟眠茵，诗成濡笔。著书《太玄》，潜心经史。剥啄问字者，鱼贯而来。户尝满履，栖迟迈轴，而庙朝典章，靡不关其裁似。

惟余不肖，画脂末技。壬辰之役，滥厕桃李。矫首知恩，报虚国士。昔，陈臬于淮上，与滁阳而错趾，简版诗筒，往复累累。嗣是以来，鳞鸿杳矣！道路有言，先生已已。是耶！非耶！有泪如泚。盖不徒悲先生之失世，而尤深惟乎国是。熙洽久习而忘危，武备废驰而莫理，悠悠岁时，诚何异乎槐安之蚁？如先生允文允武，今古罕比。一中含沙，蹶而不起。一时缓急，孰为可恃？如波斯颓，莫究其委。

吁嗟乎！道行有集，士绅仰颏。平昔之勋，烂焉青史，百千万世，而后生色。未阤曾是，位不满才，遇不酬德，而足为先生之累。

某，匏系河东，未缘躬诔；遥酹齐樽，临风长跽；尊灵有知，庶其不昧。

祭王念吾文

呜呼！造化阴阳之气，注结为人。气有修短，人有寿夭，固不能尽登于耄耋之伦。第德非淳固，才非踔出，则人亦视为代谢之寻常，而不必号吁于苍旻。

若念吾公，怀瑾握瑜，合百美以具臻。生贵介而不骄，抑抑乎折节㧑谦之是循；席当厚而不移，兢兢乎恶衣菲食之是亲。早承庭训，从明师，资益友，沈酣诗书，翱翔艺圃，一时共羡文彩之嶙峋。晋游太学，观光上国，行且受简铨衡，以尽展胸中之珍。顷，以岁之不易，百口为累，羹藜饭糗，日夜拮据。而非义非道，一介不取，识者信其乐道以甘贫。

某也里闬密迩，臭味比邻，缔之金兰，联之婚姻，欢然莫逆，握手论心。一切令节聚会，胜地登临，非与公相随于杖履，则无以涤鄙吝而畅幽襟。方将订盟白首，结社烟霞，以身附于岁寒之松筠。胡天不吊，年仅知命，卧未浃旬，曾膏肓之莫救，一旦籥浮景而上宾。非直葭莩之辈、盍簪之侣，愿赎以百身，即乡邦父老，村落愚民，莫不惜仁贤之寥落，而叹淄西气数之屯。呜呼！此固士民之公恸，而犹未及乎一家之酸辛。

公兄弟四人。仲以文学早逝。伯方借途弁胄，殚力疆圉。独公与季平野，持门户而奉明禋。今平野既以夏仲捐馆，而公复以秋仲不禄。未及百日，而双珠合璧，相继而沈沦。或谓公友于之笃，爱弟之深。盖自雁行凋谢，而公固已脉脉而伤心，是征公之高谊，贯于金石，虽历百世以如新。

呜呼！北堂榆景，谁供甘醇？藐孤稚龄，谁实抚驯？遥望仙里，徒见夫二难之长夜，诸嫠之夕晨。不觉抱恨于西州，兴歌于《薤露》，令人回车而沾巾！

祭王立宇中丞文

琅琊发源，桓台浚流。家传相印，簪櫜箕裘。是生我公，朝琏天球。含英茹藻，畴足与俦。红云升甲，铜章绾绶。如刃新硎，髋髀立剖。强御不避，号“霹雳手”。岩邑三更，碑颂万口。入晋中台，白简清霜。公有不言，言则朝阳。埋轮都亭，靖彼豺狼。两监棘试，文武门墙。佐政囧牧，夙夜非懈。靡以清曹，而轻一介。世之仰公，如瞻泰岱。帝心克简，虚席大拜。乃眷南顾，曰是留畿。唯我根本，我仪图之。畀汝填抚，以作邦基。惠我元元，奖我虎貔。公拜稽首，曰唯尽瘁。凛凛三尺，风彼有位。贪墨脱冕，以锡善类。桑土绸缪，不遑假寐。南服谧如，虎踞龙蟠。以耕以嬉，少怀老安。人为公虑，曰公事烦。公心独否，致力中原。民歌王父，国倚荩臣。行将衮归，曳履星辰。胡天不吊，遽萎哲人。鹤归华表，星陨江滨。呜呼哀哉！

公之威重，如司马公。公之清操，有伯起风。公之经济，实大声宏。公之誉望，高朗令终。其在继世，子姓昌炽。其在后事，帝眷不匮。宗伯治祭，司空治窀。国有钟鼎，家有乘志。世法臣则，公已备只。唯帝用公，公用未竟。寰宇属目，企公为政。丧我方舟，云何游泳？岂独公迍？斯民无庆！呜呼哀哉！

公昔歌鹿，某附修翎。问闻过从，有嘤其鸣。南宫之捷，某忝先登。公虽继起，作我典刑。肃试定邑，隶在按部。公玉玉之，长其毛羽。汲引非私，感结肺腑。庶几公在，率循步武。而今已矣，公游幽阌。上悲天下，下悲人伦。无身可赎，有泪沾巾。缄词申痛，记之藻苹。

祭高东溟中丞文

呜呼！溟渤浸天，表雄东域。灵派遥分，范阳接脉。是笃我公，作式四国。洪蒙胸罗，元精手劈。一飞摩霄，锡第明廷。董策晁画，聿骏有声。

鸣琴花县，凤下南荆。绩最铨宰，名疏御屏。公车首召，入佐冕旒。遂长霜台，不竞不絿。持斧中外，饬厉貔貅。豺无当道，鼠无宵游。视学三辅，衡平鉴空。桃李成蹊，顽懦向风。乃贰棘寺，惟慎惟公。法无徇贵，情以理衷。帝眷南顾，师干之试。公处秉钺，范身为帜。墨吏挂冠，黔首傒志。公辅望殷，鼎铉虚位。公曰已而，吾慕二疏。汶阳可耕，何必镜湖？纫兰制芰，谢彼佩鱼。倏然鸿冥，风清热途。优游林泉，垂尽一纪。世视贝丘，东山是拟。明王嗣服，求旧伊始。胡公不待？大化迁只。鸣呼哀哉！

公昔执法，几二十年。风纪独持，朝宁凛然。公昔建白，诚可格天。国本一疏，庶平转环。公之嗜学，定力不摇。吴山讲席，人言嚣嚣。公之遗荣，如叶辞条。脱冕而行，曾不崇朝。其在事亲，志事兼致。宁以禄养，而忘莱戏。其在昆季，友于笃至。田氏荆花，姜家幞被。其于禔躬，严若处子。宦况萧然，心如止水。其于乡党，居若畏垒。饮人以和，接物以礼。七十余年，朝野半之。出则甘霖，九有望滋。处则庆云，五色陆离。为邦典型，为国羽仪。所宜永世，后人是则。以挽颓风，还之悃愊。而今已矣，天道叵测。寿虽望耋，于公为啬。

某生同闾，幸缔姻连。率履视公，则效罔愆。寅肃晚进，亦辱周旋。属目公起，共弼仔肩。即不然者，桑间十亩。待我旋车，追踪六友。乃公之出，夺于忌口。泉石之盟，又不我有。妄肩重任，进无所师。异日归与，谁与相依？闻讣疾首，遥天泪挥。百感攒心，不能奋飞。所可慰公，箕裘袭芳。乃文乃武，率德之行。亦有闻孙，鹄峙鸾翔。庶几代起，维休无疆。

独是匏系，莫伸恸私。弟肃捧节，扣公穗帏。采藻明信，酌酒摛词。千古一夕，鉴此襟期。

祭刘青岳相公文

元精苞彩，方只毓灵。家传衣钵，王国作祯。玉署高揭，金瓯首荣。泰岩遽倾，白日忽匿。伉俪后先，玄垆比翼。启绋晋酹，能无怆臆？

公昔奋帷，图南起家。名魁东土，甲第金华。鸾班篴羽，艺苑仙葩。槎泛箕封，远衔帝命。漂薄岛洋，金凤掩映。熠耀集桅，风澜有庆。

维时权阉，窃柄于朝。一膻万嘬，附者如潮。公独砥柱，视民不佻。舍百龄之簪笏，筑十晦以逍遥。权阉既殛，玄黄载战。手扪金阙，特膺圣眷。爰察舆情，力勷睿断。日月涤而重朗，阴翳积而尽散。忽直箕贝，亘地弥天。鼎鼐失调，盐梅顿捐。云不作霖，摈为寒烟。丹心空悬，帝阍难叫。忠心扼腕，志士有慓。心知感怀，能无黯然而凭吊！相业雄文，芳名藉藉。镳联姚宋，轸接游夏。道沛长江，光分不夜。谷贻令子，丹桂三株。伯既润玉，仲季莹珠。国宝家珍，亦步亦趋。公殁未几，宝婺旋宓。橇宫肆启，黄壤卜吉。輤车丹旐，《薤歌》栖鬿。

某等谊忝莩葭，情深胶漆。目击埋玉，能无首疾。山颓梁陨，涕泗难悉。

呜呼！悲夫！艳而登者彤庭，馨而传者金瓶。千龄万祀，勋德与天壤俱无穷者，庶有以仰对夫冥漠，骑箕尾而耀列星。

祭宁忠门御史文

五伦惟君亲为大，百行以忠孝为先。傥其敦笃乎斯道，固宜食报，而享乎大年。乃造物者忽夺其算，徒令人泪涔淫而不禁，欲搔首而问诸青天也。

惟公夙钟灵异，早负奇特。既颖脱乎漯水之湄，遂群空乎冀野之北。始绾绶于花县，爰柔嘉以维则。廉骄怀贿之泉，清辨掩云之石。催科有抚字之仁，听讼无鹰鹯之击。此何暮之谣方来，而已殷去后之思，没世而无斁也。继簪笔于兰台，乃严毅而孔武。峩触邪之豸冠，持击贪之绣斧。捧简而宵小魂摇，埋轮而豺狼首俯。此建祠之疏，媚珰者凛栗；虚平之义，怀玉者鼓舞也。

若乃以甥而嗣舅事，实处其两难。公委蛇以尽礼，谊不负乎二天。拜表陈情，既以宁而归宁；捐赀立后，复以韩而继韩。綍纶两光乎泉壤，水木各循其本源。公之于斯际也，可谓艰难以矢报，委曲而图全者矣！

呜呼！扬名显亲兮，既即忠以成孝；正色立朝兮，仍移孝而作忠。贤佞殊途兮，悉披赤以入告；生成异地兮，总貤恩而显荣。是当俾尔炽尔昌，食纯嘏于无穷。

夫何骅骝方骋，而忽蹶其追风之足；干镆甫试，而顿挫其切玉之锋也！于惟孺人，载笃之祜。媚厥姑而襄其葬，既以妇而为子；抚诸孙而督之勤，又以母而兼父。方谓公虽殁矣，仍有如公者存。乃复奄兮忽焉，继公而不禄也！

严等夙缘不薄，识荆自早。追昆季之周旋，念葭莩之世好。悼哲人之云亡，痛不慭于苍昊。能无奠清酤于素帏，零涕泪于丹旐乎？

先妣五七祝文

德福相因，从来不爽。以今观于吾母，何其视天梦梦也！呜呼痛哉！

吾母出自名门，早闲姆训，归我先君，内助惟贤。事我祖妣，得其欢心。以小星之德逮下，而螽斯振振也；以周急之仁惠贫，而乡党沾沾也。身御冠帔，而织纴纺绩之必勤也；味谢珍羞，而粗粝澹泊之是甘也；地居贵倨，而舆台臧获之如有伤也。教子居家，而勖以恭俭；训子服官，而饬以清慎也。此其德诚不可以枚举而数计者。然而，年不逮于古稀，寿不登于耄耋，竟若不可解者何也？呜呼痛哉！

儿严叨列仕籍，儿肃幸荐贤书，诸儿俱备员青衿。鞠育惠迪，非吾母之赐，而谁赐也？儿辈未能报涓滴，而遽弃儿长逝矣！呜呼痛哉！

我[①]母居常奉佛斋居，不乐远游。严之宦也，曾一至云间。嗣是，绝不他出。不能时奉潘舆之欢，而使母有倚门倚闾之望。尚冀失于前偿于后，而孰知遂有今日也？呜呼痛哉！

忆严春日南征，我母缝衣而遣之，尚健饭无恙也。未数月，而疾作。严复羁于世网，不能脱身早归，病不获奉饘粥，殁不及请遗诫。讵于春日才八阅月，而成死别也！呜呼痛哉！

严在彭城，朝夕吁天，愿减己算，以益母寿，乃诚不格于冥漠。而我母虽病亟弥留，时犹望严仕进无已。思严虽切，而口不忍言；念严虽深，而犹不许归。致使家报失真，而竟成永诀也！呜呼痛哉！

严以丁年乏嗣，母为立继，尚冀生孙，以娱膝下，乃卒不副所望。严实凉德，上干天罚，而竟使母抱抑郁无聊之思，以暨没齿也。呜呼痛哉！

匍匐南归，北堂长眠。恨结终天，悲缠丹臆。计今惟有一死，可以谢吾母于地下。而母丧未襄，孙枝未衍，严又不敢重自摧残，以伤吾母冥冥之意。盖虽勉自支持，固已形存而心已死矣！呜呼痛哉！

而今而后，姊妹之贫窭者，严当极力周之；外亲之急难者，严当加意拯之。务使与吾母在日无异，而后即安。吾母其瞑目于夜台否也？呜呼痛哉！

光阴迅速，五七届辰。谨遵遗命，弗荐牲腯，清茶一盏，素馔一筵，茹哀上献，冀母居歆！

遣祭大侄女文

万历丁巳十一月初旬，吾大侄女之讣音至于洮岷。汝四叔与阖家眷属，哭踊悲悼。乃遣苍头东归，荐以牲醴，而申之以辞曰：“呜呼！余何罪于天，天何不吊之甚也！”

余兄弟行中，惟尔父长兄与余为同母。汝父早逝，无嗣，所遗惟汝。吾每见汝，犹见吾长兄之面庞也！今竟弃余而羽化耶！痛矣！

汝父孝友著闻，年仅三十而殁。彼天佑善，将必大锡于汝。汝幸淑慎，自归王门，敬共之誉，日有闻也。所育甥，男女各三人。福禄如川方至，乃今年

① “我”，国图本作“吾”。

甫三十有三，竟尔弃世。将汝父之积德与汝之幽贞俱付梦，梦之天耶！痛矣！

前七月间，苍头自家中来，得明吾书，称汝患时疾，旋已康胜。曾未数月，竟用前病，荏苒怯弱而逝。汝叔奔走微名，羁栖边陲，病不及视药饵，亡不及凭棺衾。骨肉至戚如汝者几人，而甘坐此疏莽耶？痛矣！

余自幼抚汝，不啻己出。汝亦事余如父。余壮岁艰嗣，汝时以为忧。乙卯，幸举一子，汝提携爱惜，蔼然姊妹情亲也！比在洮岷，又举一子。政拟寄信于汝，以慰遐思，而倏以讣闻矣！念及于此，肠将无寸寸断耶？痛矣！

王故鼎族，明吾亦聪颖非常，无奈家业之中落也！汝三女三男，才嫁一女，其余半在襁褓。食指甚多，家徒四壁，伶仃万状。吾远宦边城，又不能代为扶掖，五内如割。惟是区区此心，决不忍以存亡易念，终当极力翼覆耳！汝将无系念否耶？痛矣！

明吾少年锐气，羞言纤啬，不善作家。望汝于冥冥之中，默相启佑，俾无嗜华奢，无喜角逐，无比匪人，无凿煤井，一以力农，节用为主。此又余向来所惓惓于中，而今尤不容终缄其口者也。汝以为然否耶？

道里修阻，四千为遥。炙絮远将，涕零如雨。夜台有灵，其鉴余之衷曲否耶？痛矣！

庚申焚黄考妣墓文

呜呼！吾父聪明才具，十倍儿曹。顾乃厌薄簪缨，而贻福泽于后裔；躬传衣钵，而付诗礼于庭训。积德非懈，即白屋可以步青云；寸阴必惜，则驽骀可以驰千里。天道乘除之数，理有固然，即儿严之幸博一第，非无因也。惟是一登仕途，遂挂尘网。宦游每旷温凊，禄薄有亏色养。曾未几何，而吾父母相继见背矣！况吾父在日，仅受司李之封；吾母在日，仅受主政之封。昊天罔极，显扬未至。严诚惴惴，以遏佚先人之休光为惧。比岁以来，忧虞接踵，疢疢频仍。仕而隐，隐而复仕，岂区区升斗之粟是縻？抑亦纶綍之新恩是冀也！兹幸以参政洮岷，三载考绩，亦既赠吾父母以三品之秩矣！龙章在御，命服在笥，而严羁身边鄙，不获亲荐墓左。谨托诸兄弟，具牲醴而代致焉！想吾父母有灵，九泉之下，其果称一觞，解一颐，而惠然居歆否也？

顷，先德绵邈，家声愈振，肃弟以甲榜试花封，寅弟以乙科修鳞角。气概峥嵘，乡曲艳羡，门户日骎骎大矣！语云“日中则昃”“无平不陂”。常人之情，不患不富，患其富而侈也；不患不贵，患其贵而骄也！吾父母以千辛万苦，而不获享鼎食之奉；吾兄弟以承庥席荫，而得坐致通显之途。而今而后，功名遇合，不可知。严愿永坚一心，矢志冰蘖，为国为民，以求不忝于先德，斯夙夜所自砥也！至为吾兄弟者，亦当朝夕惕厉。顾諟诲言，得无有倚势而武断乡曲者乎？得无有恃权而嘱托官府者乎？得无有逋公家之赋而敛私室之财者乎？有一于此，皆吾父母当年之所禁忌，而严之所为疾首痛心者也！

吾父母于冥漠中，尚其是启是佑，以葆吾家之庆泽也哉！不然，修之韦布，而坏之缙绅；培之百年，而倾之一日。此智愚所共惜，亦诸兄弟所不忍也！故严以持盈保泰，为今日第一义，不识吾父母以为然否？

壬戌焚黄祖考妣墓文

忆昔乙未，严以洮岷参政，三品秩满，貤赠吾祖父母。于时，犹然藩臬外吏也。无何，皇祖升遐，皇考涣号。严复侥祖父母贻厥之灵，召为太仆。因叨沐覃恩，赠吾祖父如孙官，赠吾祖母为淑人。

呜呼！三朝荣命，焜耀非常；九重异数，锡类不匮。严方伛偻循墙，敢谓是容驷高门，足酬先世厚德，本本源源于万一也！

追嗣是，而滥膺节钺于津门。又弥岁，而承乏地官于督饷。幺髍一经，逾躐八座。祖功宗德，凭借良深。只以受命疆场，王事靡盬，想灵爽之如在，嗟展谒以无从。第有斋戒熏沐，东望如斧如鬣之封，致词于吾祖父母，庶几监之歆之，慰我礿祀蒸尝之极思耳！所可怕者，位愈高则责愈重，禄弥厚则任弥艰。当兹绠短汲深之时，曷胜临渊履冰之虑。而今而后，惟有夙夜靖共，始终砥砺，以求无玷于名教，无忝于祖德而已。

至严疏拙成性，未能饰脂韦以媚人；国步多艰，将一任悔吝于造物。严窃用自矢，以对越在天。计祖父母亦必阴为启佑，以垂裕无穷矣！

遣祭先室文

崇祯癸酉十二月初旬，诰封一品夫人胡氏之讣音，至于燕邸。鳏夫白阳居士，方待罪萧寺，乃率次男际有，东向为位而哭，不胜悲怆。亟遣力归，治丧事。又题旌削竹，于是月望日，驰使再归。令长男际壮，以五七之期，陈设牲醴，用祭奠于我夫人之灵柩前。曰:“呜呼！夫人是余结发之配，糟糠之妻也！中间贫富贵贱，安乐忧患，自少至老，同甘共苦，夫岂一日也哉！”

忆昔余茹苦寒窗，惟夫人篝灯执爨以佐之读；余食贫薄宦，亦惟夫人夙兴夜寐以襄之仕。是则为学为政，夫人皆大有助于余也！比岁，侥天之幸，陟位通显，滥竽卿月。余以素性恬淡，既耻为纷华靡丽之奉，夫人亦一意耕织，相安于缟衣綦巾之常。是则夫人之富而能俭，贵而不骄也！余凉德薄福，中年乏嗣，愁绪可掬，鸡肋欲捐。夫人每脱簪珥，以为余广姬媵。至于秦晋、津门，宦辙所历，率自引避，不与偕行，俾余四旬而后，获育三子，以延一派。是则夫人之德比南樛，功存宗祧也。余五载度支，心力殚竭，而以戆直贾戾，疏节丛愆，沉沦请室之中，羁迟萧寺之内。夫人每一念及，辄潸焉出涕。即属纩时，犹惓惓以不获晤对为憾，千里遣使，贻书永诀。是则夫人明于唱随之义，笃于伉俪之情也！抚摩众子，不异属离；逮于诸侄，卵翼备至。濒危，急出囊资，次第分赉，而衣饰之见存者，仍命谨藏封识，以待余归。是则夫人之困而不乱，公而忘私也！

呜呼！夫人之德之贤若此。乃病也，余不及为调药饵；殁也，余不及为视含殓。迄今，五七届期，尚不能凭棺一恸！余独何心，能不悲哉！能不悲哉！

屈指夫人生平，一十九岁于归余家，二十岁而为孝廉妇，二十四岁而为荐绅妇。三膺敕命，九膺诰命，享年计六十五岁，累封至一品夫人。龙章舄奕，翟茀耀煌。于年不可谓不永，于福不可谓不备。但私心所怅歉者，礼重偕老，诗咏同心。余中外驰驱，仳离日久，满拟乞骸归里，尚与夫人团圞暮景，逍遥家园，以酬一世之辛勤，以观三子之成立。而讵知夫朝露之易晞，流光之不待也！天实为之，人且奈何？呜呼悲哉！

圣明在上，覆盆必烛。余虽不才，终望蒙恩昭雪，返还敝庐。会当经营玄室于先父母之侧，一则早完嘉耦之窀穸，一则预储余生之舟壑。所谓生同室而死同穴，要地久天长，弗渝者也！

牲醴具陈，子姓在列；两心相照，幽明不隔。夫人有灵，庶其鉴诸！

石隐园藏稿卷四终

卷　五

疏一

奉差中途疏

奏为奉差中途，忧亲成病，恳乞天恩，俯容回籍调理事：

臣以一介草茅，荷蒙圣明，拔置郎署。顷，又衔奉敕命，出谳浙省。循五年旷举之典，宣一人浩荡之恩，臣未尝不捧檄自喜，誓竭犬马之力，以树尺寸也！

奈臣赋命多蹇，动与愿违。七月间，甫出都门，即闻父病，便道定省侍药；无何，而臣之简书迫矣！臣父念王命至重，勉以大义，责臣就道。臣洒泪南行，犹意臣父或可保无虞也。及臣行至徐州地方，忽有家僮追报，臣父前病大作，转加沉重，坐卧必倩人扶，诸医束手告退。臣闻之，心恸神惊，群病辐辏，即今肺火上炎，脾土下泄，眩晕不已，继以怔忡。夫臣父之病亟矣，而臣病又若是，父子各天，危同朝露，臣尚有意人间世哉？

窃念，恤审，重典也；两浙，剧地也。臣心怀内顾，终难专力于簿书；身染沉疴，安能殚精于谳狱。偿不自揣，以贾罪戾，是于臣父为惄，于君命为慢也。故义不辞难，臣之分也；仕不遗亲，臣之情也。用小臣狗马之病，而误国家恤冤之重典，尤臣之大恐也。

伏望皇上察臣狼狈之状，怜臣乌鸟之私，敕下该部议覆，放臣回籍调理，俾臣父子早得相见。原差从本部另题施行。臣奇蹇余生，傥不遽填沟壑，则天高地厚之恩，臣犹有捐糜顶踵、图报万一之日也！

嵩祝陛辞疏

奏为敬陈山右积祲之状，恩乞早停榷税，以苏孑遗；亟发内帑，以充边饷事：

臣维国家定鼎幽燕，提封万井，而山右接壤沙漠，实为屏藩。其为要害，视他省独重。他省钱粮，多解京师，独山右一省，俱属军饷，径解宣大三关等处，是谓民运。额几百万，而本色不与焉。千里灌输，用力最艰；三军待哺，程限甚迫。其为财赋，视他省独急。且田多硗确，岁苦亢暘，风高土燥，地瘠民贫。家相安于穴居，人相甘于藿食。盖勤苦纤啬，其天性然也。

自三十七年，旱魃为祟，颗粒靡收，逮至次春，斗粟千钱。太原、平定、寿阳、孟县之间，咽糠粃不足，继以树皮。弃子女于道途，填骼胔于沟壑。幸徼皇上湛恩，圣母弘慈，发帑金、移仓粟，一切钱粮，暂行停缓。初夏，雨丝涔涔，始种晚禾，各郡县犹十收四五，而平阳一带，八月肃霜，尽皆青槁。无奈边饷紧急，两年钱粮，一旦取盈。虽额赋渐完，而民已十室九罄矣！延及于冬，依然无雪。暨今三十九年，春夏再旱，千里黄埃。一时，告停征、告赈济者，吁天伏地，填溢公门。五月下旬，乃始得雨，播种之期，视去岁更退，则有年之望，抑于今难料。处凋瘵之乡，际荒歉之岁，而又加以三祀之频仍，边饷之追呼。伤哉，山右之民也！

目今，西鄙议封，边境戒严，而五路桀黠，似非一妇所能约束。万一乘纠合之众，求餍其欲，势难曲从、计不得不选将兴师。此时，而欲责三晋民运，应期沓至，骤资军实，必无幸矣！

臣愚窃思，内帑储积，原将备非常之用。倘蒙皇上恻然轸念，将三十九年宣大三关等处军饷，特赐从中颁发，则三军挟纩，不战而气自倍。用之于战，战可胜；用之于款，款可坚，庙堂无西顾之忧矣！其山右该年民运，即与蠲免，止令办纳王民二粮，以供宗禄徭站之需。将见三晋之民，膏脂不朘于输将，肌肤不戕于敲朴，出水火而登衽席。凡今日蒙恩恤匮之民，皆异日好义乐输之民也。至于榷税一节，病民滋甚。山右僻在西隅，行商寥寥，所有额派税银四万五千二百两，铺垫等银五千七百余两，皆分派于各府州县。于是，斗粟半菽有税，沽酒市脯有税，尺布寸丝有税，羸特蹇卫有税。既非天降地出，真是头会而箕敛。又有繁峙皇租，原奉明旨，责令该监清查。宣大牧马草场，籽粒未尝及太原也。只缘地界相连，而奸识毛凤腾等索贿不遂，径朦坐以九千二百两。既题得旨，不得不那借库藏，以应上供。后因按臣题请减免，而尚存三千二百六十余两，竟无措手，至减代州、崞县、五台、上边民壮工食抵解不足者，扣征本县条鞭补之。夫当此积祲之后，正赋之难供，况益以额外之征乎？

臣叨荷任使，分守冀宁，每遇防秋，例当移驻近边，以图犄角。原奉敕书，协理粮储。顷，又代庖粮道者阅月。凡通省灾祲之状，征解艰难之情，耳熟目习，诚不任廪廪戒心。先是督抚盐臣，议蠲议赈，合词请命，未蒙俞旨。臣窃计，皇仁必不重视帑藏，而轻视生灵之倒悬也。

臣今叨贺万寿，拜舞阙庭，惭无金鉴，以效愚忠；爰采民风，而丐皇泽。恳祈皇上，轸念民难，安不忘危，亟发内帑，以充边饷。仍敕户部，将山右三十九年应征边粮，照数蠲免。其榷税、皇租，俱赐停止。庶孑遗之民困少苏，玄韶黄发，咸歌仁寿之万年，颂宝祚之灵长矣！

防海方新疏

题为防海建置方新，兵务筹画伊始，谨摅愚见，列款开陈，仰祈圣明采择，以便展布，以固封疆事：

臣本一介书生，起家有司，洊历藩臬。比岁，承乏西塞。顷，又待罪司冏。愧无寸树，可以称塞。兹者，增设天津巡抚，备兵防海，兼理粮饷。臣以谫劣，误蒙简畀，闻命冰兢，不知所措。惟是时值艰危，义难辞担，誓竭股肱，以报国恩。

目今，辽阳已失，金复海盖，皆为敌有。计距天津，盈盈一水，顺风扬帆，两日可至。天津为南北咽喉，年来辽左水陆二运，皆此转输。万一奸人儌诱，导之窥伺，为患不小，况有应援之责，尤非株守可同。但臣新设衙门，事多草创，一切兵食诸需，若不先行条议，仰丐豫定，无米之炊，巧妇何办？即摈斥斧锧，微臣义所不辞，而上误国家之事，则死有余罪矣！

敢摘紧要事宜，条议上请：一议水兵，一议陆兵，一留班军，一设总戎，一选将材，一议召募，一修船只，一制器械，一备火器，一修墩台，一请犒赏，一免调发，一议信地。以上一十三款，俱防海之急需，目前之要务，必冀俯赐允从，庶可展布四体。若其百不应手，徒令拥麾素餐，则亦安取添设赘旒为也！

伏祈敕下该部，覆议施行。（各款语多，未能被载，集中条奏诸疏，率惟列目。）

到任疏

奏为到任事：

伏念臣严，鲁国迂儒，齐东末品。虽请缨之有志，愧借箸之无奇。筮仕理官，未著平反之誉；荐登水署，曾微康济之猷。一筹莫展于旬宣，五载空劳于疆场。三旬圉府，方惭牝牡之未闲；万顷海防，忽膺节钺之重任。惟庙略普收，群策阃寄，谬及菲才。试之水陆繁剧之冲，实之南北咽喉之地。惊承新命，靡敢固辞；倥偬出都，不遑宁处。臣谨于五月之三日，抵津受事矣！

顾瞻辽左，尽多垒之场；联接津门，政扬帆之路。兼鸿雁哀鸣载道，且虫沙销化堪伤。事类丝棼，官由草创。即令召募四集，尚虑乌合白徒，难御勍敌，况复器械百虚，安得雕弓画戟，可称整旅。真如搏沙之难就，深切覆悚之是虞。敢不奉扬皇威，益搜军实，陈苴袽于未肇。每怀蓄艾徙薪之图，掔情形于伏傥，不胜集木履冰之惧。社稷为重，纵发肤其可捐；边衅未弭，在金革而无避。除一切兵马钱粮事，宜容臣次第另行吁请外，谨先具到任日期恭报以闻[1]。

---

① “以闻”二字，原脱，据四库本、国图本补。

钱粮不继疏

题为钱粮不继，募兵束手，恳祈敕部，分发帑金，以济急需事：

承乏津门，饬兵防海。自五月初三日抵任，今且弥月。因见责任重大，武备空虚，忧心惶惶。朝夕拮据，不啻救焚拯溺。比来，召募壮勇颇多，向应已近二千有余。惟是合用钱粮，仅得兵部原发安家银二万两，余俱未给。即工部曾许臣盔甲、器械、衣装银二万两，原系初次帑金之数，臣已经题明。及臣差官赴领，又复不发。

念臣戎幄新开，仓卒受事，无兵无马，无甲无仗，诸事俱须创置，无米何能巧炊？臣在京时，亲见皇上，续发帑金一百万；嗣接邸报，又发帑金二百万。倾左藏以毖边防，至盛德事也！臣计当事大臣，必有洞悉情形，不忍置津门于度外者。方且静听分发，不敢轻为渎陈。而今，迟回日久，竟杳然无闻矣！省直抚臣，俱有原管兵马，额设钱粮，统辖州县甚多，那儹备办亦易，而津门有一于是乎？说者谓“帑金之发，为辽左也”。津门即不得比于辽左，而为辽事添设防援交责，独不可因辽左而推广之乎？

台省诸臣，分往各省募兵，咸以五千为率，臣不知曾分有帑金否？然或许动新饷，或便宜那借，一纸之檄甫下，而奉行惟谨矣！津门募兵，计当倍之，乃曾不得比例一。陈乞乎兵部，题覆：“津门召募兵数，水陆各五千名，亦极取数之少矣。乃经费亦有可计者，如陆兵选锋健丁二千名，土著步兵三千名，水兵五千名，安家、盔甲、器械、衣装、马价、行粮，共该银一十八万两。”此外，如置战车、造战船、缮营房，合火药、制火器，各费不赀，尚难枚举。今年给发，曾未得十分之一，营制疏芜，不堪着眼。以此漫称幕府，弹压海澨，抑何恃而不恐耶？

臣今焦劳徒切，动有窒碍。欲差官募边兵于延绥等处，募水兵于淮扬等处，而苦安家之不备矣！欲差官市马于宣大等处，而苦马价之不赡矣！欲开局打造盔甲腰刀，拟市建铁于临清、芜湖，市熟铁于山西潞安等处，而又苦物价之不敷矣！钱粮一日不发，则一日有停阁之虞；钱粮终岁不发，则终岁为株守之计。流光不待，玩愒堪虞。即今为之，尚惧其晚；失时不图，嗟何及哉！

伏冀敕下兵、工二部，亟行酌议。前项钱粮，势所必需，应该分发帑金若干，作速如数给领，俾臣得乘时招募整顿，以备缓急之用。即令帑金不足，则新饷本属增派马价、原备军兴二项，俱堪动支。转移分派，惟在该部一引手间耳。

臣三十年犬马，业承简命，矢竭驽钝，以报国恩。但愿皇上与诸大臣为东事计利害，为封疆计安危，毋如秦越肥瘠之异视，臣庶得以展布四体，而幸免于瘝旷之罪矣！

金吾远逮废弁疏

题为金吾远逮废弁，恭请明旨定夺事：

窃照从来钦拏官犯，俱须奉有明旨，赍有驾帖，而后从事。所到地方，恭设香案，罗拜宣读，所以只畏君命，而对扬天威也。

兹原任山西北楼口副将，今废闲陈天爵，所犯罪状，臣诚不知其何如。惟是缇骑逮人于数百里之外，既无明旨，又无驾帖，止凭金吾一纸之批，真伪莫辨。臣窃讶之，若其非真，则锦衣为天子之禁卫，何容擅有勾摄？若其果真，揆之累朝之令甲、刑章之旧例，将无稍稍刺谬矣乎？

窃念人主一举一动、一赏一罚，必期可垂青史，为万世法，诚不可不慎者也。见今，天津道刘策，已将陈天爵羁候惟谨。然臣待罪巡抚，叨有地方之责，未奉明旨驾帖，遽难轻发官犯。即差官刘侨，亦似有逡巡不便拘执者。

伏祈皇上鉴别真伪，特颁明旨，以便遵奉交割，解京究问。庶雷霆有赫，而日月光昭矣！

犄角最重疏

题为时事犄角最重，津门鞠旅维艰，谨详陈空匮之形，仰祈圣鉴，亟赐议处，以便料理事：

臣严猥以谫劣，承乏津门。前当建置之初，直以时事孔棘，咽喉近地，外以堤防津海，内以应援神京，如斯而已矣！兹者经臣创议，庙算协谋，三方建置，恢复辽左。区区津门，欲与广宁、登莱，鼎峙为三。臣情深报国，义切同袍，苟利社稷，何惜顶踵。乃细核津门之物力，津门之时势，则有万万非他方可侔者。请详言之。

今天下之全力，尽赴于辽；天下之精锐，尽萃于辽；天下之金钱，以数百万计，不问出入，以供亿于辽。九边及都门之军需戎器，捆载络绎不绝，以转输于辽。以津门而较辽，百不得一焉。然犹内外异势也，缓急异宜也，不当与之较也。即以登莱、津门相提而论，山东新增水兵以三万计，陆兵以二万计，大约登莱所得将四万许，而旧日额设之兵不与焉。津门旧额，防海一营，不足二千之数，新设水陆二兵，部覆共准一万，何啻邾莒之视齐楚乎？卒徒鲜少，捉襟露肘，一不敌也！登莱海运之船，不下四五百只，今既停运，水手改为水兵，运船改为兵船，直一反掌间耳！津门既不停运，而且加运，水兵无船，宁堪徒手而凭溟渤？近臣具疏，欲向饷臣那借运船一百四十二只，犹戛戛乎难之。至于水兵，亟议召募，苦无应者。盖以海运利大，非可以月饷夺耳，二不敌也！登莱有六十万海运停留之米豆，以为军饷，又有本省六府之新饷，以恣挹取，而军饷可以不乏。近日，津门召募新兵，仅四千许，而管仓施主政，辄以月饷不继为忧，大费措处，三不敌也！以津门而较登莱，兵戎物力，种种不敌，单竭刓敝，口舌莫罄，此皆众所共耳共目者，岂臣愚之臆说哉？

顷，经臣移咨到臣，谓天津用兵，当以四万计。夫欲从事于乐浪、玄菟之间，非盛其师徒，何能鼓行而前？顾四万兵，亦何容易哉？有四万水陆之兵，则有四万兵之安家、月饷、舟楫、马匹、盔甲、器械、衣装、操赏、火药、旗帜等项。一有不备，不能成师。而非从天降，非从地涌，俱须国家金钱为之，则四万兵亦何容易哉？因忆臣抵津门三月，止得兵部发安家银二万两耳！至于兵部应补发安家、马价银五万四千两，已题得旨，臣差官守候日久。近闻，又仅发二万两，而其余仍未发也。臣不得已，借饷臣新饷银五千两，差官赴宣大市马，才可得四百匹，而此外则不免束手无措矣！工部应给盔甲、器械、衣装银八万两，亦经题请奉旨，迄今甲乙互推，毫厘不发。臣不得已，检城楼旧腰刀、弓矢，稍为修葺，给发新兵，以备操练。又搜津库稻谷等银，可数百两，买料鸠工，开局打造。军容战具，黯淡无色，而此外则计划无复之矣！新兵粮饷不足，臣亟诣饷臣恳请，得原发帑金三万两，转付仓司，稍济各兵燃眉之急，而将来更有不可知者矣！军前犒赏，臣原请银一万，部覆止准初年五千、次年二千，业奉俞旨。但欲取给新饷，户部难之，坚不肯发，而兵部亦遂以为不便开端。顾天下有不操练，而可称兵者乎？有不赏罚，而成操练者乎？有不用赏，而能独行其罚者乎？今欲尽废不举，难矣！总之，无米为炊，闷怀迫塞；大声疾呼，听者褎如。以水陆各五千之兵，其金钱给发之难如此，则进之而四万，其难又何如哉？

伏冀皇上，轸念东事经营之难，津门匮乏之苦，敕下该部，将前应增水路兵数，从长酌议。如果应增，即将一切安家、盔甲、器械、衣装、船只、月饷之类，预为查处，俾令各有着落，刻日给发，则行间诸务，可以如意料理，庶鞠旅之事易，而犄角之势成矣！如不应增，亦须明白具覆，慎勿谩应姑允，而复从中格也。不然，机会易失，流光不待。万一经臣以尺一之符，下征津师，彼时百不应手，误策应而缓期会，即诛臣、窜臣，亦何益于封疆之大事哉！

瀛海灾伤疏

题为瀛海运务、军兴，一时并急，穷民灾伤困苦，万分难堪。恳祈圣明轸念，早议蠲赈，并请比例，亟蠲新饷，以安畿辅，以保灾黎事：

该臣看得瀛海当畿辅要地，为都门咽喉。以频年之灾祲，值辽左之告警，行赍居送，履亩加租，杼轴已空。兴发未已，万姓皇皇，莫必其命。

满望今岁有秋，或可苏困万一，讵意天不悔祸，饥馑荐臻。去岁无雨，二麦未播，今夏复旱，旱禾鲜殖。方臣履任之始，政当夏至之时，亢旸为灾，赤地千里。沿途触目而惊心，万姓呼天而抢地。延至六月初旬，灵雨渐零，闾阎小民，胼胝袯襫，方延颈以希菑畬之入，而未几复有蝗蝻之灾矣！

初时，蝗尚无多，为害犹浅。既而遗种地中，日渐繁多，倏而平地尺许，势如流水。忽而群飞蔽天，白日为昏。连邑连州，无处不受其荼毒；食叶食心，无稼不被其吞啖。且有更苦秋旱者，又有更生绵虫者。嗟旧谷之既没，叹新谷之全虚。村突无烟，市井萧条。催科日急，惟正已自难供；新饷荐加，额外复从何办？盖地当冲剧，既水陆之绎骚；而时值军兴，又差科之叠至。览诸告牍，备极苦趣，伤哉民也！

夫国以民为本，而民以岁为命。自古天灾流行，何代无之？顾时有屯艰，而人无流亡者，恃天听之必周，赖主泽之下逮也。臣所辖河间府十八州县并六卫一所，除河间、吴桥、肃宁三县轻灾不敢概渎外，其任丘等十五州县并各卫所，俱罹旱蝗之厄，灾伤重大。臣滥竽节钺，叨有抚循之责，辄敢冒死上闻，为数百万生民请命。乞敕该部，速行按臣、屯臣，查勘具奏，酌议獨赈，则浩荡思波，沾溉闾阎，而畿辅重地，永固根本矣！然瀛海犹有事属偏苦，而蠲免万不容缓者，则新饷是也。以有顺永、登莱之例在也。

畿辅自顺永外，惟瀛海最近辽左。先是顺永以逼处边塞，特蠲新饷矣！今津门建牙，犄角辽左。又总督经略及保定巡抚，曾累坐镇，无一不为桑土计绸缪，则无一不于瀛海恣挹取。故买铁料于斯，索匠役于斯，市硝黄于斯，造战船、买战马、制战车、储草料于斯。虽云有司之经营，莫非小民之输纳，军兴之若剜肉医疮，岂其在顺永下者？登莱海运，先年与津门并行，而登莱独蠲新饷。今登莱停海运，整师旅，而免饷如故，良以海邦贫瘠，不称过也。独是津门海运，不惟不停，而且倍增。括米籴豆，谁非民膏？水挽陆输，谁非民力？今又加之师旅矣，而输饷亦如故，终不得自比于登莱，此殊不可解也！揆之顺永既如彼，较之登莱又如此，则瀛海新饷断断当蠲，不既彰明较著矣乎！此则无论灾与不灾，均当议蠲，而当此灾伤困顿之时，则望恩尤切，而施泽宜早者也！故臣敢因上报灾伤，而并及之。

伏惟圣明，大沛汪濊，亟赐拯救，地方幸甚！臣等幸甚！

辞督饷疏

奏为抚津积戾罔功，督饷仔肩难负。恳祈圣明，俯允辞免，以安愚分事：

窃念臣本局曲之质，原非军旅之才，只缘客春辽沈继陷，臣时备员冏寺，遂承人乏，于役津门。臣义不敢辞难，黾勉受事，未免任重而身轻，多见志迂而量狭。今荏苒期年矣！水陆虽已成旅，而挫锋陷阵，尚未可遽望于乌合；器械虽已粗备，而坚甲战舰，尚未能尽具于仓卒。臣窃为此，夜废寝而昼忘餐也。至于三方建置之议起臣，又加有赞理征东军务之衔，讵意风鹤一惊，全辽尽弃。臣先所发参将管大藩等水兵二千员名，久抵三成守，后闻遣赴镇江，既未见有斩将搴旗之功；臣续所发游击金冠等水兵四千员名，复在山海阻冻，竟以寒月舟胶，令仅藉为深沟高垒之用。臣又为此，愤填胸而泪交睫也。是由前而论，臣经年之树立，既寥寥其如彼；由后而论，臣溺职之罪状，又彰彰其如此。即令得逭斧锧，而宽吏议，已厚幸矣！

今突有此督饷之推，亚卿之擢，真所谓赏加于无劳，荣逾于始望。兹臣所为饮冰循墙，而未敢冒焉以承者也！缅惟督饷之事，仰佐军兴，统辖广阔，钱谷殷繁。念省直苍黔久困，则催科之维艰；思海洋风波叵测，则飞挽之不易。非有精心巨手，安望食足兵强。说者似谓朝夕目击，巧者不过习者之门。乃臣自揣，才力绵薄，一误难堪再误之举。况佐计之任地，渐邻于孤卿；而积劳之余身，且兼以善病。频年岩塞，心血久枯；匝岁津门，头颅顿改。即顷，今年三月，寒热大作，一病濒危。迄今，元气未复，药裹[①]独亲，只以时事阽危，未敢具疏请告。又津门道府诸臣，所为熟睹而共怜者也！

伏祈鉴察下情，收回成命，准臣照例休致回籍。如谓督饷缺官，义无所逃，姑以旧衔管理饷务，俾得将勤补拙，勉图后效。庶国家无滥觞之官联，而微臣免覆悚之訾诟矣！

奉旨："督饷重任，毕自严以劳望简畀，着遵新命受事，不准辞！"

发兵会剿疏

题为东省妖贼，怙乱津门，奉旨会剿，谨酌议应发营兵，以助挞伐事：

窃照山左六郡，臣桑梓之邦也！臣承乏户曹，滥竽督饷。目今，潢池弄兵，运道梗塞。无论辇毂之下，百万军民，咸切呼庚，即臣津门转饷榆关，亦将无从出矣！加以贼势猖獗，声言内犯，即甸服三辅，亦不胜震邻剥肤之患矣！

臣窃为此，日夜腐心，恨不灭此而朝食也！惟是蕞尔津门，新造草昧之区，兵马无几。自去岁，发参将管大藩等兵，二千名于辽左；发游击金冠等兵，四千名于山海。今岁又发参将翟子勋等河南前营兵三千名，亦赴山海。总

① "裹"，原作"里"（繁体字"裹"），据四库本、国图本改。

计，已发过九千余名矣！今现在津门者，除水兵四千外，总计主客陆兵不及万人。津门内巩神京，外防海溢，东援榆关，责任綦重，必如户部所题，欲发津兵五六千人，是空国以行也！

顷者，两奉圣旨，一则有酌量发兵之说，一则未定马步之数，所谓明见万里之外者也。顾疾在腹心，治症宜亟于医药；而祸生肘腋，救斗窃闻于披缨。臣岂异人，敢或首鼠？臣尝闻之，骐骥一日千里，驽骀踯躅不前，是兵贵精，不贵多也。《诗》取譬于雷霆，《易》致戒于左次，是兵贵速，而不贵迟也！现今津门兵马有限，取盈则不能，太少则无益。量度主客之旅，斟酌多寡之间，请以山东营守备刘永昌所统二千名，毛兵营守备董世贤所统一千名，共作三千之数。山东营新兵，原系济南诸邑召募前来，初亦乌合，漫无纪律，刘永昌练习有法，约束得宜，近日遂成一枝劲兵。今兹受檄征剿，以东土之兵，而还戢东土之乱，亦何所不勉焉！毛兵营兵丁，初从佥事胡嘉栋渡海抵津，仅五六百人耳。嗣是，又复逃散，不满五百，所幸经兵守备董世贤恩威兼济，得不尽溃。臣又令其陆续召募，共足千人，贾勇拔距，绰有可观，俾令东援，亦复乐趋。此二师者，皆津门之锐也。

独是以津兵而入东省，若无道臣监制，何以震肃戎行，分别功罪？臣与监军道佥事来斯行议，及而本官欣然请往，以彼素富韬钤[①]，亲在行间指授方略，计所裨益，良非浅鲜。又该道有子来燕禧，力能扛鼎，射可穿杨。因念其父羽翼无人，亦复志切勤王，情殷寝戈，愿以诸生从戎，统率家丁，以为将士先。

是役也，一以护运，一以剿贼。如贼势鸱张，不妨据险扼要，以杜其北徙之路；如我师云集，便可协力夹攻，以大为剪除之谋。庶不至以重发隳功，亦不至以轻敌取败耳！再，惟各兵远征，必裹二三月之粮，即今津库如洗，非得二万金不可，尤望计曹，刻期给发。一经支领，便可成行。不则，旷费居诸，非所称救焚拯溺之义矣！

补发津兵疏

题为津兵东剿，再奉明旨，谨照数补发，以靖妖氛事：

该臣看得，津门为京师咽喉，自当宿重兵以备缓急；而东鲁为海内腹心，岂宜酿寇盗以滋祸乱。前户部之题覆护运也，钦依有“量发”之语，及东抚之请兵讨贼也，俞音无马步之数。臣谨剂量主客，较计多寡，以三千名应命，业具疏奏闻矣。迨兵部以五千为请，而圣旨复如数准发，两咨抵臣。

---

① “钤”，原作“铃”，据四库本、国图本改。

夫东省之事急矣！当此潢池云扰之际，决非揖让救焚之时。窃计，天下之兵，当为天下用之，岂其无事而豢养为者？况榆关政毖丸泥之封，而东省已炽燎原之焰。榆塞策应之兵，鳞次而棋布者，尚自不少；至于应援东省，明旨煌煌，敕速剿而戒蔓延，所责成督发者，南则漕抚，北则臣与保定抚臣耳！臣又何敢以兵寡为辞，而衡君命也？及臣备行该道查议，而该道以河南后营守备周之礼统兵二千为言。查津门见在客兵，止有此营，原留以备榆关践更之用，今似不容胶柱而鼓瑟矣。该营兵马，虽稍不及山东毛兵二营之劲，而中多南、汝、伊、雒间人，则亦毛兵之伦也。在津训练，渐已经年，亦能明步伐而习技击，修戈矛而赋同仇矣！臣已行令整顿兵马、衣械，与山东毛兵二营，络绎同发，直达兖府。壮犄角之先声，慑白莲之妖魄，胥攸赖焉！总之，未奉明旨之先，臣不敢多发，以蹈喜事之嫌；既奉明旨之后，臣又不敢少发，以贻缩步之诮。此臣区区之本怀也！

至于三营兵饷，原在津门月支一两五钱，今历过七月，一月尚未支也。又当赍粮三阅月，极为省，约计此二千之众，又非一万五千金不可。并前所请，山东毛兵二营饷银，臣俱一面于各项召买募兵银内那借给发，用遄其行。

伏祈敕下兵部户部，亟为覆议补给，各归正项。

男际有按，莲妖徐鸿儒之起邹滕也，山左征津兵会剿。先君搜卒简乘，师出在途，而妖党于弘志起武邑。事出仓卒，势张甚，景州告急。后军守备董世贤，移兵歼之。俘斩四千有奇，贼平而保抚之兵始至。及抵兖，参将刘永昌屡战奏捷。而手擒贼首徐鸿儒者，即疏中所称从戎诸生来燕禧也。

初，官军屡衄。贼恃妖法，常自詑，曰："若欲胜吾，除是天兵。"暨天津兵至，不三月而荡平，时以其言为谶云。近见《纪事本末》，曰"景州妖贼，屯阜城、武邑，杀人祭旗，声言取景州，焚掠四十余里。官兵往捕之，贼首于弘志策马张弓，飞舞而来。官兵斩之于马下，余贼披靡四散。"并未言为何处官兵，而纪邹滕之战，亦为疏漏。

又尝见是时有撰《李忠文公神道碑》，则移其事于李公。夫李公，继先君抚津者也。征发之事，既未与闻。景武之捷，才履任一日耳！李公序先君《抚津疏草》，亦载其事。初，未尝自居也。附录原序于左，以备读古者考镜焉。李公，名邦华，字懋明，江西吉水人。

附：

抚津疏草序

李邦华

神庙御极之四十一年，余待罪南床，与闻计吏。时所称“天下第一廉平”，则无若今少司徒毕公。

公，先是业以卓异著，兹复冠群，辟人拟公。节钺弹指，余欣慕执鞭，而公恬不为名高居。久之，再举卓异，乃征入冏伯，犹常调也。会东方构难，三韩不支，翼翼神京，屋瓦皆震。朝议以天津咽喉，挽漕而屏蔽东海，非开幕府、宿重兵，不足戒衣袽。推择而使公，始出建牙。明年，公以劳勚晋贰司徒。余方从田间来，辄被命为公后。盖惴惴不堪是惧。而回首执鞭，本怀未尝不倚玉自庆也。

津故河间属，玺书监司以下并隶纪纲，乃草昧，靡一具。公至，立规模，定章程，辟戎伍，缮艅艎，水陆拮据，月不啻四十五日，奏请络绎于道。壁垒井井，屹然京东雄镇。亡何，广宁陷，榆关累棋。羽书夕至，旌旗朝发。时溃卒望尘奔，独公遣戍守官军鼓行，而东无却步者，以是测公节制云。

忽妖寇山左，守臣乞津兵为助。旨再下，公急邻谊重，悉精锐半万以赴。师出景武，贼逆前锋，跃瞬歼之。而滕邹之役，不三月奏凯焉。此秋毫皆公力。余虽与于会观厥成而已。盖公沈毅天授，无锋颖于貌；精详夙成，无张皇于卒。故运筹决机，守处女而应脱兔。试读抚津封事，英略远犹令人应接不暇。虽戎马倥偬，惊偵狎至，然棼而愈密，撼而弥定。浩乎渊乎！

夫谁窥公深乎？余才百不逮公，而幸公典型在望，步趋恐后，一切率袭公旧。偶所不安，必决于公。公亦披忱靡贰。古称萧规曹随，犹意相先后耳何如！余朝夕禀仰，锥画地，印印泥哉！

虽然，余于公实有默契者。公勤诚体国，雅意廉俭，念封疆多故，财用匮乏，管钥惟严，不辞程薪数米。余亦抱杞忧，惜锱铢。经岁，度支弗及他镇之百一，殆与公不谋而合。顷疏自陈啬状，援公为重。公曰：“世方见少子，顾尠之耶！”余曰：“民力竭矣，将多多益善乎？”相视而笑。公殚精储糈，裁浮核侵，所省大农金钱无算。异时，公功高庙社，将什伯抚津日，而抚津其嚆矢矣！

余为公序疏草，盖倚公同心聊鸣执鞭本怀，窃附青云耳！若乃公之不朽，则有国史在。

抚津事竣疏

奏为抚津事竣，谨将收支钱粮数目，造册奏缴，以祈圣鉴事：

慨自辽左发难，密勿焦劳。臣以愚劣，滥竽津抚。始臣之至津也，以弹丸之城，处咽喉之地。外海内漕，果称要害，而谛阅武备，则衰废极矣！津故置三卫，虽列左右二营，皆春秋分班，以供版筑之役，于备御无当也。惟葛沽海防营，旧有防倭兵二千，以屯守为名。而陆处无营，水处无舟，旌旗戈甲，强半朽敝。臣窃郑重简书，彷徨太息，朝夕拮据，罔敢怠遑。

兵部原议津门召募水陆兵一万名，该安家银五万两；原议买马二千匹，该马价银二万四千两。嗣以遣兵援辽，多发银六千两。三次共发银八万两。又以万人为率，工部该发盔甲银五万两，衣装、器械银三万两。而以冬曹匮乏，吁请甚艰，一次发银一万四千七十两，又一次发银二万八千二百两。续是屡催不报，竟成画饼。盖兵工二部所给发，以为津门军兴之费者止此矣！视淮浙、中州等处召募之需，曾不及什之二三。殚心筹画，刻意节啬，务求量入为出，不耻数米而炊。如募兵，原议给安家银五两，臣惟于西塞诸将招到家丁，各如数给发，其土著陆兵则减至二两矣！招募解验，臣不敢诿诸道府听之将领，俱令中千等官，招集赴臣，一一自行简阅，以故安家虽廉，而未学以孱弱者杂之。所省兵部银两，至为不赀。计以招募至者，凡得标兵营三千一百余名，正兵营一千九百余名，镇海前后奇三营水兵，共四千三百余名。以征调至者，凡得浙直水兵二千名，淮扬水兵四千六百名，江南水兵一千余名，山东营兵二千名，河南前后营兵五千名。又有毛兵营兵一千余名，则半系征调、半系招募者也。无何，浙直、淮扬、山东、河南、毛兵等营，俱先后调发广宁、山海、山东应援剿除。而津门新集诸兵，已盈水陆万人之数，亦庶几成一队之师矣！独是战马一项，原议收买二千匹，今乃仅及一千，则以内地马价腾涌，而又苦无佳者。势必就宣大诸市口收买，岁惟八、九月一次，道里既遥，鬻售不易，一时诚难多得也！臣又市场料于四方，征匠役于州县，就各寺庙，开立四局，以制军器。别设火药，自为一局，以防水火。所制腰刀、三眼枪、攒竹枪，各以数千计；威远大炮，以数十计；火药、铅子，以数万计；鐼斧、闷棍，各以数百计；劲弓、利矢，各以数千万计。一切器械之类，俱臣亲自估计制办。又检出津门城楼旧械，择可用者，亟为修理。一时主客之兵，各执一艺矣！独是铁盔铁甲，仅造二百副有奇，藤盔绵甲，止造五百副有奇，则以所资工匠颇伙，非可以仓卒办耳！此外，造沙船七十只、唬船二十只、营房三百间、战车十余辆。虽觉取数甚少，亦济目前乏绝。大都随事补葺，矢竭心力，既务节省，又求精好，不敢苟且塞责，亦不敢纤毫妄费。良为兵事殷繁，国计匮诎，上则大内之封椿，下则小民之膏血，总属艰难，倍宜珍惜。若锱铢取之，而泥沙用之，有人心者岂宜出此，斯臣幽独所自矢也。所惜时月短浅，智虑暗汶，机绪未竟，挂漏实多。才一拊心回首之余，不胜瘝官溺职之愧，诚所重为廪廪者矣！

兹臣叨转督饷，逐一清算，共计：实用过兵部银两四万四千四百四十九两三钱，实在银三万五千五百五十两七钱；实用过工部银三万二千六百三十六两九钱，实在银九千六百三十三两一钱，一并交与新任抚臣李邦华经营。复念银粮支放，最宜清楚，兹谨造册奏缴，仍移送部科，一切支销，指掌可明矣！

顾臣窃有请者，津门营伍渐成，马匹船只尚少。目前急买战马一千匹，便须用银一万二千两；急造沙唬战船一百只，便需用银二三万两。若夫一切器械，不惟新集水陆之众需以简练，抑且寄寓征发之师，无不仰给。

迩来，征调肆出，络绎关领，已惴惴有不赡之忧矣！又兵士不可以袒裼而当锋镝之冲，则盔甲万副之制，于用殊切，于费尤奢。又由津门以抵山海，沿海一带烽墩，缘系流沙，难以修筑，多设木楼。臣查核旧迹，什九倾圮，而以钱粮无措，坐成废格，恐亦未可视为末务也！总计工部尚欠衣装、器械银四万五千两。伏祈敕发新任抚臣，则津门之军兴有赖矣！

恭谢天恩疏

奏为恭谢天恩事：

伏念臣猥惟斗筲，滥膺节钺[①]。津门设险，当水陆之要冲；瀛海建牙，实咽喉之重地。简卒搜乘，经年拮据，仅成一旅之师；储器造舟，匝岁劻勷，粗足万人之用。谨奉三方之布置，讵知九牧之无成。顾瞻犄角一隅已失广宁左臂。亡羊思补，剥床切肤之灾谓何？汗马不遑，鼎足犬牙之势安在？疆圉绸缪之计，未举二三；朝廷任使之恩，宁酬万一？自当席藁以待罪，讵思得陇而序迁。忽奉明纶，晋司督饷，擢居版部，兼领兰台。以钱谷赡军兴，六师饥饱倚命；以纪纲资弹压，十道吏民禀成。闻命惊惶，控辞战栗，毫无矫饰，总出真诚。岂期圣恩，不蒙鉴允。当此山海十万众嗷嗷待哺之日，岂是臣子再三渎悠悠自便之时！臣谨于五月之二十一日抵任受事矣！

缅惟平辽敌忾之际，莫若储粟馈饷为先。自变起三韩，而祸延九有，历时已经五载，所费何止万千。召买截漕，群策无遗于会计；陆挽水运，人力毕举于转输。无奈鲸波之苍茫，兼以牛车之疲惫，何以使廪盈而庾羡？劈画实艰，何以使食足而兵强？经营不易，刘晏之理财淮甸；有意效之，萧何之转饷关中，

① “钺”，原作“铖”，据四库本、国图本改。

恐不逮也。况前督饷部臣，三岁之精心料理，事事良规；近睹巡饷按臣，四款之极意条陈，言言石画。定额，可杜滥觞之弊；兼支，可免玉粒之嗟。臣敢不俯竭庸愚，仰酬知遇，奉庙廊之德意，遵耆硕之谟谋。军储外供，壮投石超距之锐气；民财内阜，苏氿泉获薪之惮人。矢志诘戎，岂容嫌于米盐凌杂；投醪飨士，还干泽于大内封樁。

廉将茹苦疏

题为廉将茹苦倍常，伏法推情可悯。恳乞圣明照察，覆讯未减，以平政刑，以彰激劝事：

窃照为将之道，莫贵于勇往直前；而御将之道，惟在于执法不二。粤自辽左沦亡，逃将接踵，大伤国体，且挫士气。有识之士，无不切齿腐心，亟欲按剑伸法，以明纪律。然有素行廉洁，矢心忠义，本非逃而类于逃，无死法而罹于法者，尤当察其情而原其心，则近日管大藩之事是也。

大藩原以徐州世职指挥，获登武闱甲科。先是，泰昌元年，以浙江实授参将，奉调援辽。天启元年春，经略袁应泰，令率浙兵二千，前往镇江。已达登州�等岛，会辽阳失陷，兵部覆准，回津防守。时，臣适有抚津之役。逮七月内，三岔告急。辽抚王化贞，移咨于臣，索大藩一营。臣发兵疏具在，可覆按也。

继入广宁，辽抚促往镇江策应毛帅，大藩又复鼓枻。时值八月，秋高风厉，覆溺逃亡。其随大藩赴鲜者，仅八百余人，而辽抚所差赍粮都司庄梦龙，并银四千两亦俱化为乌有矣！及十月间，大藩抵鲜，驻弥串堡，与毛帅为犄角，依山为守。冬月极寒，士多冻仆，每月止借鲜米百石，每兵日仅四合。此外，衣装、盐菜之类，一毫无办。自十月以抵七月，共借鲜米九百四十石，又借监军副使梁之垣银五百两，每兵不及一金。夫饥寒切身，虽慈父不能保其子，各兵之以讨粮为名，而相率内向者亦人情也。大藩此时，仍当申明约束，坚守信地，乃以各兵溃归，亦以追兵为名，相从赴津，此则不能无罪。惟是多命攸关，宿饱无期，是则大藩所遭之不幸，而非甘心掉臂者也！

及抵津，而臣以大义责之，抚臣李邦华亦以大义责之。抚臣初议，以该营中军杨应鼎率其师往，而委都司佥书文士铭监之，大藩谢事听参。又令饷道钱士晋，亲诣大沽，议给兵饷。只以库藏空虚，不能尽补积欠之数。于是，各兵呶呶有词，备述忍饥裂肤之状，坚不肯受，然未尝鼓噪也！已而饷道回津，益知领兵渡海，非大藩不可。津抚再申军令，臣亦怂恿戒行。及大藩往，而兵帖然，奋臂一招，誓同生死。找给饷银，断自三月为始，至九月止，则所节省，尚不赀也。而遐观逖听者不察其详，辄云逼索津饷，则不惟大藩冤，而津门亦冤矣！

海上风波，入九月后，三老长年便自裹足。大藩率兵再发，实以九月二十三日。中途阻风，届十月十二日，才抵登州庙岛。朔飙凛栗，异飓时作，竟守冻皇城岛矣！隆冬非航海之时，守冻非驻足之地，只缘文士铭垂涎主帅，投揭交构，遂有逗遛之参。惜哉！由前而论，原为饥兵逃归，大藩追随，似与真逃者异。由后而论，原为寒冬守冻待时，而又与逗遛者异。不意风闻腾播，连被重劾，明旨森凛，分宜只承，臣亦未敢轻为渎陈。续见登抚再疏："大藩闻风前行，图功自赎。"奉旨："果有图功求生情节，奏请定夺。"是圣明亦若哀而怜之矣！

近复报，大藩于三月之七日，再至弥串堡，已具文报毛帅。讫至二十一日，而文士铭持登抚牌至，各兵委士铭代管，当于弥串堡巴山地方，将兵船十六只、兵四百五十六员名、事故银一千二十两俱交代明白，大藩赴登州投审系狱。

呜呼！镇江岸上，近日往来，辙迹多矣！初时，人皆以为绝海穷荒，宁死勿往。大藩自津入辽，自辽入鲜，蹈险最先，勇超诸弁，且其一尘不染，深得士心。在鲜日久，涉历寒冬，僵尸相属，人无异志。粮糗不继，枵腹荷戈，此等苦态，要皆他人所无。即其擅归有罪，而其终年无饷，亦微可原；即其征进无功，而其九月戍守，亦殊可录。秋深再往，中途守冻，窃谓大藩无死法也！即津抚李邦华，虽曾疏参，每与臣言，辄为咨嗟叹息，未尝不称其廉而悲其苦。大藩而斩，其余逗遛缩朒，不肯出海洋一步者，何以待之？且其入辽以来，两年之间，千辛万苦，一官数载，甘同积薪，而今反罹重典，恐为廉将之戒，而隳壮士之心，人何劝焉？

臣，昔待罪抚津，曾与发遣之役。嗣是，由辽入鲜，海面寥阔，鳞鸿杳绝，比至去年五月，始闻毛帅之耗。孤军乏粮，臣即连具塘报，谋为运饷，接济毛帅并济大藩，乃饷尚未至，而大藩归矣！缘系津门之官，绝域途遥，未能照管，而登莱及监军道臣，又未免秦越视之。酿成此祸，此则臣之罪也！

日来，方寸展转不宁，臣虽不杀大藩，大藩实由臣而死矣！夫死生之际，谁不伤心动念。日奉枭示之旨，论者以为大藩必铤而走险，即兵部覆疏，亦虑其甘心为中行说，以逆颜行。而今，已抵朝鲜，从容赴逮，甚至事故钱粮，千有余金，交割明白，不肯丝毫少染。一腔忠义，可矢天日。当斯世而求忠廉之将，如大藩其人者，岂易得哉！

闻登州总兵沈有容，海外相遇，执手恸哭。有容素号昂藏丈夫，则大藩之非龌龊庸将，断可知矣！今即不敢遽为解网求生，以挠三尺之法，亦不敢复求戴罪立功，以蹈脱卸之局。但祈敕下兵部，行令登抚，解至京师，仍令法司调取一切案卷，从公审问，务使情符于法，法协于律。或从谪戍，或议拔黄，以明正其不守信地之罪。而姑贳其一死，以存公道，以示风励，毋使忠廉之将，含冤抱恨，以干天地之和，则所裨于军纪士气者，非浅鲜矣！

臣一腔孤愤，越俎多言，天理良心，不能自已。知我罪我，总在所弗计也！

奉旨："据奏，管大藩情有可原，且已自归就逮，亦知畏法，着革了职，发至沈有容处，听用立功。如再违玩，仍行逮问。"

朝鲜情行疏

题为赍敕府佐还津，朝鲜情形渐晰。谨披陈委折，以备采择事：

案照，天启二年，臣当五月受事之初，即有朝鲜海运之役。维时，原任卫辉府推官孟养志，曾蒙前经臣袁应泰具题起用援辽。无何，广宁陷没。本官闻毛文龙请饷，即愿躬任转输，辅都司黄胤恩行矣！又因庙议欲给毛帅敕印旗牌，仍欲发敕宣谕朝鲜，而本官遂兼有赍敕之役矣！

粤自二年七月，发棹津门，去冬黄都司回登，而本官以宣谕未竣，留滞属国。今于六月之杪倏然归来，赍有朝鲜回照印信咨文，而后督饷、宣谕二事，始获完局。

该臣看得，自有东事以来，我中国之信使络绎朝鲜，而朝鲜亦待之甚恭，礼之甚厚。于是，有视为奇货，而恣其需索者；有狃为文弱，而肆其凌轹者。朝鲜君臣，积久不堪，浸假生厌，故孟推官之赍敕赴鲜也，毛帅辄尼其行，力主代赍，而孟推官亦欣然从之。此自体恤属国，砥砺好修，不欲令彼以些须宴飨之仪，沾沾见德色于我者也。

及差官任国辅、应时泰赍敕抵开城，而前王李珲，坚持旧例，阻止中途，必欲令孟推官亲赍，而后开读。斯亦忠顺一念，不欲苟且完事，以获戾于天朝者。但孟推官因见毛帅先经具题，故成议有难于中变，而代赍仍执夫初约。涉冬历春，徘徊殷栗、凤山之间，竟未成行。比至二月，而李珲称病，不复视事；三月，而李倧奄有海邦矣！濡滞经时，良有以也。

李倧立后，欲反李珲之所为，至指以久不受敕，为李珲罪状，亟催代赍。而孟推官尚羁凤山，亦以属国新经易主，既当借以侦探情实，又欲因而激发忠赤。据所称述，问答侃侃，数语殊关名义。又不旬日，而促归装。孤臣万里，独力撑持，只索如此，斯亦庶几可称不辱君命者矣！此孟推官赍敕往来始末之情也。乃若彼国易主之详，则亦有可得而言者。

李珲，原以前王李昖次子，得立，素称仁柔。李倧，其亲侄也。驰马试剑，谋勇著闻，眉竖耳垂，姿表伟异。常在李珲左右用事，掌管笔札之役。入春，因见李珲有疾，遂令心腹陪臣建议，将平山节度使李贵教练兵马五百人，调赴王京防御。又密约继祖母王大妃，于三月初九日在于宫中举火为号。李倧率李贵等，以救火为名，领兵入宫，绑缚李珲，投烈焰中，并其世子宫眷及左右亲信之人，俱行杀戮。议政府有自尽者。

本月十三日，遂令王大妃下教国中，云："昭圣贞懿王大妃若曰：'天生蒸民，树之后辟。盖欲序彝伦，立经纪，上奉宗庙，下安黎庶也。宣祖大王，不幸无嫡嗣，因一时之权，越长幼之序，以光海为储贰。既在东宫，失德彰著。宣祖晚节，颇有悔恨。及至嗣位之初，反逆悖理，罔有纪极，姑举其大者。予虽不德，然受天子之诰命，为先王之配体，母仪一国，积有年载。夫为宣庙子也者，不得不以予为母。而光海听信谗贼，自生猜隙，刑戮我父母，鱼肉我宗族。怀中孺子，夺而杀之，幽闭困辱，无复人理。是乃逞憾于先王，又何有未亡人？至若戕兄杀弟，屠灭诸侄，搒杀庶母，屡起大狱，毒痡无辜。撤民家数千区，创建两阙，土木之役，十年未已。先朝耆旧，斥逐殆尽，惟姻娅妇寺、逢恶纵臾之徒是崇、是信。政以贿成，昏墨盈朝，辇金市官，有同驵侩。赋役繁重，诛求无艺，民不堪命，嗷嗷涂炭。宗社之危，若辍旒然。不惟是也，我国服事天朝，二百余载，义即君臣，恩犹父子。壬辰再造之恩，万世不可忘也。先王临御四十年，至诚事大，平生未尝向西而坐。光海背义忘德，罔畏天命，阴怀二心。己未之役，密教帅臣，观变向背，卒致全师，投北流，丑四海。皇使来临，托故久滞，皇敕屡降，无意济师，痛心疾首，胡可胜言！夫灭天理，斁人伦，上以得罪于皇朝，下以结怨于万姓，罪恶至此，其何军国子民，居祖宗之天位，奉庙社之神灵乎？兹以废之！绫扬君倧，宣祖大王之孙，定远君琈第一子也。聪明仁义，有非常之表，宣祖奇爱之，养于宫中。命名之义，厥有徽音。凭几之际，握手唏嘘，属意深重，异于诸孙。今者奋发大义，讨平昏乱，脱予幽辱，复予位号，伦纪得正，宗社再安。功德甚茂，神人所归，可即大位，以继宣祖大王之后。册夫人韩氏为王妃，故兹教示，想宜知悉。'"

是日，李倧遂即王位。又差官立诛平壤守臣朴华并鸭绿江边臣郑遵，数其元年冬月，暗通接引，戕辽人而谋毛帅，是所借口以报中国者也。李贵今为李倧亲臣，日侍其侧；而又用宿将张晚为总兵，以守鸭绿；用内戚韩浚谦为本国都总兵，以镇王京。又令通官传语于孟推官曰："向来旧王不以并力遏敌为恭，而以缛仪款客为恭。今我正不以缛仪为恭，而专以协剿为恭。"以故接伴各官，其礼貌亦殷勤如昨，而馆谷渐不逮畴昔矣！李珲之事，天朝殚心竭力。彼国老臣有身被倭难者，皆所乐从；而少年新进之徒，或多不欲，兼以供亿颇繁，国人苦之。今春，偃卧日久，有以为真病者，有谓知祸之将及己，而深居以避者，乃不虞其竟以不免也。

此臣唤集差官任国辅等，反复查问而得其大概如此。近闻李倧请封之使业已渡海而来，抵登而北，行且匍匐阙下矣！臣窃以为，李倧之事，其不必议讨者有三，而其不可遽封者亦有三。李倧自立，虽犯无将之戒，然为李昖之孙，李珲之侄，枝派颇正。且其假仁假义，国中臣民，率多归向，今若轻言废置，必当先议兴师。航海万里，胜负难必，穷兵远骛，非力所及。是不必议讨者一也！通逆之显迹未著，享王之常礼未失，且其即位，教令颁布国中，咸以恭顺天朝为念，以协力助兵为辞，岂其以此翘前王之罪过，而躬自蹈之。万一更置不得其人，违顺即逆，厥计良左。是不必议讨者二也！李倧立后，每有公移与毛帅往来，固非大有协济，亦觉别无龃龉。近闻毛帅自用银往安州籴粮，五千亦未遏籴。总之，毛帅近居皮岛，四面皆水，与前驻宣川时依倚朝鲜，大是不同，可无他虞。是不必议讨者三也！

惟是，君父大伦，炳若日星，乱臣贼子，宜加斧锧。既逭天诛，遂叨封典，煌煌纶音，骤加匪人，彼箕子礼义之邦，将无为有识者所笑。是不可遽封者一也！李珲之事天朝也甚谨，既助兵于四路进剿之时，又助饷于毛帅驻师之日，其有功于天朝也甚巨。彼国教令，所谓欲加之罪，何患无词者也！若中国不为一言昭雪，幽冥之中，未免负此忠顺外藩于地下。是不可遽封者二也！李倧语言应对之间，不失恭顺天朝之意，而其处心积虑，尚属叵测。据其公移咨文，虽称权署国事，然而居王之宫，服王之服，行王之政，未尝辞尊居卑，拱听册封，诚恐别有肺肠，遽难方物。大虑觇风观变，向背倏忽。是不可遽封者三也！

以臣愚见，固不必穷治其擅立之罪，使其铤而走险，亦不可遽与以封爵之荣，使其狃而成玩。俟其请封使至，止收表笺，一切方物，姑寄别所。即令来使言旋，顺赍明旨，诘问要见李珲是否当诛，李倧果否当立。俟其输服请罪，往返再三，而后许之。不则，俟其进兵助剿，功绩昭著，而后封之。庶几操纵在我，刚柔互济，不以恩掩义，不以权废经。天朝之纲纪大伸，而属国之邪萌自戢矣！

说者，又欲遣官前往查勘区处。夫官卑则不足以示重，官尊又恐负固不服，反有亵于国体，似未得策也。至于以后中国之使，其以公务入朝鲜者，宁稀勿数，宁简勿繁。仍令谢绝一切交际，毋得黩货，致轻中华。此尤吃紧要着，亟宜申饬者也。

此疏采入《从信录》诸书中，流传朝鲜。顷，朝鲜嗣王，因纂修明史，具疏为其前王力辩，且指此疏谓非事实。然先君当日所据，以入告者使臣之言，而使臣则得之其国人之口也。康熙乙丑际有附纪。

患病祈休疏

奏为主恩未报，臣病已深。恳祈俯准休致，以重饷务，以全余生事：

窃惟，君臣大义，比于天冠地履，而无所逃；臣子致身，肇于策名委质，而不可渝。臣虽不肖，盖稔闻之。顾事君致身，必其耳目精明，手足强健，而后可以为服采服劳之地。若果身之病矣，致于何？有此而不思以义自裁，是为尸素、为贪恋，而罪乃滋甚矣！

臣严，猥以驽钝，窃禄中外，三十余年，终鲜树立。粤自皇考擢升冏卿，嗣值圣明，简任津抚，滥竽今职，备员卿贰。高厚未酬，肤发何辞？但臣禀赋素弱，原有痰火虚怯之症，兼以驰驱边徼，俱属戎马倥偬之场，精力耗于簿书，肢体惫于奔走，所从来久矣！嗣是，于役津门，壁垒草创，殚心从事，不啻呕血。及督饷务，关鲜并急，百忧丛集，以致宿疾顿增，齿发非故，眩晕怔忡，时作时止。顾一念犬马恋主之心，犹未敢遽言乞身也！乃至今日，而臣病益深矣！

津门素称卑湿，连年更遭霖潦。臣自天启元年五月抵津，维时衙宇未备，寄居卫署。除正堂外，止有寝室数椽，不蔽风雨，湫隘蒸湿。臣实栖息其中，鞅掌于内。是年夏秋之间，足膝浮肿，皮肤麻木。臣服燥湿搜风等药，数月良已。届于二年夏秋，而浮肿麻木亦如之，厥势增剧，服药愈伙，而后稍稍见效。

逮于今年夏秋以来，不惟浮肿麻木已也，下体遍生毒疮，脓血备极淋漓，头目岑岑而作恶，饮食喀喀而欲吐。医疗多术，内外兼攻，时将凝寒，终无起色。臣始犹竭蹶水次，巡阅粮艘，而今且不能出门户矣！始尚临莅听事，延见僚属，而今且不能着袜履[①]矣！疮势蔓延，皮肤溃烂。一股之大，臃肿如腰；一步之移，重坠如石。虽运务之迟滞为惊，而文移之批答未废。然而，疾痛呻吟，僵卧一室，支离委顿，瘝旷百端，殊有跼蹐倍万不宁者。询之医人张应清等，佥称湿热为祟，深入膏肓，气血受伤，渐成沉痼。若不谢事静摄，必且终为废人。

夫督饷何官？是关鲜三军所恃以寄命者也；督饷何事？是辽饷百万所赖以输挽者也。今岁运额，虽将就绪；明岁运务，又当经始。一切截漕召买、修船建廒等项，诸事如猬，即以精明强健之身当之，犹惧日不暇给，而况加之病困，重以杜门，谁为料理？何敢坐视？若再因循荏苒，不早亟求赐玦，则所误于一身性命者小，而误于国家封疆者大，是微臣之所以大惧也。用是披沥控陈，一字非饰。

伏祈鉴臣病患，甚真甚危，准臣休致回籍，别选才贤代臣督饷。或照近日庙议，归并抚臣，加衔兼摄，则微臣得安于医药。或残喘之可延，而运务免致于废阁，亦军需之有济矣！

奉旨："毕自严久莅重镇，饷务著劳，何得遽尔请告，着照旧供职！"

---

① "履"，原作"覆"，据四库本、国图本改。

懋赏难承疏

奏为平妖无功，懋赏难承。恳祈俯容，辞免恩命，以昭分义事：

案照，兵部题覆："为妖寇荡平已久，军功查勘复明，谨据实奏闻，乞敕照例叙录事。'奉旨：东省妖寇荡平，文武各官，协力奋力，共奏成功，朕心嘉悦。毕自严、张凤翔、李邦华，俟直隶勘功疏至，并从优叙。钦此！'"近，兵部又题覆前事："奉旨：畿辅妖寇荡平，文武各官，协心奋力，共著劳绩，朕心嘉悦。毕自严升右都御史兼户部右侍郎，赏银三十两，彩段二表里。钦此！"

窃照臣前承乏抚津，原以军旅为职，则张皇六师，固将为戡乱资也。发兵策应，原因王命调遣，则同舟共济，亦非为希赏地也。维时，祸已中于腹心，患实深于桑梓。奉有明旨，发兵五千。于是，将领择谋勇者，兵马选骁健者，器械遴坚好者，倾左库之蓄，裹三月之粮，而又以才望道臣监之，旬日拮据，寝食都废。然皆臣之职也，臣之分也！即成败利钝，亦不暇预料也！

逮烝徒在道，而倏报广川之妖乱；移师问罪，而旋见潢池之荡平。斯则变出仓卒，捷报俄顷，非臣意想之所及矣！继而旌旗东指，主客协剿，驯致邹滕底定，洙泗廓清。是乃宗庙社稷之灵，实式凭之。而道将士卒，戮力整旅之劳，破斧缺斨之苦，亦诚有足念者。臣以款启，量移督饷。既匏系于津门，未奔走于行间。其敢以征发之微劳，而冒军功之上赏乎？乱民无知，不啻赤子之入井；师旅所加，堪怜玉石之俱焚。其敢以中原之异变，而蒙出格之宠渥乎？且邹滕之役，东抚身居锋镝之中，运筹决策，百倍焦劳，津门将吏，胥禀成焉。其波及津门者，皆东抚之余也。景武之役，津抚之号令方新，而保抚之调度得宜。此其平妖伟绩，无不超出臣上者。三抚优叙，谁曰不然！臣实碌碌因人，冉冉易位，而可自为功乎？

臣幼读诗书，闻古之人臣，有不为爵劝、不为禄勉，以忧社稷者，心窃慕之，愿以为法。今东征之道将偏裨，俱已加级受赏，揆臣当日誓师之初心，不啻慊矣！若臣事无加于职业之外，而骤膺异数之骈蕃；足未侧于壁垒之间，而辄沐恩波之浩荡。所谓赏加于无劳，荣逾于始愿。将令当之惊神，而望之却步矣！况右台乃风纪之竣秩，揣凉德何以堪？佐计虽督饷之宿衔，转左阶而中凛。目今，馈饷方殷，本折匮乏，臣方深抱溺职之愧，而又何容兼官为也！至于命服辉煌，恐怡不衷之诮；兼金郑重，只怀多取之羞。

因忆春日，榆关大赉，枢相推广皇仁，猥以饷务相关，匪颁及臣。枢相先已具疏总谢，微臣未便矫异具辞。迄今，蟒段一端，帑金三镒，长扃笥箧，未启缄縢。当此财用匮绌之时，似当一体缴还。所谓省一分，亦足助军国一分之用者也。为此，愕眙无措，蹙蹐陈辞。

伏祈皇上，鉴臣微诚，收回成命，庶清朝无滥加之宠，而微臣罔贪天之功。即彤弓大典，亦若增而光矣！

奉旨："毕自严督饷平妖，并著劳绩，叙赉已有成命，不准辞！"

兵饷重任疏

奏为兵饷重任，绵力难兼。恳祈俯准，辞免归并，以安愚分事：

臣接邸报，见天津巡抚、新升兵部右侍郎李邦华一本，为惊闻新命等事。奉旨："李邦华既简任卿贰，着遵旨即来供职，不得推辞。巡抚事务既议归，并着督饷官兼管。该部知道。钦此！"

伏念，臣以愚劣，滥竽仕版，驰驱中外，三十余年。即顷，待罪津门，先甲兵而后钱谷，呕心血而疲筋力，亦已三年所矣！以积劳善病之躯，处濒海卑湿之地，致今脾胃损伤，足膝浮肿。前九月内，曾经具疏请告，未荷允从，黾勉供职，每虞瘝旷。拟俟今岁，运务奏缴事竣，再申前请。况兹巡抚重任，克诘戎兵，拱护神京，犄角关门，而可以孑身弱植，谬为兼摄者乎？臣无左宜右有之才，而滥治兵转饷之寄，一闻新命，五内饮冰。且臣昔之司兵也，搜卒简乘，而力惟觉其不足；即臣今之司饷也，手画心计，而力未见其有余。今臣犹然故吾也，非昔愚而今明，昔弱而今强也，而何以兼摄也？譬之尫羸之夫，而令其一举百钧；驽骀之足，而责其一日千里。乌能胜其任，而愉快乎？诚恐顾此失彼，挂一漏万。将汰冗节浮之利小，而卤莽丛脞之患大矣！且年来计曹匮乏，每忧新饷弗继。向也，臣与津抚庖祝各司，呼吁同情，犹仅仅以支眉然，常惴惴而虞瓶罄。近闻，津兵月饷，自十月起，俱未给发。今若归并于臣，既索运脚，又索兵饷，一切呼号陈乞之情，必且视前愈急愈苦。人既厌其唐突，己亦羞其聒絮。究且力薄言轻，接济弗前，只以重微臣之罪案，而速其颠踬耳！

近见有条议津门事宜者，似督饷津抚，本同为赘旒之官，而合并担当，已别得瑰玮之彦。即臣饶有兼才，而肩承局外，尚怀揽权妨贤之羞，况臣实无微长，而尸素局中，益滋折足覆悚之惧矣。

伏祈圣明，俯赐垂鉴，准臣照旧止理饷运，完其本等职掌。其巡抚事务，别选才具优长者属之。则小器得免于倾覆，而重任可赖以勖勷矣！

奉旨："兵饷允宜归并，毕自严才足胜任，不必辞！"

津库已匮疏

题为津库已匮益匮，转饷千难万难。恳祈敕部，加意接济，乘时料理，并早罢斥微臣，以无误军需事：

窃照津门之粮饷，非为津门用也，而实以供榆关之士马！即明岁之饷运，又非自明岁始也，而必先资今岁之措处。稽查旧案，前任饷臣，无不隔岁讲求，先朝营办，所从来者旧矣！

今岁部发新饷银两，自上年十二月起，至今年十一月止，共仅得银二十五万。而臣发过鲜运粮料一十二万三千余石，发过关运粮料一百七万二千余石。鲜运每石脚价四钱二分，该银五万余两。关运在南海口交卸，每石脚价二钱一分五厘。其运至关外，自芝麻湾，以至觉华、宁远，递加至二钱六分。通融计算，该银二十五万余两。二项共该银三十余万两，而臣仅用二十五万两。又就中买运新豆数万石，买运鲜布二万匹，买席数十万片，买苇数万束。又各衙门廪费工食，及各运官廪粮，俱在其内。发银若彼，用银若此，臣非能神运而鬼输①也。

臣与司道，悉心酌议，磨勘卷册，不避怨劳，故于一切津淮船户，除其底价，扣其预支，清其挂欠，悉作实数。往时夤缘溷冒之弊，厘剔殆尽。政如贫人负债，力不能偿，聊检旧券以相抵塞而已。至存留下脚，旧例止扣十分之一，后因部银不继，舣舟待发，官船银多有扣至二分、三分者，民船银多有扣至三分、四分者。政如贫人市物，手无现钱，姑为赊借以充日用而已。下脚初扣之时，许以运回给发；运回无银，再许年终给发。而今，又届期矣！即应领下脚，尚欠一万三千余金。日久未发，拥门告讨，皆以臣为失信。

昔年，海运利巨，人多竞趋；今岁，咸谓扣算过刻，渐有离心，民船尤多掉臂不顾。失今不给，明岁号召，谁其应之？且也，今岁发运愆期，秋深不息，飓风肆虐，漂失孔多。兼南海口，嶕石巉岩，不便泊舟，触之立碎，并鲜运往回失风者，总计已逾百船之外。旧例，应于今冬，发银朋造抵补，每船二三百金，约用银二万两。又前任饷臣，每岁例造新船百只。天启二年，臣受事后，偶以粮运渐减，停止未造。迄今，关运鲜运，道里愈遥，粮料愈伙。近议仍造新船百只，又该银三万两。而以津库如洗，束手无措，亦徒切望洋之叹而已矣！然犹系新船也。乃若津淮旧船，海运经年，风雨之所摧残，波浪之所冲击，船艘敝漏，什物缺少，入春必须大加修舱，方可尝试于不测之渊。旧例，论船大小，每船预支二三十金，以至四五十金，俱于年终给发。今各船户，告讨频仍，臣无以应。迄今，新船未造，旧船未修，转盼春和，关鲜待哺，其能不胫而走乎？

天启四年，该运料豆四十三万，津门虽有旧豆五万，成色不登，难充关鲜之用。其真保河新派买三十万，因无豆价，尚在未定之天；惟有津门自买

① “输”，原作“轮”，据四库本、国图本改。

八万。臣与司道府厅，竭蹶从事，豆新价廉，用待春首开运之需，乃那凑收买，未及三万，而津库悬罄矣！即今春月，有银可买，尚虑豆价日腾，而缓急无济也，况未必有银哉？每念及此，而臣心欲碎矣！

顷，自数月以来，移咨再四，呼吁频烦，而内部止发银二万两，尚未到津。臣将何法搜括，何道补葺，以结今岁之局，而开明岁之端耶？部咨每称，外解稍裕，再行凑发接济，第不知外解充裕，当在何年何日也？乌兔飞驰，河清难俟。若非仰仗天语叮咛，委曲那借，速赐照数给发，而徒以些须关其口，所误于军兴者岂其微哉！

呜呼！今天下督抚之带衔部院者多矣，然未有备员于六卿之堂，而经营于郡国之间者。有之，自臣督饷衙门始。昔年倭乱，则有张养蒙之拮据；近岁辽难，则有李长庚之劻勷。而臣猥以之谫劣，貂[①]续其后。虽贤愚不同，而名衔弗异也！良以兵饷一节，三军命脉所关，故以部堂莅之，重其事也。上而大司农，即其僚寀，下而诸司官，即其属吏，庶几其体隆、其权尊，呼吸通而接应捷，可以展布四体，而不致偾国家之事。讵至于今，而有大谬不然者。

案查，天启元年，内部移咨前任饷臣，内称："辽军辽马，性命呼吸安危，全在督饷之一身，总计一年应费若干银两。本部分四季解发，督饷衙门，一听便宜行事，再勿逐事题请，以致部覆参差；亦勿零星取银，以致部发稽迟。"而前任饷臣，尚谦让未遑也。户部又尝题议："津门应用折色，每岁当在二百万外，三百万内。"其建议如此，虽前任饷臣加意节啬，未尝妄费，然伸缩自如，而襟肘可免矣！今以本部之大臣，而仰新饷司官之鼻息，每草一疏、陈一议，不惮千言万语，呕心沥血，以求一当。乃司官一言驳之，而有余矣！夫其覆议而驳之也，犹在行止从违之一间也，甚且置之高阁矣。或迟回数月，而后具覆；或终于不覆，而仅以咨应矣！

臣虽谫劣，亦知国课民膏，百倍艰难，程薪数米，万分慎毖，而困顿龃龉，寸步难前。既旷废于职业，将移祸于封疆。是微臣之德望，不逮前贤，无以取信于人也。非督饷之累臣，臣负督饷，不能克举其职也。今榆关以饷运不继，则责望于臣；船户以脚价不发，则怨讟于臣；津门司道以买运粮不敷，则又交相控告于臣。臣，累移咨削牍，以烦聒于内部而不可得，则又恐以唐突厌臣。然则，臣亦厚颜矣！先事而呼，见谓无疾之呻吟；临朝而陈，已成剥肤之疮痏。时势至此，千难万难。今惟仰丐圣明，亟罢微臣，治以溺职之罪，而别选海内名贤，以膺斯任。则夙望之感召，必且闻风而响应；巨才之挥霍，必且徒手而饷足。斯实岩疆之厚幸，军国之至计也。臣得逭戾于负乘，而逃刑于司败，即

① "貂"，原作"昭"，据四库本、国图本改。

永跧伏草野，所至快矣！

奉旨："粮饷紧急，内外部当同心共济，毋致偏累。这所奏，着该部措处接济，以应急需。卿任事焦劳，还加意料理，不必辞！"

到任谢恩疏

奏为恭谢天恩事：

伏念臣生本迂儒，未娴军旅，才疏会计，靡裨疆场。荷盛朝特达之知，莅津海多艰之地。百事由于草创，何啻捉襟露肘之穷；一帆紧接溟堧，不胜浪马涛戈之惧。而臣自鞭驽钝，勉矢血诚。搜乘饬戎，冀振貔貅之势；惜阴刻日，终愧锁钥之功。稍展寸长，倏逾一载。即招集骑步，薄有可观，而整顿韃櫜，犹多未备。幸朴诚信于士伍，可徐酬分阃之恩；乃圣虑笃于军储，忽骤拜度支之命。

顾臣寡陋，再试殷繁。当计曹仰屋之时，值河西失守之后。飓风时作，波臣之飞渡维艰；霪雨相仍，露积之盖藏乏策。海输继以陆挽，犹虞庚癸频呼；辽艘载驾鲜航，安得要荒并济。经营宵旦，大惧偾辕；再易星霜，尚蔑底绩。乃缘征发微勚，猥蒙浩荡洪慈；特晋宪职之崇，载荷匪颁之渥。捐糜莫报，函盖难名。更因津抚之议裁，复奉兼摄之新旨。递任尚嫌于见短，并承岂裕于兼长？虽庙堂怜老马之识途，欲使驾轻就熟；而微臣怀袜线之陋质，乌能绠短汲深。

成命俨临，疏辞未允；蓄艾已羞，往事莫追。愆尤履冰倍悚，来兹弥深跼蹐。敢不练三津之戎马，使之动可战而静可防；务期足两地之饱腾，勿令发不时而呼不应。谨捍御于海澨，必使岛屿澄波；图接济于岩关，用宽圣明旰食。而臣又念国家丁三空四尽之日，既图省费以省官，则微臣当陈力就列之余，岂容兼任而兼饩。贰卿之廪费，犹自腼颜；镇抚之供张，概行裁节。至于原设之衙署，改充武库之庤储。居肆鸠工，庶尽惩呰窳之弊；日省月试，期克壮组练之容。斯又臣惓惓有怀所为，自靖自励者也！

地震陈言疏

题为畿辅再经地震，灾变异常可骇。恳祈上下交儆，亟修实政，以图消弥，以凝休命事：

该臣看得，积阴为地，地道主静，万物之本原，群生之根苑也！以静为常，以动为变。震则失常，是为越阴之职，而干阳政，厥变大矣！故《春秋》，地震必书，诚重其事也。

闻之占候家云："地震动微，祸小；动巨，祸大。动在一隅，应在一隅；动在千里，应在千里。"今之震也，未尝倒塌房屋，压伤人命，固与巨动稍殊。然嘉平之十三，仅一朝而震荡者数四；新正之五日，未弥月而震动者再形。即境外遐方，不及尽知，然瀛海十余城之州邑，申报略同，想燕赵千余里之提封，灾祥靡异矣！

微臣触目阴阳之舛戾，因纵观时事之艰危，岂容无说！而处此，东则声罪致讨，撊然思逞；西则阳顺阴逆，狡焉难凭，则可虞在边境。辽饷加派，无异一兔而两剥其皮。在官，虽征其所不得不征；在民，实应其所必不能应，则可虞在穷民。左藏空匮，而沿边之兵饷不能时给，即最急如榆关，亦以海运暂停，转输靡继，每惧裸体脱巾之呼，或出风餐露宿之旅，则可虞在卒伍。军兴方殷，飞刍挽粟，固不容已。然瀚海风涛，而长年三老，每葬身鱼腹之中。即竭蹶刍牧，而重趼茧足，多困踣轮蹄之下。谁非赤子，而茹苦降割，至此极也，则可虞又在运务。凡此，皆足兆异，皆足郁和。

臣严，滥竽督响，承乏抚方，值灾异之荐臻，思奉职之无状。非直痛自修省，不遑宁处，仍当亟从罢斥，以应咎征者也！

窃惟我皇上御极以来，乃圣乃明，克仁克孝。郊与祀必亲，朝与讲弗辍，止辇受谏官之言，发帑纾岩疆之困。仕路之登进，不啻拔茅；章奏之批答，捷于流水，亦既追踪尧舜，而比绩唐虞矣！顾明王慎德，虽纤微弗忽，而臣子责难，则箴规弗废。

《诗》称："敬天之怒，无敢戏豫。敬天之渝，无敢驰驱。"盖灾异之来，天所以震慑人君，而亦所以仁爱人君也。人君应之以实，则震慑实为休祥；酬之以文，则仁爱终为谴责。故天之鉴下也，洞见于几微；而君之回天也，转移于呼吸。即今，似有不容不亟为修省者。如煌煌纶綍，间由中旨之传宣，致令辅弼不得关其忠。万举万当，而一误则救药靡施，将无启炀灶，而滋猜嫌乎？是内批当慎也！如琐琐妇寺，渥承延世之宠光，致令枢筦不能守其法。作威作福，而一轻则劳臣解体，将无嗟滥觞，而从指摘乎？是恩泽宜节也！乾坤之生才有限，乃以骨鲠之大僚，而一言摈斥；以道学之名儒，而投老岩穴；以批鳞之直臣，而长伏草莽。弃骐骥于伏枥，敧梗梓于断沟，将无失算乎？是人才宜惜也！帝京之神气宜张，乃金吾之键橐，总属朝家之扈跸；羽林之貔虎，孰非王国之牙爪。顾寄兵柄于貂珰，几同伏戎于肘腋。既靡大内之金钱，且胎他日之隐祸，将无非计乎？是内操宜罢也！以上四者，虽不足为圣德之亏损，而未必非白璧之微瑕；虽不足干天地之和气，而尚觉夫阳明之结轖。

伏望皇上体天心仁爱之意，法周诗敬天之箴，亟图修省，次第举行。庶几人心悦而天意得，阴阳和而灾变消。虽有坤维震动之失常，无损尧天舜日之上理矣！

积疴沉剧疏

奏为积疴沉剧，万难供职。恳恩速赐休致，以保余生事：

窃念臣严禀赋素羸，才谞尤短。滥竽仕版，三十余年。自知甚明，无当世用。忆在丁未，值内艰而坚卧不起；逮于甲寅，自河东而请告归田。初心，直欲栖迟丘壑，寻觅医药，以终余齿已耳！不意屡荷圣恩，起臣藩臬，役臣冲塞，感激图报，勉效驰驱。嗣是叨陟冏卿，量移津抚，载擢督饷。

适当辽沈广宁，沦没奔溃，因念主忧臣辱，何爱捐糜顶踵。此臣之心也，亦臣之分也。惟是微臣，戆质痴肠，从来不肯偷自暇逸，事必躬亲，而后无憾。故于文移则逐字检阅，兵马则觌面点查，粮料则亲手磨算，而元精忽不觉其销亡矣！兼以肢体困于卑湿之侵蒸，目力损于灯烛之熏灼，心神枯于批答之冗繁，而华滋忽不觉其凋谢矣！

稔知国用匮乏，既难时诎而举赢；无奈习俗膻逐，未免察渊而府怨。风雨阖辟，特造化之常。独微臣处多凶多惧之地，一风一雨，皆足关心。遇霪霖弥日，则惨然以愁，惟恐津关津料，有露积浥烂者；遇暴飓崇朝，则懔然以忧，惟恐关鲜舟航，有汩没海洋者。往往中夜彷徨，当食罢箸。有无多寡，亦钱谷之常。独微臣当三空四尽之时，思运务所需粮料草束不赀，所需船只买价运价亦不赀，莫不仰给帑金，取资国赋。欲缄口不言，则虑有误封疆，有负职掌；欲频频陈乞，则又转喉触忌，启齿挑衅。真是疾首腐心，靡所控告。凡此种种，皆足以焚阴阳之和，而酿冰炭之戚。于是臣之疾疢，日益底滞幽郁，深入膏肓矣！

臣于去年九月间已曾具疏请告，不蒙俞允，未敢渎陈。维时，臣犹止于督理饷务，病亦仅在足膝间也！近且承乏兼理兵饷，自冬涉春，竭蹶料理，宵旦经营，率至夜分。冲寒冒雪，寝食都废，以致中气愈虚，火邪顿炽，乘春一发，救药难施。内而眩晕征忡，转觉五脏之无主，外而麻木痛楚，堪虞四大之不仁。双眸赤肿，尽置案牍于高阁；痰嗽呕吐，几视饮食如寇仇。百衰俱见，诸症丛生，殆惴惴焉有性命之忧，而岌岌乎怀首丘之虑矣！

目今春汛届期，则军旅之震耀难驰；海冰已泮，则运艘之输挽宜亟。臣既卧疴阖户，宁免旷职瘝官？抚孱躯以自怜，睹简书而增惕。真有一日不能安于其心，亦有一日不能安于其位者！

仰祈圣恩，念臣病实委顿，情非假托，准臣休致回籍，别选才贤任事。臣自今以往，傥不遽填沟壑，则长林丰草之间，无非衔德呼嵩之日矣！

奉旨："兵饷重任，倚赖正殷，着照旧任事，不准请告！"

地震频仍疏

题为地震频仍，天心告戒，谨据实奏闻。恳祈圣明，益励修省，以弭灾变事：

臣闻地道广厚，无所不容；地道定宁，无所不载。故其卦曰坤，其德曰母，其脉曰理，其神曰只。开鸿蒙之先，穷窅冥之域，而息沉默之乡，所从来久矣！

一旦震动，是谓以阴纪干阳政，厥祸叵测。往年，震于鲁而莲妖起；震于蜀而播酋叛；震于三韩，而抚清辽沈相继陷没。其应如响。此皆已事之彰明较著者也！今且震于金陵丰镐之乡，震于江淮汤沐之地，告灾之疏踵至。然未有如今兹数百里之内，十二月一震，正月再震，二月、三月又震。震且数日，地中轰然有声，居民房屋倾颓。妇子皇皇，如山泽之骇麇，狂走出避。臣诚不觉魂摇而神悸也！又闻永平一带，震动尤甚，室庐城堞，坍塌无算。滦州乐亭沿海地方，有开裂之地形，有堆积之砂土，平地出水尺许，居民不敢夜卧。一切情状，骇人听闻，诚古今异常之大变也！

臣严，承乏待罪饷抚，乃视履咫尺之城，不百日而三四震，臣安敢避琐聒，而不以灾告乎？窃惟，有灾异则有感召，有感召则有事应。今瀛津数百里内及沿海一带，皆臣统辖转输之地，则皆臣罪戾之所感召也，请竟言之。

津，海国也。蛟宫蜃窟，人所为望洋却步者也。今楼橹涵天，艅艎衔尾，日驱一方民命，以掷于惊涛怒飓之中。此其地利安乎？否也！津饷皆新饷也，海内所为，竭泽而渔者也。左输关，右输鲜，梯航无已，耗敝中原。此其民情安乎？否也！津兵，皆新兵也，所为备神京、山海后劲之用者也。年来，调东兖、调蓟门、调关门，足不停而席不暖。弱者踣于路，强者窜于途。今日壁垒几空，猝有缓急，将何以应？此其兵力安乎？否也！津海地利兵民，无一得安其常，而谓坤舆职载，独能循其宁静之体乎？则不必因灾异问事应，而以事应召灾异，固昭昭不爽矣！

臣至不肖，误蒙任使。兹值异常灾变，虽日督率文武将吏，恐惧修省，冀幸消弭，而才不足以弘安攘，诚不足以昭感格。所当亟为罢斥，以谢天地之谴责者也。

维我皇上绍祚以来，敬天法祖，靡有戏豫；勤政视朝，不自暇逸。然而，时事愈棘，天威滋至，日变星祲，相继示警，人妖物怪，层见叠出。迩者，风霾屡作，雨泽愆期。皇上方下明诏，嘉与内外，大小臣工，共图挽回，而地震又见告矣！以宅中定鼎之区，而虩虩摇动，是岂可以修省之空言，而回既怒之天心乎？则臣愿以修德之说进：兢业常存，而佚游宜戒也；俭德维图，而赏赉宜节也；启沃当逊，而召对宜举也。以至深宫燕处，葆精啬神，以培养无疆之祉，尤不可不慎也。凡此，修德之属也。

臣又愿以修政之说进：东事方炽，而边防无使弛也；莲妖已平，而蚩愚无使扰也；辽民久困，而反侧无使惊也。以至名硕忠谏，霁威赐环，以慰答寰宇之望，尤不可不早也。凡此皆修政之属也。

诚使德政交修，朝夕乾惕，法成汤之自责，效周宣之侧身，则天不能为灾，地不能为异。震者弗失其宁，而皇图愈为巩固矣。不然，以泄泄之君臣，应天心之蹶难，则疆圉板荡之祸，已兆甸服震撼之中，是可不为之寒心哉！

先是河间地震，臣正月间业已有疏具奏。兹所陈者，亦即前之余唾。臣闻李沆在宋，日取水旱盗贼之事奏闻，谓人主少年，当知四方艰难，常怀忧惧。以臣薄劣，何敢比拟于沆，而目击灾异交错，隐不入告，又沆之罪人也！是用不避琐聒，而谬抒忧危之苦语，以祈圣鉴。惟圣明裁察！

截漕贾戾疏

题为微臣截漕贾戾，谨束躬待罪事：

先是本年七月内，臣因关运粮额不敷，请截漕十五万，以抵东兖逋欠之粮，以补鲜运借贷之数。候命兼旬，始荷部覆，止准截漕五万。而臣先因海船久候，时不可失，已预截漕粮十万石，发运行矣！

比见邸报，踟蹰无计，额内者既不可短，已运者又不可还。于是又具题。如以关饷紧急，经准作正开销也，惟命；如以太仓殚匮，扣算津门今冬带运例截之数也，亦惟命。如亮臣之计无复之，而俯及宽政也，惟命；如以臣为专擅截漕，而重加谴责也，亦惟命。盖臣拊躬循省，允之少而截之多，夫亦自知罪也。或扣算而或开销，未敢以臆决也。

近见仓场督臣有疏，极论改折截漕之非。内部亦有疏，评驳续截五万之粮，莫不交口责备于臣并及赞司饷道。而又勒令运官，仍将后截五万，起运赴京，不则以违旨，参提追补。臣乃局蹐饮冰，无地自容。惟是关鲜待哺之迫切，明旨责成之森竦，津仓空匮之情形，旁观或不尽知，微臣独肩其苦。敬披沥于圣明之前，幸垂听焉！

臣以菲才，谬膺督饷，简书其重，供亿维繁。查敕书，内有“敕内该载未尽者，听臣便宜区处”之语。又，今年五月内，奉有圣谕：“传于户、工二部并专督辽饷等官，详确毛帅，如果缺粮乏器真情，并拨船及应用器械，一并速发，解去军前应用，不得迟滞。有误军机，责有归焉。特谕！”

此鲜运之数，旧岁止十二万，今岁增至二十万也。又，本年七月内，枢相孙承宗有疏。奉旨：“卿以庙算等边，计画自有周到。其储备粮料，着饷部速行料理。关门利害，关天下安危，枢计两部及边镇各官，着协力急公，共佐封疆大计。毋或观望，致误军需。此关运之数，且欲增于一百二十万之外，断不宜缩于一百二十万之内也。”

天语煌煌，敢不钦承。况关鲜两地，咸以同舟望臣，又以大义责臣。溺职瘝官，臣实耻之。无奈鲜运额该二十万，止有毛帅自请截漕十万，势不得不那借关粮矣！鲜运那借关粮七万七千三百余石，而关运又不可少，势不得不求补内部矣！东兖召买二十万，原充关运，但部覆籴本定价止十四万，议用二府三年加派银十二万八千六百七十两三钱，尚不敷银一万一千三百一十二两八钱，即于四年辽饷凑补。夫东兖每米一石，买价运价多近一两。有过之者，通以一两计算，则三年见征之银，止可买米十二万有奇。其余无可措手，俱待给四年新饷。而四年新饷，则夏秋方征收，抵冬始报完者也。兼以天道亢旱为灾，东抚疏请蠲赈。官民借口，不无观望，稽迟之由，实坐于此。臣非不欲以白简从事，然旧例，岁终参罚，未有本年之粮。至七八月，即行查参者也。输挽未至，海运难稽，臣复具疏截漕，亦计划无复之耳！

臣疏原云：“东兖未到之粮，即以十万作明年应派数，而于明年减派十万。”盖以四年新饷，今已预支明岁。虽有五年新饷，必不能买足二十万之数，而运事更误矣！姑借截漕一着，稍为通融，以宽物力，而便新运，斯臣区区本怀也，非厚桑梓而缓催科也。

又，臣前五月内，有《关门兵马愈增，岁需粮料愈伙》一疏，亦请截漕，部覆不允。然覆疏内明称：“若夫大举有期，调兵云集，粮料果不足用，计秋冬之际，漕运方至，此时量截数万，以济缓急，未为不可。第不得预定其数，令后来执为成例耳！”今大兵出塞，抽调亦集，则截漕数万，固内部之所素许，而非臣之辄为开端也。臣前有请截之疏，后有请罪之疏，一片痴心热肠，总为国家封疆起见。此可矢之天日，质之公论而无愧者。而今谓臣为擅截邀截，讥臣为越俎漕政，且云“视大仓为虚器，视京军为虚籍，漕粮止供津门之用”。夫截漕岂为津门用哉？置榆[1]关不言，而直云津门用之，良可异也！夫榆关之与京师，一为门庭，一为堂奥。聚十万之师于榆关，而使有绝粮枵腹之虞，此等利害，又将谁为担任也？傥果重内轻外，则精铠利器，京师之捍卫也，今何辇负以给关门？俵解冏马，京师之上驷也，今何络绎以应关门？乃独于漕米而靳之曰，“此京军之储，非关门之用”，而缓急不得相通也？然与否也？

加派新饷，竭四海九州之供，贮之京师。初，关门仅月支十五万，近且加增至二十三、四万，而转输如故。岂非兵马既增，而兵饷亦当增耶？岂其折色可加，而本色独不当加耶？仓场督臣之言曰：“七八月间，津门粮料之价尚平，

① “榆”，原作“渝”，据四库本、国图本改。

不图召买，而一意截漕。”臣所未解。夫有召买，则有籴本，试问内部，曾给臣召买籴本否也？夫运务之难，久矣！一切匮乏，窘迫之状，屡疏呼陈，迄无有寓目者。漕粮五万，才捐太仓百分之一二，何督过之深也？夫仓臣之在仓言仓，犹微臣之在饷言饷也。仓臣惟恐京军之不赡，饷臣惟虑关鲜之不足。设身而处，易地皆然，政不烦深讶者也！至大司农，则合京边、通内外，以成其大，岂关鲜缺饷，独不轸于衷，而萦于虑乎？如必欲治专擅截漕之罪，先须及臣，勿累司道运官。盖赞司饷道之截漕，俱听臣为政者也。运官之截漕于津，原出意想之外，臣实使之，非有营谋钻刺于其间也。臣为须眉男子，果有罪过，固当自作自受，而敢诿咎他人乎？

臣循“便宜区处”之敕书，遵“关鲜接济”之明旨，奉以周旋，罔敢失坠。但令运额粗完，无委君命于草莽，即加以大谴大呵，臣当欣然领受，无怨尤矣！所愿皇上，亟行罢斥微臣，削其职衔，以为专擅截漕之戒。倘皇上不亟罢臣，以德薄言轻之人，举足摇手，便有窒碍，明岁运务必不能办，徒误皇上封疆大事耳！

奉旨："截漕事属权宜，部题总为国计，还着从长酌议。卿奏甚明，着安心任事，不必引咎！”

辞留宪疏

奏为留宪误畀，绵劣难胜。恳祈圣恩，俯容辞免事：

天启五年三月二十三日，准吏部咨，该本部会题。奉旨："毕自严改南京都察院右都御史。钦此！”钦遵备谘到臣。

窃念臣疏庸一介，遭际三朝。筮仕神宗，曾遍历于藩臬；承恩皇考，复荐擢于冏卿。迨圣明御极之初年，即登庸抚津之重任。嗣督辽饷，问梯航于海滨；旋议兼官，并节钺于输挽。真楮小而怀大，每履薄以临深。顾臣上之不能卷甲厉兵，恢全辽之土宇；次之不能量沙聚米，充岩塞之军实。徒以本折浩繁，呼吁频聒，中干外竭，蔑收效于饱腾；剜肉医疮，只贻忧于苍赤。扪心知罪，无地自容。幸宽溺职之诛，忽拜量移之命。

念留都为根本重地，矧掌院尤风纪要司。激浊扬清，巨任未易称也；秉宪贞度，凉德何以堪之！似此恩波，实逾涯分，况臣蚊负既久，筋力全衰；马齿渐增，头颅顿改。盖已尝再腾乞骸之章，未荷俯俞；庶从兹获遂息肩之期，宁宜窃禄？

伏冀收回成命，俾令归田，别简才贤，用充任使，庶舆人无维鹈在梁之讥，而微臣逭折足覆悚之诮矣！

奉旨："毕自严督饷著劳，留宪特兹简畀，着即赴任供职。不准辞！”

辞留计疏

奏为留计重任，薄劣难堪，谨披沥悃诚，辞免新命事：

臣严，猥以迂愚，承乏留宪。履任未及两月，当官愧乏寸长。兹乃谬蒙圣恩，量移留计，滥竽司徒，比肩六卿。天高地厚，诚非臣捐糜顶踵所克报称。惟是留宪总持风纪，职在表率台纲，与闻清议，事犹约而易操；留计典司钱谷，职在料理本折，仰佐军国，责弥艰而难办。臣拊躬扪心，岂其眇焉？薄劣之躯，遽可陈力而就列乎？又况比岁以来，军旅倥偬，供亿殷繁，南北殚竭，闾阎凋瘵。既无雨粟点金之术，将有捉襟露肘之忧。此臣所为闻命饮冰，踧踖靡宁者也！傥不度德量力，冒昧忝窃，以致速咎于身，贻戚于国，罪莫大焉！

伏望皇上垂鉴下情，收回成命，容臣仍守原官供职，别选名贤以重邦计，庶圣朝无溺职之官，而微臣逭窃位之讥。其恩波愈为浩荡，而衔戴愈无津涯矣！

奉旨："卿才望素隆，留计重任，特膺简用，着即前赴供职。不准辞！"

到任恭谢疏

奏为恭谢天恩事：

伏念臣性本迂愚，才尤谫劣。历官一十七任，窃禄三十五年，瘝旷滋深，涓埃未报。谢输挽于津海，方腼颜乎台端。出纶綍于北辰，遽晋司乎邦计。恩逾涯分，虑切战兢。控陈原出悃诚，圣慈未荷俞允。

臣遵奉明命，谨于本年三月十五日前至本部，恭设香案，望阙叩头谢恩，到任管事讫。独念军国方殷，则钱谷之需用最急，而中外告匮，则大农之酌济尤艰。况留都仓库，人之额原少，而出之孔苦多。兼比岁，省直输之北既多，而供之南益少。每东那而西补，如割肉以医疮。

臣以疏庸，膺兹重任，惭无神运鬼输之策，矢循量入为出之经，敢不愈励寸心，勉坚晚节。惟勤惟慎，只竭狗马之私；任怨任劳，务塞侵渔之窦。斯臣所为，盟心积虑，以期仰酬圣恩高厚于万一者也！

请还楚赋疏

题为楚赋尽改黔饷，留计毫未与闻，庾藏告空，庚癸可虑。恳祈酌议拨还，以重根本事：

窃照南都重地，实我太祖高皇帝定鼎之区，一切文武官员，棋布星列，莫不仰给臣部供亿。当年经费，各有正额，仓不借库，库不贷仓；北不需南，南不输北。以一岁之入，供一岁之出，充然足用而不穷。逮今，疆圉多事，搀括频仍，北解既急，南供愈缓。于是，臣部仓库，势且难支矣！

即以仓粮言之，三年以前，尚闻可供数岁，及臣抵任之后，持筹而计，一岁支放约七十万石，而各仓所积亦仅有此数，则一岁而后，是立尽之势也，宁可不为之寒心哉？尝反复推求，各仓匮乏之故，大抵起于折色渐多，本色渐少。折色之留，为南用者渐少；折色之借，为北用者渐多。先是，户部全折万历四十六、八两年南粮，以充辽饷。维时，臣部署部事尚书黄克缵，诵言其不可。部覆未允，犹曰："两年之后，暂借即还。"乃若全折楚省南粮二十六万，以充黔饷。

自天启元年始，年复一年，竟无程限，俾二百余年之正供，一朝遂成乌有，而臣部毫不与闻，此亦事之大可异者也！查臣部南粮上仓，正米每岁额派仅五十八万九千八百有奇，而楚省额解二十六万。计居南粮十分之四，是南粮额派之最多，未有逾于楚省者也。乃四十六、八两年，既经改折，助辽饷矣！天启元年以后，又复改折以充黔饷，然则臣部将何所赖，藉以果四十八卫官军之腹哉？且也改折之后，并未移会臣部。臣部每岁按籍而索之楚，楚率以故纸相视，亦并不言原奉部文改折之故。

臣初受事，稽考拖欠，数多出于情理之外，疑为改解黔饷。又检卷内，并不北咨，疑为楚省司府，径自权宜那借云尔！及本年五月内，准户部咨，为"小民之溢赋难堪、奸吏之浮派有据"等事。据湖广百姓吴亨三等告称，南粮正米二十六万石，共该折银一十三万两。遭藩司粮吏，将耗米亦折钱五钱，每年多派银五万二千。题奉明旨，移咨臣部查问，而臣乃知楚省南粮改折已久，始恍然自失矣！

臣部司属，五年以来，岂无邸报可阅？岂无耳目可询？而皆褎如充耳，镇日坐云雾中。即臣近日飞檄相督，一月两催，总属梦中说梦矣！夫黔难初兴，臣子义切同舟，暂借一年，犹可言也！黔祸未艾，留计舍己芸人，年复一年，不可言也。且楚省南粮，留都命脉，今将久假而不归乎？抑亦计日而当返乎？南庾悬罄，脱巾可虞，今将重藩篱而忘堂奥乎？抑亦先腹心而后肢体乎？想经邦谋国之臣，明而熟于计，其必有以处此矣！

顾又有不可尽诿于黔饷者，即如楚省盐钞银两一项，每年额派八千七十二两五钱。自万历元年迄今，积欠银四十三万五千九百一十五两，屡经催督，州县俱以解司为言，及行文提取，该司辄称借解宗禄俸粮，及官军赏钞等项。朦胧开销，展转搪抵，岂天启元年以前，亦有所谓黔饷者哉？则楚省人情之怠玩，而以臣部为易侮，所从来久矣！

臣职掌所关，义难缄默，据实披列，吁天陈词。恳祈敕下户部，逐一从长酌议。其楚省南粮，本色改折解黔，即当断自目前，归还臣部，以供重地之军储。若有逋负，仍前那用者，容臣得循臣部节年题定规格，执白简以议参罚，则仓库聊资接济，而军旅可望宿饱矣！

请留漕折疏

题为留计万分难支，南粮抵解当还。恳祈圣明，查照成议，如数拨补，以重根本，以信明旨事：

窃照缓急有暂通之权，而常额不可以并废；盈虚有互酌之用，而国计不可以偏枯。迩来，边圉多事，国库告匮，其借南济北者权也。济北而不至厉南者，则权而不拂夫经也。惟南之经费不至顿穷，斯北之灌输可以常继，则为南即所以为北也！

先，天启四年，总督仓场侍郎毕懋良议："当两难之时，商确补救，惟有借解南粮一法。南都仓米虽少，尚可支数岁。米价虽腾，犹不出六钱。以六钱给北军则不足，给南军则有余。应以吴越改折银二十二万解南京，而以江西应解南粮三十七万，改为北运。"奉有俞旨久矣！然粮多银少，已属亏损，使照议解南，犹可少补，孰意机会不偶，议论陡生。

今，六年三月，原任南仓场侍郎魏说，奏请搜括脚价银三千两助工，而并及于二十二万之漕折，谓南京米贵，放于官军，势自不可。户部议覆，果谓饷银诎乏，复欲以南补北。具题得旨，移咨臣部。咨文到日，督臣业也回籍，臣及臣属，无不相视骇愕。良以江西南粮，原系额设军饷，计口按月而支，诚三军所以为命者也。将银折米已非经制，失米得银，犹堪充腹。若粮米既已运北，折银又不留南，则视南军皆可有可无之伦，南饷真可裁可减之物矣！成议具在，久奉纶音，许而不与，何以示信？且今日南仓，现存才七十余万石，再加两月折色，仅足支一岁之饷。荆楚既悉供黔，豫章又尽输北，转眼告罄，外解全无。数万饥军，圜视而起，其祸尚忍言哉？方今辽、黔多事，供亿殷繁，凡在臣子，谊难坐视。况南户者，固北户之外府也。数年以来，挹彼注兹，如取如携，臣部协济，不下百万，岂至今日，而故自分畛域也者？夫亦处无可奈何之地，值万不容已之时耳！户部谓以南有余补北不足，令南果有余也！公家之物，何妨那补，只以臣部困穷已极，旦夕难支，不足之形已成，而不足之隐忧有倍万可虑者！失今不言，后将无及，是以宁冒鈇钺之诛，不敢不据实控陈耳！前任督臣，熟谙此中匮乏，或有激乎其言之不虞，其祸之中于留计，使后人无所措手，一至此极也。

祈鉴南部空匮之状，与臣部迫切之情，敕下户部从长酌议，仍将漕折留作军饷，想大司农公忠体国，南北一视，当不难翻然易虑，转圜相从也！

恳恩休致疏

奏为衰病日深，万难供职。恳恩休致，以延一线余生事：

窃照人臣委质服官，无以有己，故鞠躬尽瘁，臣子之分义也。惟是韶光不待，从衰得病，不能者止，又臣子之至情也。臣以草茅下士，驽蹇庸才，遭熙朝，叨备驱策。自入仕版，三十五年，什九在外，拮据兵戎钱谷之间。行能谫劣，惟不称任使是惧。坐是心血久耗，筋力亦驰，夙有痰火怔忡之症。前在津门，两疏乞骸，未荷矜允。客岁，量移留宪，仰戴殊恩，黾勉就道，妄意南中政简，或可慎自调摄，以图致身。不意履任两月，倏有留计之转。恩波愈渥，报称愈艰。矢竭犬马，期副甄陶。无奈适丁其穷，本折俱匮，而军兵之待哺者，以数万计。每每食不下咽，卧不帖席。且也头绪纷纭，卷案烦冗，臣诚不惮目营心计，夙夜焦劳，补牍飞檄，不遗余力，而臣夙疾遂渐萌矣！兼以南都入夏，蒸热异常，暑湿中人，疟痢交作，而臣病体益不支矣！延至秋冬，调理多日，药饵频投，竟无起色。迄今，痰涎壅盛，肌肉消烁。脾胃虚弱，饮食如有哽噎；头目昏眩，步履若在云雾。当斯时也，思大命之近止，恸捐糜之无具，不觉回睇故园，系念首丘。

夫丰镐何地？度支何官？臣既病困，不能供职，而犹尸位素餐，不自引决，将负乘贻嗤，而瘝官滋罪矣！目今，留都师济，九列充庭，臣部左右侍郎俱已履任。臣如江皋乘雁，何当有无？及查，近日奉有明旨，年力衰迈，概听自裁。臣年虽非甚衰，而病则已沉痼。

伏愿圣明，曲轸下情，俯准致仕，回籍调理，得僦帷盖之恩私，无令委骨于沟壑。俛一线之余生苟延，即昊天之大德罔极矣！

奉旨：“卿才品素著，留计匮乏，正赖持筹。乃请告情词恳至，准回籍调理，以昭姱节。该部知道！”

石隐园藏稿卷五终

卷　六

疏二

起大司农初辞疏

奏为惊闻纶命，自揣难胜。恳祈圣明俯容辞免，以安愚分，以重邦计事：

伏念臣一介草茅，四朝葑菲，智能原属短浅，年力亦已衰迟。服官虽竭蹶弗辞，而疏拙尽露；立志虽孤忠自许，而瘝旷实多。

忆丙寅岁，臣待罪留计。维时，逆珰擅权，搜括天下帑藏。一日，内守备太监刘敬、杨国瑞，诣臣私寓，以南京太仆寺牧马草场变价事，传逆珰意，令臣为之。臣以职掌弗关，迎合可耻，坚辞不任。且国瑞为逆珰干子，每有文移，向部索取年例钱粮，炰烋殊甚，臣义不受辱。适值水土不服，脾胃作恶，积劳顿发，痰火为祟，遂请老以归。恭遇圣明御极，剪除逆珰，海宇无不快心，臣愚亦为吐气，即终卧丘壑，有余荣矣！

岂意误蒙圣恩，再起今职，实出臣梦想之外。天高地厚，臣亦何惜捐糜顶踵，以图报称。但臣前任留计，虽亦钱谷是司，然出纳有限，而案牍亦稀，臣犹以衰病自免。至于户部总统中邦之赋，百需仰给，艰繁十倍南部。矧也兵氛未靖于东西，民力已穷于输挽。欲蠲征，而九边之呼庚足虑；欲措饷，而百姓之剜肉堪嗟。此其为任，非大有才望，卓有经济之臣，未易胜其任而愉快者。如臣形衰[①]体惫，识暗才绵，宁有病不胜南，而顾可胜北者乎？黔技易尽，恐孤北极之恩；驽足难前，何补东隅之失？臣私心实廪廪焉！与其既事而捉襟见肘，致误军国之计，孰若未事而量力度德，以让弘硕之人。臣于此时，真有万万不敢肩承者。谨披寸衷，洒疏控辞。

伏祈皇上鉴臣情出真恳、语非矫饰，收回成命。容臣仍前休致，另简贤能以充厥任，庶臣愚可免于负乘，而邦计不至于匮乏，微臣之幸，亦邦计之幸也！

奉旨："卿敬慎端亮，舆望久孚，司农重任，特兹简畀，宜速来赴任，不准辞！"

---

① "衰"，原作"哀"，据四库本、国图本改。

中途再辞疏

奏为遵命星驰，中途患病，再恳天恩，俯准休致，以保余生，以充国计事：

为照国储告匮，上烦君父之焦劳；巽命重申，宁容臣子之佚豫？盖召不俟驾，臣夙受教于圣门矣！既控辞而不获，爰竭蹶以遄征。随于七月中旬，马首北指。冒暑戒行，靡顾三伏未尽；戴星疾趋，罔辞百里兼程。满拟旦夕履任，拮据军实，于以上报主恩，下供臣职，实臣愚之上愿而大幸也！不意行至河间地方，夙疾陡发。痰涎壅盛，咳嗽几无停声；泻痢交作，饮啖亦复中格。偃蹇床褥，委顿难支，然后知臣真衰真病，譬之老马罢牛，其不可施于羁勒鞭策审矣！

简书在目，诚内顾以怀惊；膏肓在躬，欲力疾而弗克。似此衰惫潦倒之躯，夫岂任重道远之具？瘝官溺职，弗卜可知。诚不若引身而退，调摄残年，以自附于“不能者止”之义，犹庶几不至于自误，而并以误国也。跼地无以自容，呼天殊非得已。恳祈圣恩，宽臣斧钺，放臣草莽，别选贤才，以经国用，则重任不苦于虚拥，而微臣得逭于覆悚矣！

奉旨：“司农，国计所关，边疆多事，需赖正急。卿既抵近畿，着即速来到任料理，不必逊辞！”

宁远兵变待罪疏

奏为宁远兵变，臣弟陨生，有负国恩，无辞溺职。谨束躬待罪，恭请罢斥，以伸国法，以遂下情事：

臣同胞弟自肃，少臣十有一岁。幼年，臣父令之从臣肄业，恩义尤笃。嗣滥竽一第，初令定兴，颇著能声。壬戌行取，只以臣承乏督饷待郎，三品子弟，例须回避，不与考选，止授礼部主事。

丙寅，宁前兵备员缺，人多裹足，辄以臣弟推补，臣弟义不辞难。适值淋雨，宁城尽圮，至即大修，以为守计。数月之间，须发皓然。丁卯，宁锦有警，臣弟协同抚臣袁崇焕，竭蹶捍御，效有微劳。事后，加衔太仆少卿。今春，荷蒙圣恩，擢升辽东巡抚。天高地厚，矢志捐糜。时臣卧疴里居，家信往来，劝以洁己奉公，殚忠报国，少树尺寸，以答圣明，而耀门庭。臣弟唯唯。抚辽六阅月，选将练兵，大都以辽人守辽土，以辽将统辽兵，不尚张皇，第求实著而已。五月再警，臣弟先期收敛，坚壁清野，固守以待。既不浪战以黩军实，亦不征调以疲物力，所全实多。

逮敌既退，遂督主客官兵，砖砌锦州，匝月报竣。又石筑杏山城垣亦完，分兵驻守。藩篱既固，仍遣觉华游击张斌良水师，出没三岔，屡有捷获。安插降丁于大兴堡、沙河堡，聚族而居，异城而守。此皆彰明在人耳目者也！

惟是名位卑微，物望轻浅，军前百需，呼号不应。天下无不倒之营马，乃一请马价。而太仆寺驳之，兵部司属又驳之。叩阍请饷之疏，自五月来，不啻舌敝唇焦，泪尽成血。虽屡奉明旨催发，而他人视之蔑如也。当六月间，外解不继，固难投醪而挟纩。逮七月初，外解渐充，又将那东以补西。岂非臣弟之厄数，当毕命于此日乎？各边旧饷，亦有迟至十余月者，然其兵则土著也，其所靠不专在户部年例，仍有民粮屯粮在也。即所欠亦系历年压支，相延日久，非真数月无饷也。若辽则异是矣！以乌合蚁聚之人，当米珠薪桂之地，枕戈以待大敌，从来如奉骄子。四月无饷，人何以堪？语云："饥寒切身，虽慈父不能保其子。"匿帖屡传，兵心大变，岂足异哉！臣弟赋性刚果，遭变之始，因见体统凌夷，冠履倒置，急夺刃自裁。既不得死，忿气填胸，随即昏晕。以后，时有清醒，旋又昏晕。事定，授意草疏，以报皇上，席藁待罪。余官皆获无恙，臣弟竟至不起，此臣弟陨生之始末也。

说者曰："借口索饷，或有别情。"夫缘索饷而变生，及得饷而事解，自足为券。闻职方司山海小报云，抚院衙门什物文卷被毁，抢出散碎银二三百两，则臣弟之原无厚积可知也！

说者又曰："善驭兵者，能使亲上死长，可生可杀，而不可使为乱，何至操戈相向？"言及此，则臣弟抚驭乖方，调停失宜之罪，自无所逃。臣又不能为臣弟讳，而愿为臣弟甘罪者也！

臣本山泽之癯，原无荣进之念，一旦遭逢圣明非常知遇，起臣田间，授以重任。自揣不胜，两疏控辞，未奉俞允；无敢偃蹇家园，是用星驰就道。甫入都门，即闻此耗。骨肉摧残，雁行中断，连日痛苦，肝肠寸裂。缘臣训诲无素，祸中臣弟。臣弟保身无术，辱及封疆。兼以罪人未得，死不瞑目，臣实惭悼交集，无地自容。见今五内愦乱，四大支离，恨不能与臣弟相寻于地下耳！方今边饷窘急，司农一官，实关军国命脉。臣当衰朽摧毁之际，岂能精心而料理。矧值家门僇辱之余，尤难腼颜而视事；惟有束躬待罪，乞此余生已尔。臣，初亦欲殚心竭力，少报圣恩于万一，始返初服；而今方寸尽灰，神销骨立，固万万有所不能矣！

臣弟旅榇漂泊，二侄幼稚，家口零丁，万状可悯。愿祈皇上俯赐矜允，罢臣之官，削臣之籍，以为臣弟治军无纪、奉职无状之戒，俾臣亦得收弟遗骸，扶柩回籍，抚养幼侄。以遂下情，别选贤能，以充厥任。仍望敕令新任督师，务得倡乱渠魁，付之三尺，以雪臣弟之冤。庶国法既伸，国计无误，臣一门生死，均戴鸿慈无纪极矣！

奉旨："宁远变出意外，知卿至情。东西交讧，国计孔急，还以国事为重，即出料理，不必再陈！"

辽饷不敷疏

题为辽饷不敷，济急无奇，恳祈圣明申饬，务核杂项、新饷实数，并求清核虚冒、实著，以资饱腾，以垂永赖事：

粤自辽左发难以来，三韩卧甲，万姓朘膏，司计苦于仰屋，黔首疲于抽丝，亦既十年所矣！延至今日，索饷愈急，措饷愈艰，至使饥兵跳梁，抚镇僇辱。

几年来，新复之辽疆，将有抓摇震动之势，亦岌岌乎殆哉！臣以至愚极陋，承乏司计，点金无策，负乘为忧，则讲求足饷，以自附于顾犬补牢之义，曷敢须臾缓也！查省直正项、杂饷、新饷，每岁入数，约银三百九十六万四千二百余两，而各关镇月饷、马干并本色米豆、草束及召买运价，每岁出数约银五百二十一万六千八百余两。其出浮于入者，实该银一百二十五万二千五百余两，而额外杂支、援兵行粮、犒赏之费不与焉。夫正项、杂项新饷，皆为辽左设也。今黔饷费至百万，岛饷又费七八十万，以额设于辽者而瓜分至此，则辽饷之不敷，宜矣！

今圣主焦劳于上，百执事忧勤于下，凡可佐持筹而补庙谟者，亦既章满公车。臣部见在虚心酌复，未敢泄泄从事。乃若臣所自靖自献者，目前急著，实未敢为新奇可喜之论，恐言之而难行，徒病民而误国，终无当也；亦未敢蹈因循玩愒之习，恐日缓一日，后之视今，犹今之视昔，而不给者愈不给也。正项新饷，历年督催，俱藉督饷御史，为政半年有截，参年终有举劾。豸绣威灵，人情震慑，不必再议更张。惟杂项新饷，原创于本部尚书汪应蛟，集议多中肯窾，然未有定额也！复议于本部尚书李宗延，因未有定额，遂悬坐以额，而未经由抚按回奏，亦无坐落州县确数。是以至今，有解不如数者，有全不照管者。夫杂项新饷，政用以佐正项之不敷，奈何任其延挨，坐误军需。臣谨胪列以请：一为卫所屯田，一为省直仓谷，一为抽扣工食，一为优免丁粮，一为房产积契，一为俸薪马夫，一为典铺抽税，一为钞关税银，一为抚按公费。以上杂项新饷九款，本部原定额数甚多，而各省直所解额数甚少，未免有名无实，虚应故事。是必仰赖天语叮咛，责成抚按司道，督率有司，着实查核。如果原派稍浮，不妨明白声说，著为条例，务限三月以里，具实造册，径自奏报。以后，每岁照例输将。如开报不实，及逾期不报者，容臣部查参，则杂项新饷，悉归实著，无①托空言者矣！

此外，仍有续议新饷，不列于杂项者，则免觐之路费，有司之杂支是也。至榆关内外及蓟密永津各镇，月饷固有成额，然而将领占冒，人言啧啧，未必

① “无”字，原脱，据四库本、国图本补。

无因。军逃马倒，召补买补，动逾旬月。又有旷银，当扣还官。昨督师尚书袁崇焕，于召对时，慨然以节省六十万自许，臣未尝不击节壮之，又未尝不盱衡望之也！即折色军饷，难顿减如许，而海运米豆，孰非金钱招买？但减省本折共得六十万，亦可少纾臣部巧炊之苦矣！又新饷应听关门支用，而蓟密永津新兵所费不下八十五万。

从前，边徼重地，何处无兵？只缘东事张皇，处处增兵增饷，不旧兵是饬，而新兵是问，就中实有当议裁节者。以清理杂项，开饷之源；以清汰虚冒，节饷之流。俾家喻而户晓，则耳目一新；无慢令而致期，则精神自奋。挈旧章而提醒，坚乃心而振刷，庶可补葺辽饷于万一乎。

区区刍荛，聊陈一得。总之，申成说而非为剿袭，穷搜括而非议加派。务求实著，少济空囊。仰祈圣明采纳，申饬施行。

旧饷告匮疏

题为旧饷告匮，边镇呼庚，乞赐申饬，追征原设民屯，清汰逾额营伍，以足经费，以救然眉事：

今天下不可谓无事矣！东而蓟密一带，在在戒严；西而宣大二镇，时时枕戈。至于山陕诸镇，叛服无常，战款靡定，无地不设重兵，无人不需月饷。臣部沃焦徒急，无米难炊。

目今羽檄频驰，飞章叠至，非以数月无粮见告，即以效尤宁远为忧。臣承乏司计，不啻疾首腐心。视事之初，竭蹶谘诹，敢抒固陋，仰佐持筹：

一曰核民运之逋欠。国初，九边主客兵饷，俱有各省民运以资供亿，后来间发京帑，不过一时权宜之计。无奈承平日远，疆场之臣忘其初意，以京运为必不可少之物，其视民运积逋，漫不经心。夫臣部旧饷，缺额至一百六十余万，犹竭力供办。省直民运，俱祖制额编，乃任意延逋。不知臣部之京运，亦各府州县之所解纳，亿万百姓之所输将，非从天降地出，与民运何异？奈何岐而视之也！今后，责成各镇抚臣，年终径自查参。其山陕极边地方，有疲瘠太甚者，准照腹里上疲州县，预为题明，量减分数，其余分别惩戒。此后，臣部先尽民运原额，以酌发京运之数。傥逋欠仍前，而参疏不至，异日边储有误，疆场之臣难他诿其责矣！

一曰议屯粮之征收。祖制军丁俱隶卫所，各有屯田，征收本色入官，还充军粮支放。是即唐朝府兵营田，寓兵于农之意。圣祖所谓“养兵百万，不费民间一粟”者，此物此志也。迨后，年祀寖深，有子孙瓜分其田者，有贫窭转鬻者，有丁倒户绝而埋没无存者，有田本硗确而荒芜不治者。不才武弁，既视为干没之资；奸滑军旗，又恣为延捱之计。又或无灾而称灾，不遵纳本色，而告纳折色。每石多不过三钱，又且缓征逋负。于是，屯粮之设，什不得五，而祖制尽湮没矣！为今之计，似当行委府佐官员，加意查核，有埋没者则溯流而穷源，有荒芜者则设法以开垦。清查完日，地方抚按，具实奏闻，造册报部，定为额数。除原经题准征银，卫所照例追纳外，其余仍旧征收本色入仓。非遇大荒，不得轻议改折，以餍奸贪之腹，则屯粮渐复祖制之旧，而边饷亦稍助一二矣！

一曰严京边之考成。目今太仓如洗，国家隐忧，乃各省直京边钱粮共止三百四十二万九千八百九十余两，而拖欠者每岁约至百万，臣部将何所赖以撑持乎？固缘百姓物力有限，既完新饷顿逋旧饷；亦由有司急新遗旧，若曰是可缓图云尔。至于考成之例，止于薄罚降级，玩愒易起。今后，臣部查有拖欠独多者，特纠一二，从重降调。昔年尚书李宗延一疏，参知府十许人，俱削职为民。是年，岁入顿增一百八十万，此其验也。今度支之困极矣，出入之数相悬，生财之薮已尽，所恃九边续命者，止此维正之供，而积玩成习，非惕以功名之路不可也。

一曰汰逾额之营制。先年，各边镇俱有一定兵马，一定粮料，名曰“经制”，如田之有畔，不得逾越。逮后，督抚条议，陆续添设，总为固圉防边，言亦凿凿可听。然兵日增而饷日益，后遂至于不可继矣！仰借明旨申饬，责成督抚，虚心酌议。昔何以减而有余，今何以增而不足，度其缓急，设法裁汰，以归经制，斯亦今日清饷之急务也。盖今日军饷，别无生之一法，止有节之一法。额外节得一分，则额内留得一分矣！

总之，清理民屯，稽核京边，直还以军饷之所固有；而考核经制，澄汰兵食，实祛其边镇之所本无。虽平平而无奇，实鳃鳃而过计。冀惟圣明，采纳施行。

辽变原因缺饷疏

奏为辽变原因缺饷，互讦渐至失实，谨备陈兵饷完欠之数，以祈圣鉴，以俟会议事：

顷，宁远四月无饷，川湖诸兵，怨愤狂逞，僇辱抚镇及文武各官。署部侍郎王家桢具疏请罪，管饷郎中王楫抗疏相讦，一时缺饷致变，情形昭然，在人耳目。只缘王楫有封闭四十万之参，而家桢不服也。家桢奏辩，原未缓应，而王楫亦不服也。

顷，奉圣旨：“王家桢、王楫互奏，毕自肃节次请饷原奏，科道官参论宁远各奏并朱梅，着该部会同九卿科道，从公看议，限五日内具复。钦此！”

窃念臣弟自肃，承乏抚辽，凡六阅月，真见辽左孤绝之地，百物涌贵；兼以辽兵乌合之众，人情凶狡，决难枵腹执殳。其请饷诸疏，无月不有。先是，三四五六等月，共有六疏，虽兼陈他事，而请饷殊迫。又有钱粮清数揭帖发抄一次，塘报带催月饷一次，请饷书启发抄一次，而公移累累无论也。至七月内，复有《兵饷久绝》及《日夕告急》二疏，则情景仓皇，辞气激烈，岌岌乎有朝不谋夕之势矣！

屡奉明旨，火速凑发，家桢漠不动念。初，五六月时，犹曰外解不继也。至七月初旬，库积几二十万，此时若发得一月之饷，犹可以救臣弟之死，而所发止二万。至七月廿日以后，此时已收库者与寄库者近四十万，方于廿三日发银九万，而兵变即在。此月之廿五日，已无及矣！闻变之后，立发二十四万，然何救于臣弟危亡之数哉？计鼓噪时，尚欠各项饷银五十三万有奇，而可谓无缺耶？变后续发之饷，果可杜祸乱而救噬脐耶？台省诸臣，督过抚镇，原是责成封疆之大义；督师行边，追究起衅，自是绥靖边徼之良策。若遂以此借口原未缺饷，兵变非缘缺饷，臣有死不服也。且关外亲莅目击者，莫督师、巡关若矣！乃关臣王会图疏曰："抚臣泣恳哀号，几于一字一血，亦既奉有速发之旨，而司计者竟秦越视之。我虽不杀伯仁，伯仁由我而死。"慢事之臣，百口何能卸罪耶？真可为此事之断案矣！近督师袁崇焕《约略钱粮大局疏》云："不必多为掣肘，只缺四月之饷，便足死一抚臣，又岂非缺饷之左券哉！"

臣里居时，两接臣弟手书，谓少司农留新饷以充旧饷，若有意相苦者；又望臣早到部。臣弟竟不能待，而臣亦竟不能副其望。军饷久绝，军情大变，呼吁辞穷，坐以待毙，岂不哀哉！臣极知本部匮乏，措饷甚艰，亦知西鄙跳梁，留饷以备。设身处地，臣非敢以此苛责家桢，但亦宜相度缓急，量为接济，而卒不肯稍为注念。臣弟一身一家性命不足惜，而使危疆震动，国体大伤，谁任其咎？且屡疏以为原未缺饷，以新增每月二万为未定之数，以变后续发三十三万为实给之数，万一圣明震怒，真谓月饷未缺，乱由自招，雷霆斧钺之下，臣家门将为齑粉矣！家桢与臣为同僚，臣初原不欲言，恐伤雅道；惟是事久不决，辩议纷纭，臣若畏祸缄口，不一剖析，使臣弟既陨其身，又陨其名，何由瞑目？且今天下，谓臣薄于兄弟之谊，上何能抗颜朝端，下何能归见宗族乎？至于臣弟请饷无术，督工过急，调停寡策，信任失人，臣亦不敢曲护其短。

伏愿皇上允臣前请，将臣罢斥谴谪，以代弟罪，以谢家桢，则臣虽死之日，犹生之年也。目今，九卿科道会议，臣分当杜门避嫌。谨抄录臣弟屡次疏揭与原奉明旨送会议处，恭听查勘，用是备陈颠末，开具关外兵饷完欠细数。仰祈圣明照察，并赐会议，以雪家门覆盆之冤，以释臣弟夜台之恨。

奉旨："该部一并会议具奏！"

覆议屯田疏

题为遵奉明旨，议修屯政事：

屯政一事，台省诸臣，各摅所见，备极苦心。臣部既集众论，仰达宸聪，复明旨下部，清楚议奏，以便考成。窃仰皇上求宁观成，至意孜孜乎责望之殷也！

夫屯田之名一，而屯田之实四：有旧屯，有新屯，有兵屯，有商屯。其原委各异，其窾会亦殊。臣谨遵清楚画一之旨，采先后借箸之议，不作非常可喜之论，聊为补偏救弊之术，敢胪列如左：

所谓旧屯者，祖制设立卫所，授军之屯田是也。沿边诸镇，卫所军余，受田屯种，以养本镇之军。各省直卫所，俱有额设屯田，例亦如之。目今征本折以充饷，据完欠以查参，边腹皆然，屯田亦未尽废也。惟是年月浸久，桑沧变易，大非其古矣！

国初，军屯棋布星列。征发则取诸，额军而足，无召募也；月饷亦取诸，屯田而足，无年例也。年例自正统十二年始，于辽东十万，宣府十五万耳！嘉靖末年，增八十万，今遂至三百余万，而辽黔东江之饷不与焉，则靡费极矣。盍亦返而求其本乎？各军原受屯田，有见在承种者，有已经荒芜者，亦有霸占于强梁[①]而典卖于他姓者。甲乙混冒，荒熟丝棼。沃衍浸蚀于豪贵，已没世不能复；瓯脱宣力于罢卒，又皲瘃无以应。今须稽查图籍，明正界址，甚则履亩丈量，兼许自首免罪。如果用力开垦，及曾受有价值，但能照例输粮，即听承佃管业。倘其锢蔽不程，吞并如昨，许人据实讦告，俟查明日，夺田还官，仍正以罪，奚不可者！若其军窜伍虚，清勾不至，又或军户单弱，承种不前，所遗屯田，悉招军余顶佃。彼既贪屯之利，即当应军之差，则尺寸皆王土，而屯种有基矣！

至于征收之法，则慎管屯之选，而无使贪弁，借润于脂膏；严输纳之限，而责成府佐，俾核其逋负。雨旸稍愆，不许借口儌恩于改折；出纳有程，不使奸滑混淆于兑支。仍须申饬抚道，加亦清查。平时按季而赴比，年终照例以查参，俾卫官畏切肤而尽职，旗军竭胼胝以终事。即未能尽复祖宗之旧，而屯政庶几其修明矣！

所谓新屯者，省直地方所垦抛荒之田地是也。今天下淮颍、燕赵、齐鲁、秦晋、楚豫之间，荒田不少。此日黄茅萑苇之区，皆昔年钱镈铚艾之地，安在其不可耕稼也者？无奈蚩蚩小民，难于虑始。或有以牛力籽种，力不能办，而中格者矣；或有上惕于功令之起科，下惮于比壤之争夺，而自沮者矣！合令各

① "梁"，原作"粱"，据四库本、国图本改。

该州县有司，各丈其境内荒田，分别上中下三等，造册申报，无隐漏也、无混淆也！然后，下召募之令，毋论东西南北，军民人等，俱许任意受廛，捐资开垦。投递认状，官给由帖、牛力、耔种。力不赡者，量给公家，听令秋收偿还。此外，或劝富民，或招商贾，设法开垦，一听其便。俟其垦田有效，或旌其闾，或予冠带，比于汉世力田之科，以示激劝，则人皆尽力南亩矣！开垦之后，俾令世世为业。即有贪且狡者，不得借口旧产，混相争夺，以攘其利。仍待三年之后，方行起科。宁缓勿急，以示宽恤，则新垦自成永利矣！此外，吃紧得力，尤在州县有司。劳来劝相，日省月试，视官田如己田，等国事于家事，自当有济。不然，借垦田之虚名，侥荐剡之实利，未几而废格，未几而荒芜矣！此年来，前事之明鉴也！

所谓兵屯者，营伍之间无事则力农，有事则出战，如辽左之屯田是也。兵法称："取敌一钟，当吾二十钟也；屯田一石，可当转输二十石。"又称："粟生而金死；粟生境内，金死境外。"其言若合符节。今试以辽境生辽粟，以辽粟供辽兵，计之上也；又试以辽屯足辽财，以辽财宽天下郡国之财，尤上之也。

粤稽往事，如汉湟中之役，罢骑兵，留万人田，而军需不烦大农；唐西川之役，分营兵十二，而转粟不出邛雅。世不乏营平、赞皇，古今人庸讵不相及哉？今若即兵即农，且耕且战，俾耰鉏皆弋铤，而亚旅为偕作，久之，而京运可渐减矣！惟是禾稼未登，虑敌骑之蹂躏；秋成将熟，虞盗粮之潜赍。如天启七年，辽左屯田未熟，惧敌复至，径自刈获，终岁勤勤，竟成乌有，大可惜也。是当随地筑堡，以收保人民，而田畦附近，仿先臣郭登"搅地龙""一窠蜂"等制，暗设机阱。倘敌躏入，堕罟护中，数里立见糜烂。此则以兵卫农，出台臣顾其国疏中之言，似凿凿可行者也！由辽左而推之九边，皆可借覃耜，而具比耦，获升斗以代钟釜矣！

所谓商屯者，洪永之间，用淮浙燕齐盐课，专给边饷。每盐一引，输粟二斗五升，令商自贮于边，计粟领引。为商贾者，利其息之饶也，遂各不爱重资，招民垦土。自具牛种，自理阡陌，自筑墩堡。塞上人烟稠密，士马饱腾，殷富之风，比于内地，实赖商屯之力。自输金例开，而商贾撤业，边田之垦者荒矣，边民之耕者逃矣！边地米价翔涌，一遇灾荒，即积钱如山，积金如土，而米无从出矣！然则开中之一法，固边方之要著也！近闻秦晋各边，多拘土民，以纳盐粮，号曰"边商"，如蹈汤火，而边商困矣！淮扬之间，又以浮课横行，官盐壅滞。年来大工搜括，正供逋至百万，而内商困矣！边商既困于徼外，内商复困于水次，此盐法之所以愈坏，而边供之所以愈亏也！今欲追复祖制，惟有优恤边商及内商耳！酌时估而定斗头，无苛索也；饬官攒而革常例，无过求也；杜兑支而禁改折，无假借也。皆所以恤边商也！禁私贩于产盐之境，以清其源；疏积引于行盐之区，以导其流；而又严朘削于董盐之官，以节其费。皆所以恤内商也。二商互为交易，行同流水，俾持母权子者如立竿而见影，则此辈鼓舞争先，谁不负耒而趋塞下哉！

大都立法欲备，行法欲实。在旧屯，必核隐占而督逋负，则积弊可除；在新屯，必辟草莱而勤耕耘，则美利自兴；在兵屯，务令军屯乐业，以为恢复之张本；在商屯，务期边腹疏通，以培岩疆之命脉，庶可仰佐国计，而渐致升平矣！

覆议盐政疏

题为遵奉明旨，议修盐政事：

屯盐表里，为万世不易良法。今当军储匮极，诸臣章满公车。顾欲驱众商而使易其田畴，莫若疏盐政而令自为向往，则盐策因革之故，与今日修举之法，有可得而言者。

查永乐间招商赴边中引，每引纳米二斗五升，即支盐二百五斤。当是时，内地大贾，争赴九边垦田积粮，以便开中。朝中暮支，价平息倍，商乐转输之利，边无飞挽之劳，策至善也。弘治间，改纳折色，而边庾始乏。迨后，仍复本色，而价腾数缩。先后诸臣，皆追咎于改折之叶淇，有自来矣！

旧例，每引止行正盐，而灶户所煎余盐，不许发卖，立法颇峻。后因余盐积多，私贩难禁，始议秤掣余盐，每二百斤作一小引，以税之。嘉靖元年，议准各运司，私余引盐，俱令本处招商纳价，解部太仓。岁入百余万之盐课，即此项余盐之银，而正盐引价，仍旧输粟于边，至今未有异也。先臣管怀理，曾有尽收余盐，尽行开边之议，时不果行。盖纳粮中引者边商，纳课行盐者内商。若令边商行盐于内，令内商输粟于边，皆两不便，是以前议终寝。然各边盐粮之盈诎，每视内地盐法之通塞。如万历四十四年，前部臣李汝华查各边盐粮亏纳二百三十余万石，两淮盐课缺解一百七十余万两。揆厥所由，皆因盐法壅滞，引无售主，商本亏折，展转逃徙，以至于此。虽输粟之令日下，有掉臂去耳！逮后，遴才增官，设法疏理，才见流通，旋复告困。夫九边盐粮，淮引居十之七，两浙、长芦、河东共居十之三。乃两淮遭逆珰矫旨搜括，运库八十余万，盐司苦无以应，致挪臣部之正课，并扫边商之库价以益之。加以大工等项，增行浮引，遂至正盐壅滞。而各边正引无人承买，是以盐粮盐课，益复亏逋。盖盐政大坏之秋，而诸商困惫之际也！失今不治，必难救药，谨参酌利病，条为八款，请旨申饬。

一禁浮课。祖制，行盐每引止二百五斤，又以七分为常行之盐，名曰“常股”。以三分存留于场，遇边粮急缺，而后开中，名曰“存积”。今不论常股、存积，俱已开中，且一引之内，既有正盐，又有余盐，比之国初，已增倍蓰。若再于额外增行浮引，则正引自壅。正引壅，则边内二商交困矣！内商困，而余课不前，其害中于太仓；边商困，而盐粮亏逋，其害中于九边。两淮因行浮引而壅，两浙因行票盐而壅，所当敕令巡盐御史，亟为禁革，务遵祖制，以行正引，是探本澄源，疏理盐法之第一义也。

一革兑支。夫盐粮之设，原为白镪不可以疗饥，所重在本色也！乃今一切照验，止以官攒之仓钞为据，商人遂买军粮之票，以与官攒兑支。在商乐于省入仓之费，在军乐于省出仓之费，官攒则扼出入之会，而巧渔其利焉！倘人人兑支，是本色径可不设，而边地无妨就荒，又安所称屯盐表里也？今后，宜责成粮储郎中，务时时稽察，但有官攒兑支者，尽法究处。军人追粮一月，商人罚粮一倍。至因年谷不登，遂改纳折色，愈非祖制，益坏盐规，所当亟为禁戢。若其依法输粮，又当约束官攒，无令掯勒使用。如粮储郎中因循不行，觉察依阿，不能主持者，臣部有闻，特行参奏，庶本色重而屯垦有期矣！

一给库价。稽查祖制，商人输粟于边，官给仓盐二百五斤，以酬其本，名曰“边中海支”。后因边商难于守候，遂将仓钞转卖与内商行盐。而内商不即承买，故两淮设立库价，每引先给二钱五分，速使回边办粮。至用引之时，内商将应与边商引价照数交还运库，余银找补边商，立法甚善。后因库价竟入搜括项内，以致穷商守候经年，盐粮逋负。职此之故，至于两浙库价，每引二钱一分，征诸灶户，不烦设处，不知何以亦复掯给。前据延绥边商陈汝策等赴部控告，已曾行文查给，通未回报，所当再为申饬。以后，边商赍有完粮勘合并仓钞到司，运司即将库价照数查给，仍将给过日期并商名引数，备造清册送部。如勘合投司，而库价不给，责在运司；如库价已给，而盐粮不完，责在粮储，听臣部据实查参。庶边商不得借口于库价之不给而逋负边粮也！

一定交易。两淮两浙俱有库价，其长芦、河东则边商自与内商交易。若非运长优恤，边商力为主持，未有不受内商抑勒之苦者。且边商资本有限，必卖得本年引价，始纳得次年盐粮，如内商不即交易，盐粮何从办纳？于是，边商有告退告减而规避不前者，亦有本年盐粮逾数年方行完纳，而逋负无算者。合行巡盐御史，督令运司，如遇边商仓钞到司，内商即出见值承买。若有抑勒短少，即惩以怠玩之罪。务随到随收，亦令造册如前法，庶可以鼓边商之乐趋而盐粮亦易完矣！

一慎秤掣。盖盐斤原有定额，多带即如私盐；秤掣亦有定期，频掣即为弊政。然必选委廉明风力之官，监临验视，则贿赂不行而夹带可杜。乃闻近日掣盐之弊，下官有托人居间而百计营求者，上官有私受竿牍而徇情委用者。常例之濡染不赀，当场之斤重弗问，秤掣只循故事，夹带宁有底止？引盐之壅弊，亦坐此。

是在巡盐御史执法秉公，行文慎选，以清弊窦者也。

一禁私贩。夫行盐地方，止有此数，私贩行则官引壅，此理所必然者。今盐徒充斥，无处不闻，而巡缉员役，受贿通同，甚且暗为窝顿，代为递送。凶恶无籍之辈，既纠众操刃，而人莫敢谁何。官船粮艘之中，亦恣意装载，而人莫得搜索。长芦、淮扬之间，此风尤盛，往往蔽流而下。至行盐御史按临比较，不过扣各役工食作盐斤银两，而公事毕矣！是惟督率正官，勤比捕役，务令披根剔蠹，无令漏网吞舟，庶私贩自绝，官引可通乎！

一重考成。夫引中于边，盐出于海，而通商销卖，则州县事也。凡州县之内，无不各按户口，以派行盐之额。果能设法督销，则盐课何至迟逋？乃有司视为不急之务，以致私贩横行，引额不完，往往而是。盐臣非不据实查参，臣部非不按例议处，而罚者自罚，升者自升，亦何补于得失之数哉？今后，如盐引不完，已经住俸降俸者，虽遇考满，不准给繇，虽遇行取升迁，不准起送吏部，亦不得径与升转。须俟销引完日，听巡盐御史具题开复，所当重加申饬者也。

一重运官。各运司新旧盐课，岁入不下一百五十余万。军需倚办，关系甚巨，就中厘奸剔弊，裕国通商，总由运使为政。此非皭然不淄之操，毅然强干之才，未能胜其任而愉快者，是理财尤以用人为第一义也！乃迩来铨法，每于司鹾之长，视为不急之官，率授暮龄倦容，为投老脱驾之乡。即有贤者亦鲜优擢，人皆视为不屑。至于运同、运副、运判等官，各有分职，亦非闻散复与赀郎、准贡，为执母权子之地。彼既藐焉树立，人亦白眼相看，甚非所以重盐官而充国计也。今后，运使务选壮年资浅、廉能素著之官，两淮要地，尤以甲科贤者居之。佐贰以下，亦须正途出身，俟有劳绩，一体优转，则群贤布列，而庶政聿修，在此举也！

以上诸款，多诸臣之已言，臣不惮再为敷宣，间有诸臣所未言，臣又不嫌稍为推广。伏冀圣明采择，敕下臣部，转行盐政衙门，着实举行，将见盐法常通，盐商辐辏。商人既借输粟以射盐之利，自不得不借垦田以便粟之储，屯盐表里之良法，其复见于今日矣！

清查九边军饷疏

题为谨九边军饷之数，并陈年来不足之因，以答睿命，以使区处事：

臣于崇祯元年十月十一日，恭遇文华殿召对。皇上因九边军饷不足，面谕臣：“查昔年兵马几何？钱粮几何？今日兵马钱粮几何？因何不足？据实奏来！”臣因备陈出入不敷之数，皇上又命讲求长策，臣叩首承旨而退。

窃仰皇上莹精治理，锐意边防。虽在琼宫绛阙之间，而神游九塞，念轸三军，盖未尝顷刻忘也！除辽左新饷，臣另疏披陈外，其九边旧饷，臣查历来案卷，近年犹可掇拾，远年多致沦毁，大抵就中增减多寡之由，无可考订，而数目则册籍可寻。臣心阅手披，较前量后，窃见我祖宗朝养兵之制，有官兵而无主客，有民屯而无年例。自月粮增厚也，而主饷费自征调不常也，而客饷费自民屯废驰也。而京运费，查国初洪永以来，兵共计七十九万余，马共计二十六万余，年例止四十六万余。万历年间，兵共计六十万余，马共计二十四万余，年例则增至二百七十八万六千余。见今崇祯元年，兵共计二十四万余，年例又增至三百二十七万八千余。盖兵马之数日减，而年例之数日增，大非祖宗之旧，坐致供亿之艰，此有不足之大关键也。又尝稽之典故，询之老成，咸谓国家空匮之患，已伏于丰亨之时。

国初，殷富远莫及矣！万历初年，海内物力饶裕，民力宽舒。边腹俱有积贮，诸司亦多盖藏。因兹富庶之休，顿开冗滥之渐。有以兵而靡饷者，有非兵而靡饷者。京支冗费渐奢，边方滥觞益甚。兼以征哱之费，用过一百余万；两次征倭之费，用过五百九十五万四千余两；征播之费，用过一百二十二万七千余两；铺宫典礼之费，用过三百六十余万两；节年添进买办，共用过五百余万两。延至泰昌、天启年间，军兴孔棘，日增月盛。年例银项岁多，神祖时至六十万；京支银项岁多，神祖时至二十余万。在昔，累朝休养之余，犹有老库可供搜补，今老库竭矣；有冏库可供借贷，今冏库亦匮矣！浸假至于今日，搜无可搜，借无可借，以不可继者酿祸于异日，而以无复之者贻害于一朝。不足之故，诚非旦夕之所致也！至于每岁额设京边太仓钱粮，近年以黔饷题留，割去太仓二十四万，又以直省召买辽豆，借动京边三十余万，是以入数渐缩。历传太仓四百万者，今仅三百一十余万。即事例之添补，为数几何？出数渐奢，历传岁出三百万者，今至四百五十余万，况额外之繁费，尤难枚举。出入之额相悬，襟肘之形尽露。曩时则壤之赋，海内以全力赴之；今则加派辽饷，暗损京边，非不镇日催攒，而瘠土终难尽完。各边日日尾泄，臣部日日壑填。即令点金亦穷，况止有此数哉？臣与同官司属，每每聚族而谋，冀幸得一长策，少效持筹；惟是今日公私交困，利孔尽矣！如税契、缺俸、盐课等项，昔为边饷用者，今以杂项尽填辽海。凡新饷设处之名目，往往与旧饷相侵，谁复留有余，不尽以待今日之搜求者。原额不敷，终难神运鬼输，揣时度势，咨访舆论，惟有节用一策，为今日对症之药。约计节京支之浮费，可助饷者十一；节边镇之冒滥，可省饷者十五。在京支，如京营内供召买等项，有浮溢往例者，容臣执奏裁省。

圣明在上，宫中府中俱为一体，当不作差殊观也！在边镇，惟有敕令督抚自为综核。其有因事设兵，事已而未罢者，亟行清汰。又如各边客兵，原供不时征调之用。比岁征调稀阔，而仍循例请饷，是不可量议裁节乎？所愿中外在事诸臣，同轸国恤，共济时艰，渐塞漏卮之窦，顿反量入之经，又举民屯两政次第而修明之，国计其有瘳乎？

臣谨约略兵马钱粮大数，并详陈不足之情，开具揭帖，进呈御览。伏惟圣明澄察，幸甚！

清查辽左军饷疏

题为通查辽左缺饷之因，略陈兵马可裁之状，仰祈圣鉴，用备永图事：

除九边旧饷另疏披陈外，乃若辽左兵马，征调四出，头绪丝纷，不可以额数计也！自天启二年，始有册报部，大约除班军外，额设官兵，多不过十一万有奇，马骡多不满四万上下，每年月饷等银二百六十余万。即时有增损，亦无大悬绝。今则日益不同矣！总计关内外官兵一十三万三千五百八十五名，马骡二万二千八百四十七[①]匹头，每岁月饷所费近三百万。加以海运招买运价用银一百三十余万，蓟密永津新兵月饷用银九十五万一千三百余两，共该新饷五百二十余万，此出数渐多之因也。以加派论，昔年额派省直新饷五百二万千九百余两。年来蠲免留用，实减新饷银二百二万九千一百余两，而所存加派新饷，遂不满三百万之数矣！以杂项论，天启二年，原坐派银一百八十余万两，而省直承认者仅及其半。接年题留银二十七万三千二百两，每岁所入杂项仅六十余万，加以新增盐课及铸息等项，大约近三十万，合之犹不满九十万之数。总计加派新饷杂项，新饷仅得银三百九十万。此入额渐少之因也。年来水旱，不时加派，不无逋欠，搜括频仍，杂项亦复虚悬，固宜积至今日，遂成不可支持之世界矣！

臣昼夜图维，为目前计，止有速催外解，补完缺饷，以安兵心，以便裁汰之一法。为长久计，止有缩兵就饷，剂饷蓄兵，宁使饷赢于兵，毋使兵赢于饷之一法。此外，而欲神运鬼输、无米巧炊，臣万万不能也！

目今，督师袁崇焕、总督喻安性、蓟抚王应豸皆矢锐意清查，谅必大有裁节，以副宵旰之念，无俟臣赘一词者也。此外，若真定恒山营之新兵、河南磁州营之新兵、山东东兖营之新兵，非战非守，止备应援，然亦久不征调矣！先是，臣部一再请裁，而当事者徒以难于解散为辞。夫库藏如此其匮乏也，榆关如此其疾呼也；皇上如此，其焦劳也。恐诸臣亦不得坚执前说，虚糜[②]耗费无底止矣！

---

① “七”，原脱，据四库本、国图本补。

② “糜”，原作“靡”，据国图本改。

夫逃亡事故，何时无之，若使缺伍不补，则亦可以渐销，此一策也。新兵固宜清汰，旧营亦当整饬，若使旧营缺额，即将新兵补伍，是亦一策也。第患奉行之不力耳！

臣以驽钝，误叨任使，又蒙皇上临轩俯询，故竭其狂瞽如此，然亦岂敢自谓长策哉？谨将数年关门饷额增减数目，及加派杂项银两、免留项款，开列奏闻。庶见臣部瓶罍之罄，原非无因，而诸臣裁汰之思，定不容缓矣！

申饬差规疏

题为申饬差规，以杜奔竞之风，并讲求节省，以佐理财之议事：

窃照国家之在今日，军兴孔棘，财用不赡，致勤圣明，宵旰靡遑。臣至不才，承乏度支，督率司属百员，中外五十余差，共为分理责成。譬之一家之中，臣其家督，而司官其亚旅也。若呰窳不饬，乏率作于平时，纷拏渐臻，致决裂于一旦，则臣之罪大矣！

臣部司官，才品原不同科，途辙亦非一致，器使均难偏废，部务实有成规；惟是奖恬抑竞，臣部先后申饬备矣！无奈人情趋浓避淡，申饬未几，旋且驰骛而跳越焉！非任情陈乞，则转托关说，此官箴之大玷，而有道所羞称也！始于觊觎，终于抢攘，甚且以流谤，玷堂官廉隅之谓，何能无令人懔懔乎？

臣自受事，历稽成宪，一切司属差委，查照俸序，悉禀至公。刻立差单，俾承行该司，按俸请差。仍列十三司掌印姓名于后，以次画押，与众共之。则臣欲私庇一人，而不可得；各官虽欲逾躐一人，亦不可得，将自息其奔竞之心矣！迨受差后，各宜冰蘖自将，漏卮是防，一意汰冗黜浮，积少成多，庶几补缉军国一二。非令朘商剥解，为清朝作聚敛之臣；要在砥躬简下，为国家杜虚冒之端。

年来，京边军饷，入不当出，中外皇皇，匡济靡术。既无财源可开，惟有节流一法。但能视国如家，留心节省，则纤毫涓埃之积，何遽不为泰山沧海之助哉？及查署部差规疏，内有仓库羡余搜括之名，不宜竞一款，遂使各差司官，皆以羡余为戒禁不敢报。果尔，则公家自有之赢余，只以饱私营者之囊橐。究令苦心综核，执法劳怨之人，将与悠忽干没者同类而共视之。果于国计、官箴有当否？盖均一羡余也，用以希恩固宠则不可有，用以急公营职则不可无。在巧伪者，虚开捏报，类捕风而捉影，则不宜有；在清谨者，铢积寸累，果充庾而贮库，则不宜无。此不可不辨也！且如内外诸仓，一粒一勺，皆民脂膏，兼以漕艘转运之艰，官旗输赔之苦，纵有斗头附余量，概扫积均，宜作正支销。奈何以供宴会之繁缛，而填官攒之溪壑乎？则司庾宜慎也！

新旧二库，最关军需大计，能厘一分之弊，便裕一分之储。凡遇收放出纳，务宜以权衡禀之于法，不宜以低昂听之于人。仍候满日，果有赢余，从实开报，慎毋入之重而出之轻，积之多而报之少，则司库宜慎也！

各边粮储，原选廉能甲科充之。辖千里之专城，制三军之腾饱，藉令酌济有法，立见节省不赀。倘识暗而不能剔奸，品污而不能砥节，非预支滋弊，则招买虚縻。清议在前，三尺在后，可无畏乎？则司饷宜慎也！

关津榷税，常人视为膻途，贤者视为畏地。商课既有定额，差竣不宜短少。然借口以恣朘削，而使人共为怨讟，亦未得为贤也。要在有才有守，不吐不茹，惠声大孚于商贾，而国税仍见其充赡，斯所称廉能之吏矣！则司关宜慎也！

此外，一切小差，不期于议论之多，而期于担当之勇；不贵有慷慨明作之迹，而贵有程功见效之实。即如解银各边，至琐细矣！旧例押解为数颇多，近止领银二三千两，即骚扰驿递以行；而在京守候领银者，仍是彼中官役，大非政体。今后，无论本部及别衙门，解银各官，多则二三万，少亦不下一万，无徒以皇华之使，为昼锦之地也！

然臣尤有请焉。臣部十三司郎中、员外、主事等官，历俸及瓜期者，自应一体序迁，以示激劝。只缘臣部，前此曾有正郎久任之说，遂概行寝阁。臣履任二月，未见量移一人。势同积薪，人鲜朝气，恐亦非政体之平也！敢因酌议差规节省，而并及之！

遵例自陈疏

奏为遵例自陈不职，乞赐罢免，以重计典事：

窃照，崇祯二年，系京官考察之期，四品以上例应自陈。伏念臣由万历二十年进士，历任郡理、郎署、藩臬、督抚、留宪、留计，荐至今官。滥鹓班于四朝，未树尺寸；赧鹈濡于九列，无裨涓埃。比岁投老山林，业感时艰而却步；顷兹承乏版部，复荷鸿慈而赐环。拊躬则奚啻负山，矢志而仅同仰屋。丁中外告匮之际，每赋杼轴以疚心；值东西多事之秋，恒虞癸庚而惊魄。八埏之民生日蹙，噢咻未见多方；四方之水旱频仍，拯救总属无备。

几拟将勤补拙，终觉力短心长。间或遵成宪以效劻勷，若核民运、疏盐法、理屯田，即鼠忧周回，竟何能裨益军国；亦尝奉睿谟以供鞭策，如汰虚冒、谨考成、清庾藏，虽黔技尽殚，曾无由少答圣明。上贻五位之焦劳，而顶踵靡效；下滋百僚之忧惕，而惭腼实深。智浅才疏，奚取庸庸之尸位；衰龄病体，徒羞碌碌之备员。此臣所为抱冰兢于五衷，而甘鞶褫于一日者也！盖今之急须而极窘者，莫过于财赋；则今之溺职而当黜者，莫先于微臣。

伏乞皇上将臣罢归田里，别选名流，以充任使。庶臣免旷官，可避贤才之路；

国无废事，聿臻富强之休。将考察之功令丕彰，而止足之分义亦明矣！

奉旨："度支重任，卿清慎练明，克称厥职，宜益抒猷，率属以裕国计。不准辞！"

辞免太子少保新衔疏

奏为天恩过隆，微分难安，恳乞圣明，俯容辞免新衔事：

崇祯二年正月二十九日，吏部题为考满事："奉旨：毕自严着加太子少保，仍管户部尚书事。钦此！"

臣惊闻宠命，不胜感激，不胜惶恐。念臣一介迂儒，六卿备位，循省薄劣，惭负高深。顷者，考满届期，幸免罢斥，乃又叨蒙鸿渥，荐陟崇阶。臣何人斯，而沐浩荡逾涯一至此耶！臣闻，《易》凛覆悚，《诗》戒顾后。诚谓高位不可以冒居，而膴仕未宜以虚拥也。

臣昔待罪津海，治饷而兼治兵；量移留都，司宪而复司计。嗣起今职，愈荷殊恩。适值中外艰虞，不觉襟肘尽露。三载碌碌，总属臣子供职之常。寸衷惶惶，揣无瑰琦可纪之绩。业逭幽黜，复晋官衔，此真非望之福，而殊常之宠也！

矧今，内计在迩，正式序于清汰。而俾庸劣如臣者，竽旷典而玷峻班，是冒滥之端，实自臣开之，臣滋惧矣！臣用趑趄难前，逡巡却步。伏望皇上俯察愚悃，特免新衔，俾臣仍守旧官，少图后效。庶鹈梁无濡翼之讥，于分获安；而鼹河有知足之饮，受恩无既矣！

奉旨："卿司邦计，茂著猷劳，加秩示酬，宜即只受。不准辞！"

题报发过边饷疏

题为措饷已竭绵力，节省尚无定画，谨陈元年发饷数目，并请申饬核饷明旨，以祈共襄军国事：

国家财用，量入为出者，度支之经也；酌盈济虚者，通变之权也；左支右吾者，补苴之陋也。

国朝边饷，在祖宗时，制用以经，无忧不足。自军需取给于太仓，而虚耗伊始；迨京支渐溢于常额，而横费日滋，是以始乎经，纪乎权，卒乎陋。渐至今日，遂成一顾此失彼，朝不谋夕之景象矣！

臣谨按太仓之出入数。省直田赋正杂课银，岁入原止三百一十余万两，加以事例，又可得银十余万两。内除割去辽东旧饷二十万两外，岁入仅得三百万两。岁计九边军饷及内供官俸京支、京营米折布花并各镇抚赏，共该银四百二十七万四千二百二十余两。以所入较所出，实欠银一百二十七万四千二百二十余两。顾此额定数也。而灾荒屡告，逋负频仍，则入数多寡又难定焉！

查崇祯元年，一岁之内，臣部拮据督催，除旧管二十九万两外，所收旧逋、新增各项搜括，共得银二百八十二万七千余两。又益以钦发帑金三十万两，共成三百四十一万两，而入数满额，几无遗孔矣！及查元年一岁之用，除内供官俸京支、京营米折布花并各镇抚赏，共用银一百二万六千五百六十八两三钱，又加登极皇赏二十万两，皆其必不容已，而酌量以给者也！乃其最急而难需、最奢而难省者，无如九边月饷，故臣所拮据而首务者，亦莫先九边月饷当派发之时。臣每惧无以满呼庚之望，而塞司计之责。乃年终一总计之，又合六七。两年一互较之，共计天启六年发过九十七万七千九百八十两，天启七年发过一百二十七万二千八百一十四两。崇祯元年发过二百一十五万四千五百四十余两，而蓟抚新经裁省银三十一万不与焉。若合所裁省，则九边所欠仅八十一万有奇。夫太仓止有此数耳！重以圣明之责成，而催科始渐有起色；加以内帑之接济，而馈饷方稍逾往日。呕会计之心，竭海内之力，分天府之藏，加以新库、老库，协力那凑，不过如是。臣部私心自揣，似可稍逭溺职之愆矣！

讵意时势愈艰，遭逢愈苦。在宣大、山西，方虑鸱张于塞外；在延绥、宁夏，又患阑入于套中。且秦晋一带，赤旱千里，灾伤异常，盗寇蜂起，所在见告。原设民运，俱丝毫不可问，亦一大劫数矣！蓟密永昌一带，岁事幸不甚荒。然而，窥伺蓟永之报，月无虚日。密迩辇毂，惕心衣裙，需饷又至急焉！

昔年，急辽而九边皆缓；其后，九边之内有所急，仍有所缓，而今则无地不急，无处可缓矣！乃臣部处会计之艰难，而各边循请讨之故事，尽危言以相逼，且借端而卸过。动以神祖末年迄今拖欠之数为言，且以概行找补接年未解之数为请。夫以出入相提而较臣部，但能补葺当年，固已幸矣，而能顿及远年旧逋乎？各边即有从前压欠，但求目下逐月得饷，不啻足矣，而可尽补昔年积欠乎？每有狂逞疏虞之事，便思诿责卸担臣部，则臣之肉不足食，而臣之要领不足供斧锧矣！

从此竭蹶从事，以供嗷嗷枵腹之众，固矢竭驽钝，将惟力是视。然而，窃有请焉！各边原有逾涯之额，臣部别无点金之术。近经廷臣条议，臣部详查，俱奉煌煌明旨。一则曰，兵减饷增，是何缘故？目今，大阅未竣，务要着实清核。再则曰，督抚诸臣，悉意讲求，逐一清核，勿得有溢原额，以便给发。已经臣部走檄宣传，谅已远近俱到。清核一着，臣不啻蒿目望之，如瘳病之参苓也！蓟抚三十万之裁省，方期共底厥成；延抚二万之奏报，以犹存乎见端。至于他镇，殚精料理，岂其逊美他人？顾乃宜报而久不报者，何也？臣每平心熟筹。

目今，军国俱匮。在外，咎内部之缺饷；在内，咎各边之虚靡。以相持，开交诿之窦；而以交诿，成相尤之衅。臣愿与诸臣，一反锢习，交相劝勉。在外，则多方节省催征以就缩；在内，则多方措处灌输以就盈。以各尽成共肩之局，以合力济同舟之事。庶出入相权，酌济互施，边方鲜虚悬不偿之债，臣部靡无米强作之炊矣！

请会议边饷疏

题为兵饷岁供不敷，权宜补苴非策。伏祈敕下廷臣会议，以求至足之计，以定经久之规事：

边饷至今日，而匮极矣！臣部至今日，而难极矣！宣大密迩门庭，军储已乏，浩费何支；蓟密近联肘腋，兵力素疲，骄养难继。秦晋时值灾祲，患切震邻。设防设援，坐靡无穷，而无一不求之臣部也！假令出入之数，不甚相远，臣犹可多方调济。不虞原额之不敷，至一百一十余万也！臣即尽瘁拮据，不过及于额设而止。如民运则申饬矣！京边则考成矣！近又疏理盐法，复核民运矣！

仰藉天威，功令有赫，积玩积逋之习，渐觉振起。然而，分内之经营，无当于分外之设处，不足者仍不足也！故崇祯元年，发饷过二百余万，盖已无余力矣！乃有发过十之七八，而责臣部以全完者；又有见年全完，而责臣部以积欠者。边疆虑无不缺饷借口，同朝虑无不大义相督，亦尝于臣部一设处，而深长思耶！左军而右民，既已敛怨于地方；顾此而失彼，又复觖望于边庭。实难无中生有，何以在诎举盈？

说者谓："自辽难、黔难继起，兵连祸结，十年不解。军兴供亿，岁至千万，此真国家三百年来所创建者。海内物力，公私有限，捉襟露肘，无足深讶。"噫！是固然矣！然伏思：以天朝之大，四海之富，征输所至，随发随尽，朝不谋夕，是何景色？回想祖宗朝，粟红贯朽，陈陈相因，民不加赋而军得宿饱者，夫岂异人？无亦天地之财，自足供天地之用，臣等智尽能索其所为议生、议节者，尚未尽其术乎？若止因循支撑，不于此时另作一番商量，别设一番计处，徒以空虚予府藏，以叫号予边镇，以督责予臣工，以焦劳予君父，如封疆何？如宗社何？此臣之所以忧心如焚，而寝不帖席、食不下咽者也。

矧我皇上宵旰筹画，诸臣悉心共计者，无如此一事。且众正盈庭，饶桑孔之心计、抱刘晏之经纶者，岂曰无人？臣主计无术，远不古若。既不能夙储不涸之仓，又不能广谘长久之计，臣之罪也！故今日，愿以臣部匮乏之情与在廷共见之，并臣部措处之方与在廷共谋之也！

伏乞皇上轸国家之维艰，恤臣部之独苦，敕下九卿科道，约日会议，各陈所见。或条奏御前，或揭送臣部，听臣等细加参酌，孰为不刊定画，孰为目前急着，具实入告，速见施行。庶九边有鼓腹之时，而臣部免尸素之愆矣！

题议主客兵饷疏

题为谨陈边饷主客之额，以图节省足用之策事：

窃惟方今军兴孔棘，财用匮乏，圣明虚己而咨长策，盈庭抵掌而谈节用，况职掌度支者，敢不竭知毕虑，而徒付之无可奈何哉？就臣所朝夕讲求，得一最耗靡之大端，最节省之要着，则军饷中之客饷是已。

夫各镇主饷之外，又有客饷。主饷者，计口之需也；客饷者，不常之用也。总计，各镇客饷，已一百九万三百余两矣！客饷之费不一，其大者则有征调之费。迩来，征调渐稀，即循例分防入卫者，用亦有限。而支放开销，宁无九实一虚？事故扣存，宁无报一漏二？至于以主为客，调遣不离本镇，何以行坐兼支？此不可议节省乎？其次，则有抚赏之费。今宣大抚局方殷，势恐难惜小费。至各边叩款无日，而奸弁仍居为奇货，此不可议节省乎？又其次，则有召买之费，贵贱相权，本折相生，原属善政。今则高抬时估，从中侵渔，巨万金钱，半供飞销。此不可议节省乎？又其次，则有修筑之费，夫一劳永逸工作，岂成年例？且估计报成，冒破更自多方。此不可议节省乎？

年来，臣部按额题发，而法阻于综核；各边计数责偿，而情殚于清理。不分孰主孰客，谁知用少用多？及至给发难前，尽以危词恐吓。不曰枵腹待毙，则曰嗔目语难。此为主饷，言则可耳；其于客饷，何与焉？

臣度今日之财用，至不足之中，各伏其有余。而以根究无人，遂尔埋没于因循，徒使拖欠虚靡中外。开一互诿之端，而成一相沿之局，亦谁思其究竟哉？请及今亟定节省之着。以后臣部发饷，先尽主饷。其客饷，必不可已者，各镇督抚预行造册奏报，敕下臣部，磨算无弊，方行题发。各镇仍于季报内，详细开销。或虑期、或周折，解运迁延，各镇不妨于主饷中通融支散，候客饷解到抵补。庶在各镇，明明白白，用之有实；臣部直直截截，省之有名。而百万之中，可以节省过半矣！

至于主饷，仍合民屯兼本折，而定经制，务为长久之策，永垂可守之规，亦筹边裕国之上计也！

初次乞休疏

奏为国恩未报，臣病已深，恳乞圣明俯准休致，以延残喘，以重国计事：

臣本至愚极陋，无所比数。迩岁，卧疴林壑，业已绝意仕途，不意误蒙圣恩，起之田间，授以司农重任。顷者，三年考满，又蒙加授官衔。仰戴鸿恩，天高地厚，真非捐糜顶踵，所可报称。奈臣素禀虚弱，报官三十八年，俱刑名、兵马、钱粮之重。而臣天性认真，不敢一毫自暇自逸，惟期事事必躬必亲，殚精竭力而后无憾。用是元气受伤，心血尽耗，须发早白，牙齿多脱。历任屡经告休，非一次矣！

自顷，承乏今职以来，适值军兴孔棘，财用匮乏，自觉力绵而任重，惟是将勤以补拙。方矢夙兴夜寐，早入晏出，督催外解，灌输九边，少释宵旰于万一。不意福过灾生，顿至染疾沉笃。

臣自去冬，饮食无味，酒肉俱不沾唇；痰涎壅盛，咳嗽常不停声。犹望慎旃药饵，可望痊安，不谓医人见臣上焦有火，投以寒凉之剂，致臣脾胃益伤，泄泻大作。自本月十九日以来，洞下无数，饘粥不入口者数日。昨二十及二十二两日召对。臣闻命扶掖而入，万分矜持，屏气踧踖，未至倾覆。而召对之际，嗽声陡出，不能自禁。臣惶怖欲死，则衰病委顿之一验也！近复延医傅懋光、杨世京等胗视，佥称忧虑伤心，劳倦伤脾。

目今春月，肝木气旺，致克脾土。若非谢事静摄，药饵亦难收功。夫臣以六十余岁之躯，而患脾胃虚损之疾，斯其势诚危，而其祸诚难测矣！人臣事君，期于致身，身之不保，将于何致？矧臣部钱粮枢纽，案牍殷繁，决非僵卧私第、偃蹇床褥之夫，所可办理。假令政务尘积，丛脞招尤，即以瘝官溺职罪臣，亦复何及？所关国计，诚非浅鲜，是用披沥血诚，直陈于圣明之前。

伏祈皇上念臣真衰真病，毫无矫饰，准令休致，回籍调理。别选贤能强健之臣，以襄国计。臣倘得苟延视息，固仰祝圣寿于万年；即令溘先朝露，亦永戴隆慈于九京矣！

奉旨："卿综国计，敏练周详，拮据勤劳，朕所鉴悉。军必需饷，正赖料理，岂得请告？勉力任事，以副倚重，切勿再陈！"

详陈节欠疏

题为遵旨详陈节欠各边年例数目，以候圣裁事：

崇祯二年二月十二日，恭遇文华殿召对。皇上命臣，查奏节年拖欠各边年例数目。

臣查国初设辽东、宣府、大同、延绥四镇；后益以蓟州、宁夏、甘肃为七；后又益以山西、固原为九，今则密永昌易，俱列戍矣！延袤万里，守卫棋置，故土著之兵不足，而增之以调遣；民屯之饷不足，而增之以京运。盖各边京运之发端，在正统之祀，正国计富饶之秋。边臣于年例之外，藉端请讨者往往不乏，主计者亦往往曲徇，孰知空虚之根，已种于此矣！

迨嘉靖庚戌之后，军兴日棘，用饷益侈，不惜顷累朝之积蓄，供九边之宿饱。至嘉靖末年，遂有出入不经之弊矣！又历隆庆、万历，数十年间，朝那夕凑，此褒彼益，年支一年，略无余地。至四十六年，辽东发难，竭海内之力以徇之；四十八年，黔蜀称戈，又割西南之赋以从之，而京边愈不可支，年例愈不可继矣！此所以节年积欠虚悬，而不能补也！今各边奉旨清查，尚未就绪，而按数索偿之奏牍，日渎宸聪，以至召对之顷，仰廑明问。

臣谨将节年负欠各边年例数目，自万历三十八年起至天启七年止，共该银九百六十八万五千五百七十一两七钱三分，一一开列细数，上呈御览。夫以前代全盛之时，库藏充盈，东西无警，尚不能尽完边饷，况迄于今三空四尽。辽饷、黔饷，供亿几六百万，海内之物力几何？太仓之岁入几何？既索新饷，又补旧欠，臣愚点金无术，其何能分身而四应乎？则惟有拮据于见年，以姑置此旧欠而已。

伏惟圣明，裁察施行！

再乞休致疏

奏为病困阽危，痊可无日，再恳天恩，速赐休致，无误国计重务事：

臣以积劳染病，具疏乞休。荷天语之春温，觉寸心之冰凛。戴鸿恩之高厚，拊眇躬而局蹐。当此羽书旁午，兵骄饷诎，黼座宵旰，策饷筹兵之日，臣愚误承拔擢，备立度支，正宜从在廷诸臣之后，矢鞠躬尽瘁之节，有始有卒，图报圣明，何敢言去？何忍言去？第臣泄泻之后，脾气大伤，口舌生疮，饮啖减少，头目眩晕，步履艰难。盖精神日惫一日，形骸日瘠一日，而膏肓亦日进一日矣！

臣自承乏今职，策驽钝以率司属，宵旦经营，日无暇晷，尚觉心力难周，图维鲜效，而今且病矣！数日以来，虽勉从卧榻之余，佥押日行文牍，料理出纳钱谷，然而，堂署之间，闻其无人题覆，章奏多所寝阁，已非明作励精气象。

矧九边之远、九州之大，其思虑筹画，所不周不到者多矣！政务渐见尘积，职掌愈觉瘝旷。谁司度支，而令若是？虽蒙皇恩浩荡，圣度包荒，欲尽犬马之微长，不遗剑履之旧物。顾皇上勖臣勉力，而臣力不从心矣！责臣任事，而臣志难帅气矣！本欲遵旨，不敢再陈，而负乘惊心，首丘注念，又势不能自禁矣！方今英贤布列，师济盈朝，臣如九牛一毛，沧海斥鷃，何取于羸病之躯，而管大农之重任乎？

且臣又于病中。伏思，臣部财赋非全裕充牣时也。在内则入少出多，一发辄竭，其病为虚怯之症；在外则逋多解少，催督不灵，其病为痿痹之证；在脉络则挽运苦辘轳之滞，而开之难；给边如尾闾之泄，而节之难，其病为结轖沉痼之症。臣之日夕疚心神劳，体病殊多，坐此夫虚怯、痿痹、结轖沉痼种种诸症，财赋先受之，而臣身复受之，其何能以病已病也？从来病者，投剂无效，则欲别延良医，对证胗视。如臣司计，酌济无术，窘迫益甚，此亦圣明遴才医国之时也！而况臣委顿尫羸，曾旦暮不保，而竭蹶难前耶！

伏乞皇上轸念国计重大，委非病夫可以虚拥。速准臣愚，休致回籍，遴选贤能，以充厥任，则残喘得苟延于顷刻，而国计亦稍舒于耗匮矣！

奉旨："军储正急，岂计臣杜门乞身之日！卿素急公，当即勉出，体朕忧边筹饷之意，不得再有陈请！"

三恳休致疏

奏为衰病委顿，瘝旷堪忧，三恳天恩俯准休致，以重国计，以全晚节事：

臣因积劳成疾，医药罔效，前二月内，沥血披诚，再疏叩阍，未荷俞旨。拊躬跼蹐，不胜战栗。因思天语煌煌，军储正急，更无急于此时者。一人朝夕励精，百执事夙夜匪懈，臣独以衰颓病废，不克强自撑持，以供厥职，固谊所不敢出，亦心所不自安也！

三月初旬，恭逢前星弥月，普天同庆，举朝嵩呼，臣何人斯，偃蹇私寓。于是，扶掖勉出，趋跄班行之间，奄奄病骨，万分难支。方拟再干天听，忽有蓟镇鼓噪之变。方寸彷徨，拮据措饷，席藁待罪，未敢称病。幸赖浩荡鸿慈，不加督过，兼以请旨会议，将借嘉谟以足兵食。奉命祈祷，欲得甘霖以慰黎庶，皆臣职分内事，真有不容中辍而他诿者。用是竭蹶经营，忍死以待。无奈福过灾生，舛错踵至，如布花月粮等项，不能督催司官及时给发，则精神不能照管，实臣瘝旷之明证矣！

臣以奉职无状，自分难逃斧钺。又蒙皇上贷朽拙而惩司属，转谴责而为奖藉，戴此天地高厚，何辞顶踵捐糜？惟是君恩愈渥，臣心愈惕。谁司统率？谁总持筹？循省溺职，有腼面目。焦心殚力，寝处弗宁，而臣病愈深矣！

入夏以来，饮食减损，形骸骨立，痰火喘嗽，百病交集，步履艰辛，举止颠蹶。才一披阅，眼昏如雾而目竭；才一批答，手足酸麻而力竭；才一筹画，五内怔忡，如醉如痴而心思竭。夫人臣事君，惟此身耳！无疾而以为有疾者，诈也；有疾而以为无疾者，亦诈也。臣之病体支离，在朝大小臣工，亦无一不耳而目之矣！而臣贪恋崇膴，夜行不休，将无滋顽钝而辱度支乎？

当此钱谷殷繁，羽书旁午，庚癸之呼所在见告，即令年当力强者，当之尚怀丛脞之惧。矧以衰病垂毙之人，悠悠忽忽，不早引决，未有不日见废驰者也！

误身而转以误国，臣宁有死所也哉？今会议，藉诸臣条奏，已经题覆。祈祷赖皇上精诚，频沾霡霂，而臣病实不可以瘳矣！虽欲不再为陈请，而不可得矣！夫“鞠躬尽瘁，死而后已”，臣平生心识之。“老马反为驹，不顾其后”，扪心循省，臣未始无自知之明也！

伏望皇上怜臣病危，原非假托；罢归田里，俾遂首丘。别选贤能，以司国计，则公私兼得而生死无憾矣！

奉旨：“卿经理国计，日急军储，近方集议剂调，期有补济，何乃又申前请？着一意料理，以副倚任，慎勿再陈！”

祭告社稷复命疏

题为复命事：

臣因夙疾未痊，复被人言。顷于六月初九日，具疏上恳天恩，俯赐休致，疏已上矣！复于本日，见礼部题，“祈祷雨泽，例该祭告社稷”。伏蒙圣恩，钦遣臣行礼。

臣念时日已迫，未便控辞改遣，只拟届期，力疾行礼，乃本月初十日，复有平台召对之命。臣以潦倒指摘之余，方恭听皇上之罢斥，既不敢腼颜以对君父，遂不克匍匐以入朝班，非故为偃蹇也。然而，私心之惶悚甚矣！至于钦遣之巽命在先，社稷之祭告最重，分无可诿，义不容辞。臣谨斋心，力疾入坛，未明行礼，幸于事而竣矣！谨具疏复命，并备陈下情。

伏惟圣明鉴照，俯赐矜宥，微臣幸甚！

奉旨：“知道了！部务烦剧，卿廉勤端练，朕所夙鉴。速出供职，不得再陈！”

奏辩求罢疏

奏为微臣据事回奏，原无隐护，敬剖心迹，仰祈圣鉴，并赐罢斥，以明国法，以重言路事：

臣于本年四月十八日接内阁揭帖。今早，皇上文华面谕：“陈良训疏参王应豸剥饷欺君。王应豸原报节省五十七万余两，是实是虚，果否？即是，扣除八个月旧欠军饷，功罪不可相掩，卿等传与户部奏来！”

臣随具疏上闻。内开罪抚王应豸，报节省新旧饷银五十七万余两，臣合算之，止节省银三十七万六千二百九十一两五钱有奇是实，其浮报节省银一十九万二千七百零八两五钱有奇是虚。遵上传也，天语辉煌，职掌攸关，臣义不容缄默，宁敢借申明钱粮之题目，为罪抚卸祸哉？

续奉圣旨："据查王应豸节省浮报，已属有欺；其不职致变，尚有余款，不必以哄谕捐饷拟罪。"是罪抚如山之案，已在圣明睿鉴中矣！适从邸报，见巡关御史方大任，有《抚臣罪案不一》一疏，末语侵臣。其不满于臣者，则臣原疏有云"蓟抚所报节省，原在未发之中，非见省已发之物。然省得一分，则臣部可少欠一分，是彼得其名，而臣部并受其实"等语，而疑臣巧为应豸解。

夫臣就饷言饷，非敢为应豸解也。九边旧饷，为数颇多，臣部年来积欠，亦复不少。彼俱以未发者为历过实数，请讨不已。今既具疏裁汰，则未发者可不作欠于后来；至新饷则系当年停发者，其所浮报节省，臣部曾力驳之，不少假贷。若实在节省者，而亦概为抹杀，将何以服其心？

查圣谕内，原有"果否？即是，扣除八个月旧欠军饷"。臣部于八个月旧欠，见在陆续凑给，即前鼓噪时所发十七万，皆是物也！凛奉明命，虚虚实实，自当明白具报，而敢含糊上闻乎？至于应豸激变，臣前疏末所云："抚驭乖方，或别有罪案，当还之公论，俟之执法，总不敢于职掌外多置一喙。"其为应豸解否？原疏具在，何能逃圣明洞鉴。臣于应豸，原系同省异府，道里隔远，素不识面。当此疆事决裂之日，交章指摘之余，而臣只奉上传，拘泥职掌，不能引嫌固辞，以自守其硁硁之素，诚无所逃于愚鲁之罪。然臣精白一心，自盟有素，真可仰对皇上，共质诸臣，而毫无委曲其间也。若果枌榆情殷，军国念薄，如台臣所言，则臣当万死矣！是用不得不略陈原委，剖白于君父之前。

伏乞皇上简臣回奏原疏，鉴臣有无欺罔，并怜臣病苦余生，罪过多端，亟赐罢斥，放归田里，以为大臣庸碌之戒，以申言路发摘之明，即我皇上天高地厚之弘恩也！

奉旨："王应豸节省银数，卿据实具奏；方大任疏论偶及，不必介意言去！"

题报蓟密兵饷疏

题为重镇兵粮事：

畿辅重地，军士云屯，待罪度支，实以措发月饷为职。昕夕兢兢，日不暇给，计臣所给发者，较往岁不啻过之。虽旧逋未能立办，而现月亦觉粗支。即蓟镇军兵前三月鼓噪时，臣部给发新旧饷银共以十七万计，通算似可足支四月，今云止领三月。鼓噪之后，逃亡必多，又新奉明旨清汰，亦未见一字言及，而索饷之牍，日有闻也！总之，军骄已甚，别无约束，制御之方，惟靠多发月饷以为豢养牢笼之地耳！即云给发三月是真，自鼓噪后，仅逾两月，岂尽荡费而遽有蠢动不安之象？岂从来数年积欠，必须今日尽补而后快于心哉！

当此春夏之交，外解中断，秦晋各边，处处告急，其不能独供一镇一隅明矣！然外而督抚，即称军心动摇；内而圣明，未免焦劳注念。臣部又安敢秦越视之，而悠忽置之也！万不得已，百方那凑，以充三镇之用。匍匐竭蹶，支撑目前，固微臣之分义宜尔也！然臣窃有请焉！

夫各镇按月授食，似亦少敷，而蓟门一带，离信喧哗，动曰不足，则督抚之频为代请，与军士之疾呼狂逞者，亦惟是旧欠耳！旧欠之所自起，久矣！假令前人现月给发，应无旧欠。惟前不能现月给发，而以遗臣。臣现月给发矣，而又责以完旧欠，臣岂有点金之术欤！且臣非有所靳，而故难其完也。臣稔知，其皆实历过月饷也。假令臣拥不涸之仓，而专奉蓟门于以讨军实而销积逋，鬯皇仁而慰群心，臣即捐此顶踵，岂敢有爱？乃额饷而既缩矣。呼庚呼癸，章满公车。往时臣部缓宣云秦塞而图关宁，今并缓关宁而图蓟门矣！臣之牛马拮据，鞅掌补苴，固自无所辞责。而督之立办旧欠，臣即负罪，而力不前，总难令军心之属厌也。譬之庖人。然庖之不治，而使待哺者，磨厉动色，瞋目语难，贻主者忧，庖人有余戮矣！顾庖人数米而炊，其实且乏米也，能为本日之食足矣，而又兼为先日之食？待哺者本日无缺食足矣，而又望以兼补先日之食？即重呵谴责庖人，恐无益缓急之数也！今臣所处，不幸类此。伏计督抚重臣，当必别有怀德畏威之感孚，用鼓有勇知方之大义者。若徒借口索欠，日为哓哓，恐九边之积逋，不止蓟门一镇。尤而效之，其又何诛？

伏祈皇上俯鉴臣部措饷，委无遗力。谕令各镇军丁，此后不论京运民屯，但一月有一月之饷，便足糊口；而不得尽取偿于京，亦不得尽责望于积逋。其累年拖欠，姑俟宽裕之日，再行补发。庶觊覦潜消，反侧渐定，而臣部亦可藉以措手矣！

四恳休致疏

奏为微臣狗马之病，日深日惫，力疾不前。谨冒罪四恳休致，以遂生还，以免误国事：

窃念臣自入春以来，忧劳成病，两疏乞休，未荷矜允。迄于入夏，有病而过丛生，有过而病愈剧，以万不能支之身，任万不易胜之事，心血呕尽，徒滋颠蹶。恳切陈情，又复蒙天恩勉留。于是，臣情愈棘，而臣词已竭矣！

适值皇上精诚格天，臣奉旨有谢雨之役；又北郊在迩，臣分当陪祀护跸，遂忍死力疾，复出供职矣！惟是衰病之躯，遇劳辄笃；脾胃之症，触暑为剧。顷，自闰四月二十八日，入署斋宿，料理积案，夜以继日，泄泻故疾，辄尔复发！迨五月初二日，北郊事竣，且变而呕吐下痢矣！扶掖归来，呻吟一榻，不觉惴惴性命之忧。

夫皇上之留臣，非为其忝居九列，姑示以优隆体貌已也。必谓军储正急，料理需人，意臣精力尚可竭蹶，病势尚未困惫也。微臣只承上命，致身事君，非仅从三尺起见，姑恋此荣华富贵已也。必谓遭时遇主，平生奇觏，苟时艰之可效，吾何爱乎发肤也！乃军国实未有济，病势已复难起，而犹以一息尚存，借口尽瘁，而重负乘之羞，则臣今日之罪案也。且臣驰驱仕路，业经三十八年，齿逾六旬，精血尽耗，忧劳煎烁，久病失调，固已委顿之极，无复支持之理。见今泄痢交作，形骸骨立，饮食不消，倍苦哽噎。医家佥谓元气虚弱，此病在本而不在标，断非药饵可冀奏效。若不谢事静摄，将成劳瘵翻胃之症，虽卢扁无所施其技。倘不早自引决，惟有奄奄待尽耳！

盖皇上所以勉留臣者，为军国计，冀老马犹堪鞭策。而臣所以力恳皇上者，亦为军国计，知驽力终难远到。是以虽感高厚之恩，戴知遇之隆，而终不敢以垂毙之躯，冒鞠躬之谊者，臣之自揣，固甚明也。伏乞怜臣危病，量臣苦衷，立赐骸骨，使臣生死无误军国之憾，即以身填沟壑有余快矣！

奉旨："度支重任，朕方眷倚忠猷，岂但优隆体貌。卿即忧边急饷，政当勉力筹画，何乃辄以病请？着即出视事，慎勿杜门，致稽部务！"

五恳休致疏

奏为臣病愈危，臣职愈旷，五恳天恩，速赐休致，以无误军国大计事：

臣庄诵明旨，伏枕叩头，不胜感激，不胜惶悚。既奖"忠猷"，复勖"筹画"，何春温也！既戒"杜门"，又饬"部务"，何秋肃也！

顾臣前此亦尝勉矢葑菲，夙夜在公。无奈时乖命蹇，福过灾生，天实限之，人且奈何！臣自初病，以迄今日，倏已匝旬。委顿已极，全无起色。见今，赤白洞下，脓血淋漓，狼藉污秽，无复人理。饮食尽呕，骨瘦如柴，所未登鬼录者，仅呼吸毫发间耳！盖泄痢，亦人所时有也；惟以衰年久病者当之，则九死一生之症也！臣，先是杜门，虽在病困，每每延见司属，商榷政务，裁决公移，日行不滞，未尝以病为解。而今，呻吟床褥，跬步为艰，蓬头垢面，其奚能晋接冠裳？神昏力竭，复不能料理积案。此而望之，摅一猷、献一画，其将能乎？此而责之，无杜门、无稽部务，其又能乎？瘝旷若此，将安用之？抚心循省，臣罪深矣！此臣所为痛心腐首，而不能顷刻即安者也！

度支非卧疴之官，膏肓非易瘳之疾。万一皇上不速赐玦，必俟犬马，残躯一旦溘先朝露，臣即欲恋皇上不可得，皇上即欲留臣亦不可得。然后，幡然更使，巽选贤能，恐后时已久，误事亦多矣！谁妨贤路、谁误国计以至于此，是臣生无微劳，而死有余辜也！臣有死不瞑也！是用五恳天恩，早赐微臣休致，仍亟会推，以重邦计，则臣虽死之日，犹生之年也！

辰下，各边兵饷，虽称匮诎，臣仗皇上威灵，竭蹶凑泊，亦觉少支。目前恐有疑臣为畏难避患，而托病求去者，请乞皇上敕令法曹，临臣私寓，验臣病势。若敢驾无病为有病、饰小病为大病者，臣请先受欺君之罪，愿甘斧钺之诛！

奉旨："卿体力强健，偶恙易痊，何遽连疏亟请？大臣急公，不辞劳瘁，伫即勉出，勿再控陈！"

六恳休致疏

奏为恋阙徒殷，沉疴难起，六恳天恩，乞赐休致，以免重误国计事：

伏念人臣遭时遇主，就列则倾心委任，乞退则温语慰留，覆悚已见而不督其过，衰病已极而不厌其惫，有君如此，奚忍负之！区区躯命，不思捐以为圣明报，岂复有人心者哉？犬马尤知恋主，蛇雀亦复衔恩，而臣连疏亟请，恝然决去，是以人而不如物也！惟是捐躯而有济于国，则事君致身之义也；捐躯而无补于时，则贪位固宠之谋也！臣筹之熟矣！

臣顷泄痢经旬，垂绝数四，比虽渐止，而元气虚弱之极，形骸瘦削之极。镇日僵卧一室，才出延见司属，则倾覆随之矣；终朝偃蹇一榻，强起披阅文移，则眩晕继之矣！今揣势，固无生理。即幸生，宁有健时？臣片晷杜门，则诸司群吏，总成暮气；经旬谢事，则科抄部牍，尽蒙积尘。军国大事，何堪耽误尔尔乎？臣病，既因部务不获调摄；部务，复因臣病不获料理。微臣一身，处于不进不退之间，所系犹小；国计万种，介在若驰若坠之际，所关实大。臣为是，如坐针毡，如负芒刺，诚有瞬息不能待而引去当力决者，非敢规私便而辜主恩也！真见国计重大，举倥偬匮乏之任，责膏肓沉疴之人，即勉强撑支，其何能办？令苟且办之，而苟且应之，到底只成一误。臣以病而误国计，皇上优容一病臣，而究至于误国计，均非算之得也！矧今师济布列，精明强干百倍于臣者，固不乏人，惟皇上之所使，何用此尫羸骨支者，俾之自误且误国乎？

伏乞圣慈垂鉴，臣病委笃，臣去难待，刻期放臣生还，暂令亚卿摄署，速遴才望推补。庶国计付托得人，而臣亦觉生顺而死安矣！

奉旨："卿司计劳苦，朕所鉴知。既奏偶恙已渐痊，准调理二三日，即出理部务，不必再陈！"

会议边饷疏

题为会议已经宸断，立法务在必行。仰祈圣明申饬，中外同心，共裕国用事：

臣以边饷匮乏，仰屋无策，赖在廷诸臣，协恭之忱，各抒硕画，臣等谬加参酌，条列四疏，仰尘睿鉴。

我皇上权一时之缓急，酌百年之利弊，可否一经圣裁，行止定为令甲。复谕臣部，汇册颁行中外，务求画一。天语谆谆，欲裨实效，毋托空言。其所以计饷者，亦何周至而深远也！臣于明旨允行条议内，反复斟酌，其间确有实据可济目前军需者。如班军折价，加增榷额，停修仓廒，板木改折。此已有额数，而但须征解者也。如增加盐引，搜括杂税，南马协济，修衙银两，牙行换帖，凑解纸赎，议捐公费，河滨滩荡，吏农班价，寺田起科，裁革冗役，清汰虚冒，生祠变价，贾税酌征，殿工冠带，京东水田，此未有确额而犹俟查复者也！总计凡二十款。然非取之民间，亦非增之额外，不过那缓以就急，裒多以益寡。举向来耗蠹，于无用之物力，一转移间，便成九边之丹膏耳！

臣部沿门持钵，似强人以太难，顾原非得已也！若求者势如救焚，而应者竟作画饼，是臣部能议而未必能行。中外即勉强奉行，而不能凑手，如国计何哉？及查臣部，从前会议，业非一次，其成命甫颁，旋即废阁者多矣！臣所以痛心往事，而熟筹于将来也！况圣断凛然，既破筑室之谋；舆论佥同，须济公家之事。愿诸臣各化成见，缓急相关，臣之罪戾，或藉此以少逭矣！

臣虽病困垂死，旦夕去国，而九边军饷之匮乏，未尝顷刻置诸怀。谨将奉旨允行条议诸款，汇成一疏，恭进御览。合候命下，刻刊成册，颁行各该省直。更望皇上，叮咛申饬，内外同心。应商确者商确，应承认者承认，务令不敷军储，早有着落，早定画一。傥有以空文支吾者，许令臣部，执白简以绳之！危疆幸甚！臣愚幸甚！

转饷画一疏

题为转饷有至便之术，司钥有无弊之法。恳乞圣明著为画一，以平出纳，以利挽输事：

顷者，臣以病困乞休，情词几竭，未蒙皇上允从。虽病体支离，尚思积诚。补牍再请，而感动天听，未知何时。则臣养疴待命之日，皆旷职误事之日，而臣罪愈不可赎矣！用是不爱一息尚存之顶踵，为皇上图涓埃之报。即举一事、画一筹而委顿焉，足以不恨。

盖自臣受事以来，内虑仓库之匮乏，外忧九边之脱巾，无刻不讨国计而图维之。已幸略有次第，而又仰赖皇上宠灵，命廷臣集议，吁谟入告，见今刻布中外，极力督催。臣自是可免瓶罍之耻、负乘之咎矣！而就管库之事，得一最便之法，为臣所熟计，而至约同属所力行而见效者，尚欲仰恳皇上著为功令，使共遵守，则委解兑支之法是已。

兑支者，借库为持平，而不从库受出入者也！出入之际，为轻为重，为迟为速，无穷之弊伏焉。盖解官苦于内收之重而中，实多濡染；监督苦于外解之轻而中，或索赠耗。即在外饷司亦借口于部发之短少，而遂乘机扣除。即有贤者，不免随风而靡。总之，皆牢不可破之弊也！臣，为此扼腕久矣！欲涤其弊，惟在兑支。良以兑支，则虽有出入，实无出入。轻重无所容其私，迟速不得任其意。即有库内奸书滑吏，亦将穷于伎俩之无复之。解官不必别有钻营，积棍不得恣为包揽，而称兑自公，转运自捷矣！奚以明其然也？盖太仓钱粮，十八充边饷者也；新库钱粮，尽数充边饷者也。今外解一到，各镇委官，环向争索。随时给发，犹虞其晚，非若举盈之时，发不能尽，尚需贮库者也。毕竟归于委官之手，何必复入管库之手？

臣自受事之始，因见挂欠之多，即将新旧二库法马，比较相同，合为一式。有稍重者，即加挫磨，计新库每一千三百两减去三两四钱，太仓每一千两减去一两。又通行各省直藩司、饷司，但有法马轻重不如式，即令请发更换。又立样银之法，每解银诣部时，用银四锭，较勘平准，作为样银。外兑内兑，以此为则。正欲使内外分数，毫发不爽，以便于兑支耳！若能率由无弊，中外血脉，自相贯通，决无彼此隔碍偏轻偏重之患，亦无往夕挂欠成千成百之事矣！

其法：外解一到，一概不收入库。一面呈堂派发，一面即唤解官、委官，会同巡视科道，当堂面兑，登册入鞘，即时起运。其银锭稍轻者，仍令解官找补。解官原有添搭水脚，彼亦无辞。倘原锭稍重些须者，不妨作正支销，行文知会，则濡染不期绝而绝，赠耗不期清而清矣！然后，通行督抚、饷司。知会既系，解委自兑，饷数充足，而犹借口库折出示短少者，是饷司直以其身为射的耳！至于羡银之说，曩时固亦小补，然钱粮止有此数，解者既不可多求，领者又不少与，此物将奚从出？不几为浸渔者藉之口耶？今但斩断葛藤，全用兑支一法，则此太仓新库之羡余，即为国家节缩计，正自不必垂涎耳！此法立也，一便于解官，二便于监督，三便于饷司，一举而三善备焉！将洁已奉公者，固因以明素心；即不然者，而法行已久，难以私更，如蓬之在麻，不扶自直。虽有贪墨桀黠之徒，亦无所用之矣！此真拔本塞源，一清永清之术也！

臣虽在病困，窃见圣明注意库藏，郑重钱粮，而军储边饷，所关尤巨。故从床褥呻吟，求其实实可行，而永永无弊者，举以上闻，以少答高厚，稍逭瘝旷，未必不在此举也！

七恳休致疏

奏为屡疏乞骸未允，人言突至堪羞。七恳天恩，立赐休致，以遂苦情，以全晚节事：

臣顷以脾胃虚弱，泄痢濒危，沉疴难起，六疏乞骸，不啻唇焦颖秃，势迫词穷矣！明旨谓："司计劳苦，朕所鉴知。"是直以推心置腹之恩待臣也！又限"调理二三日，即出理部务"，是又瘝官旷职之惩惕臣也！臣用且感且惧，有不敢以顷刻淹者。惟是臣病，已入膏肓，岂调理数日可愈？部务大费撑支，岂衰残微臣克堪？政拟再申前请，忽值圣躬深居邃摄，遂不敢造次渎陈矣！

比接邸报，见协理詹事府事、礼部右侍郎罗喻义，有《大学见行之制书必不可毁》一疏。疏末数语，有感于黄发之无愆，欲慎重刑名钱谷，而致慨于今之钱谷主者，为尸居余息之人。此真救时药石，而于臣尤实获我心。

臣累疏自陈，不如礼臣之一言代写也！臣之负乘溺职，不胜厥任，皇上虽心鉴之，而犹姑优容之。臣屡疏乞骸，皇上若谓或有矫饰，而未之允。今礼臣之持论如此，是可以占人情之同，而臣之非控辞托病，避难偷安，亦可两相印证矣！且礼臣负宇内重望，旦晚当膺大拜，留心国计，此正其嘉谟嘉猷，入告我后之一端也。皇上即不信臣言，又安可不信礼臣之言也？

夫皇上之谆谆留臣，将为军国钱谷计乎？则臣衰病昏聩之余，其不足以补苴时艰审矣！必待庚癸遍呼，从脞滋罪，臣纵万死不足赎，其如社稷何？将为微臣功名计乎？人臣致主，止有此身，而廉耻者，尤立身大防也。今以极衰极病之身，夜行不休以致愆尤，日积渐来指摘之口，即皇上曲加悯念，亦不能为臣地矣！盖臣颓龄笃疾，不堪鞭策，负恩误国，私心廪廪。旷官若此，一宜去。辰入酉出，拮据部务，交游觌谒，一切报罢。疏节若此，二宜去。姜桂鄙性，至老弗移，嘱托情面，概难曲徇。不合时宜如此，三宜去。

目今皇上励精图治，诸臣莫不精白承休，旸勷国计，岂患乏人？伏乞皇上，电臣累疏，旁采人言，鉴臣苦衷，全臣晚节，立赐休致，早令回籍，则所以赉臣者实多。臣惟有戴皇恩于无疆，祝圣寿于万年已耳！

奉旨："卿任事勤敏，部无留务，且精力健盛，心思周详，国计方切倚赖，还加意料理；奏内旁及之言，不必介怀！"

辽饷出入定额疏

题为辽饷出入定额事：

该臣看得辽饷出浮于入。自天启三年，前任尚书李宗延具有《辽饷亏额已多》一疏，已积缺额一百八十六万有奇。简查旧案，年年告匮，甚至缺额二百余万。

昨岁臣部复奉圣谕，查造简明文册，约略其数，亦缺至一百二十五万有奇。臣初受度支事，心窃忧之，而不能无疑。一疑，其缺之数，何以倏多倏少也？再疑，其入数缺矣，何以出数仍归足额？不至如旧饷之积欠，累月悠悠难结也？

今茬苒承乏，已及一载，局中滋味，甘苦自知；见前此年分，关镇请饷之文，有此月多而彼月少，此月少而彼月多者，是此月已不知彼月之数也！有逐月请讨，业已如数兑发，而复于数月后申请找补者，是此月尚不知此月之数也！不能计月，何以计年？故册内皆言约数，况乎约数之外，如所谓犒赏、行粮、廪盐等项，名色纷纷，不一而足。益以省直多事，借留不常，而款项愈游移矣，缺数之倏多倏少者，此也。省直开征旧饷，多在本年秋冬，而新饷成例，于本年冬月，即预征来年春月银两。如本年冬饷不敷，随即以春月预征银补之，是本年透用明年之饷也。新饷参罚较严，故带征银两亦多零星解到，以应眼前之用，是本年追用往年之饷也。勉强支持，全恃通融接济，况前此内帑充盈，每遇陈情，辄沛发数十万。又北直召买以辽东旧饷之故，动支京边，相抵多寡不等。诸臣为国筹边，多方建议，如临德二仓改折，除拖欠行催外，亦已先获十余万之用，且各处逆贼变产等项，时蒙皇上允发充饷。凡此，皆在新饷入额之外者也，辽饷之缺，而不缺者此也！

臣初不得其故而心忧，及深试之，得其故而忧愈甚，则以目前补苴，终非长策耳！兹幸清汰之后，出额已减七十余万，合盘打算，岁出共该银五百一十三万八百八十六两有奇。今殚累月之搜罗，锱铢而积累之，以崇祯三年为始，岁入共该银五百一十六万零五百五十八两有奇，较之出数尚溢额二万九千六百七十一两有奇。谨造新饷出入款项，恭呈御览。

臣非能吁天雨粟，吁地涌金也！亦惟是额虚者实之，则昔日悬空之杂项，至今日而有着落矣！额分者还之，则昔日坐留之岛饷、兖饷，多用之登饷，题留之广东盐课，至今日而归固有矣！额泛者定之，则昔日之动用京边新旧，两持销算不决者，题奏钦依，以二十万为率矣！额有不得用于今年，应催解于来年者，如南京之事例、赣州之桥税，无容听其久假矣！诸如此类，备载于各款之下，以见昔日尾闾漏卮之所自去，今日竹头木屑之所自来。总之，仗皇上之威灵，赖边臣之清核、督饷台臣之商确筹量及在廷诸臣之蒿目借箸，臣始得因端而穷其绪，按数而勤其成耳！

此外，尚有南京牧马场租，先年暂借工部助工，今应归还臣部充饷。又抚按公费一项，地方肥瘠相悬，设处难易亦异，若以部派悬坐之额，责其全完，恐终不得之数也。似应仍行省直抚按，酌量时势，认定额数，以便催解。亮诸臣忧国急公，必无敢以虚文应者。今尚不敢列在入额之内，故俟认额以后，凡有解到，另款贮库，以备三韩不时之需。

又据省直开报，旧岁免觐一项，共该扣路费银九千六百七十一两，应令照数解部，臣亦不敢列于入额之内。盖三年一次，原非常征，免觐多寡，亦无定数。合俟朝觐之年，凑充五年再闰之饷，亦便计也。

从此以往，但得省直诸臣，忧封疆之忧，心皇上之心，设法措处，无轻议借、议留，竭蹶催科，无致日逋日欠，庶新饷缺额两字，不复以廑宵旰之怀，而臣部亦得藉手竣事。与斯民休息于轻徭薄赋之天，可计日竣矣！

石隐园藏稿卷六终

卷　七

疏三

库贮将竭疏

题为库贮将竭，敌氛未息，臣部忧危无计，吁恳圣明，速赐鉴裁事：

自闻儆至今，已五十日矣！索饷之檄，急如星火，屡廑明旨，令臣措备接应，毋致匮乏。臣实司计，敢不惟力是视。顾臣所能者，酌盈以佐虚，那宽以就急。若已虚而无可酌，极急而无可那，而欲使臣点铁成金，无米成炊，臣计画无复之矣！

当羽书初至之时，臣夜召管库司官，发解冲边及蓟密昌易等处，月饷计可二十余万。盖欲资戍卒之饱腾，收扫荡之奇功，则垣墙既固，门庭自无可虞。迨夫遵城不守，飞骑薄城，外解边输，南北梗塞，不知各镇庚癸之呼何如？而臣即鞭长，岂能及马腹哉？患在门庭，城守为重，约京营登陴游防之卒以十余万计，援兵以三万计，新兵以二万计，日费不下万金，而将来者尚源源未已也！昨太仓管库主事冯世熙，揭报空诎之形，臣已据实入告。蒙皇上许臣，新饷旧饷，通融支发，并借别项凑给。今合新旧二库，已共发银九十余万两，所存库银仅十余万两，而臣部廊库所收各衙门捐助银项，随收随发，约有八千二百余两不与焉。以五十日军兴费近百万，而驱剿尚未有期，区区见存十余万金，不过足支十日粮耳！兴言及此，心胆俱碎。

窃思臣部钱谷，一铢一粒，皆仰给于外解。虽屡[①]奉明旨，着臣行催，并令经过州县设法防护。然都门以外行旅久断，州邑快壮仅百十数，村落居民强半逃亡，而欲责之护解钱粮，以达京师，臣知其万万不能也！夫库藏既如悬磬，外解又属西江，幸旦夕解严则可，不然，此城内外十数万擐甲操戈之士，臣部连日供亿，若奉骄子，且惧其有后言，如一呼焉而无以应，不惟臣身未知死所，而国家之祸，将有不可言者矣！臣不得不早为披陈，仰请圣裁，速为议处者也！

臣草疏甫毕，又据管库主事冯世熙呈称："太仓额设军马钱粮，按月而索，时刻难稽。外有各项杂支，头绪纷沓，亦必循例而应。今库藏空匮已极，而索银者，

① "屡"，原作"属"，据四库本改。

时诎犹欲举盈。职不得已，曾具揭遍投，欲将俸银一事，少需时日，候淮课到日补完，尚未知肯见谅否！惟是卫弁诸人，素有布绢二季俸银。旧例，布俸在本年十二月支，绢奉在次年二月间支。今各弁亦备城守，遂统欲领出。职已那给布俸，共支过一万七千四百余两，而各卫弁，尚索绢俸不休。查该四万一千余两，诚恐供应不前而纷嚣难杜也！”

该臣闻此，益用不寒而栗。合无请乞明示，凡一应官俸及诸不系军马钱粮，一切暂需时日，以佐军兴之急。诚为便计，亦可以稍救燃眉于万分一耳。

奉旨：“兵饷急需，尔部严催外解，权宜设法，务期接济俸绢等项，依议传与各衙门知道！”

钦奉上传疏

题为钦奉上传事：

本月二十三日，奉上传户部，军兴城守粮料等项一应本折钱粮，支放总撒数目，详开具奏。钦此！

臣随行文各仓场司官、各管库司官、各坐门司官暨各城专管授兵行粮司官，彻底造册，以便汇奏。庶几军兴支用之数，臣部供亿之苦，可备达于宸聪矣！惟是头绪多端，未可咄嗟清楚。以仓场言，或给城守军士，或给赴援兵将，或解运，或面给，或派东而西领，或甲派而乙领，至繁杂也。以管库言，或廪粮银，或米折银，或盐菜银，或熟食银，或运价银，或籴买银，亦至繁杂也；以坐门各官言，或城军米，或门军米，或煤炭钱，或姜椒钱，或本折间支，或先后补给，亦至繁杂也；以专管行粮各官言，或就便兑发，或收贮续发，或有请辄给而营伍倏移，或张受李粮而支应难拘，亦至繁杂也。伏祈圣恩，俯宽数日，容臣分头督催，星夜攒造，上尘御览。

抑臣于此，窃有感焉！师行粮从，原属正理，兵食相剂，何事不济，而无奈援兵怯敌，每先借粮料缺乏为辞。臣部堂司，相向陨涕，耗尽心血，以供转输。需米豆则以米豆应，需草束则以草束应，需熟食烘炒则以熟食烘炒应。东呼则东应，西呼则西应;倏东而西，倏西而东，则转环互运以应。但得运至城头，缒至城下，使兵将无言，便为至幸。如关宁一师，隔两重城墙，以应其急，米豆堆积如山，垛口溜放如水，尚以缺乏，屡廑圣怀。及至溃散，抛至城根者不可数计，带之马上者尽撒沿途。如满桂一师，闻其将出迎敌，臣遣司官督放粮料未已，复偕臣同官侍郎，亲诣城头督放，止冀饱腾，不敢拘拘额数，而该镇犹数称缺乏。及至行后，米豆堆积，煤饼狼籍。臣亟谕专管司官清查，而事属隔城，防守为艰，终多抛弃。又德胜、永定二门，先后两次共发银一万两，恐其出征日久，听其权宜支用。今满桂不知下落，须俟同行将领归营，方得查其作何开销。总之，援兵情事，臣部艰危，处处皆然，而两营其最。凡此一颗一束，谁非皇上金钱、臣部膏血？倍蓰支放，尚难必其有余，昼夜肩担，半尽付之无用。言念及此，不禁刺心。即如草束一项，挽运艰难，已蒙圣鉴。稍有车辆不继，稽迟时刻者，臣每大声疾呼，自分必无死所，而百计济之；间有人力骈至，运发稍充者，饲马之余，半属爨具矣！臣且奈之何哉？

臣奉职无状，军兴罔效，姑俟敌氛稍息，方敢蒲伏阙下，候皇上斧钺之诛。兹因清查钱粮数目，不觉艰苦。下情娓娓欲溢，犹婴儿痛楚，不禁号呼于父母之前也！

再议收买疏

题为遵旨再议收买料豆事：

该臣部题，奉旨：“这派买豆地方并价银，动支俱依议。豆系目前急需，如何至冬方完？还着另议具奏！”

臣窃照军兴以来，一切本色，惟料豆措备最艰。臣方身尝其苦，攒眉莫继。幸皇上谕臣，通行山东、河南买运，以广积贮。臣岂不欲其朝受令，而夕报完？顾臣职在度支，官称民部，国计民瘼，难分二视。侧闻去岁夏秋之间，畿南及中州、二东，多苦旱荒，田野所收，必无厚藏。又况津门海运料豆，亦派省直收买，兵火之余，耗费颇多，召买之檄一下，豆价必至腾贵。将厚偿之，则难在官；将贱售之，则苦在民。且以数万之豆，而转运自千里之外，脚力所需亦复不赀。

当此三空四尽之时，州县设处，猝未易办。兼以豆之为物，不堪久贮，稍迟数岁，易致红腐。故留一半于十月，以宽其力；征一半于三月，以遄其期。盖揆之事势，不得不如是耳！庶几催科之中，稍存“抚”字之意，使畿辅与中州、二东数百万生灵，谓皇上虽倥偬军务，犹不忘宽恤至意，则人心益固，内治而外自宁矣！

奉旨：“依议行！”

司计罔裨疏

奏为司计罔裨，瘝官自惭。谨据实投劾，仰恳圣明罢遣，以无误军国事：

臣以葑菲庸才，谬膺度支之寄。适当匮乏，屡觏艰危。臣事事从实行去，件件从头做起，矢心竭力，仰报圣明，绝不敢畏难苟安。即衰残多病，与死为邻，亦不敢乞骸自便。无奈敌患突发，黔技益窘，扪心自省，积戾多端，有不得不自陈于君父之前者。

方未有警报之先，九边缺饷，在在脱巾。臣裒益调剂，陆续接济，虽积欠之相沿已久，而勉强补苴，惟力是视，不敢诿也！迨直薄都城之下，援守兵马，一时鳞集。虽事出不测，急遽仓皇，而多方支应，亦惟力是视，不敢缓也！

迄今，敌氛未息，需饷愈殷，中外环呼，远近待哺。既需月粮，又需行粮；既急本色，又急折色。外解当风鹤之余，尚裹足而不前；边镇丁用师之际，多大声而呼庚。其难其危，更有万倍畴昔者。即令长才，处此亦当束手；况谫劣衰残如臣，曾一筹之莫展，宁能胜任而无忝乎？

且臣自闻警以来，宵旦经营，凡九旬于兹矣！手不停批，目不停览，昼不得食，夜不得寐，今已心血俱枯，昏聩健忘。寒裂面而不知其楚；齿摇落而不知其尽。肢体委顿，动须扶掖，狼狈光景，万目共击。臣即欲振刷撑持，而有所不能矣！以极衰极残之人，担极重极大之任，复遭极艰极窘之时，稍有不继，动千军机。虽夙夜在公，不辞劳瘁，而筋力殚竭，鞭算安施？五夜抚躬，且悚且愧，谁司国计而令匮诎至此？窃恐溺职已甚，补过无期。与其终误军国，不若先请谴责。盖臣一身之存亡，生死不足惜；而国计之有无，盈缩大可忧也！人知臣，不如臣自知之真；人劾臣，不如臣自劾之悉。方今九列多贤，尽堪倚毗。

伏祈皇上俯鉴臣力绵弱、臣病阽危、臣罪深重、臣言迫切，亟赐处分。或念臣拮据微劳，与之罢斥，速推才望大臣一员，接管勖勷，以足财用。即不然，置臣法曹，从重议罪，以为司计无状之戒。苟有利于社稷，臣虽死瞑目也！

奉旨："卿典司国计，承平亦当竭力，况兹大敌临边，军兴旁午，正须大破积习，实图乾济，何得投劾自便！"

再疏投劾疏

奏为军兴黔技已穷，才薄瘝官自惭，谨再疏投劾，恳祈立赐谴斥，以自为宗社大计事：

臣庄诵明纶，仰见皇上，念切兵氛，优先军饷。其所以责臣者，实所以宽臣也！臣即犬马无知，敢不俯竭绵薄，仰副宵旰。惟是财用一事，国家命脉，苍赤脂膏，胥兹攸赖。故周以冢宰制国用，汉以丞相调军食，盖其重也！本为天下第一大事，今又为天下第一难事，是必得天下第一流人而用之，始能胜其任而无忝。如臣谫劣，非其人也。

自闻警以来，迄今五阅月矣！内搜而帑藏罄悬，则虞空匮；外催而轮蹄络绎，则虞骚扰。臣虽刻刻不敢释怀，究竟事事不能应手。向犹刻意筹画，今伎俩已穷，徒觉心血之日枯；向犹黾勉拮据，今筋力已竭，徒觉手足之无措。上不能追九府五币之法，阜财而奏理；次不能继铸山煮海之术，富国而强兵。盖臣之所可殚竭者，鞠躬尽瘁之心；而臣不能增益者，官天府地之财。边兵之枵腹未已，而援兵又复待哺；月粮之捉襟未已，而行粮又复耻罍。烽火无容姑待，不妨以额内之需，供额外之求，而正项将何抵补？挞伐方在殷繁，急须以有备之储，应无方之用，而逝波从何取盈？

顷，臣奉旨条议，非不智尽能索，终觉零星补凑，大类剜肉医疮，不但愧经国之远猷，亦且虑焚林之滋议矣！近见兵部职方司郎中周梦尹，有《招兵正以无兵，加饷正以无饷》一疏，内称“户部催饷，十一人出，风霾竟日”等语。臣捧读惭愧，无地自容。是臣之颓龄绵力，为臣独知所自信；而臣之寡才薄识，又为旁观所洞晰者也！

古人固有不加赋而财用足，又有回箸算鞭而钱流地上者。臣何敢望万分一也！方今财用委实告诎，军兴委实不敷，臣既一筹莫展，四顾茫然，岂容尸素而取国事？为尝万难虚縻，而惟好爵是恋。古称国家闲暇，及是时，明其政刑，而必先之以贤在位、能在职。今虽不可谓闲暇，而烽火渐远，政造物者假我以桑土绸缪之会也。及今择人而急图，已为后时；若再妨贤而废事，嗣将何补？异日匮乏滋甚，戎务决裂，即治臣以失机之罪，亦何救于宗社安危之数哉？

且臣阅历中外，荏苒几四十年，率多边鄙抢攘之地，而素心拙性，每事皆从实做去。消耗既久，困惫转深，兹又加以数月之彷徨，桑榆暮景，宁复如昨？痰嗽每不停声，步履更多艰难。自入春月，眩晕时作，心神溃乱，捉笔数字，辄有谬误。计此钟鸣漏尽之年，宁有几许光阴？即承平无事，亦止足当裁，况戎马生郊，敢因循误国！惟是敌未出境，谊难乞骸，此臣终不敢以病请，而惟以罪请者也！

方今圣明在上，耆硕盈廷，政不乏心计之臣可资倚此。恳祈皇上重念时艰，急筹大计，将臣立赐罢斥，仍重加谴责，以为瘝旷溺职之戒。速选才贤，用充任使，但使国计有裨，臣即伏草野而加斧锧，有余甘矣！

辰下部务方殷，臣未敢晏居私寓，见今扶掖署中，药裹自将。区区血诚，期得请而后已。盖原从国家起见，而非敢为一身一家之计，谅日月照临之下，当必有以鉴此也！

奉旨：“军兴浩费，司计需贤卿殚力甚劳，诚心干办。一应兵食，方赖持筹，何得辄有陈请！”

比例陈情疏

奏为骨肉沉冤未雪，庆恩覃布无方，谨哀鸣下悃，比例陈情，仰丐皇仁事：

臣胞弟自肃，滥竽辽抚，兵变陨身。揆厥衅端，实因缺饷。维时，边吏计臣，互相哄讦，屡烦廷臣会议。皇上独持宸断，削臣弟生前官阶，以杜边臣之口实；镌侍郎王家桢名籍，以明稽饷之祸胎。臣愚自伤教弟无状，分当引罪，复何敢置喙！今时日渐久，公论渐明，敢冒死一言。

窃念，臣弟为国捐躯，分也。而身死无名，则夜台不无饮恨；为法受过，义也。而罪疑从重，则肺石未免蒙冤。试思，群乌合荷戈之士，积饥累月，虽慈母不能有其子，在抚臣又安能有其军？嗟呼！拥新饷四十余万，视疾呼若罔闻，知署部计臣，既坐此落职矣！而说者犹谓变有别因，不过卸担之浮词，与夫旁观之左袒耳！岂事悬两是，而法可互移乎哉？试阅饷臣钱士贵、关臣王会图及饷司王楫等疏，详陈缺饷情况[①]，是皆身居局内，非语涉闻风者。一段公案，昭然睹矣！夫论必久而后定，功无微而不彰。

先是，宁锦之役，臣弟备兵宁前，威名素著。后以款尝我，臣弟愤激力阻。既受命抚辽，选将练兵，不遗余力。条议九款，首以绝款为言。嗣是，出没锦杏之间，臣弟先期收敛，野无所掠，未至宁远城下而退。复督主客兵，亟筑锦杏二城，匝月工竣，藩篱以固，而怨亦用是兴。至于安插降丁，尤极苦心，故没未两日，而有大梁、王寨之捷，皆臣弟徙薪之成算也！当时，督师题叙，巡关勘功，俱谓臣弟积劳难泯，横被宜宣。兵部题覆，亦在叙录之列。近接邸报，王家桢以甘肃捷功，已叙复冠带矣！夫家桢前为甘抚，后为计部者也。司计召乱，则褫之；抚甘著庸，则复之。仰见圣明恩威，原自转圜。臣弟，抚辽者也。死于饷，而有可原之情；劳于辽，而有难泯之功。同为王臣，宁悭一视？且臣亦未敢径情乞恩已也！

臣幸逢册立大典，伏读恩诏，循例得晋本品勋阶一等，锡之诰命。臣自惟，度支溺职，屡次投劾，方凛斧钺之诛，敢冒司勋之叙？惟是臣弟，茹荼赍志，死未瞑目，遗孤三人，俱在龆[②]龀。每家信来，问臣葬期，且云父职未复，不敢归骸九原。臣用日夜痛心，有泪难挥。窃效古人脊鸰之谊，妄希圣明帷盖之仁，愿以臣应晋之阶，代复臣弟之官。如谓前阶未足为赎，查臣前岁二品考满，蒙恩加授太子少保，万冀准辞宫衔，止存部衔，以明国家之法，以赎臣弟之罪而复其官，俾令枯骨早得入土。臣与弟幽明可质，生死无愧，是则皇上浩荡之

---

① “况”，四库本、国图本作“状”。

② “龆”，四库本、国图本作“髫”。

鸿慈也！

三恳天恩疏

奏为圣主鸿慈愈隆，微臣病躯难效，军国至重，尸素堪羞，三恳天恩，速赐褫斥，以无误封疆巨务事：

臣窃幸遭时遇主，即葵藿微诚，亦蒙睿照不遗。惟是三覆明纶，如谓“殚力甚劳”，臣固不敢以劳为言；又谓“司计需贤臣”，又安敢以贤自居？不贤而徒蔽贤者之路，徒劳而未收劳臣之益，故前此不敢以病请，而惟以罪请耳！乃臣则实病，而病且甚矣！臣之病非阴阳偶值之病，乃衰朽不支之病也！臣之病，又非旦暮可起之病，乃桑榆垂尽之病也！

皇上亦知臣支离之近况乎？痰嗽连绵不绝，饮食减少异常。步履徒次且，而艰于前进；跪拜将僵仆，而不能振起。在私衷，每自悚惶；即旁观，无不诧异。倘令远方闻知，不将笑朝廷之无人乎？至于心血枯槁，眩晕健忘，以致丛脞差讹之事，层见叠出。即欲极力振励，仰对我皇上天高地厚之恩，乃暮气徒张，真精已竭，非但力不从心，究且心随力耗，而颓然自废矣！

皇上宽臣留臣，无非以兵食浩费，尚冀臣之持筹耳！臣岂不知疆场未宁，天恩未报，非臣子乞骸自便之时。而政惟此，兵饷方殷，干办无能，一日苟禄，妨才贤一日之展布；一日误事，遗君父一日之宵旰。诚百念回环，而一息无容姑待者也。故臣前疏中，即以得请后已，明告之皇上矣！

比者，勉支二旬，而残躯愈加困惫。入夏以来，劳火延上，目苦昏瞶，文移莫辨，耳苦重听，人语莫闻，神思愦乱，筋脉拘急，恰似气血殆尽，而旦夕陨越者。此等光景，延喘未遑，何能持筹？部务重大，宁堪废阁？若臣明知误国，而尚敢贪恩恋栈，依徊不决，无论清议难容，功令难宽，即区区良心，岂能自昧乎哉？

谨额手呼天，三申前请。仰乞皇上，俯念兵饷之需责未易胜，衰残之久病非假托，将臣速赐褫斥，另选精敏心计之臣，刻期受事。庶会计当而财用足，军国大计，实嘉赖之。臣即不能致身自效，犹不失以人事君之微忱耳！

奉旨：“征调纷纭，度支繁剧，赖卿殚力干济。前旨已明，何得又有此奏？所请不允！”

酌议征解疏

题为催解幸有次第，额征宜遵画一。恳乞特敕有司，不得借口概征，重困穷民，以溥皇仁，以急正供事：

顷，缘挞伐伊始，供亿不赀，致厪圣谕臣部，开列各省直应解之数。奉有俞旨，已经立限，差官守催讫。但臣部所条列各省直应催者，元、二两年之额解，及三年现征之五分也。

夫两年之额解，承平亦亟考成，倥偬讵容缓视？此固岁事所应办者。现年之五分，旧饷较往日似为创始，新饷较往日止多征二分，且时已麦秋，即半完常赋，亦非厉民，况患切剥肤，其谁无同仇之谊，忍靳此维正之供也！然实于崇祯三年内，求完京边之一半，非强索于现年之外也。第就现征计，完欠未暇；为压征计，早晚也。

臣查新饷，止有江西一省压征，其余皆系现征。旧饷压征地方，较之现征地方稍多，然臣前疏有“那借措解”一语，正谓压征之难法，当于现年中通融之也。盖现年中，不无存留可缓之钱粮，稍一通融，便可为预解之地。即如河南、山东压征州县，崇祯三年应办二年钱粮，然按籍而稽，京边不过十分中之三耳！即以京边五分而论，不过十分中之一分有半耳！其它王粮驿递、河工仓粮、廪俸工食等项，尚有十分之七也。若于七分之中那借一分有半，以应压征之京边，不过一转移间，而国与民，两受其利，实目前通变之微权也！即曰线粮各有款项，那借事或难行，则通计一岁大粮，止征一分有半，而五分之京边完矣！若因预征京边之五分，而遂全征大粮之五分，徒以征缮剥百姓之脂膏，而以羡耗润巧吏之囊橐，是臣部所郑重而慎于一请者，郡邑且借口而恣行无忌也。究令士绅骇顾，苍赤怨讟。必曰朝廷何故一年而追年半之钱粮，究将二年而完三年之赋税，民何以堪命乎？臣无所逃罪矣！如预征十分之三，专为每地一亩加派九厘之辽饷而设也，乃州县不加详审，并正项钱粮，概行预征三分。

夫九边匮乏，臣岂不愿早征早解以救燃眉。然民力有限，竭泽难堪。用一缓二，乃为可继，况乎开征自早，解部自迟。敲骨吸髓，仅以供本地工食杂支之用，可惜也！催征不按定期，则小民不知年分。而在官，寅拽卯粮之弊易生，可虑也！在相沿现征者，止早征数月；在相沿压征者，且早征一年。倘压征、预征，并集一时，诛求更惨，可悲也！所当并行申饬者也！微臣仰体皇上，轸念民瘼之心，每思勉图节用爱人之法，要当于催科中存“抚”字，原非废“抚”字以催科。当此悬罄反裘之时，倍切杞忧纬恤之念。

伏乞敕下各该抚按及奉差官员，申谕州县，遵照原疏，开去款额，元、二两年，刻期完解。三年现征地方，春夏先完京边五分，秋冬全完，不得讳现征为压征。其压征地方，今岁止追五分之数，若能通融那解者，上也；不则，即行预征五分，亦适如其京边数而止，不得借口，一概混征。明年大粮，即径解边粮及兵工二部钱粮，亦不在预征之内。其预征京边五分，仍俱宽至秋成，于八月后报完。果有新饷压征者，亦如之。若至明年秋月，亦仅如今年五分之例而止，不惟非全征大粮之十分，亦非全征京边之十分。于以定惊疑之众志，而苏民困于万一。如故违者，许该抚按及奉差官员，不时参奏。庶官方慎而民力存，旁窦塞而正额裕矣！

请罪自陈疏

奏为微臣奉职无状，敌儆负罪良深，恳乞天恩俯赐谴责，以申国宪事：

臣闻之，主忧臣辱；四郊多垒，卿大夫之耻也！非独分无所逃，抑法实不容贷耳！

顷者，天威挞伐，迄以廓清，实惟恃我皇上如天之福，真所谓制胜于庙堂之上者也。惟是原本始末，在户言户。扪心内讼，微臣之罪，真有无地可少逭者！臣实司计，不能裕国，使士饱马腾，预遏敌于塞上，洵臣之罪！及乎蹂躏近地，以勤我各镇师旅，又不能峙粻备糗，椎牛犒飨，作投石超距之气，奏片甲不返之捷，洵臣之罪！左藏瓶罄，臣曾不能催攒外运，源源日积，俾冬春之转输，几乎中断，致厪圣虑焦劳，洵臣之罪！漕艘鳞集，臣又不能预收冻粮，先为清野之防，即勉强拮据，借手群工，幸无陨越，而犹有被火之船，见浥之粒，洵臣之罪！海寓困穷，臣又不能与天下以休息，而使催差四出，冠盖相望，即输挽少集，而民力竭矣，洵臣之罪！至若新漕尚若底滞，未见更弦；盐屯尚同筑舍，未收实效。于垣之役，正虑经费不前；铺墩之师，徒令劳人借口。凡此种种，皆臣之罪。臣真擢发不能以悉数，而膏斧固有余辜者也！且也各部诸臣，有事半而更者，有受事方新者，微臣独以黔驴既穷之技，终始戎作，时愈久而罪愈丛矣！各部诸臣有以罪而蒙斥者，有以罪而蒙谴者，微臣独以樗朽多戾之身，屡荷优容，恩愈隆而罪愈不可逃矣！臣实有不可逃之罪，而国又有不容贷之法。臣一日窃禄位，若寇至之承其羞也；一日偷视息，若鬼责之伺其旁也！其何敢以负乘微臣，而久稽宪典耶？

伏乞我皇上置臣于法，以为司计不效者之戒。庶玩愒之人心，悚息于震叠，而中兴之景运，炳焕于新猷矣！

奉旨："军糈旁午，卿多方转运，具见勤劳。目今边备孔殷，分防练募，正转输四应之时，宜益加筹画，俾饱腾奏绩，毋乏军兴。不必引请！"

四恳罢斥疏

奏为臣病阽危已甚，臣职旷废堪忧，四恳天恩，亟赐罢斥，以无误军国大计事：

窃念臣至驽骀，景逼桑榆，才甚衰而病又甚深。自惟，通籍以来，迄今三十九年。承乏中外，历任边疆，牛马奔驰，久未息肩。日积月累，百衰尽见，饮食日减，脾胃不调。时苦健忘，兼多眩晕，每至夏秋，辄复增剧。

客岁，七疏休致，未荷皇上俯允。嗣是，都城戒严，臣实承乏计务，忍死支撑，委无一事一刻，敢自暇逸。入春以来，饷务繁重，病体支离，臣复三疏投劾，并请罢斥。复荷明旨，勉留责成，谕以“殚力干济”。臣虽庸愚困惫，安敢不力疾供职，勉图策励。敌骑一日未退，靡敢再言乞骸，以自附于臣辱臣死之谊。今幸天威遐播，亦既中外解严矣！臣是以有《微臣奉职无状》一疏，我皇上乃辄许以“多方”，奖以“勤劳”。又复责以“四应”，望以“腾饱”，知我皇上寸长必录，而期望殷也！

惟是，古称“陈力就列，不能者止”，从来久矣！欲治兵者，必先有饱满充实之饷，而后可足兵；欲筹饷者，必先得精明强固之人，而后可足饷。而臣愚何如哉？臣以衰病之残躯，值兹军旅之云集，黔技已穷，杞忧未歇，愁苦相煎，时日淹久，怔忡交作，痰涎壅盛。顷刻辄有遗忘，几席旋生挂漏，则智虑所不及，政务所旷废者多矣！且也，臣部日进章疏，日行文案，虽各有司存，而非经臣之心到、目到、手到，何敢拜发？不谓精血久耗，双目赤肿，畏日羞明，流泪如注，则文移之简阅为难；右臂酸麻，昼夜痛楚，每捉三寸之管，如发千斤之弩，则案牍之批发为难；足膝软弱，步趋不前，升降阶级，须人扶掖，则朝参之奔驰为难。其他龙钟潦倒、奄奄待尽之状，不可殚述。举朝臣工，更无衰病如臣比者。司农何官？今兹何时？而以龙钟潦倒之人，窃据其间。诚拊心知惧，亦顾影自惭矣！

矧新旧额饷有限，而军兴浩费宏多；京卿渐次还朝，而外解愈觉稀阔；援兵俱动归思，而行月任意要挟。当此之时，即令敏手，亦费持筹，而况臣之谫庸衰病者哉！臣一身不足惜，而所误国事者多矣！目今，在边疆，为劫数之终；在国运，为治平之始。政及时整顿之机会，而理财固本又第一要务。先此，犹得托于鞠躬尽瘁之义；继是，将不免有旷官窃禄之羞。在圣明，即曲为优容；在清议，必倍为诮让。是臣之所自知甚明，望恩甚切者也！是用哀吁圣明，四申前请，仰望皇上，自为军国大事计，早赐罢斥，别选才贤，于以充军实而资挞伐。臣仰戴鸿慈，如天罔极矣！

奉旨：“卿清慎敏练，已屡旨眷留，且边防孔棘，转饷维艰，殚力运筹，正资石画，何得引疾频请？着即安心视事，不允辞！”

辞叙赉疏

奏为天恩隆重，宠渥荐颁，谨吁阍控辞，以安愚分事：

臣闻忠勤者，服官之大义，义不可以私逃；爵赏者，砺世之大典，典不可以滥得。臣以谫劣，待罪计曹，拮据拮瘏，二载于兹。惟是职在供亿，夙夜冰兢，期无失坠，以逭罪戾。属以皇威遐布，光复城邑。臣最不才，得从阁部诸臣之后，恭承恩叙。奉旨："畿辅敉宁，在内运筹，宣力诸臣，允宜叙赉。毕自严加太子太保，赏银二十两、纻丝二表里，钦此！"

臣窃不胜惶悚，不胜陨越。夫人臣列职一品，则为崇阶，蒙恩蕃锡，则为异数。不图一介寒贱，遭逢圣明，滥竽非分，一至此也！忆昔，变起仓卒，屈指内外，新旧主客官军几二十万计。仓库单虚，馈饷殷繁；朝索糗粮，暮索赍镪；彼征酪浆，此征藁豆。财贿既苦于不给，顷刻又虑其难办。

嗣是，敌骑渐远，大兵愈集。既辇负以供蓟永之师，复航海以给关宁之旅，接济维艰，呼吸生变。臣于此时，肝胆几碎，迄今念及，魂魄犹悸。乃者，得徼如天之福，以有今日，皆赖宗社鸿庆，圣武布昭，帏幄多筹，三军用命。若臣扪心，固自不敢居功。即臣揣分，实亦无功可言。且非独无功已也。捉襟几于露肘，既有不能先事绸缪之愆；剜肉持以医疮，复有不能后事劻勷之罪。此即幸逃斧锧，已属鸿慈；况复忝窃宠荣，宁堪冒昧。以国家破斧缺斨之役，藉为邀宠增秩之梯，臣实痛之！以军兴仓皇支吾之技，得同战胜攻取之赏，臣殊羞之！以庚藏三空四尽之时，复有幸功蔽罪之举，臣尤惧之！况同臣协力者，为左右诸臣；代臣奔命者，为司属诸臣。一切踉跄竭蹶之状，皆臣目击。痛定思定，久思代陈，犹嫌自明。今诸臣多未收录，而微臣独攘天功。臣入质衾影，何以自存？出对僚属，何以视息？此臣所以跼高蹐厚，万万不敢只承者也！

伏祈俯鉴微衷，收回新命，俾臣得以原官自效。又或怜臣老敝，放臣归田。天之仁也，地之慈也，臣不胜犬马私愿。

奉旨："军兴旁午，转给维艰，卿一力拮据，成劳可念。特兹加赉，用示叙酬，宜即只受，不必逊辞！"

召对认罪疏

奏为钱粮过厘，睿虑召对，倍切悚惶，谨束身认罪，以候天谴，以祈慈鉴事：

窃念臣年力衰迈，智虑短浅，当此民穷财尽之时，动见捉衿露肘之状，黔技易竭，蚊负难胜。既不能地流泉涌，资士马之饱腾；又不能握算持筹，宽圣明之顾虑。臣职实溺，臣罪滋深。少发则以现支为压支，而九边之疾呼如故；

多发则尽入数为出数，而京师之催解无存。欲清钱粮，先查兵马，而督抚之确报杳然；欲令月奏，或为季奏，而各镇之奉行不速。盖前车既覆，已坐知人之不明；而后效未臻，大彰率属之无状矣！至新旧二饷司，薛邦瑞、喻思慥，案牍旁午，磨算稽迟，今俱奉旨回话。然该司官之罪，实皆臣之罪也。臣之罪，臣愚犹自知之，而况圣明照临在上乎？

今奉召对申饬，侧聆天语之谆切，仰服圣虑之精详，无微不照，无远弗届。臣自揣，疏愚迷谬，真不觉补过之靡及，措躬之无地矣！谨束身认罪。伏望皇上轸念四十年犬马，衰朽驽钝，稍宽斧钺之诛，姑从褫斥之罚，实天覆地载之鸿慈也！

奉旨："军需正殷，卿老成勤练，还遵谕率属，稽出入，酌虚盈，以佐国计，不必代为引咎！"

开报军兴钱粮疏

题为奉旨开报军兴钱粮事：

查得军兴钱粮，原因变出仓卒，费属无经。凡登埤而守，列营而居者，靡不仰给臣部以为供亿。以故，在本色则有给米豆刍束者，有给熟食烘炒者；在折色则有给官廪、行粮、月粮等银者，有给米豆、草束折银者，有给姜椒、煤炭银者。储糗不敷，继以招买；飞挽无术，假以运价。其间，头绪不啻丝纷。然臣当应接不遑、手口交瘁之日，已早虑有重复诡冒之弊。于是，转给者则属之各门司官，自领者则隶之各营委官，稽兵数则据枢部之开报，核给发则取各官之实收。其间，通融本折，衡量多寡，酌豆价之贵贱，而一秉时估；参运价之盈诎，而一规里道。皆臣殚心悉虑，握算持筹，惟惧万一重冒，有负圣明委任至意。

兹既承"还悉心磨对"之旨，敢不倍为谨凛，兼以日积月累。自客岁十一月起，至今岁十月终止，已匝岁矣。臣又行令各监督官，细造清册前来，臣乃复加查核，照前款项，分查互对，俾纷纭头绪，为之一清。且前此止报折色，今则并及本色；前此止算至崇祯二年十二月终止，今则算至崇祯三年十月终止；前此止及城守，今则并及蓟门。臣于此而追想臣部之苦，真有笔舌不能罄者矣！

夫当都城戒严，固已鞠躬尽瘁，心血尽呕。迨于既退之后，妄意宇宙清明，边鄙宁谧，勤王之旅可撤[1]，额外之饷可减，而臣部亦有息肩之期也。不谓蹂躏之余，藩篱尽毁。于是，兴修缮之役，增新募之兵。而四方之入卫者，且日增

① "撤"，原作"撒"，据四库本、国图本改。

月盛。索行粮、索安家、索月饷，殆无虚日。臣与司属，朝夕措处，左支右吾，幸无陨越。然已智尽能索，瓶罄罍耻矣！

今在新饷库，则放过银一百九十九万六千二百九十四两，铜钱五百四十五万八千三百；在太仓旧库，则放过银十一万六千九百一十二两，铜钱一百三十二万五千九百；在本部廊库，则放过银一万四千九百八十五两，铜钱一千六百三十五万九百；在京各仓，如旧太、南新、济阳、海运、新太、北新、大军、西新、禄米等仓，共运放过城守援兵口粮、行粮，米一十七万三千九百二十二石五斗，马匹料豆二万二千四百六十四石七斗。又京粮厅、云南司、新饷司、边饷司、崇文门，共买运过城守援兵马匹料豆、高粮，三万一千六百二十八石。在明智、台基、北新、安仁、西城五场，运放过城守援兵马草，共一百四十七万五千三百五十一束。

盖军兴一日未已，则有一日之供给；而钱粮一款未销，即有一款之清算。未能点金而量沙，只有量入以为出。诚不得不彻底通查，一并奏开，以祈圣裁者也！

岁钥更新疏

奏为岁钥更新，衰庸宜退，仰控圣慈，俯允乞骸，别简贤能，以襄国计事：

臣本沟壑断材，甘心废弃，遭逢圣明，拔居钱谷之司。臣愚不自量力，老马为驹。以手足之陨于岩疆，而臣不敢卸；以边腹之视为怨丛，而臣不敢避；以二竖之呻吟朝夕，而臣不敢休。黾勉鞭策，用图报恩遇于万一。然圣眷日深，而臣之罪戾亦日积矣！

当此春回黍谷，计典聿彰，薄海臣工，莫不陟明黜幽，共仰维新之化。而朝班之上，乃有枯朽如臣，谫劣如臣者，尚不亟自引退，无乃甘为顽钝，蔽贤路而误国计乎？向者，奉职无状，屡恳圣恩，释放归田，荷蒙皇上不加斧钺之诛，许以桑榆自效。臣以军兴倥偬，主忧臣辱，恐涉规避之嫌，不敢坚意求退。今，论时，则传烽举燧之渐稀；论才，非更弦易鼓而不可。若臣之技能，久已见于天下矣！闾阎日困，非尽有司之抚字乖也，臣实无能休养撙节，为四方培元气也！庚癸难戢，非尽阃外之制御疏也，臣实无能洒惠流膏，俾三军快果腹也！从前条议，非不连章累牍，然皆集众思以待宸断，所赖以支吾三载者，非臣之果有纤长。至于奉行，又非不舌敝颖枯，然皆赖明纶以警人心，所惧覆悚一旦者，实臣之无容讳短矣！况今，边境未平，益以流寇，一处蔓延则一处之兵饷，只有费而无补；年例不足，加以兵荒，一日调援则一日之军储，岂神运而鬼输。

入春以来，眩晕时作，僵仆堪虞。虽心碎鬓枯，而黔技久穷，曾何裨于缓急之数？况臣木强之性，素不谐俗，昏惫之衰，近多周章，百凡纰漏，绝少劈画。

抚躬循省，真有不敢一刻安于尸素者矣！我皇上赫然中兴，安攘伊始。非常之业，必待非常之臣。今在部同官及各衙门卿贰，率多英妙敏练，堪以重任。皇上左顾而右盼，且不胜收，又何藉于臣之久试罔效者也！幸免鼎镬，得尽天年于草野，将世世衔戴高厚，有余荣矣！

伏乞皇上垂怜犬马，准其休致，特简心计贤臣，刻期代臣受事。军国幸甚，微臣幸甚！

奉旨："军储方急，计务殷烦，卿筹画详练，精力正优，何得遽有引请？着即出安心视事，用副委任。"

微臣衰病疏

奏为微臣衰病日深，兵饷拮据不前。恳乞天恩，俯赐允放，以无误军国大计事：

夫军储，关系在封疆；而计务，关系在邦本。此非精力素优，而筹画详练者，未易胜任，而臣非其人也！臣以蒲柳之资，驰驱中外，已四十年，备历艰险，而臣之精力销亡久矣！内轸民隐，外供军储，曲计而不能曲全，两筹而未免两误，而臣之筹画疏略甚矣！不意误蒙圣恩，奖饰逾涯，而臣拊心自揣，未有当也！

近且寰海援兵之众，经年不解；蓟永新集之师，招募未已。军骄无厌，急折色又急本色，索行粮又索月粮，每虞新饷之难继；九塞待哺，舍民运专关京运，完当年尚逋先年，殊苦旧饷之难支。按月遄发，已报呼噪无等。欲计亩加赋，又恐敲浚无艺。方寸昏愦，曾一筹之莫展；手足无措，将跬步以难前。此臣奉职[1]无状，自知甚明，而无所逃于圣鉴者也！

目今，崦嵫日逼，愁病相煎。痰涎壅盛，恐一蹶而不可复起；床褥呻吟，宁高卧而克堪主计？盖少不如人，而年愈衰，则重任愈觉其忝窃；病缘忧饷，而病愈深，则饷务愈恐其丛脞。

夫一身之性命犹轻，而朝廷之封疆最重。臣诚负芒坐针，不能一刻即安者也！用是顶礼鸿慈，再干乾断。伏祈皇上，怜念三年来竭蹶之苦，稍存四十载帷盖之恩，准乞骸骨，放归田里，何异起死人而肉白骨也！芟耘庸耄，简畀英俊，是在皇上自为军国计耳！

奉旨："卿轸边筹国，素著精勤，前谕已明，何乃复有陈请？军储时刻难稽，着遵旨，速出料理，毋得再延！"

---

① "职"，原作"旨"，据四库本、国图本改。

厘剔十款疏

题为吏治更始，民穷宜苏，谨陈厘剔十款，申饬寓内有司，共图保民实政，以维万世治安事：

臣闻圣王御世，惟以保义寓内为先；儒者服官，要以节用爱人为本。国家以亲民之责，寄于求牧之有司。三年考绩，以保障为尽职，茧丝为瘝官。故周时六计，皆冠以廉；汉代循良，必稽户口。盖操守洁者，无不爱其黎民，而生聚繁者，断难几之墨吏，良有以[①]也！

迩者，计典方行，旌异惩贪，泾渭分明，恩法罔贷。大小臣工，谅各洗心震叠之下矣！此时，薄海苍黔，莫不延颈企踵，谓我皇上整顿官方、驱除民害，如此其严且尽也！旦晚膏泽下究，百倍寻常，当何如者？惟是贪墨虽去，弊政尚存，诚恐奸胥或习为盘踞，庸才亦惮于改弦。不于此际申明禁约，痛厘诸弊，及其败露，曾何救于百姓凋残之数矣！臣民部也，例得从铨序之后，条上事宜，为民请命。

伏思今日边徼未靖，寇贼繁兴，兵议撤而未能，饷欲减而不可。一铢一粟，孰非办自民间！所恃有司，作民父母，休养财力，鼓其乐输之念，坚其好义之心，岂非国计民生，两有攸赖者哉！何堪饥鹰乳虎之辈，借公行私，横加朘削，俾疾首蹙额之民，成鱼烂瓦解之势，抑可畏也！与其惩创于已往，何如戒毖于将来！谨竭一得，赘列十款，具奏上闻：一禁加征耗羡，一禁添搭贻累，一禁滥收词讼，一禁滥科罪赎，一禁罪外苛罚，一禁官价买物，一禁淹禁犯人，一禁差役骚扰，一禁趋承上司，一禁滥用夫马。

伏乞圣明采纳，著为功令，颁布有司，咸相遵守。庶吏治渐觉其改观，而圣泽覃敷于无外矣！

奉旨："近来，吏治贪残，民生凋瘵，朕心痛愤。这十款，关切时弊，着实饬行！"

兵饷日增疏

题为兵饷日增月益，物力不支，谨以出入大数，据实披陈。恳乞圣明从长酌议，以图久远，以定画一事：

自军兴以来，竭宇内之物力，合加派杂项数百余万计，输之辽左。而坐縻养痈，曾无救于己巳之变。今额内之兵饷，分毫难减；而额外之兵饷，层累增加。

---

① "有以"，原作"以有"，据四库本、国图本改。

臣部之在今日，主客有交困之势，行月无兼资之策。每每屈指计算，仰屋咨嗟，真未卜所税驾也！请得备陈于皇上之前。

旧额新饷，官兵额外新增兵马，各处入卫援兵，以上三项，以岁计，价值共该银六百五十四万五千七百有奇。又招买辽米、辽豆、草束并关鲜海运，价值共该银一百六十三万四千五百有奇。而闰月之饷银、盐菜，与蓟永漕粮之运价，约该五六十万不与焉。合之，则八百七十余万矣！此今日兵饷出数之大约也！查加派杂项，岁额总计不过七百三十余万耳，而工部分饷之二十万，亦在其内。即使如数全完，尚缺百六十万，而况未必全完也！此外，尚有省直捐助，向来赖以接济，而今后不可冀矣！南部事例，屡疏题留，尚成画饼。此今日钱粮入数之大约也！臣总计出入，满盘打算，计兵给饷，止有此数。多用一分，即缺一分。在额内既减之，而无可减；则在额外者欲增之，而无可增。不知此嗷嗷待哺，将有天雨地涌之金钱否也！客既夺主之食，主必受客之困。坐縻厚糈未必见德，而压欠守候必且含怨，所谓主客有交困之势者此也。入援之兵，月粮取之本省，行粮取之臣部，屡奉明旨，而今且何如乎？其支行粮也，认为应得之物，按期取索，且图预支；其借月粮也，挟以必与之势，一借不已，视为定例。当该省解饷未至，惟恨不能那此与彼，及既借后，竟以膜外置之，听臣部之号呼而褎如充耳矣！臣部即有点铁之术，何能分身四应？所谓行月无交资之策者，此也！况简查旧例，加派杂项岁入，逋负每至十分之二，加增三厘，额尚虚悬。而各省以灾疲求免者，已次第见告矣！即岁前之预征三分，三月以来，支用殆尽，而外解且中断矣！

当此兵骄将悍，食苦众而用不舒，已犯生财之忌；值兹势穷力竭，兵当恤而民堪念，徒深仰屋之嗟！于是，“节”之一字，至于今日，而臣万万不能讳矣！昔日，敌据遵永，其盐菜增加，用以鼓其敌忾之气。今处处修备，在在增募，而援兵之供亿如故也！闻诸道路之口，似谓冲边必不可撤，而腹里似不妨量撤。兵之有用者，必不可撤；而兵之无用者，政不妨量撤。今通津昌涿之间，闽楚东粤诸兵，久冒《清人》河上之诮。一切馈饷，该省既不能源源而至，臣部又不能舍己耘人，倘亦可早为酌处否也！如团练营，虽曰防蓟，原系都门新募主兵。曩者出防蓟州，不加给盐菜，则不能成行，而今遂为定例矣！行月兼支，长此安穷，傥亦可以量为酌减否也！川兵既属客兵，又同蓟兵，食部饷而行月亦苦兼支。臣念其万里远戍，比照关兵厚糈，每月议饷一两八钱。顷接蓟抚咨文，又再与盐菜，以厌其欲。推而忠义营之兵，亦复皆然。如孙显祖防宣官兵，系本将在籍招募，其在城下曾与团练营一体支饷。今援宣矣，既在臣部支月粮，又在宣镇支行粮，此又旧例所无而今创起者也！推而应援山西饶勋、林耀之兵、亦复皆然。又查，从来大将非统领数万之师，未闻有开镇者。自有入卫之役，而建牙累累矣！官役公费等项，多者以千计，少亦数百计。又有援兵不满千人，而听用各官多至四五十员者，果人人皆韩白之选乎？不过以市侩之流，冒沐猴之冠耳！则裁冗官冗役，以明节啬而杜冒滥，似亦目前之急务也！至于招买海运，烦费不赀，而关宁援兵，支行米又支月米，独不可一本而一折乎？马匹料草，有支本色者，有支折色者。即折色亦有一两二钱与九钱之异者。当兹青草渐茂，独不可改本为折、改多为少乎？虽谋国者不恤小费以妨大计，而持筹者当量入额以为出孔。今行月无一不取足于臣部，主客无一不责望于臣部。所入有限，所出无穷。及今而不吁呼于君父之前，待军饷不继，庚癸频呼而后言之，嗟何及矣！尤可虑者，竭泽焚林，识者寒心，剜肉补疮，终当立尽。释此经制初报之时，不详为更定，而日凿生民之元气，竭万姓之膏血，以供四方之骄悍。无论势必不继，即令继矣，恐亦非久安长治之道也！愿我皇上之深长思也！

伏乞敕下枢部督抚，从长酌议，但得樽节一分，则臣部受一分之赐，而国计民生，均赖之矣！

恒旸示儆疏

奏为民生日困，恒旸示儆，农政不修，臣罪难辞，恳恩谴斥，以回天心事：

迩者，兵饷倍增，太仓告匮，臣忧心如焚。所日夜冀望者，惟年谷丰登，输挽无缺，可少救然眉之急耳！而无如亢旱千里，三春不雨，何也？我皇上斋居减膳，不逊桑林之祷；矜宥累臣，不殊解网之仁。谓可甘霖立应，以符至圣之精诚，乃[①]皇穹屯膏，犹若有所吝者。臣扪心自揣，拊躬省过，奉职无状之罪，又安敢缄默而不以自暴也！

夫臣部，职掌民事者也。自边难作而税亩起，供亿者日新月盛，搜括者智尽能索，宇内之民力已云竭矣！宽徭薄赋，既难徼惠于夙昔；缓征蠲免，又难望幸于目前。新加旧加，取盈一旦，谁怜剥喙[②]之悲；见征预征，交责终岁，罔恤焚林之惨。明知累年之积逋，诛求颇艰，而减一分便少一分之用度；痛心近畿之招买，疲累已极，而免一粒遂缺一粒之本色。考成之令既严，茧丝之政愈密。寓催科于“抚”字，既难尽信于有司；防侵渔于漏卮，安能责望于边将。肉虽剜矣，终难补疮；瓶之罄矣，唯罍是耻。夫迫于追呼者，卖男鬻女，岂尽终事之民？即困于久戍者，呼天吁地，果皆同仇之旅？在在抑郁，处处愁苦，臣等上之不能宣鬯皇仁，下之不能休养黎庶。谁职民事，为此厉阶？所以昕夕

① “乃”，原脱，按国图本补。

② “喙”，原作“啄”，据四库本、国图本改。

彷徨，仰天欲绝，而知亢旱示戒，已昭布臣之罪过于天下矣！倘昊天不吊，膏雨愆期，三秋失望，国课日亏。秦晋之显祸难疗，九边之隐忧渐起。言念及此，臣溺职之罪，可胜诛乎？臣不敢逐队袭陈，惟是循分踌躇，万难自解，屏息公署，席藁待罪。

伏祈皇上将臣立赐褫斥，以为计臣不能省赋绥民之戒。别选贤能，从长消弥。庶应祷之甘澍立沛，而封疆之馈饷无误矣！

奉旨："军兴烦费，民力殚穷。卿筹画心劳，朕所素鉴，不必引咎！"

因旱陈言疏

题为圣主为民求瘼，微臣遇灾思救，敬陈职掌，摅末议以答乾惕事：

臣闻之，为稼于汤之世者，虽一溉之功无益，然必一溉者后枯。此喻养生也，而可以喻养民。盖久旱时之枯槔，稍苏须臾，便有生机；征调时之蠲减，略加休息，即同时雨。

臣承乏主计，典在钱谷。仰奉皇上明作之治，一切督逋摘玩，烈于夏日，心未常不念之！而兵与饷浮，势固无如何也！今者昊穹吝泽，云汉引痛，祝网建鼗，昌言盈庭。臣忝民部之官，同田家之患，所愧征派相仍，不获尽驰，以救焚灼。睹此利病在案，姑为请命，以慰云霓。谨度其时，当急行势实易行者，胪成十事，以备斋居之清瞩焉：一关蓟经制宜定；一秦晋灾伤宜恤；一《赋役全书》宜成；一州县火耗宜禁；一省直压征宜仍；一六、七两年旧饷益蠲；一内供钱粮铺垫宜减；一东江兵饷宜节；一召买钱粮宜恤；一追赃家属宜豁。以上十事，或就臣部身受之窘，力探要领；或从诸臣启事之余，共酌时艰。于兵则愿损有余，以待不足；于民则愿宽不足，以酿有余。大约经制定，而财力节，招买充饷，次第可减；《全书》修，而征收清，横征科敛，一切皆塞。从此，雨师效顺，挽河洗兵，庶几加派杂征，全蠲有日。

此十事者，所谓暍者之阴云，枯者之滴露也！揆时度势，诚有不容稍缓者矣！

题蠲钱粮疏

题为圣主为民求瘼等事：

臣顷因旱陈言胪列十事，仰效刍荛末议。奉旨："览奏十款，俱关筹兵、裕饷、恤民。至计内蓟岛秦晋，及赋役火耗等项，已有屡旨。招买量收本色，即如议饬行。其旧饷应蠲、铺垫应减、追赃应豁的，着该衙门查明，开列来看。省直压征，前著各抚按详核历来缘由如何，未见回奏。还立限与他。钦此！"

查得蠲免天启六、七两年旧饷一款，恭绎明旨。仁风虽已翔被穷黎，而宸虑似尚慎重者。臣再阅册立恩诏内开载一款：“省直本折银粮，自天启七年以前，除已征在官及那移别用者，仍照旧起解抵补外，查果小民拖欠，准与豁免。”我皇上固先已慨然允蠲矣！而在官在民，那移别用之隐情，文移驳查，经年累月，尚无成议。今悬揣，该衙门开列，不过曰“实在民欠若干”，而在官那移与否，无论后官既不及知前官之事，恐后官亦不能偿前官之逋。况积逋之案，一旦传闻议免，再无完理。而讲求开造之际，里胥因而需索科派，窃谓臣部参罚之数，皆省直郡县毫不肯虚认之数也！百姓之所苦者，在催征；而州县之所苦者，在弹射、在有司。顾此失彼，势必挖新以补旧。在百姓暮四朝三，何如蠲旧而完新？莫若查照覲册，未完之数，直截尽蠲，布告海内，曰：“户部天启六、七年旧饷未完，俱照册立恩诏，概置勿问！”使百姓晓然于金石之令，而有司亦不致前后瞻顾，为猾胥所愚，以困苦百姓。则早蠲一日，早得一日之休养矣！

抑臣因是而并有请于六、七两年新饷之杂项也！夫臣部日夕向省直秃颖而催、聚讼而讲者，无非搜增于杂项之额外，何敢议减于杂项之额中！且臣与同官右侍郎周士朴，题定带征，载入考成催督矣！疏墨尚鲜，臣岂其善忘至此。惟是天启六、七两年，省直杂项，臣部徒虚执其籍。至崇祯二年，各地方始认有定额。今欲以新定之额，悬索未认之账于三、四年前，无论有司实应且懵，而催者自催，逋者自逋，其何以信功令？且也杂项最多者，惟抽扣一项，而抽扣实在旧饷之中。今旧饷既蠲，则不得不并蠲杂项也。不者，我欲带完六、七年之二分，而彼将割三、四年之二分以应，那东补西，名完实欠。况乎完者之寥寥也！

臣窃忆年来搜括之烦，沃土亦鲜遗力；参罚之频，循吏几无完肤。凡可为督逋计者，臣部不惮尽力任怨而行之矣！乃覲旋已久，预征尚多悬额；时将季夏，初限大半愆期。岂有司之愚，甘以其官为射的，而狃缓征之小仁，忘岩疆之大恤耶？大都民间止有此物力，寅支卯粮，则卯年之逋，势也；郡县止有此敲扑，趱新偿旧，则新额之逋，亦势也！臣愚不识进止，妄谓欲急见额正，当示宽旧额；欲了近欠，正当尽蠲久欠。则从此见额之相续，捷如流水，或可计日而俟也。

比者，秦晋灾荒，业已数年，今天尚未悔祸。顷，复旱魃为虐，即齐豫江北之区，俱见告矣！若必待其吁请而后蠲，何如恩自上出者之足为感动耶！况远年虚坐之杂项，与实地征收之加派，固自不同，又不患省直之觊觎幸免也！谨将天启六、七两年未完旧饷，并天启六、七两年未完杂项，共银五十二万一千五百有奇，开坐于后，恭候圣裁。其已征收在官或解在途者，地方必有文案。若故为隙匿克留者，臣部得于访闻，定执白简从事。即省直抚按，亦自当据实简查以闻也！

伏乞敕下臣部，将天启六、七两年恩诏内应放旧饷照数豁免，并六、七两年饷内悬坐未认杂项，照数停征。庶省直得一意完新，而亦用以苏息灾黎矣！

奉旨："这天启六、七两年，各省直未完旧饷并杂项银两，依议照数蠲免，以示朝廷轸恤穷黎至意。其有已征及起解的，仍着查明报部。敢有乘机隐克者，定行重治！"

衰病难支疏

奏为衰病难支，旷瘝可虑，恳祈俯准休致，以重国计事：

伏念臣智能本属暗浅，年力复已衰迟，钱谷重务，原非其据。惟是奉命司计之日，正值军储告匮之秋，思君父方切焦劳，岂臣子敢辞拮据。星驰就列，宵旦经营，寻以四郊多垒，羽书旁午，义重身轻，勉力撑持。虽经投劾乞身，未忍恝然长往。盖犬马恋主之心，臣所自盟者素矣！

无奈自入春夏以来，福过灾生，形衰体惫，夙疾缠绵，惴惴焉有性命之忧。现今头颅晕眩，痰涎壅盛，目力昏眊于简阅，足力颠踬于步履，腕力痛楚于批答，尤苦心血耗尽，恍惚健忘。顷者，司属题覆，每多疏误，实臣失于检点之故。设精神尚能照管，何敢自蹈迷谬之愆，则臣神衰力竭之明证矣！虽蒙皇上贷臣朽拙，而并宽臣司属，然循省失职于既往，岂堪复悠忽于将来。度支何官？今兹何时？而可容优游瘝旷为也！

敌氛未靖于东西，财赋已穷于输挽。边镇多疾声而呼，持筹有仰屋而叹。即令精明强干者处此，犹虞展布之难，况以衰残多病之臣，当之委顿已极，鞭策安施？倘文移一日不批发，则诸司职掌，宁无废阁！倘积案一日不料理，则科抄部牍，未免尘蒙！臣病体之支离，日深一日，则臣部务之丛脞，当日甚一日。将来无穷之罪案，必有百倍于目前之舛错者。是臣不能致身以为国，而徒贪位以误国也。是皇上原欲用臣以裕国计，而反因臣以误国计也！况臣犬马之齿，已届逾六望七之时，不为不老矣！驰驱中外，回翔南北，已四十载，不为不久矣！从前溺职，欲补过以无期；向后愆尤，恐擢发而难数。与其自甘顽钝而无补于国，何如亟请罢斥而避贤者路。此为臣所为情迫势穷，而哀吁于皇上之前者也！

伏祈鉴臣衰病余生，放归田里，别选贤才，以经国用，臣即以身填沟壑有余快矣！

奉旨："卿清勤详练，精力正优，计务殷烦，亟资筹画，何乃辄有引请？着即出视事，毋得少延！"

再恳休致疏

奏为微臣衰病情真，国计不堪久误，再恳天恩，立赐休致，以明止足事：

念臣受才鄙劣，赋性颛愚，偶遭遇于熙明，遂承乏于邦计。宿昔少健，黔驴之技已穷；今兹病衰，驽骀之步安骋？乃蒙明旨，奖臣“清勤详练”，是犹以优容待臣也！责臣“即出视事”，是又以鞭策望臣也！臣实闻命惊惭，不胜陨越。

夫臣自崇祯元年八月，待罪计曹，事皇上最久，而受恩遇最深。傥自揣，精力尚有一线可支，臣亦何敢言去，何忍言去！无奈筋骸衰惫，精神瞀昏，不惟回视壮年之时，全非其故；抑且较诸受事之始，大不如前。

入夏以来，痰火壅盛，眩晕时作，每遇朝祭大礼，起拜艰难，常虞颠蹶。即侥幸未至失仪，而将来已有万不能支之势矣！钱谷重大，文移浩繁，往往目披阅而心辄遗忘，宁免挂一漏万；手批注而笔多谬误，何辞袭舛承讹。此其丛脞旷废，非止一身一家之事也！此时不急引身求去，丐皇上早择壮年心计之臣以代之，必至误国家之军实，遗封疆之隐忧。彼时即以身膏斧锧，何益乎？且臣佩服主忧臣辱之训，其当去而不克去，欲去而不即去者，固已久矣。

客秋，敌退之后惴惴焉，虞其复至，未敢渎请。今春，外解中断，兵饷莫继，亦不敢坚请，姑且忍死以待。兹边方渐见喙息，而新旧二饷亦庶几按月接济矣！此正微臣可以乞残骸之日，而亦皇上可以赐帷盖之时也！

臣以四十年犬马，环顾朝班，同籍已尽。若犹贪恋而不休，势必颠跻而莫救。忆臣司计之始，比肩同籍，尚有部臣王永光、李腾芳、乔允升，宪臣曹于汴四人。今腾芳、允升一物故于允放之日，一物故于恩谴之余。惟永光、于汴俱以年老得请而去。皇上若不以宥永光、于汴者宥臣，臣亦必为腾芳、允升之续。臣即欲希致身之义，慕尽瘁之忠，然臣之年已为钟鸣漏尽之年，臣之身已为石火电光之身矣！尸位而旷官，误身以误国，臣罪滋重，将无可赎。惟冀皇上，恻然怜之而已矣！

伏乞皇上推天地之仁，垂日月之照，电臣年果衰退，病非矫饰，立赐休致，别选贤能，以经国用。臣得以病苦余年，养痾待尽，惟有祝圣寿于万年已耳！

奉旨：“卿忠勤筹国，年力方强，朕所鉴悉。前谕已明，何乃又有此奏？着遵旨，速出料理，勿以陈情，致稽部务！”

微臣衰朽疏

奏为微臣衰朽多罪，人言再及。恳祈天恩，早赐罢斥，以重国计，以全晚节事：

窃照臣以衰病孱躯，久滥计部，深惟绠短汲深，大惧覆餗负乘。比来，无岁不具疏请告，荷蒙圣恩，不即弃捐，俯赐勉留。不曰“边计方殷”，则曰“军储正急”；不曰“遵旨即出”，则曰“宜遵屡旨”。论进退之大闲，自当亟去；揆君臣之大义，未忍恝然。良以边境未宁，诚不敢独以忧劳贻君父也；明纶有赫，又不敢辄以径率负国恩也！犬马尚知恋主，微臣敢求驰担？以故腼颜复出料理计务。今戴星出入者又四十日，虽病困支离，终忍死以待。

今闰十一月初九日，早朝事竣，甫出西长安门，陡觉痰痈[①]呕逆，昏晕移时；已而寒热大作，犹勉强扶掖入署。薄暮回寓，僵仆两日，尚无起色。忽见邸报，则御史余应桂，于《时事艰危已甚疏》中，又指摘及臣矣！

言念四郊多垒，国计至重；自揣昏耄已甚，真觉溺职堪羞。臣久自分当去，台臣亦谓恋不即去，则臣安可须臾留也！夫人臣之所恃以效职者，才具也。臣自待罪仕版，垂四十年，仅有一腔朴诚，渐无救时订谟。迩岁，加派频仍，而民生坐见其困惫；供亿繁伙，而士马未见其饱腾。既不能开源，又不能节流，致烦圣主焦劳。文华召对，深以诸臣不能实心乾济为忧。乃乾济宜无重于计务者，臣当愧死。

顾臣心虽不敢不实，而臣才若已限自天，是以才具按之，而知亟当去也。人臣之所恃以自靖者，精力也。臣以逾六望七之年，心血耗尽，无复旺之日；筋力衰尽，无复健之期。二竖已入膏肓，竭蹶不前；精神益复溃乱，错误时出。从此，智虑日短一日，筹策亦日疏一日。虽欲勉强支吾，只恐过有增加，罪难取赎。是以精力度之，而又亟当去也。人臣之所凭以自立于朝者，惟此去就之节，止足之义也。是必内无愧怍，而后外可展布。

臣自八月以来，猥以席藁负罪之身，尚俨然为农部之长。虽蒙圣恩优容，滥点朝班，而方寸不容。自昧衾影，未免怀惭。即无人言，已难就列，而况诮让加之，又顽钝嗤之矣！尚可贪位慕禄，俾令廉耻扫地乎？是以礼义衡之，而又亟当去也！绸缪桑土，惟此其时；国计持筹，岂容少稽？皇上若缓臣一日之罪斥，是多臣一日之旷官。万一贻患封疆，重误军国，臣不足惜，如国家大事何？且今师济盈廷，壮年心计，正不乏人。奈何以臣衰病多罪之身，妨贤者路。臣即不敢为一身虑，诚不得不为国计虑矣！

伏望怜臣衰病，原非矫饰；念臣罪衅，终难自赎；鉴臣瘝旷，实招人言；察臣求退，总由血诚。亟将臣愚，褫职罢斥，别简贤能，整顿部务。但得邦计有托，臣虽身膏斧锧无憾也！

奉旨：“计务殷烦，卿才猷敏练，正资乾济，何乃又有陈情？着即出，安心任事！”

---

① “痈”，四库本作“壅”。

衰病不堪疏

奏为衰病不堪，邦计多罪，义难久留。再恳圣慈矜察，立赐罢谴事：

窃念臣驽钝已极，而尚许以“敏练”；昏眊已章，而犹望其“乾济”；既惕以“计务殷烦”，又慰以“安心任事”。此真覆载弘慈，非臣捐糜顶踵，所可报称万分一也！独是人臣之谊，无以有已，然疾痛之甚，必且呼天。臣实有万难就列之义，而敢借哀鸣于皇上之前乎？

臣至愚极陋，因缘际会，忝窃非据，久滥计务。屡疏乞骸，未荷允放。罪因病而益增，补救无术；病因罪而益剧，痊可无日。当钟鸣漏尽之时，怀跼天蹐地之心。是臣以不去，而使骸骨无首丘之望也！其当亟去一也。腼颜再出，物议交加，虽屡荷圣慈优容，实无逭人言指摘，至以不听臣去，归咎辅臣。是臣以不去，而累辅臣有比周之名也。其当亟去二也！方今供亿正殷，而臣以驽马疲牛，勉供驱策。前此已多溺职之愆，后此愈深负乘之罪。是臣以不去，而将来之贻患封疆者，更不知所底止也！其当亟去三也！至于微臣拊心知疚，顾影自憎，非特外无以对清议，而实内无以惬独知，则尤中夜彷徨，以仰负圣明为耻。

盖我皇上，神明天纵之主也。当临御之初年，即孜孜以国计民生为首务。而拔擢及臣，所期望于臣者，良厚矣！臣待罪以来，四年于兹，其受皇上恩遇又良久矣！奈臣[1]质性既庸，年力复惫，既未讲生财之大道，复不谙救时之良方。今边储宜裕而不能裕，俾塞上金钱，有捉襟露肘之忧者，臣罪也；民瘼宜恤而不能恤，俾海内苍黎，有剜肉医疮之苦者，臣罪也！皇上振饬臣工，肃法宜从臣始。倘[2]蒙圣慈宽其衰耄，不加斧钺，已为万幸。若臣仍复依回洟涊，尸位旷官，使天下万世谓皇上有尧舜之资，徒以优容一衰残多罪之臣，主计非人，不能致治理于三代。是臣以不去而终负皇上也，非独皇上之罪人，实天下万世之罪人也！此尤臣自揣负罪已深，而冀以一去自赎者也！

伏望鉴臣苦情，亟行罢谴，简畀新员，资其朝气。皇上图治若渴，必有救时名臣应运而出者，言念及斯，而臣之求去固已后矣！统惟皇上睿照，速赐乾断施行！

奉旨:“卿老成勤练，边计方殷，正宜悉心筹画，以副委任，何乃屡疏引请？还遵旨，即出视事，毋得再陈！”

---

① “臣”，原作“何”，据四库本改。

② “倘”，原作“偿”，据四库本改。

国计不容重误疏

奏为国计不容重误，罪臣万难供职。三恳天恩垂怜，早赐褫斥事：

窃念臣待罪度支，汲深绠短，愆尤日积，衰病日深。边计方殷，嗟筹画之无策；委任未效，岂勤练之足称。猥荷圣明奖诩勉留，浩荡深恩，陨首莫报。臣非木石，何敢恝然必去，渎聒天听？惟是今日，任最大而责最重者，无逾计务。而臣冒昧肩任，已四年矣！

臣幼读书至《大学》之末章，论平天下而惓惓，于理财一事。儒者以为末务，而在今日则本计也。臣徒能读圣贤之书，而不能推明其理，以致之用。所谓“生众食寡，为疾用舒”者，臣迄今思之，茫然未得要领也！即今屯田、盐法、鼓铸等项，皆理财窾会，臣殚力图之，渺焉未收寸效也。三空自如，一筹莫展。捉襟而露肘，恒苦挹注之艰；胶柱以调弦，难逃交遍之谪。臣虽黾勉拮据，矢心清谨，而终无裨益于军国之大计，究竟一庸众人耳！天下之大，岂其少一庸众人而久居高位？计务之重，岂堪付一庸众人而猥令旷瘝！皇上试数九列中，有尸位最久，如臣者乎？有奉职无状，如臣者乎？加以颓惫已甚，昏聩转增，常恐狗马颠眴[①]，早填沟壑。未病尚难撑持，已病何堪料理？因念，从来帝王治世，固重责臣下以事功，而尤厚绳臣下以廉耻。即如久任一法，原用以督课责成，非欲姑容不肖也！

臣部职掌天下财赋，征输郡国，供亿九边。一切督抚台省章疏，多下臣部题覆、斟酌、衡量以归于当。臣以衰病之躯，屡挂人言，物望愈轻，顽钝贻讥。何以称喉舌之司，持出入之平，而得免于揶揄乎？其有亵国体也多矣！臣抱病待罪，倏已半月。一切紧急政务，间于卧榻了之。然司属未免懈驰，案牍未免尘阁，岂其前所终日矻矻[②]而不足者，今乃高卧为理而有余哉？

言念及此，芒负在躬。若罢谴再迟一日，则旷瘝更多一日。必俟丛脞已极，而后治臣之罪，虽万死不足赎矣！沥胆哀鸣，一字一血，惟早褫斥，少逭罪辜。或谓抚赏一事，屡奉明旨切责，见在清核。臣今求去，似涉规避。臣愿乞恩，革职听勘，暂栖旅舍，俟查核后，果有朦发分肥等弊，臣愿甘伏斧钺之诛。万一得免于戾，而后放归田里未晚也！总期目前无误国计，末路少存廉耻，则万幸矣！

奉旨：“前有旨，谕卿即出，何乃又有此奏？国计甚重大，臣当只遵君命，力图乾济，何得以私情屡请？”

---

① “眴”，四库本作“眩”。

② “矻矻”，四库本作“屹屹”。

新饷出入大数疏

题为遵旨查奏一切新饷出入大数，仰祈圣鉴事：

该本部题为钦遵召谕事，奉旨："据奏，新旧加派及杂项等银，岁额至九百余万。饷非不多，乃匮诎日甚，士马愈弱，总因兵虚饷冒，锢弊相沿。若非通长打算，彻底清厘，边计何赖？其一切出入项款，并辽东原有旧饷，逐一开列总撒，另本来看。该部久任专责，不得瞻徇隐漏。钦此！"

该臣看得国家计兵授饷，出入原欲相准。当辽阳全盛之日，以京民运数十余万，养之有余。迨于今，兹罄海内全副物力，殚有司全副精神，供之不足，非尽由饷额缺也！敌无所不可攻，我无所不当守，有非时之出，无按时之入。虽量入为出，兢兢不敢轻下一筹，而纷揉凌杂，不能以一盘打就，势使然也！

忆元年戊辰秋，各镇欠饷数月，致有宁远索饷之变。臣承乏其后，忧心如惔。因取原议杂项九款而核之，强半名存实无。遂力破情面，疏请皇上，责省直司府自认。已复驳，令再认，始有定额。以至割裂之岛饷、兖饷，多用之登饷，粤东题留之盐课，南京久假之事例，赣州久据之桥税，新旧争持辽镇之京运、民运，皆从蠹案残牍中视为尘饭画饼者。臣不惮敝舌秃颖，掇拾讲求，指作疗饥之款，汇成出入大数具题。奉旨："览奏新饷，昨岁缺额一百二十五万。今入额稍宽，具见卿持筹苦心。但省直完欠不一，还严核考成及节浮、剔弊、查解等项，俱逐一详饬行。钦此！"

当是时，客兵各已实伍，主兵锐意汰弱。以崇祯三年为始，约计岁入五百一十六万五百五十八两有奇，约计岁出五百一十三万八百八十六两有奇，尚剩额银二万九千六百七十一两有奇。假令征调不兴，催科无逋，虽至今遵守可也！未几，而城守防援，刍料輓运，犒享行月之费，悉索新库，殆不能支。加以勤王应募之旅，版筑缮修之役，要求奢望。各督抚镇将，亦遂怂羹吹齑，不问饷所自来。臣始大困无策。前此每遇警饷缺，盈廷呼号，请发帑金，岁或百万或数十万不等，以济匮乏。臣既不敢比例叫阍，以危词烦圣虑；又不能吁天雨金，以谬巧慰兵饥。不得已，勉力支撑，矢心任怨。所赖幸免脱巾者，吁差京卿以催积逋，吁劝输以助涓涘，吁那借轻赍漕折等项，以救一时之急。三年秋冬，积欠辏至，计吏云集，各以地方应输饷额，凛凛期会，新库稍觉宽余。臣乃按月奏发。然而，四年入额，亦暗为侵透多矣！何也？三年预征，已透用过十分之三。四年偿逋，如商价轻赍，以及找发未完之招买、脚价等项，又已代还去十分之二。此四年所由患不足也！今约正杂并额外款项，岁共入数八百三十八万二千六百九十三两有奇。本年六月以前，援兵未撤，兼支颇冗，未敢据为出数。今但就近来已定未定之经制，参诸饷册实在之支放，岁约出数七百一十八万一千四百八十二两零。出入相配，尚有溢额一百二十余万。于以抵海陆二运、招买价值之偶浮，及一切意外不经之冗费，似可勉为支持矣！虽然入数，亦未可恃也。无论南部事例，久假不归；南工芦课，有征无解；上杭河税，闽粤互推；抚按派饷，新从减定，几同止渴之梅。即盐课一项，两淮附近，欠至六十余万，屡奉明旨责成。如生员优免，亦尚报解参差。且原议扣足三年即止，则亦非不涸之源也！其实应手者，惟有新旧加派之五百二十二万九千六百五十余两，九款杂项之九十万七千七百八十余两。而海内民力已竭，有司参罚几穷，水旱盗贼之不时，安能保无逋赋？且出数亦未可必也。

臣部三年七月所陈出入疏内，开蓟镇岁额止二十四万，今岁支至一百五十万余两。倘由兹边防克巩，则可藉以充供亿而望腾饱。国计幸甚！臣部幸甚！不然者，后之视今，犹今之视昔。将加派杂项之外，更操何术点金，则臣之所大恐也！

旧饷出入大数疏

题为遵旨查奏一切军储出入大数，仰祈圣鉴事：

臣捧绎明纶，仰窥圣虑，运量筹画，备极渊深。故以一切出入，仍责臣部披陈也！臣已将新饷出入数，敷陈睿览矣！然窃思新饷之出数难凭，则以意外之防援不测；新饷之入数难定，则有地亩之加派可增。若旧饷之出入，大都皆成数也，太仓止此额入，京边止此额出。间遇钦赏赈济等项，或有意外之费，然为数亦不甚伙，褒益宜有成算。顾乃日匮月缩，捉襟肘见者，则出入之大数原不相敌也！

今查，九边额饷，岁计共三百一十八万一千二百九十七两九钱零，此旧饷之出数也。在京杂支，岁计银七十九万六千九百六十两六钱零，蓟辽抚赏俱在其内，此京支之出数也！合旧饷京支，共岁出银三百九十七万八千二百五十八两五钱零。而太仓之出数，备是矣！各省直岁入京边，共银一百五十四万二千八百六十九两八钱零；各运司岁入盐课，共银一百八万三千六百四十三两九钱零；抚按司道赃罚，共银一十万二千七百五十两四钱；内外事例，逐月盈缩不等，共约可得银一十二万两；各钞关税课，共银二十万六百九十二两五钱；省直及京卫荒田备边等银，约七万五千二百七十三两零。以上共计银三百一十二万五千二百二十九两六钱零。此额设旧饷所入之数也！

其议补缺额者，如会议二十款，约得银二十万二千一百四十六两四钱零；

裁汰冗官、冗役俸薪工食，约得银一十三万二千一百六十六两零；裁减《赋役全书》内，约得银三十九万一千九百六十两零；节裁遵化民兵工食，归入太仓银，一万五千两。四项共银七十四万一千二百七十二两四钱零。此议补旧饷所入之数也。合额设议补，共岁入银三百八十六万六千五百二两零，而太仓之入数，备是矣！以所入较所出，入不敷出者，尚缺一十一万一千七百五十六两五钱有奇。

客岁，仰蒙皇上，洞见旧饷之穷，慨允轻赍银内循例动支十万两，以补边饷缺额。又，会议内有南马协济一项，约银十万余两。合此二项，质之太仓出数，差可相符。乃轻赍十万，客岁止得五万两凑给边饷，其一半竟苦弗继。近，该总督仓场，题充京军米折之用，恐此后并一半不可得也！南马协济，奉旨抵补正数，今兵部仍执留买马矣！初议，原以各镇节旷料草，尽还臣部充饷，今又成画饼矣！去此二项，则缺额之十一万一千有奇，遂成绝望。

臣等较量至此，不觉智尽能索，惟有仰屋攒眉耳！虽然，岁出者其可须臾缓乎？岁入者其可刻舟求乎？以岁出言之，边饷措发少后，则庚癸频呼；京支给散逾期，则哄议踵至。臣部瓶罄罍耻之状，上可矜原于宸衷，下不能见信于众口也！况近经题准，每岁补还京粮以二万计，而各镇呼吁，间有找补压欠。近如延绥蓟镇等处，亦岁以五六万计，又有出于常额之外者，是则出额尚未可限量也！以岁入言之，京边属维正之供，而年岁丰歉不一，能保水旱灾疫之不上闻？赃罚系额助之数，而抚按交代愆期，能保先后扣月之无缺额？盐课居边饷之半，而两淮积引屡告，能保额课征解之尽如常？至事例之所入，招徕虽开，项款援纳，听之四方。兼以选法壅滞，裹足不前，一月之中，所入止万余金，且水衡又分其半。是则入额尚未有实际也！

若夫议补缺额者，如汰冗、如会议、如《赋役全书》，虽就公家自有之财，内外稍一酌济。然举行方新，其起解到部者十不一二。又况会议诸款，其在江西，咨催年余，尚未报到乎！又若赋役银两，虽经臣部侍郎康新民据省直之开报，磨勘再三，始有成额。行令省直造册认报，而亦十九未至，则犹然西江之水也！臣部何所恃以无恐耶！所冀原设银项，省直转输以时，源源不绝。而司兵、司饷之臣，加意清核，时有撙节，勿滥原额，勿索旧逋。庶几犹可撑持于万一耳！抑臣于旧饷出入，每叹古今之不相及焉！

国初洪永以来，原无年例；而年例之设，创自正统年间。每岁共止发四十六万余耳！隆万以后，武备愈驰，年例愈增，浸淫以至崇祯元年，共用边饷三百五十余万。则取数愈烦，而措办愈艰矣！且也，万历年间，累朝之积蓄甚饶，军兴之供亿不乏。维时，臣部老库以八百万计，冏库以九百万计，故九边额饷胥借资其中。迨至今日，便已荡然无余，此各边之所以呼吁频仍，而臣部之所为筋力俱殚者也！

查祖制，边饷惟借民运、屯粮、盐粮三项。民运径自解镇，悉充正供；盐引输粟塞下，便给军食；若屯粮之设，即唐之府兵，寓兵于农之意。圣祖养兵百万，不费民间一粟者也！至于京运，只以接济民屯之不逮，号曰“济边”。臣查九边额派，民屯以供给军饷者，岁共二百九十四万六千四百两有零，为数不赀。因粮于地，而饷不烦于转输；计口授食，而军不令其觖望，法至善也。逮盐法初意渐失，民屯积欠无算，遂致各边并引领于太仓。尤可异者，边臣于民屯之欠，不加督催，而于京运之数，偏勤呼吁，岂京运真天降而地出耶？亦不过民运之解京者耳！近因秦晋灾荒，寇盗充斥，民屯一无可恃，而徒仰给京运。臣部虽勉强补苴，支持目前。然太仓金银有限，犹是不终日之算。

窃恐循此而无变计，虽再增京运数十万，无益于饱腾之数也！赡军自有大道，足边更无奇策。舍民屯盐法外，其道无由矣！事关边计，宜求本源，敢因恭报旧饷出入大数，而并及之！

痰晕陡发疏

奏为痰晕陡发，病势阽危，恳乞天恩给假调理事：

臣一介草茅，至愚极陋，仰荷圣明优容，窃禄四十余年。顷，以桑榆暮景，待罪计曹，又已五载。汲深绠短，自知甚明。

先是屡疏乞休，辄奉慰留，责以大义。臣扪心惶汗，犬马恋主，匪第义无所逃，真自情不容恝。用是不顾衰惫，努力供职。所谓一息尚存，此志不容少懈者也！

数月以来，拮据部务，早入晏出，率以为常[1]。但臣素患痰火眩晕，兼苦下部酸软。每遇朝祭大典，惴惴以倾覆为虑，忍死强支，幸未失仪。顷，以关宁蓟密等处兵马银粮经制，奉旨合奏督抚。查报已到兵部，会议再三，不容更缓。每日公同司官刘镐、谢肇玄，督率吏书，磨勘销算，具疏题覆。甫获脱稿，正画题缮写间。二十四日酉刻出署，才自火房行至后堂，陡尔昏晕仆地，不省人事。班役扶掖灌救，良久方醒，乃始搀扶归寓，又复昏晕如前。家人辈惊慌啼泣，急延医官韩恭伯诊视，投以搜风化痰汤剂。终苦头目昏眩，手足麻木，几不知四大之为我有，而计务之尚在其躬也。延至次早，连进前药，犹觉手不能执笔，足不能履地。

盖臣以逾六望七之年，黾勉撑持，不谓一蹶不振如此。力疾弗克，入部内省，倍觉瘝官辄用。哀吁圣明，乞假调理。万一稍有起色，即图鞠躬尽瘁；若果病

① “常”，四库本作“尝”。

入膏肓，再容叩阍乞骸。

臣病困中，口占具奏，万冀天恩，俯俞残喘，幸甚！

奉旨："时艰甚剧，兵食方殷，卿勤练持筹，屡旨自悉。正当一意急公，何得辄怀驰卸？着即出视事，不必请假！"

积病难痊疏

奏为积病难痊，从脞可虞，报主有心，延生无计。恳祈圣明，矜怜允放，以无重误国计事：

窃念臣昏眊已甚，罪过已深，幸荷圣明包荒，得逭斧锧。无奈衰病侵寻，大虑旷瘝。"勤练"之称，实非臣所克堪也！"驰卸"之念，尤非臣所敢萌也！正为时艰身瘁，亟须引退，以避贤路；岂缘军兴饷棘，希图自便，而昧急公？惟是臣本竖儒，力绵任巨，久玷计曹，心血尽枯，以故元气凋残，肢体困惫。膏肓之疾，一发而不可救药。连日延医诊[①]视，佥谓标本俱病，气血两伤，委非一朝一夕之积。即今痰涎壅盛，嗽声不绝，床褥呻吟，痿痹已著。臣诚贸贸自失，且惴惴知惧也！

今日何时？主计何官？非得精明强干之身，决难胜任。如臣真衰真病，人所共见共闻，尚可尝试而漫为乎？盖葵心向日，何忍轻弃于清时，而蒲质经秋，莫能自必其残喘！微臣虽欲再竭犬马之力，而已万万不能矣！皇上虽欲收臣桑榆之效，而亦万万无望矣！臣平日顾军国，不暇顾性命；今日误性命，且以误军国！

伏乞圣明矜怜允放，早择英贤，料理计务。臣虽溘先朝露，犹瞑目无憾也！

奉旨："前旨谕卿已明，何复有此奏！若时事艰虞，大臣辄托疾规卸，更望何人乾济？着即出视事，不得再陈！"

臣病实深疏

奏为臣病实深，闻命增惧。谨遵旨，力疾勉出，以明分义事：

夫平居而窃禄，时艰而掉臂，则不忠不敬，莫大乎是！有臣如此，将安用之！审果若斯，何辞斧锧？但臣年齿向颓，二竖相侵，痰喘交攻；一病垂死，昕夕昏晕，如堕云雾。方今时事倥偬，稍迟一刻，则立误机宜；头绪纷纭，稍乖一着，即坐基事变。似此形神狼狈，何能曲计盈缩？深愧钝顽，久妨贤路。早计国以

---

① "诊"，四库本作"胗"。

罢臣，无羁臣以误国，实区区下愿也！乃蒙圣慈优渥，明纶涣颁，惕以“艰虞”，责以“规卸”，似谓老马尚可识途，不忍余生遽尔填壑。

臣揣力业已殚竭，而枯词实难再渎。盖恩重如山，即捐糜何足言报；而义等逃雨，将躯命转见为轻。臣于此时，虽病危而不敢言病，虽宜去而不敢言去。稍幸杜门以来，荏苒旬余，药裹时亲，略有起色，只得力疾竭蹶，谢恩入部。若其侥幸小愈，或可勉支数月，时事稍宁，再图乞骸；万一大命近止，溘先朝露，要毕微臣致身之义而止，今固难以预料也！

奉旨："览卿奏，已遵旨视事，具见恪慎。边计方殷，还悉心详筹节裕长策，以资挞伐，用副委任！"

真衰真病疏

奏为微臣真衰真病，万不能支，恳乞圣慈，早赐允放，以正首丘，以无误邦计事：

窃照臣以至愚极陋，承乏主计，拮据五载，尺寸靡效。先是，以衰病乞休者屡矣！猥荷天恩浩荡，或切责，或谕留，雷霆雨露，总属生成。

自今年三月初旬，上章请罢，奉有“时事艰虞”“托疾规卸”之旨，臣实凛凛斧钺。虽疾疢之在体，惟忍死以撑持。每诵古人所称鞠躬尽瘁，以为法程。今又八月余矣，但臣之所恃，以致身者精神筋力，为国家宣劳任事耳！

臣年逾六望七，力绵任重，百忧感其中，万事劳其形。盖精神已竭而又竭，筋力已惫而又惫矣！然使二竖不深，庶几一息尚存，臣犹未敢恝然言去也。不意忽于本月十二、十三日，偶感新寒，遂发锢疾。痰火为祟，寒热交作，满面浮肿，溃裂成疮。顾十九日，犹力疾入朝；二十日，犹扶掖进署，与臣同官及各司属商略南北之灾荒，筹计齐豫之军饷。人多见而怜之，臣尚未敢自逸。倏而昏晕僵仆，半日方苏。

迄今，一遇风寒，痛如刀割，手足麻木，跬步艰难。只得跧伏私寓，延医调理。医家见臣病危，率多望而却走。大都皆谓心血耗竭，虚火壅于上焦；脾胃衰微，其气涸于中扃。投之凉剂，则洞泄；投之温剂，则喘哮。言念及此，则微臣性命之忧，真在顷刻旦暮间耳！臣若偃卧一日，则废一日之千条万绪；臣若视事一刻，又苦一刻之神眩目迷。非乞帷盖之特恩，听之反初服而亲药饵；必致风烛之偷荫，终至遘祸衅而误储糈。是国与身两无当也！

伏惟皇上怜臣真衰真病，毫无矫饰，立赐允放，俾正首丘，则覆帱鸿慈，奕世不朽矣！

奉旨："卿练习精勤，邦计深赖，军兴方亟，全藉转输。着即出安心视事，不得以病陈请，致有旷误！"

臣病转深疏

奏为臣病转深，臣职愈旷，再恳圣慈矜放，以全余生，以重国计事：

窃念臣猥以愚劣，久滥度支，譬诸尫羸之夫，而任乌获之重，不格明矣！

目今征调四出，既苦军储未充；灾伤叠见，复忧民生告瘁。臣拊心自揣，负乘已多，而明纶犹许以“练习”，天语且奖以“精勤”。华衮荐加，慰留备至，犬马尚知恋主，顶踵何足言酬？第臣福过灾生，患症危笃。初为风邪所袭，加以痰火郁结，数日以来，神益销耗，状益决裂。面疮初虽皲疹，五官尚未尽失，今且舌焦唇破，头面一概浮肿，溃腐脓渍。即欲于榻前批发日行文移，而目无一线之明。头涔涔痛，眩不可忍，举笔而随以僵晕矣！

夫阴阳之疹，发乎面，动乎形，蒸为疮毒，此众目所共见，非若他症犹可矫称粉饰者也！臣以桑榆暮景，遘此恶疾，精神恍惚，药石靡效，如失楫之舟，泛泛无所栖泊，又决非旦夕可望痊安者也！明旨戒臣，不得以“陈请”“旷误”，而荏苒数日，其所旷误者多矣！臣之一身，即令溘先朝露，固不足惜，其如军国出入大计何？盖负薪地曹，臣久汗颜于覆餗；而延喘鸩行，人且掩口于恋栈。皇上亦何爱一困顿衰惫之夫，而不予之生还哉！

伏祈皇上怜臣万不得已之情，万不能支之势，一字无饰，概赐允放。倘[①]得生入里门，使樵夫牧竖，知圣明不弃四十年簪履之旧臣，实浩荡之特恩也！若以臣久玷计席，兹复成残废，谴责斥逐，亦所甘心！臣病深情迫，语无伦次，冀惟皇上矜宥施行！

奉旨:“军需正亟，部务殷烦，前旨谕卿已明，着恪遵即出视事，不得再稽！”

病已垂危疏

奏为微臣病已垂危，力难再出，谨忍死哀鸣，以希旦夕之生，以逭瘝旷之咎事：

窃念臣衰病已极，乃圣恩尚眷留无已。臣非木石，岂不知感？会计至重，且明旨戒“不得再稽”，臣有心胸，宁不知惧？第臣于床褥呻吟中，再四思维，倘[②]痊可有期，自当匍匐以承君命；如残喘可续，何辞竭蹶以供臣职！惟是狗马之症，与日俱进，渐入膏肓，茫无起色。一切衰惫昏晕之苦，龙钟溃裂之状，见之骇目，闻者伤心。已自分旦晚化为异物，安得不控吁以乞皇仁！臣即从今飘然遄往，亦恐不能生入里门矣！况臣部日行批发文移，题覆章奏，累累充斥，

---

① “倘”，原作“偿”，据四库本改。

② “倘”，原作“偿”，据四库本改。

关系重大，稍不经心经目，动有舛错。居恒每延见司属，悉心商确，今直僵卧斗室；居恒必翻阅卷案，殚虑劈画，今且都付尘封。知识昏眊，耳目瞶塞，国计之烦重如彼，而臣病之阽危若此。为是中心如焚，火愈炽而水愈涸；遍体沉疴，背若芒而坐若针。虽欲勉进药饵饘粥，亦万不能下咽矣！

皇上以军需正亟，诏臣之出，而臣则以孱躯当军需之亟，而不得不去；皇上以部务殷烦，诏臣之出，而臣则以病体膺部务之殷，而不得不去。缘臣待罪五载，夙夜彷徨，伎俩已穷，襟肘尽露。前未衰时，犹不如人，况已衰之甚乎？前未病时，犹无寸长，况已病之甚乎？是留之固颂皇上簪履之洪恩，而于臣积有丘山之愆，负罪滋深；放之实感皇上帷盖之大慈，而从使臣得偷旦夕之生，载德何极？臣所为忍死哀鸣者，言止此矣！

伏祈皇上速简精力强固，才干优长大臣，主持邦计；或先行委署，将臣立赐罢斥，以为庸老衰病不堪重任之戒。微臣犬马之报，愿矢于奕世矣！

奉旨："大臣宜以君命国事为重，卿素著勤恪，何得不遵屡旨，尚尔托陈？着即出视事，勿再稽延！"

臣病千真疏

奏为臣病千真万真，绝无矫饰。恭承明旨督责，不胜惶惧，再祈赐假调理，徐图进止事：

窃念君恩至重，顶踵难酬，国计纷纭，时刻难误。臣叨冒四朝豢养，驰驱四十载风尘，"勿欺"二字，历终身如一日，岂今日敢有托陈？"媚兹"一念，亦终身如一日，岂今日遂甘恝然？只以忍死须臾之身，无能仰佐庙谟万一，非漫附于知止知足，实深惧夫负国负君。是用频洒血诚，待瞑里门耳！

兹荷圣明，责以"不遵屡旨"，谕以"勿再稽延"，臣诚悚惕天威，措身无地。奈臣景入桑榆，数复屯蹇。旬日以来，延请医官傅懋光等，内外交攻，标本杂治。以药饵代粱肉，以扶掖为步履，深欲几幸损疾之吉，而终不可得也！间遇紧急公移章奏，或召书胥直，入卧内佥押用印。唾涕污秽，面目疮毒，恶疾难掩，丑态毕露。时而昏晕如醉，时而切齿忍痛，支离自怜，涂面不堪。二竖既已为祟，五官因而不灵。似此万分沉痼之夫，岂堪尚担会计之重？臣虽欲力疾视事，仰答君恩，而天若限之，人且奈何？

为此，万不得已，仰丐皇上鸿慈，怜臣病困已极，俯赐宽假调理。傥徼圣主之宠灵，臣狗马病躯渐有起色，自当报名廷谢，入部视事；若其潦倒如昨，跬步难前，然后再申前请，积至诚以动天听。庶进退不至于狼狈，而风烛胥荷于生成矣！

奉旨："计务殷烦，卿还遵屡旨，速出，不必请假！"

沉疴转剧疏

奏为微臣视事未几，沉疴转剧，欲去不敢言去，欲支不能强支。恳乞天恩俯赐宽假，以便调理事：

臣衰病已极，荷蒙圣恩，不即弃捐。乞休未允，乞假未允，感君命之为重，觉性命之为轻，故不得已，自本月十二日，力疾再出。意谓毕此余生，以仰答知遇。又谓几幸损疾，以再效驱策。不意衰朽之年，一病而诸症交作，入署甫经半月，且日深日变也！

先是臣病为郁热所激，面口赤肿，溃裂为疮，头目昏眩，寒热间作。盖元气虚而邪气胜也！继以寒凉之药投之，脾胃作泻，饮食不克矣！以发散之剂投之，五内怔忡，子夜不寐，变为自汗、盗汗等症，晨起若冰霜之透于肌肤[1]矣！从前精力，顿减十九。盖邪未伏而元气愈虚也！臣以衰龄而得此疾，大类不起之症，用是浸忧浸惧，而又国计在躬，未敢静摄！目今谢绝人事，谢绝宾客，止留一副精神付之军国。入署而定喘息者数时，乃展阅案牍，而精神复尔昏晕；抵寓而贴床褥者数时，乃二竖膏肓，而彻夜又不安眠。诸医屡试药饵无灵。河鱼腹疾，臣自知之！若面孔、若步履、若气色，则自班联以至舆隶，人共见之矣！

臣抚躬自悼，早夜思维，踌躇欲去，而明纶方沛，斧钺有赫，岂臣子肆志之时！低回欲留，而国计至重，沉疴难痊，岂隐忍支吾之日！无奈，冒渎天听，容臣宽假调理，别委侍郎一员署印。倘儌皇上之灵，得不溘先朝露，当再鞠躬尽瘁，以报国恩。不然，而病实为之，臣力无如之何，臣心无如之何！皇上即不遗簪履，其能淹臣之风烛也？臣冒死陈情，毫无矫饰，伏惟圣明垂听焉！

奉旨："卿司计勤恪，偶恙，着暂调即出，以副委任，印不必请署！"

病势委顿疏

奏为微臣病势委顿，医药罔功，部务殷繁，万难卧治，再恳天恩，垂怜允放，以无误国计事：

窃念臣待罪计曹，碌碌五载。每遇疾痛，未尝不迫以呼天。然而，寒暑为祟，药饵尚灵，未有表里受症如今日委顿之甚者也！臣前四疏乞休，荷蒙屡旨慰留。

① "肤"，四库本作"骨"。

臣不敢顾惜微躯，辜负高厚。扶[1]病入署，面肿唇裂之状，同官司属，无不见而怜之。食少事繁，劳触疾剧，更变盗汗自汗，劳瘵虚怯之症，万难支撑。乃又具疏仰控，尚不忍恝然求去，但请委署宽假调理，亦几幸旦暮可起，图报圣恩万分一也！即明旨不允署印，止容暂调，或亦怜臣狗马之躯，未必即填沟壑，尚堪收驽力于桑榆也。覆载鸿恩，幸未弃臣，犬马恋主，岂甘自弃？无奈福薄灾甚，日惫一日。杜门以来，又将浃旬，更方易药，十无一效。病在头目，欲宣其表，而虚汗淅沥，寒噤不寐；病在毛孔，欲固其里，而虚火上炎，眩掉如瞀。不惟面目可憎，已成废疾；抑且神情尽脱，几为异物。兼以脾土下陷，中气闭塞，痰嗽不绝，奄奄待毙。臣所以一旦危笃至此者，缘臣性疾认真，好劳恶逸。行年逾六望七，文移充栋汗牛，而尝于熇蒸栗烈之中，勉与簿书为晨夜。即偶有风雨燥湿之感，亦耻以枕簟作生涯。积渐而发，骤难救药，病加小愈，固其所也！使臣向者四疏以后，干冒天威，再行补牍，或未必至此！而臣惕息君命，勉强尝试，以致客邪乘虚，变症叠出，则臣命也！虽然，臣命在天，不在医；自今以往，更不在天，在皇上矣！皇上怜而放臣，俾得以乘间调理，少延视息，是膏白骨而肉之也！即不然，而生入里门，令终牖下，勿致以病废瘝旷，得罪军国，贻羞中外，则幸亦大矣！

盖臣部非比他署，可从容卧治者也！辰下部务填委，岁序更新，提来岁之纲，结今岁之绪，全在残腊一月。臣卧病一日，则百虑填胸；卧病兼旬，则弥年失计。臣部虽见有侍郎二员，而印在臣寓，势难代理。虽有十三司司官，而臣在病室，何从禀成？目今皇上宵旰于上，百执淬励于下，而臣独以衰病残躯，僵卧私寓，废朝参而阁计务，惭愧与惶惧交集，其能一息晏然药饵间邪？用是不避烦聒，再沥血忱上请！

伏祈圣恩，矜臣病已危笃，万目共瞩，立赐罢斥回籍。其为臣一身性命惜者犹小，所以为国计边储虑者实巨矣！

奉旨："疆事方殷，军需正急，岂计臣自遂之日！卿详练素著，精力有余，着即出，恪职视事，毋得频请，致稽部务！"

沉病难痊疏

奏为沉病难痊，旷职滋惧，三恳天恩，矜原放免，以无误邦计事：

夫人臣遭时遇主，沐恩深重，不能谨疾致身，仰廑睿谕之谆切，即石人亦且泣下。四郊多垒，宵旰未遑，忝司会计，而淹淹床第，频繁哀吁，为首丘牖

[1] "扶"，原作"抚"，据四库本改。

下之谋，即木偶亦当赧颜。况臣备尝险阻，积岁拮据，一疾不振，顿委前劳，残机未就，敝笱可惜，则亦不禁声气俱咽也！

闻命自天有，不蹶然思起者，岂臣谊、岂人情哉？无奈膏肓根锢，方药技穷，困惫不支之状，臣前二疏，已备陈矣！大都面疮作楚，已难施其眉目。所最苦者，盗汗不已，积成瘵怯。盖至日，闭藏冬汗，原犯医家之忌。元气消捐[①]，盗汗尤非衰老所堪。说者谓汗为心液，心血耗竭，虚火上炎，故得此症，必非视息久存之兆。

迄今，彻夜无眠，兴居失节，谷气受伤，羸骨仅支。向犹勉缮章奏，今则神昏于视草矣！向犹强治文书，今则手颤于署纸矣！每当病魔乍退之余，报主一念，耿耿方寸。始省身在床褥以来，国计军储多所妨废，抚膺痛恨，以为殒于枕簟与殒于公署等也！揽衣试起，则荣魄支离；作势欲行，而肢节潦倒。病症至此，即舆扶入署，尚能冲寒办事乎？尚能与同官司属筹盈缩、商多寡，而上下其议论乎？不能而强以必能，恐心计转迷，龙钟莫继，无益于部务之毫厘，而适以速风烛之奄忽。当亦圣明所俯怜也！

臣捧诵明旨，一则曰“疆事方殷”，一则曰“详练素著”。夫识途老马，阅历粗谙；乃垂首病鹤，鸣食俱废。臣实无能为矣！皇上不念及疆事，臣犹可苟延调摄；念及疆事，而壮夫驰骛不足者，欲以衰病高枕图之，恐日眈月误。破绽侵寻，乃始言去，为身为国无一可者。臣所以沥血哀鸣，望皇上决计早放者也。臣病笃气竭，语无择音。

伏惟圣明鉴臣情非假托，势难卧理。垂帷盖之仁，以予骸骨；遴清疆之选，以佐安攘。亟罢病臣，让贤者路，则国计幸甚！臣愚幸甚！

奉旨：“屡旨谕卿已明，何又踵请？大臣宜遵君命，岂容自便身图？着即出视，不得再稽！”

目病不痊疏

奏为目病不痊，旷职滋甚，仰恳垂怜放免，无误国计事：

臣待罪计曹，六岁于兹，乞休之章，凡十数上。病困则不容不呼天呼父母，而稍愈则不敢不陛见受事。盖生逢尧舜之君，何忍自弃？矢竭犬马之力，无敢恝然。故未尝作无痛之呻吟，亦未尝坚必去之志向。勿欺之义，臣盟之素矣！无奈臣以逾六望七之年，当此钱谷繁剧之任，老至病侵，数奇症怪，真有日异而月不同者。

① “捐”，原作“损”，据四库本改。

忆臣客冬，痰火为祟，怔忡盗汗，已成尫瘵之形。维时，多方医诊，或言宜先清理，或言宜先补助。清则效迟，而后无害；补则效速，而发恐剧。臣时累疏乞骸，未荷俞旨，气息奄奄，急图步履，勉服补剂，渐有起色。适圣寿元旦，届期，只得追随呼嵩之后。然而久病乍起，正如虚橐御风，空革盛气，表虽外盈，里实中亏，两目茕茕，渐艰睹视。即欲复申前请，缘岁序方新，元良有庆，不敢遽以病闻。延及二月初六日，右目赤肿，寒热往来，头面相连作楚。至初八日，滋甚。是日，勉赴召对，九列皆见而怜之！然自初九日以至十一日，犹力疾入署，忍痛办事。已而，视疲火炎，两目俱病，瘾涩难开，痛如刀割，泪如雨注。内服凉剂，外用洗药，绝不见效。盖至今日，而医之言验，臣之病始不可支矣！十二日朝日大典，亦误陪祀。今且竟日闭目，偃卧私寓。畏日羞明，渐增翳障；案牍纷至，都付寝阁。兼以虚火上蒸，两耳雷鸣蝉噪，不辨人声。

夫人臣之所恃以靖共职业者，心志耳目也！心志虚眩，尚可借耳目以披阅听受；耳目不灵，则伥伥瞶瞶，举止成谬，言动受欺。况钱谷详细之地，尤未可以冥冥决事者也！臣部日行文移，题覆章奏，不可时刻稽误。臣既耳目受病，触之不见，呼之不闻。自同官司属，以至胥役，昭然共睹。若再滥竽一日，则误臣部一日之事，臣之罪不容诛矣！

伏祈皇上察臣目病非假，怜臣吁恳情真，亟赐俯允，回籍调理，速选贤能，代理部务。但得国计军储不至重误，则臣虽死之日，犹生之年矣！

奉旨："邦计最重，卿老成详练，方切倚任，偶恙易痊，着暂调即出视事，不必详陈！"

目眚失明疏

奏为目眚渐至失明，臣职无容久溺，谨沥血诚，再恳速赐允放，以无误邦计重务事：

臣司计六载，积愆万状。比以积衰多病，岁岁乞骸，频烦天语之温，罔补地曹之重。兹者，复以目疾陈情，深惧渎聒为罪，不图圣恩高厚，仍加勉留。惭"详练"之褒，蹇足欲奋；感"易痊"之望，枯骨知春。上未厌臣，臣实恋主，一息苟存，宁忘报塞？惟是数日以来，集医选药，攻补杂施，无奈病根非一日之积，药饵鲜立效之功。

因忆客冬，初患在面目生疮，及宣利之，而遂得盗汗；继患在盗汗虚怯，及升补之，而今又得目眚。医家止有此药力，日试一方，补无功[1]宣，且有害矣！

① "功"，原作"助"，据四库本改。

臣身止有此，元气日削一日，不受补，更不胜宣矣！且受病之原，固缘年力衰耗，薄福致祟，亦由心血消枯，积劳为殃。盖臣以衰年肩剧任，五六年间，视渐昏而务竭其明；累牍必竟，心渐迷而务极其算。琐务必周，自惟以勤补拙，以劳救过，不暇为性命之忧。而神太役则疲，精过用则敝，遂滋为耳目之患！

昨臣初病，目所患第在赤肿瘾痛耳！及瞪目视之，字画尚觉分明。今肿痛少减，翳障愈深。虽极目审视，而苍素茫然；虽执卷回环，而披阅莫解，间令人读之，亦复不能了了，兼不便于点窜，旋罢去矣！

夫人之精神智慧，尽萃于目。目既失明，则亦土木枯骸，刍狗具形而已。圣明在上，亦安所取于土木刍狗者而用之？矧户部何地？尚书何官？九边命脉所系，非闭目坐了之事也！十三司奉行所关，非面壁相向之局也！暂调既未能痊，迁延必至废事。以钱谷紧要之职，十旬九病，挨排药裹之间，已无望于率作；以缠绵宿锢之疴，朝可暮剧，反复呼吁之烦，其何当于靖共？计惟有沥血乞归，差不重误国事耳！倘皇上怜而放臣，臣得一意调理，偷视余息，敢忘浩荡？不然，而欲去不得，欲出不能，食不获下咽，寝不获交睫，焦心溺职，虚火益炎，必将捐性命以殉之。臣不足惜，而邦计之积弛酿玩，所损多矣！

臣病必难遽痊，臣势必不可留。口占拜疏，千难万苦，惟乞天恩，即赐罢免，特宽帷盖之路。速委左右侍郎署篆，亟选贤能大臣主计。庶免屡渎天听，而且以重误国计为也！

奉旨："卿勤练素著，邦计正借持筹。昨谕旨已明，何得以偶恙频请？着只遵即出视事，勿再稽延！"

朦目万难疏

奏为朦目万难，主计误身，更以误国，谨洒泣三吁圣慈，速赐允放事：

臣因目眚甚苦，计务坐壅，再疏乞休。荷温纶之有加，惭报称之无地。苟犬马微力可竭，即双眸并枯，何憾？然他病犹可勉强，惟目病委难支持。臣实锢疾，非同偶恙，不堪持筹，是用频请。盖司计何地？今日司计何时？其不能以冥冥从事也明矣！

臣目旬日以来，初患赤肿，既患翳障，羞明恶风，大类蒙瞽。伏案披牍，如同面墙。间遇天日晴明，略有一隙之照，瞪目读之，曾不及二三行，辄复闭去。或用药汤淋洗，既闭强开，小有批注、裁决一二紧要滞牍，次日必且肿胀加甚，并一隙之照亦不可得矣！见今，公移、科抄，多付尘阁。即有原奉旨速覆者，亦不能寓目矣！臣每一思之，通体战栗，汗出如雨，掩面饮泣，自恨不辰，复叩之。医者云："目者，心血之精华。心血虚耗则水衰火盛，中于肺肝，感于二目。故心一动，而目受之。目中不容着一物，心中不容着一事，非谢事静摄，难望痊可！”臣闻其言，益爽然自失，五内如割。

嗟乎！是天实绝臣以驱驰之路，而臣亦自绝其献靖之阶者也！夫景逼龙钟，不病亦当昏眊；任膺繁剧，不病亦恐茫昧。况一病潦倒，已成瞽废，尚堪贸贸持筹，滥竽司农之堂，贻羞当世之士耶！

方今明明在上，济济在下，皇上事事励精，诸臣人人竞奋。臣忝管握邦计，统率司属，闭目相向，成何景象？即濡滞一朝且不可，况其久乎？从此，五官不灵，百弊丛生，必至偾事。是臣留一日，则尸素之罪即深一日；留臣一日，则明作之功即误一日。皇上自为军国计，立允赐玦，不待臣言烦聒者也！如谓臣言或有矫饰，遣人验臣。若目能视而以为不能视，力能料理部务而以为不能料理者，臣愿甘受斧锧之诛！

伏祈圣慈，鉴臣怜臣真病真苦，放臣还里，俾得逭于误国之咎。即瞑目首丘，所甘心矣！

留中！

毕际有跋

疏草一体，篇帙最多。当年皆刻之官署者，丧乱之后，原板悉不可问矣！计有《抚津疏草》四卷，《督饷疏草》五卷，《饷抚疏草》七卷，《留宪疏草》一卷，《留计疏草》二卷。《度支奏议》则有《堂稿》二十卷，《边饷司》十一卷，《新饷司》三卷，《浙江司》一卷，《江西司》一卷，《福建司》四卷，《湖广司》二卷，《山东司》七卷，《山西司》二卷，《河南司》一卷，《陕西司》四卷，《四川司》五卷，《广东司》一卷，《广西司》四卷，《云南司》十七卷，《贵州司》二卷。今刻仅百疏不及十一也。且条议之疏，率多列目，叙述之处，又从节文。惟请告诸疏，先少保公汇为《抽簪赘言》者，则备载焉。朝廷眷注，国计艰难，经济丹衷，出处大节，亦可睹大凡矣！

男际有识！

石隐园藏稿卷七终

卷　八

书信

上朱少司寇鉴塘

台台雨露闳恩，独加蒲柳；鞭策至教，偏重驽骀。古之荐举推引，代不乏人，亦曾有推心置腹，奖掖愚蒙，以偕大道，如台台者哉？

某受教以来，夙夜兢兢，无敢少堕污蔑，以负知己。惟是贱躯羸尫，不耐劳剧，奔驰五载，形在神疲，真有日苦一日者。矧吴地素饶风波，犹未卜税驾何所也。不识台台，何以振之？

素仰清肃，不敢以寻常缛仪，奉溷阍人。空缄布候，伏惟崇照！

与董玄宰

太史当是前身宰夫容城玉楼主者，忽幻青莲游碧落，故一经吐吞，便无尘世烟火气味。昔人谓："屈宋衙官，钟王北面。"翩翩仙子，如曼倩居金门，供奉在词苑，无问识不识，皆知先生为天上人也！

奉使东旋，鹤归华表。奈俗吏之疲奔，致问奇之靡暇。饥不能餐交枣，渴不能饮琼浆，遭骊龙之睡，而不能取其颔下珠，恨亦晚矣！不肖碌碌不耐，致羸疾为祟。篝寒灯而拥敝貂，索然旅况，贱累遣归。幸乏牛衣对泣者，扊扅弗启，长夜漫漫。请丘壑之无从，逃案牍之不得，俗吏旦暮衰矣！太史何以涤濯我耶？仙旆还朝，未得祖道。此情盖向所谓《闲忙令》也！

迄今怅惘，计非久且挟法眼，以输隽于左右辅。或停帆峰泖间，则获拜下风，倘可冀矣！

与韩惺庵

里中晋谒，过辱教爱，戴德而南，以春杪受事淮上。属运艘鳞集，清口浅涩，戮力畚锸，卒无须臾之暇，以故久稽申候，今少间矣！

遥忆台光，真有落月屋梁之想。敢专力敬问：今玉体已善，饭美寝乎？鹰扬戢略，将无因边报，而思得一当乎？凭虚藐然之间，每月几登临？浮白高咏之乐，何人共来往？此皆某所乐闻者。

愧某，待罪波臣，猛思寸树而躄。夫举步何有邯郸？恐终贻知己者之胡卢耳！幸时有以教之，振之！

与沛县张老师惺宇

今天下谭极冲疲[1]之区，必首曰淮徐。而某以绵劣当之。盖耳熟灾黎之颠连，而惭无拯济之策；目击黄流之泛溢，而愧微堤防之能。徒令人有伤心而扼腕已耳！

老师蕴匡时之略，握苍水之符，知必有订谟硕画，可以起凋瘵而利经久者。幸不吝披示。民生若何？河道若何？俾奉以周旋，无或失坠，则教门墙，即所以惠桑梓也！

与沈栁庵

客秋，弟待罪冬官，稔闻沈先生，绝代异才也。盖一日而名噪长安矣！

既抵盂城，得南宫联魁报，谓必鼎借庶常，用储公辅，已得除目。暨晤何山年兄，知以莱彩关情，已俯就选人矣！惟是选而同舍，又政得两厂也。珠玉辉煌，饰我顽钝，弟实有厚幸焉！

两厂事务甚简，况以台丈弄丸游刃之才，试之曾不当一瞬。独是匠役之贪，业已彻骨，而诸无名之费，如茧丝，如牛毛。诸貂珰之横，又不可以理解。戎器不精则溺职，而难乎其为上；戎器欲精则束湿，而难乎其为下也。某待罪三载，极费调停。幸赖台丈璠玙之饰，计且焕然改观，而兹又鼎借采运矣！

奈何台旌莅洳口，某忝为地主，拟负弩以迎，而未遑！俟驻节京口，嗣当更有请也！

上抚学河三院

职以樗栎散才，荷蒙作养，备员监司。抵任未几，岂敢遽萌去志，有辜任使！第职一段苦情，诚有万不获已者。

职不敢自为张惶病状，以干欺罔。但以至真至迫者列之公移，循例上请，

---

① “疲”下，原衍“乏”字，据四库本删。

惟台台怜而许之！及今而归，固已晚矣。若恋恋升斗，不及自引退，是名教中罪人也！

台台亦何取于得罪名教之人，而使之居表臬之位乎？且方寸已乱，自难供职。万冀台台，早赐代题，真母子没齿之感也！

答朱海曙

长安判袂，倏逾六载。时与淄黉童叟，共颂《甘棠》之泽，乃以碌碌牛马，闻问阙如也！

丁未，待罪淮扬，盈盈一水，方拟虔候起居，旋遘先慈之变。慨五斗之羁縻，未遑将母；怅屡辞以龃龉，竟负终天。伤哉，情也！

归来，恨积千峰，血枯寸草，忍死拮据，勉襄大事。虽存视息，而形神已销亡矣！

台下不远数千里，缄[①]书慰唁，光贲松楸，衔佩明德，直与罔极俱长。谨南向稽首申谢，别具志帛引意。

台下宏才硕望，海寓引领，自当为国亟出，以副太翁期许之心，以慰东人衮衣之念，岂得高卧峰泖间哉！

答贾元一

某顷岁伏居草土，交游闻问，一切报罢，以是久疏申候于左右。客冬，翰教临存。此时，计事已迫，台车遄发，亦竟不获一图报塞。感之！愧之！

春来荏苒，倏届服除，言念罔极，怦怦于中。又突有嗣子之变，西河之恸，真不聊生，何能复问人间事？且也卜居山僻，除目未睹。即老父母繁借大邦，树骏流鸿，从兹托始。而某褎如充耳，阙焉称贺，殊可笑也。载荷不遗瑶函，珍锡有陨自天，其何德之敢承？

窃计老父母才品政事，实为天下第一流，故所治当亦称是。蕞尔小邑，何足羁大贤之凫舄邪？矧计典甫竣，而随有此举，则台下峻望，已在冰镜兰省之间。乌台秉宪，不足言矣！

某曩窃禄淮海，罪状实伙。迩者，幸不显斥，反叨异典，洵所称不虞之誉；抑亦台下二三君子，嗜昌歜而游扬之也。第愁苦之余，衰病侵寻，长林丰草，若将终焉。上与夔龙无分，下与麋鹿有缘，从此云泥顿隔，晤对无期。奈何！

---

① “缄”，四库本作“椷”。

与张宪松

门下需次燕邸，倏忽二载。高选乌台，卓冠群伦。而弟漫无一函为候为贺，则嵇懒成癖矣！

弟年来草土余生，百念灰冷，是以服阕已久，业坚意不赴部。而无端反有晋中之补。欲抗疏乞骸骨，而又恐以我为矫也。顾百务纷纠，室人多病，无奈简书之迫，何敢！望门下鼎力以维持之，务以腊尽为期，则善矣！

与韩城薛世兄

不佞，以一介寒儒，昔辱老师，识之尘埃，宠之桃李，耳提面命，夙夜匪懈。又荷令兄念翁，折节下交，情深胶漆。金石可销，此谊难泯矣！

不佞，滥竽仕路，叨縻刀斗，饮水知源，敢忘所自？惟是栖迟冷曹，两际大难，鱼雁既稀，闻问久阔。即老师仙游，竟不获炙鸡絮酒，少展西州之恸，罪歉胡可言？

客岁，承乏晋阳，除日得令兄手教，缱绻过情，且约以暮春之后，把袂论心。窃喜数十年积抱，倾泻一旦。方计日以须，而门下报讣之章至矣！捧读之余，魂摇肠裂。

嗟乎！以老师之盛德，而不昌厥后；以令兄之雅谊，而不长其年。且人生良晤，乃有定数如此，可讶也，亦可悼也！及询盛使，知灵舆已南下，无从拜奠椒浆，良用耿歉。薄具戋戋，幸为治具，叱荐灵几前。幸甚，门下遽抱宏才，老师箕裘之绍，于焉是赖。

忆在署中，头角峥嵘，业自不凡；知已脱颖芹泮，良用喜慰。顷接翰教，情意殷渥，文采陆离。指日鹏抟鹗荐，以光先烈，知不远矣！

惟节陟冈之恸，珍玉下帷，用期远到，所至望也！

答王霁宇

上人妙峰，精通法乘，广布慈航。惟是汾河之桥，数百年来，寒心咋舌，而不敢议。今上人慨然任之，总而期之于有恒。此等定见定力，虽儒者犹或难焉！每一晤对，不觉令人欲心平，而[1]躁心释矣！

缘先后两抚台，咸欲借重上人福缘，为地方永赖计，是上人无求于世，而

---

① “而”，原脱，据四库本补。

世不能无求于上人也！

诸所护持，宁顾问哉！伏承鼎命，敬镂心膂。

与许绳斋

伯兄，今寓内第一流也！德业追曾闵，政事埒龚黄，文章继班马，墨妙媲羲献。弟何人斯，敢望下风。

只缘宦辙所莅，先后云间。彼中虽饶风波，而人情舆论，差不异汝南月旦。弟心旌摇摇，时切向往，而伯兄亦若有嗜痂之累者所从来矣！

兹幸联事三晋，咫尺台光。昨拜翰教，送抱推襟，偕之臭味，益不任沾沾色喜。《语》云："因不失其亲，亦可宗也！"弟今得所宗哉！伫赐指南，慰我饥渴。

弟，向艰嗣续，庚戌才举一子。客秋，赍捧东归，乃反失之。只身孑立，沉沦苦海，旦暮[1]拟拂衣归去。伯兄兰玉盈阶，胜弟万倍，乃亦悼亡特甚。虽云"情之所钟，政在我辈"，然试以弟较，不更当霍然乎！

与张华东

恭闻荣命新下，领袖掖垣，深切忭跃。窃惟，迩年来，天下大事，俱坏于纷纭瀹[2]讹之口。今不惟圣明厌之，举世亦交厌之矣！老年丈智深而勇沈[3]，诸所建白，必有片言居要者，而国家和平之福，亦可赖以培养也！

与韩晶宇

弟前岁初抵晋阳，孟白李君为宪长，肝胆期许，一见莫逆。弟窃窥其执法也，嶷然如山；而接物也，温然如玉。盖表里洞达，才品并茂者，真大受器也。

兹擢江藩，时奉台丈功令之下，贤豪臭味，计必默相契合。而弟以胶漆之夙谊，敢冒昧一言。计藩臬中，所可托重而恃力者，如此君辈恐不多屈指也。晋中直指，为云浦苏公。弟实谬辱知爱，倾心相与。顾弟则何敢望孟白万一哉！

---

① "暮"，四库本作"莫"。

② "瀹"，四库本作"噏"。

③ "沈"，四库本作"沉"。

答李孟台

台台介不绝俗，和不刓正。真品真才，寓内寡俦。不佞弟，徼天之幸，依光晋阳，昕夕握手，言言肝鬲。方冀长侍台衡，永依型范。不谓台台有江藩之转，而不佞弟，亦辄有赍捧之役。睽隔清徽，邈焉河汉矣！

台台清轨茂树，流播三晋者，种种在人士口碑。而按君尤以不得同时为恨。辰下大计伊迩，吹求颇急。至如台台，精金美玉，更无间言，又何烦荥去后之抱也！

弟碌碌晋阳，愧无寸树。顷复仗芘，量移河东。旧例，驻札蒲阪[①]。闻其地，俗轻而口多，似与弟直肠拙性，不甚相宜，未知税驾何所？且豚儿自客岁归里，即以宿疾夭折。肝肠欲裂，呼天无从。屡承慈注，远寄药物，愈挥西河之泪耳！血嗣寥寥，愁绪满腔。会且谋引去，投老于长白峰前矣！

上苏直指云浦

大阅事宜，职据肤见，条陈十款，深愧朴樕无次，抑恐窒碍难行。惟台台挥而掷之，别出石画，以光巨典可也。

又思晋中弊政，如通省之皇税，繁峙之皇租，河东之余盐，均为民害，亟当厘革。统俟台台，及瓜报代，并入一疏，为三晋生灵请命也！

又

庄诵二记一歌，摹写龙门汾阴之胜，炫奇耀景，尽态极色，真文中画也。且能发抒性灵，住世超世，翛然烟霞之外。即苏长公之《赤壁》、杜少陵之《渼陂》，不是过矣！

职推鲁不文，无能仰赞下风，反藉鸿笔，以留姓字于江山之间。割荣当何量邪！

答抚院

河滩一事，伏蒙宪札，谕以在晋者归晋，在秦者归秦，此公平正大之体也。盛明之世，既无分土分民，岂宜偏肥偏瘠。在彼方无地而赔粮，在此且因滩而起租。揆之情理，委为不妥。维是经界久湮，骤难清楚。人情嗜利，狃为故常，似有未易言者。

---

① “蒲阪”，四库本作“蒲坂”，下同。

粤自黄流西徙，凡种田者，各照其田之所向而占种之，号曰“门面滩”地，此类实繁。而强有力者，又反乘机吞并，所从来久矣！州官因而征之，岁得租谷千石。以四百入学仓，赈贫生；以六百收常平仓，备赈贫宗、贫民。即该州书手工食，亦取给焉。岁终，具收放数报院，以为常。今若一切扫涤，归之朝邑，干系通国人情，势将汹汹不已。甚且争地以战，即朝邑亦不能安其耕耨之常矣！

此外，自西门以南为南滩。内山阴府占种一百三十余顷，冒称钦赐，已经襄垣讦奏，查勘未结。前岁杀一内官，该州移文朝邑会勘，竟莫得其主名，即此地也。自西门以北为北滩，逼近大庆关，真朝邑故地。闻昔年有朝邑令，为韩象云太史门生者，以此滩地送之。后此令败，挂入弹章，今竟为不拔之业矣！近虽申请宪檄，委官清丈，而此二项，尚未就约束。一驾言于候旨，一借口于秦疆，所谓河南、南阳不可问者也。

又查王襄毅《学田碑》云：“蒲在晋西境，临大河。夹河民田，岁多浸没，故国初开除河滩，原未起科，俾民佃种，藉补岁额。”若此，似蒲州原有滩地矣！又闻蒲州东南下流，为谭郭、阳贤二里，乃河流转湾处，损失纳[1]粮地二三十顷，见在赔粮，是蒲州亦有失地矣！议论之不齐如此。且黄流昔在蒲阪城下，蒲之荐绅尊显者众。自河流西迁后，则秦盛而蒲衰矣。蒲阪之人，亦日夜望河之复来也。至于目前滩地，占种已久，不啻集膻之蚁，谁肯轻割？必仗台台威灵，加以题请，事或有济。不者恐发大难之端耳！

大都朝邑，隔河种地，终是不便。而蒲阪之人，又借口于秦晋以河为界之说。然则为朝邑者，急于清丈，豁其赔粮，亦未必非善处之策矣！

答蒲州乡绅公书

伏承台谕，仰见诸老精白事神，为民祈福之意。某不敏，叨有地方之责，敢不只承，以贾大戾？惟是五邑伶人，议停二十年矣。何其宜复而久不复也？其故可思也！

夫神，聪明正直而一者也。岂其不以百姓疾苦为念，而务求淫乐以逞其欲？必不然矣！成案具在，似难纷更；公移已发，似难食言。无已，则仍行蒲州，多其侑享，丰其牲醴可乎？

若其仪文不备，获谴于神，某当与司牧者均任之，不以为士民累也！

① “纳”，原作“约”，据四库本改。

与苏云浦

洞庭湘江之奇甲天下，台台锦旋数月，以一人饶领之，致可乐也！当今时局纷纭，泾渭莫辨，台台以整顿乾坤之手，反高卧烟霞，可谓寓内长太息者此矣！一切放游之适，著述之富，可批示一二，以荡涤俗吏之尘襟乎？

职以奇蹇之遭，兼膏肓之病，久欲乞骸归里。属以巡道乏人，骤难解缚。尚在逡巡未果。忽有辽左之推。非其据也，不能者止，分义则然，岂敢别萌他念。不意部推于十一月初七日至本月十五日，职始见报。而新按台保留之疏，即于此月之十二日上矣！

维时，职居蒲阪，新按君居太谷，绝未一面，且相距千里，即片纸未及也！总台台嘘植有素，兼偶承地方人乏，是以误蒙特达之知，备极奖诩之辞，真所谓不虞之誉。

迩者，蓟辽抚按，犹有疏揭争执。以迹而论，职似有规避之嫌者。嗟乎！此造物者，所以成职以为挂冠长往之地者也。稍俟新巡道命下，即当决计渔樵矣！

与顾寰清

永宁州守张黎津，吾侪同举戊子者也。弟犹记发榜后，诸同年俱乞冠带，以荣所生；而此兄独以椿庭早殇，例不得预，在广众中，呜咽歔欷，逾时不已。弟用是深服此兄之纯孝也！

一别二十载，闻问阔如，向慕如新。嗣见擢淮阳二守，计造物阴芘孝子，必浸假大用，为吾侪乡榜兄弟巨擘矣！乃又左迁永宁，岂非以资格限人哉？

幸属老年丈宇下，塞翁失马，倚伏相乘，政此兄所为，终食孝子之报者也！偶闻莅任永宁，因漫述往事请教。老年丈谱谊甚隆，必加青盼。万冀以其全力，自为嘘植。而又以其绪余，代弟敦笃。即弟拜赐，不浅鲜矣！

答李直指灿岩

台台持斧三晋，凡冀并生灵，无一不沾汪濊。至河东一隅，似觉沐德更深，被泽尤渥。如斥供张也，减词讼也，罢访察也，发仓粟也，释冤狱也，饬从役也，清滞案也，除奸胥也，种种不可枚举。而总之以清心寡欲，澹泊宁静为主。三晋士民何修，而觏此福曜也！

昔子舆氏，教人“以无为不为，无欲不欲”。惟台台能充拓得尽。陆象先称“天下本无事，庸人扰之耳”。惟台台能涤除此弊。寓内巡方使者，而皆如台台也，天下可立致升平矣！乃台教又云："悔不做得好事，则必如何而后为好事，如何而后无悔吝也哉！"望道，未见于兹信矣！职不肖窃计，终身型范于焉！在是愧私淑之余，无能步趋万一也！

台台会审，驳问囚犯，简而且精，案到即行。该府鞫讯，恨不旦暮[①]竣事。但旧例，必道行府，府行州县。鞫问之后，州县转府，府又转道。中间勾摄转解，有不妥处，仍须驳问，势不得不少需时日。然不敢不亟为督催，以仰副台台好生之德意也！

上三院

职顷因病乞休，荷蒙台台，褒以华衮，勖以腾骧。抚躬内省，感悚交集。语云："士为知己者死！"职何爱此七尺，而不黾勉报称为也？

顾职迩来，沈[②]疴已极。自午月朔，以迄于今，偃卧燕室，计四十有五日矣！一切紧要公移，间亦忍死了于床褥。然而每苦昏眩，兼且时惧谬迷。至盐池结花，相距仅百余里，例当亲临督采，而困顿不能也。尸素若此，将安用之？

夫台台之留职，为地方也。职既病惫，无裨地方，而反以滋丛脞之虞，则不如奉身而退，犹不至重伤台台知人之明也！傥辱慨赐放还，不至陨越客邸，真起死人而肉白骨矣！衔结宁有穷哉！

答李灿岩

职顷病困，屡牍乞休。挂冠东行，长负嘘植。自分罪无可赎，悚息以待。行至黎城境上，言念台台知遇深重，若即恝然长往，匪直功令森严，此心殊未即安，用是栖迟旬日，以俟允示！

嗣接宪札，不加督罪，翻叨奖诩，恋别真恳，溢于言表。捧读未终，不觉感极泣下。谨北望台端，敬谢明德。

因念台台之留职，为地方也。彼时，原无半面之识，亦无介绍之容，天地在上，鬼神可质。而说者有肥瘠之语，关职名节，点职生平，姑无论矣！乃揭末又云："所以为人情则善矣！"是台台以曲徇而留，职亦以请托而得，抑何苛求之甚也？海内耳食者多，安知异日不为话柄。自职一去，则不惟职之心迹白，而台台之心迹亦白矣！虽不能造福地方，或庶几无愧高明，想亦台台所洞照也。惟是功

---

① "暮"，四库本作"莫"。

② "沈"，四库本作"沉"。

名可弃，知己难忘。樗散如职，宦况素澹，从兹养疴藏拙，便可漱流枕石以毕此生。

台台间代人豪，目空海内，乃独于职不胜昌歜之嗜。尽脱形骸，披沥肝鬲，释堂帘之分，而敦骨肉之惧[①]。如此天地高厚之恩，真非捐糜顶踵可报。异时，台台昼锦天中，职未即填沟壑，尚当徒步千里，伏谒台墀，然后罄此区区也！

答高东溟

翟凌老在枌榆中，真弟所称莫逆交也。曩岁，弟有辽左之推。未几，而三院会疏题留矣！

查推疏在四十一年十一月初七日，而李按台留疏，即发于此月十二日。时按台初入境，驻札太谷，弟居蒲阪，相距千里，素未一面。且蒲阪距京师可二千里，题留之时，弟尚未得推升报也！已而蓟辽薛总督有疏，仍欲弟入辽。凌老有揭，亦仍欲弟入辽。言之尤力，不谓部覆之仍留也。此时，弟之心迹，几于不白。即凌老夙辱知爱，必能谅其无他。而规避营求之疑，其能家置一喙乎？

弟，病困之夫，久欲归田。缘此，遂决计挂冠。其实，凌老揭中，推毂之语特多，不可谓不知我；其欲弟入辽甚急，不可谓不爱我。弟方感恩戴德之不暇，而敢毫有怨尤、芥蒂于其间乎？特弟所处之时势，有不容不引避自白者耳！

贱体善病，日事药裹，一丘一壑，实获我所。凌老，海内名贤，正赖匡扶世道，兹欲十载闲居相谢。是雅相契厚者，而更启猜嫌，存形迹也！弟未敢闻命，希为转致区区！

答李副将

西[②]藏之事，知麾下留心处分久矣！无论增市马匹，难以轻许，即赏赉诸物，不得其心服而轻掷之，无益也。至于跌死马匹，亦混赖中国赔偿，尤为桀傲无礼。总戎来催速赏，盖未悉其情形耳！

麾下不轻言动兵，亦不轻与赏赉，但欲俟其入境抢掠之时，乘机大创，真是胜着妙算。愿加意图之，使其畏威悔过，而后抚赏未晚也！

---

① “惧”，原作“欢”，据四库本改。

② “西”，四库本作“羶”（“膻”的异体字）。

答阶州

辱贶种种，均属塞上所乏，极佩至爱。第先是有以土物时，果见惠者，概未敢拜。盖缘道属地方辽远，一时受之，未足伤廉，而异日沿之，遂为定例。究将以一口食之微，而令仆仆道途，劳顿物力，谁之咎也？

即欲黾勉登嘉，以副盛雅，岂容开异同于同舟之间乎？敬以心承！

与胡充寰

巨鹿与瀛海，俱处畿辅之内，山川不甚辽逈。某曾不能时奉尺牍，奉请方略。只以戎幄新开，百冗鳞集，只身支吾，日亦不给，非敢有遐心也！

每捧大疏，翩翩筹策，何计之审，而辞之工乎？至如辽西屯田，目前足阻，长驱日后，可垂永利。即赵营平之计先零，羊征南之镇襄阳，奚以异焉？又见题造战车，精心妙制，远轶古式。特于静海，取一辆谛观之，施机巧捷，坚致异常。一时，造车者无虑数十家，胥拜下风矣！某不揣，窃有请焉。

台台以六郡之全力，揆属邑之饶薄，分曹列等，计日程功，体恤既周，成造亦伙。某欲按式自造，则士多袒裼，兼苦露处，于势恐未暇及。若欲督责郡邑，则所隶止河间一府，已造之后，于力似难更支。然遂舍而不制，又何成营垒而壮士气？终夕踌躇。念大君子，谋国之忠，无分疆域。而以大字小，古今通义，且以情告，量无矛盾。

愚意台台用其五郡邑者，而津借用河间一郡邑。所造其用过工价，令该府即于敝镇项下开销。傥蒙俞允，仰荷台台同舟之谊，恤邻之仁，得拱手而受成事，即九鼎驷马，不足喻其隆渥矣！

敬延颈以俟。鹊巢鸠居，惶愧何如！

与熊芝冈

读致辽左抚按二书，备悉台台谋国精忠，筹边远虑。君子爱人以德，真是今古合辙矣！夫美疢不如药石，从古识之。

向来，辽抚或失于轻信，或疏于调度，特苦不自知耳！非敢为异，为抗也！得兹良规，必且旷若发蒙，恍然憬悟。庶几改弦易辙，共济时艰，进战退守，不失昔年。台台嘉与拂拭之盛心哉！

计台度汪洋，终当在涵容中也！

又

每捧大疏，服膺三复，极仰台台深沈[①]之识，雄远之谋。老成图事揆策，非尝试漫为者比。

某，虽未尝躬至辽西，然观今之物力将卒，俱似不堪大举者。夫天下事，言易而行难。勿易其所易，而畏其所难，乃庶几矣！战守原非二义，先为可守，则进退皆得裕如。且也，隆冬出师，兵法所忌，古人惟有淮蔡之功，其余亦不数数见也。

恭闻台台出关以来，戎服轻骑，行冰雪中，无险不亲历，无将不抚循，真足萃涣散之人心，肃窳惰之军气。读《闻见述》，益信台台苦心擘[②]画，不必决机两陈之间，而一切任事任人，自足奠安华厦矣！

目今，逼邻虎穴，寄身危堡，上为冲圣宸旒所倚重，下为百万军民所颂戴。即九庙神灵，亦当鉴照之。冠绅而下，计无不倾心相信者。譬之宝鉴，愈琢磨则愈光莹矣！非敢为谩也！

又

忽闻河西之警，令人痛愤无极。议论纷纭，竞喜言战。而战之不易，一至于此。乃知台台老成持重，真有卓识定见，益可以谅不和之故矣！

目今，兵气日馁，民心日离，蒿目时事，尤为可骇可惧。瓦解土崩之象，似在旦夕。所恃惟山海一关，若能以丸泥固封，犹庶几金瓯之无缺。至若沿边诸口，在在堪虞，曲突徙薪，图维宜早。所冀台台，益殚忠贞，仔肩鼎吕。凡有益于边陲，无少摇于浮议，终当奋翼渑池，收功桑榆也。宗社生灵，实式凭之。匪佞，匪佞！忧心如焚，谋国无策，拮据徒苦，颠蹶可期。惟是一念，自矢与台台久要之谊，誓当永永勿替耳！

又

昨拜手教之辱，计旦暮抵津门，可图一良晤，乃明旨准令回籍。而台台入京请逮，卒以物议纷纭，不免对薄。

台台此举，恭谨劳谦，可谓得人臣礼矣！敬服！敬服！计朝端公论自定，风霾有开霁之期，雷霆无竟日之怒也！

与张大司马翼明

津门新募水兵，创立三营。昨有小疏，欲设将领统练。会同总督具题，业

① “沈”，四库本作“沉”。

② “擘”，四库本作“劈”。

奉旨下部矣！

顷准部咨，各举本弁。旧日弹文，以相诘难。又以三科武举，例不推升守备为言，仰见郑重名器，慎撰将材之意。惟是各弁，招募训练，效有成劳，政欲鼓舞激劝，以为乘风破浪地，即有夙眚小过，仰冀破格原免。若先事而罗之，迫成事而弃之，食前言而灰后志，似未见其可也。

某以不才，承乏节钺。当兹封疆多事，必借朝家爵禄、枢管玉成，方可奔走豪杰，展布四体。不则，殆矣！况初设水将，视旧营伍各官，何啻天[1]壤。名虽推补，与加虚衔者同，计亦不必吝吝者也。万一此兵不募，则此缺且成乌有，而何烦争执。又或久署不题，则此官固自受事，而何烦推敲？想台台必有洞照矣！

至于道路悠悠之口，似有吏胥索贿不遂之议。窃计，台台鉴衡精明，此辈安所容其伎俩，决难轻信者也！

与孙枢辅恺阳

仰惟台台，阅关之行，安攘大计，恢复讦谟，在此一举。盖自昔赵营平知兵，犹以“百闻不如一见，兵难隃度，愿至金城，图上方略”。已，果倚办成功，为汉史美谭。

矧今一线榆关，百务缤纷，其至要者，如款部赏费之宜豫，版筑竣事之宜速。幸藉旌纛，陟降岩塞，一切借箸聚米，迈伊吕而轶方召，区区长平骠骑，可勿论也。

目前，闽兵援鲜，行止最属吃紧。而前招之赴津，今又俾之离津，于津尤属吃紧，政以闽兵。客岁，奉檄自闽，止约戍津，不言赴鲜。执以为辞，坚不肯东发耳！无奈毛弁海外，势苦单虚，经台师中义勤按济。某系同室，披缨救斗，于情于势，俱万不容稍缓。顷，方为之竭蹶遣发，而忽又从邸报见林丘垣疏，有四不便之议。其言亦大娓娓有说，某窃不胜杞忧。即或旦晚强之使发，恐发而中道衡命；或风波叵测，未尽抵鲜，而[2]不能成功以归。异日，将执为发兵者罪案，某其何辞乎？愧某智短见浅，不堪汲深，所恃台台平章在握，可藉禀成。

窃计寝而不行，将使鲸吻孤军，孑立无恃，固不可也；若强以必行，又恐鱼腹堪忧，星散可虞，万一空费帑[3]饷，尤不可也。就两端而求一是，惟政地有石画。不靳提命，庶几咄嗟于襄为幸耳！

---

① “天”，四库本作“霄”。

② “而”上，四库本有“抵鲜”二字。

③ “帑”，原作“弩”，据四库本改。

答邹南皋

某顷受事版部，缘新中丞节钺未至，尚复代庖戎旃。一切东支西吾，真是皲皴血指矣！幸李懋老，旦晚莅任，庶几藉手弛担，以日为岁。

忽接鼎札，过期以颇牧之任，非某所敢闻也！其或台台，爱忘其丑，袭石以锦。自是式蛙招骏，一腔苦心，第某实非军旅之才。今兹仰仗台植，藏[①]拙计曹，已大逾涯分矣！又况蒲柳早衰[②]，方且思赋遂初，何容复有尘忝。傥有嘘及，冀惟台台为某婉转止之。感恩知己，镂篆匪浅也！

东省会剿，已发兵五千矣！尚赖群力夹攻，庶可望扑灭耳！

与汪大司农澄源

东土妖贼，初时扑灭亦易，不谓偶尔忽视，遂致蔓延难图。近日，四将偾辕，一败涂地，藩府告急，济兖危困。腹心之祸，诚有大可寒心者矣！

治某素切桑梓之忧，兼怀漕渠之虑，况承台台，激切吁天，业奉俞旨，敢不竭足发兵，共图殄灭。兹谨遴发五千，统以三将，监以宪臣，庶几可称一队之师。傥群力大集，互为犄角，于以迅扫妖氛无难也！

兵饷急需，万惟留神解给。见今，一面搜括督发矣！

答来监军马湖

偶闻景州之变，令人惊骇。寇在门庭，亟须剪除。拟暂借东征之师，而又恐前旌之远也。捧读公移，知已移兵剿除，可任快心。

贼寡我众，扑灭无难，但须计出万全，毋以小寇而易之。所至望耳！

又

门下自景入兖，昼夜疾驱，政恐鞍马劳顿。得教，知已清健倍常，亲冒矢石，以为士卒先，可为愉快。妖贼虽小丑乎，而荏苒蔓延，已五阅月。其中岂无智勇之士，似亦未可轻也。

目今，或合围邹城，以待食尽自毙；或先取滕县，而令孤立援绝，是皆策之善者。

门下满腹韬钤，赵公祖必加托重。同心图维，出奇制胜，其于灭贼易易耳！

---

① “藏”，原作“岁”，据四库本改。

② “衰”，原作“哀”，据四库本改。

大捷班师，敬拭目望之！

与汪澄源

昨承台翰，以朝鲜运事为问。大都万里风涛，飞刍挽粟，原是至艰至险之事。

前七月间，在沾化县失风一次；至八月间，在刘公岛又失风一次。嗣是音耗不通。外论喧传，谓黄参将、孟推官俱无下落，粮艘仅到一半，令人惊愕不知所措。

今幸有人言旋，始知粮艘损坏不多。而毛总戎实收运到粮料共计九万二千余石，布匹、军火器械亦到十之七八，真侥有天幸矣！登州尚有粮艘十二，桅舵虽坏，而米布俱存，仍可修舱，以待明春发行赴鲜也！

兹具实收公移报部，仍俟查明，另行具题。大都各言，万死一生，此行良苦。仰仗台台主持，破格优叙，以示鼓舞。庶几鲜运，犹可为也！

复余健吾

延绥兵马，昔年精强甲于寓内，今非其质矣！粮饷匮于京运，将帅习于剥削，营伍困于占役，精锐耗于东征。难言哉！若非改弦易辙，延事未可为也！所幸，天锡年台，彻底振刷。顷，所条议兴革，靡不洞中膏肓。从此犁庭扫穴，浪破长风，铸鼎铭钟，功收指日，端可企[①]足俟矣！

弟昔年待罪延西，虽曾凑助抚赏，所愧涓滴之润，沾濡未宏。何烦年台惓惓奖诩耶！惟是明暗私增，大为边累。而不肖守操官，又复[②]夤缘攫取其间，莫可究诘。安得设处正项，刊定成额，以永杜此害也！至于安定二城，弟庚申岁，各筑砖墙一面尚存。未修一面，不知比年已讫工否？若渐次包砌砖井、宁塞，是亦百世利也。

石涝、三山等堡，原是沿边二路。边塞人烟稀少，藉此可以招集。先年条陈裁革，弃险不守，止成一线危疆，似亦非算之得者。若故址可仍，则修复为便耳！

---

① “企”，原作“跂”，据四库本改。

② “复”，原作“反”，据四库本改。

答毛总戎

辽左全失[①]，幸赖海外牵制之师，得成榆关丸泥之势，则麾下之功，在宗社者至弘巨矣！

初时中外纷沓，意见参差，疑信各半。今则事久论定，舆情归向，万口一词。圣明东顾，倚重不啻万里长城，陟元戎更假便宜，晋府衔复赐上方。一时，纶綍辉煌，恩光舄奕。大丈夫得时而驾，真与班定远异代齐驱。若果天心厌乱，人心未散，渐复故土[②]，四海盘石，于以流光竹帛，垂休天壤，真寰宇一大快心事也！

不佞职在转输，忧深国恤。每思源源接济，敬助一臂之力。屡经题请，乃副鄙怀。惟是津门抵鲜，海面三千里而遥，危险异常。客岁秋深，尤苦风飓。嗣得赍到实收，如获拱璧。及从邸报庄诵大疏，荐扬押运各官，艰难颠沛，总荷照察，顿令人情踊跃，乐以忘劳。而不佞亦得藉以逭于戾，其感侈矣！今岁运事，鉴于客岁之迟，拟以四月开洋，五月抵鲜，必不使麾下有量沙之困，壮士起呼庚之嗟也！

忽拜翰教之辱，极佩注存。孟司李忠义过人，今在麾下幕中，知必同心共济无疑矣！管大藩前以粮乏而归，今复入鲜，供驱策于左右。所冀嘉与更新，终始提携，亦屋乌之极爱也！

与孙恺阳

春已向暮，榆关晏如。北门锁钥，今又一莱公矣！窃在下风，愉快何如！

山东营都司刘永昌，部兵二千，骁健绝伦，津门锐师，此为第一。永昌又复禔躬廉介，饬伍森肃。如此将略，真某从来目中所仅见者。粤自统兵抵津，某即加意激劝。后遣东省平妖，转战数十合，连下邹、滕二城。本官功绩，莫之与京。而当事题叙，犹未免以主客相后先，乃公论则固有不可泯者矣！

兹以赴关，更番备驱策于辕门。顷，津抚李懋老代为疏请加衔，言言实录。傥蒙台台，赐之青眼，假之便宜，令其感恩图报，乘时自树，必有可以独当一面者。忆某客冬在关，业于语次推毂。本官今其行也，似不容无一言。要以台台，知人善任，锱铢不爽，固无俟某赘也！

---

① “全失”，四库本作“沦胥”。

② “人心未散，渐复故土”，四库本作“奸衅内作，三韩恢复”。

与赵侪鹤

顷者，内计大典，幸赖台台一代正人主持于上，公明并运，黜陟咸服。至考察勘问议，尤是脍炙人口，所裨圣朝式序之化，良非浅鲜。

某转饷无功，积愆不少，自分摈斥，尚辱包荒。岂非仰荷云天之芘，遂获瓦全尔尔哉！知感，知戴！顷者，饷院一差，吏垣以为当裁，不肖以为当仍。非敢故为异同，政以钱粮重大，必借直指耳目，以明心迹；加派殷繁，必借直指查参，以资接济。总为军兴起见，即有以恶声相加遗者，亦任之矣！

台台不弃刍荛，独持衡鉴，特请照旧题差，于以资纠绳而重封疆。斯真大臣纯忠体国之极思，非但某席麻逭戾而已。一切知己之感，国士之遇，惟有永镂肝鬲耳！

又

老先生道德浚源洙泗，文章接踵欧苏。虽在神庙极治之时，独抱直谅不阿之节。一时激浊扬清，难进易退。海内人士，无论识与不识，莫不侧闻风采，想见光仪。虽为之执鞭，所欣羡焉！

会圣天子出震继离，搜扬耆宿，拔之岩穴之中，登之总宪之任。一时朝端密勿，虚己以听指㧑。台台毅然以纪纲法度为己任，读诸封事，颁布规条，令诸柱后惠文，不寒而栗，孑遗黔首，不雨而濡。乃圣明亦复临轩击节，欢同鱼水。于是，曩时冒滥之习、苞苴之风、吏治民生，洒然为之一变矣！属者冢卿虚席，九夏引领，无不以为衡鉴重任，舍公谁属？而今，果符所料，益信人情贤于梦卜也！

从兹，表帅六卿，羽仪八座，分泾渭于九流，别萧兰于千里。非但正人进而邪人退，将使大臣法而小臣廉。会见仕途之日以澄清，海寓之日以升平，宗社之日以宁谧矣！岂非世道之幸，国是之福哉！

某不肖，自惟行能谫劣，无所比数。惟是屡辱诲言，曲垂陶铸，窃用铭镂于中。邸报初传，倍切弹冠之庆。谨驰尺素，以将寸忱。伏惟，为道自重，为社稷苍生，自爱不宣！

与孟推官

门下远涉异域，载离寒暑，兹行良苦。入春以来，日望归航，而海上之音杳然，令人怅怅。

因忆去冬，运艘言旋，接有门下手书，恐以一介行李，为属国累。具觇廉静之操，不佞当即据以入告。即毛总戎亦有疏矣！近闻，门下复有王京之行。

久羁中途，岂出使须复命，敕谕无回音，有不便遽为返棹者乎？目今，鲜国废立，回视客岁，又另一机局矣！

门下留滞逆旅，恐无了期。若能熟察顺逆之形，细酌辅车之势，或有一得，可佐庙算。鹢首西驰，不辱君命，不亦可乎！惟门下良图焉！

与邹静长

忝附世讲，久企斗山，酉春都门，怀刺往来，竟未获一觌紫芝眉宇，怅歉胡可言！

近闻年丈已出守长安。襜帷所莅，霜湛露濡，将使扶风、冯翊之间，依稀复见西汉神爵、五凤间景色矣！

韩城故廉宪质亭薛公，规言矩行，葆素完真，覃精理学，远追濂洛。宦辙所至，咸有庚桑畏垒之祝。殁，而李翼轩先生为之传，言言实录。

先是丙戌、丁亥间，任敝省济南守道。弟甫角兆，即受知遇，延入署中，与嗣君下帷。昕夕阐发奥义，闻所未闻，遂得滥竽一第，受恩最深，觌德最切。

近闻其邑士民公举乡贤，殊为忭跃。窃谓，惟公而后，不愧乡贤；亦惟乡贤得公，而后增重。年丈笃于《缁衣》，必且玉成无疑，乃门墙下士，岂容默默者？薛故宦族，近缘冢嗣不禄[①]，其次公及冢孙俱困青衿，不胜废兴存殁之感。冒昧唐突，诸惟鉴照，而翼芘之！

答张蓬玄

兵与饷，重务也；归并兵与饷，苦差也。某以疏拙之才，兼衰病之躯，惴惴乎覆悚负乘之惧，安得不辞！

嗣见台台大疏，似觉议论未归一，人望未系属，又安得不揣分引嫌以辞！况屯寺，贤者也。比以事权不重，统辖不广，舆情咸有加秩。即真之望，而大疏适相值也，又安得不推贤让能以辞。第某与台台，夙附维桑，兼承臭味，亦稔知台台之必不以薄为道也！

顾当庙议未定之时，旁观者无不为某讶，而某亦不觉自讶。种种前情，总属肺肝，所敢饰词以相欺者，有如津水。

捧读大揭并拜台函，所称“出入均劳，曳履星辰”等语，推毂逾涯，某不敢当。又谓“东人落落，凭人位置”，此皆某意中事，某不敢以告人者。是知台台爱我，

① “禄”，原作“录”，据四库本改。

即骨肉不啻矣！敬用镂刻，永矢弗谖。

辞疏发于长至，越数日，而津道来见，云奉到尊札，有“一抚再抚”语，甚相怜念。殊自懊恨，所谓驷不及舌者也！惟台台怜而宥之！

与李懋明

津亭握别，忽逼岁残，过隙居诸，又献春矣！虽遐哉山川，晤对无由。然金石之音，鸾鹄之姿，固隆隆耳根，隐隐梦中也！“江之永矣，不可方思。”风人之言，若为今日设乎？

窃窥台台才品卓荦，识力沈雄，可以横绝一世。如某寡陋，自顾形秽，回首循省，不识何当于台台。而披肝胆、倾意气，若斯之深也！

秉钺津门，递相为政，同舟之雅，有逾骨肉。即今，幸免颠蹶，量移跬步，总明德之所波及者。受事以来，披读故牍，寻问旧章，无往而非师资之益，庶几是遵是循，以少逭罪戾于万一。无奈羽檄飞驰，征发倥偬，标正毛兵河南四营，一时俱调喜峰口防御。自嘉平望后，督发毛正河南三营，业已成行，俱于年前抵边。惟标兵营，尚以无将无饷，少为迟回。又缘重镇空虚，具疏祈免，见候部复。至于运脚全虚，豆价不敷，一番疾呼，一番侧目。举足摇手，动有窒碍，不觉令人起长林丰草之思也！

昨见台台有疏请告，虽大君子难进之节固然，第时事方亟，非寓内引领贤豪意也！况太封翁春秋原未甚高，何妨移孝作忠。所冀星轺，早入承明，运筹帷幄，以丸泥固榆关之封，而以余波沾溉津门，是所顿足跂耳！

与孙恺阳

关外危险荒凉，人多避匿不出。台台驻札其间，倏已两月。昔裴晋公云：“贼亡，则朝天有日；贼在，则归阙无期！”人皆伟之！今读大疏，云：“事完，则长啸山林；事不完，则膏身原野。”又度越裴晋公而上之矣！天下宁有如此忠赤，而神明不默佑，肤功不立奏者乎？

独是关外粮料缺乏，秣饲断绝，谁司输挽而溺职若是？某安所辞罪焉！幸荷汪度垂慈，宽假以逮今日，敢忘复帱之仁？兹河冰既泮，海航可通，业于二月望日，自津祀神，开船抵大沽口，候风出洋矣！傥得仗芘，遄至不误军兴，幸莫大焉。先此驰闻。

某罪戾山积，展布实难，请斥未允，继以请告。见今病骨支离，梦绕乡邦，恐不能终事台台矣！

与解石帆

故礼垣都谏张惺宇者，沛人也。筮仕益都令，以卓异著声；召入兵垣，出阅山右诸塞。诸所条画，俱为边陲永利。继转工垣，值黄流横溢，祖陵湮没，遂有勘河之役。建议分黄导淮，竟奏安澜，祖陵无恙。后转礼垣，当国本未定之日，请册立、请出阁、争并封、争待嫡，一岁之中，疏凡十四五上。强半留中，屡经夺俸，卒触圣怒削籍。一时，海内无不想望高标。居家念载，杜门扫轨，励清修之节。庶几弹冠有日，而忽作古人矣！

近以覃恩，仅仅循例逐队赠官。常少识者，殊为扼腕，似犹未免以众人遇公。顾公才品，真有跨尘寰而凌霄汉者。念某乡试戊子，实为公所举士。嗣待罪淮徐，谂其居乡懿美尤悉，深愧未能抗章扬扢，顾安所称门下士也！

兹有公冢嗣，青衿名振者自沛来，思欲伏阙上疏，并拟谒见祖台，再求表章。某谓部议款例已定，或难纷更。只有发单议谥，政在此时。前见祖台，于维扬先达，皆显微阐幽，不吝齿颊。彭城距海陵，仅一衣带水，料必耳熟有素。今彭城在仕版者，空无一人，非赖祖台口角春风，他何望哉！

与董思白

目今，玉堂金马之间，雕龙绣虎之彦，指不胜屈。求其胸中磅礴、笔下淋漓，片言而东壁辉腾，只字而鸡林纸贵者，台台之外，不多见也！

比复翱翔留京，提衡国史，摅董狐之直笔，擅班马之兼长。独步蓬瀛，永垂琬琰，天下文章，抑孰大于是乎？某以三十年交谊，睹兹盛事，抑何幸分华割采而愉快焉！

念某猥以驽钝，承乏津门。昔犹兵饷递任，今且督抚两肩。怅无米之难炊，徒循墙而滋惧。鞭策无当，伎俩已穷。冀惟台台不弃，而终诲之！庶几香屑时垂，迷云常豁，于以借手，救过万一乎？

与许绳斋

粤自辛酉，都门一通闻问。嗣是，碌碌戎马，钱谷卒卒，无须臾之间。久疏鱼雁，今四易岁序矣！每一思之，愧汗竟踵。皈依之谓何？安所称石交也？

台台糠秕[1]勋名，尘垢轩冕，业已澹然烟霞之外。独计人心不古，风会日下，

① “秕”，四库本作“粃”。

得一名世大贤，政可秉钧握枢，转移叔季。而乃听其拂衣长往，婆娑图史之林，令人不能不切东山之慨耳！

弟待罪津门，荏苒四载，迄无一善可称。惟是职业之内，颇知黾勉，荣竞之途，颇能自持。是弟所谓窃附于私淑，而期不负于当年之切磋者也。顾鼯技已穷，而榆景渐逼，台台将无笑其知往而不知返乎！今岁转运事竣，行且赋《遂初》矣！

目今国是瞻乌，物情斗虎。貂珰与士大夫角，而士大夫又自为角，恐非世道人心之福也！言念及此，恤纬忧深。辽左黔南，又属第二义矣！安得台台入朝主持于上，潜收旁落，尽化异同，归于荡荡平平之域耶！

答袁熙宇

疏拙如某，积薪固宜。不意误蒙台慈，垂念梓里，不惜齿频芳润，昌言于朝。片言推毂，九鼎增荣，衔篆明德，矢当没齿。

目今循序量移，既苦无缺，加衔任事，实非本怀，亦惟诿之命运，听之当轴而已矣！惟是关门兵马愈增，计曹本折愈匮。疾呼不应，最难无米之炊；海运告停，岂能不胫而走。近日关门飞檄，责成渐急，万一加以违误军需之罪，某其无死所矣！

今且不暇为性命计，而又何遑为功名计乎？一腔蘗苦，不觉尽吐，希惟台照！

与赵大司马明宇

顷见邸报，海外屡捷，献俘阙下，行且叙功行赏矣！勘疏出于登抚，胪列甚详，而某亦挂名其中，可谓厚幸，何敢多言！但自某以外，津门转饷司道各官，一人不及。近见贵部题献俘疏，首归调度于枢相，次推接济于登抚，并无津门一字。

忆天启二年五月内，毛帅困顿异域，某时待罪津抚。因运艘回津，顺赍毛帅公移，据实塘报，而接济之议始成。未几，待罪督饷，首发鲜运，今三年矣！初年运粮料十万，次年十二万，今年二十万。其它布匹、器械，累累充斥，并敕书关防之类，无不从津转赍。今塘报、奏疏具在部科，非凿空侈口者！

毛帅有无赖借津门，恐未可概行抹煞也！毛帅客冬、今秋，解俘献馘，悉有公移；抵津解验，某亦厚犒而激劝之。但渠欲某代为具题，某则嫌于越俎，而不敢耳！登抚觭重沈帅，而与毛帅相左。毛帅亦屡形之奏章，见之塘报矣！今乃尽以接济归登，而遗津门。是耶？非耶？连年接济，折色少而本色多，折色易而本色难，登运折色，津运本色。毛帅良心不昧，奏牍具存，试下一檄质之，当叙何人，即可为定案矣！

登抚勘功，委之道府各厅。以故彼中州县有司，俱为近水楼台，悉得列名。而津门转饷司道、将领、府厅等官，猥以隔远，概置不录。为公为私，必有能辨之者。每岁鲜运事竣，具疏奏缴。司道各官，俱云纪录优叙。当此论功行赏之时，若令巧者竞进，拙者见遗，恐非圣朝平明之政也！

某素服膺圣门“伐善”“施劳”之训，极耻为竞。独于此事，似觉失平。若不预白，逮事后而言之，嗟何及矣！

伏惟台台，虚公主持，毋以疏逖见遗。叙及津门司道、将领、府厅等官，以为将来转输之地。饷务幸甚！公道幸甚！

与孙恺阳

台台忠义填胸，韬钤满腹，赤手而扶社稷，挺身以卫封疆。兹之入朝，原欲商确军兴，祈请兵饷，非厌岩关之劳，而希紫阙之荣也！

大疏预鸣，原自洞然。不谓咫尺国门，未获瞻对。天颜忽乃趣令还镇，若谓岩关不可一日无台台者，嘻亦异矣！某承乏转饷，襟肘自怜，满望台台入朝，直达于黻座之前，而不谓其中格也！则信乎某命之穷也！

昔周文襄开府江南，每每乘传赴京议事。此自国朝令甲，岂至于今，乃独靳之？岂左右用事之人，别有肺肠，而借岩关为口实乎？要以台台劻勷弘烈，锁钥壮猷，当与方叔召虎异代同称。何讵不足耀青史、垂不朽，而乃以腐鼠吓也！想达人胸次，必不缘此少有芥蒂。

屈指台旌，已莅榆关。谨专力削牍，敬候起处，伏惟为国自玉。

答李河岑

蓟永招买之难，久矣！客岁，大司农不知地方小民之苦，坚欲减草价，某极力争之。今议已定，永平每束五分，蓟、玉、丰、遵，每束自六分以至七分，不为少矣！料豆照时估收买，兼以岁事颇稔，未为厉民。惟是户部发价，每致稽迟。

某前有疏，谓贱时不买，而贵时乃买之；有时不买，而无时乃买之。今日地方受病，正坐于此，是发价贵早也。又在有司奉行得法，加意调停官价，尽数给发，而毋令衙役之克扣。买运须选殷实，而毋令阖邑之绎骚。惟在贤有司，加之意耳！语称“有治人无治法”，是良吏最要也。

附关州县，不妨分发瘦弱马匹，就近喂养，既免转输，亦多节省。客岁，迁安已曾行之，此已试之良法也，是移马为便也！以中国之马与边骑角，终是强弱不敌，莫若以步胜马。昔岳武穆破拐子马，以麻扎刀，如樯[①]而进，用步卒也！

迩者，辽阳之役，西兵走而川兵战，则马与步之异也！今关门练车营，而多用马，失其旨矣！韩淮阴云："置之死地而后生，置之亡地而后存。"马多则思奔，易败之道也。马兵第当用以哨探，及追亡逐北之用，不必甚多，三万足矣！今用六七万，由马总戎为西将，未免狃所习也！两马之刍秣，可当三兵之粮糗，是营马宜减也！

事例纳草一项，积弊尤多。此辈加纳榆[②]关，每百减二十两，而又专抬高价，不照永平而照蓟州。究竟无草到关，不过夤缘请托，钻求折干而已。国家名器钱粮，并属可惜，是事例宜罢也！

以上率尔直陈，总属狂瞽之见。因承下问，敢悉其愚。台下高明，必有讦谟石画，无须此矣！

答天津道钱昭自

猪鸡小畜，供人饮食刀俎，其生甚蕃。阴阳精血之间，稍有杂揉纷错，则幻而为双身、数足、数翼矣！政如人有骈指，未足为异。较之地震、星变，大是径庭。前，不佞家居时，熟闻村落，此类殊伙，第无以告官府者耳！

窃意此等琐细，似不宜以渎宸听。非敢如王介甫，谓"灾异不足畏"，而惮为逆耳之忠者也！门下考究古传甚悉，极服博洽。但不佞胸臆所见若此，要不容不直陈耳！

与毕见素

今岁新截漕粮，挂欠数多，昨有小疏具题，想已彻台照矣！

客秋，所截十万，原未算尖耗入内。且也截出，不意别无使用，兼以设法鼓舞，所得晒扬余米稍多。前已具册咨部，而独未报仓场衙门，则一时胥书之误也，今补册附上。晒扬余米，旧例不报。近弟已一体发运，作正支销。但海上风波，自所难免，岂能一颗一粒，尽到关鲜，势不得不稍从宽裕耳！且也，去秋虽有赢余，今春大为不足。即以有余补不足，犹存乎见少也，恐难作六年之额矣！

---

① "樯"，四库本作"墙"。

② "榆"，四库本作"渝"。

况六年督饷，当另有主者。以前官运过之米，而欲于后官扣补，必费争执，弟故以为难也！

带买辽米，各处以灾荒改折，通未措意。诚如台谕，伯兄欲于山东、河南粟米拨补，极佩一体之爱。惟是虽截粟米，亦恐损于漕额。前熊漕道条议，欲将密昌边军，比照京军改折两月之例，大是可行。每石折银六钱，可得米十万石，而又省漕船盘剥之苦，此等亦粟米也。

今春，缘截漕事竣，又密昌粮已抵河西而上，未敢饶舌。若早图之，或可为也。不特此也，临、德二仓粟米，原以备缓急之用，年来积滞不运，以致红腐。近虽欲运入京，亦成空谭。不若即以此项，常作津粮，亦可以省截漕。弟前条议及之，部覆未允。今检原疏奉览，是在伯兄主张力行耳！

浙江旧留辽米，六万价值。弟已打算，欲作关门今岁米折之数。盖以今岁截漕，昨已具题，挂欠八万有余。又东、兖、广、顺、大，五府召买辽米，户部原议每石止给七钱，共买三十万石。及后，改为每石九钱，不再给价。价增而米遂减七八万石。此等缺额，弟于何处下手？茹苦甚矣！窃计带运辽米，皆用新饷召买。若今岁省直不买辽米者，皆按例改折如浙江故事，亦可以完关门米折之用，而运额不大损也！

伯兄赤心筹国，远虑经时，务期京军宿饱，而以绪余，为弟区画。弟非有胸无心者，而能忘感哉！

与孙恺阳

忆昔，癸亥之冬过辱，台台挚爱，不靳珠玉，尝为某叙《督饷疏草》矣！一字褒扬，千秋华衮，金石可销，此感不可泯也！

今某兼摄兵饷，又已二载，所有《抚饷疏草》，自觉朴樕无当。顾当捉襟露肘之时，概多呕心沥肝之语，不忍弃掷，亦欲以灾梨枣而存家塾。念非台台，孰能洞照弗遗，鉴此区区于形迹之外者乎？

不揣芜劣，谨将《疏草》五册，奉尘清览，仍欲借光片言，以为九鼎。恃在夙雅，不胜陇蜀之望。希惟台亮，慨赐俯允，所至荷也！

与李大司农瞻宇

某昔在秦中，备员宇下，幸叨二天之芘。自鼎借大司农，而某又以督饷之役，猥承覆露。每有呼吁，辄荷周全。此真三生之缘，而百世之感也！

昨以及瓜在迩，题有《搜括积存籴本等事》一疏，内将任内节省钱粮约五万五千两有奇，逐一胪列。内以三万，充关门米折；以一万五千余，还阁部帑金；而以一万，留充津门缓急之用。均属正项支销，不敢锱铢妄费者也！业奉明旨，行部题覆，查前二项，俱已起解关门，取有实收矣！

念某数年苦心，百计节啬，此段公论，似难尽行埋没。更望台台不靳嘘植，表章一二。庶几区区孤介之操，藉以自见于世。昔所云“海内有一人知己，死且不朽者也”，惟台台留意焉！

答钱昭自

年来关鲜运事，最为棘手，幸赖台丈，五载同心，俾克有济。此之为感，有镂肝刻骨耳！

不佞以仲秋五日，交代于新饷部黄际老。扣至七月终止，已发运过一百二万五千石。通计岁额，所未运者才二十五万石，不过一月事耳！尚有畿辅、东兖未完，州县可以督催，或不烦截漕以佐未运矣！新秋，关门折色月饷不敷，川湖兵鼓噪；而本色无匮乏之忧，则春夏间所经营者预耳。

台丈在津，劳苦功高。人言往往求多，流谤四出，殊不可解。顷兹复命，多劝不佞，宜随波逐流，点缀一二雌黄语，以自为地者。惟是世谊至重，本心难昧，宁与台丈同抟丘壑，其何忍出此也！但恐破例入荐，或生葛藤，故于复命疏中，只以升任离地方者，概置勿论。而于《搜括积存籴本疏》内，却详道台丈节啬苦心。就事论事，公论自是较著，想邸报中已见之矣。

不佞衰病侵寻，归田之后，尚拟再疏请告。石城之役，行止尚未定也！

与靖边孙同知

靖塞，不佞旧游地也！忆昔，拮据二年，仅亦奉职循理，非有赫然可见之绩。不意彼中士民之厚，尸而祝之，比于畏垒。不佞累书止之，不能止也！将无为昌歜之嗜欤？

台下海岱名流，秦朔循吏，抽扬片善，笃念乡曲，亦复助之银米，奖以棹楔。此自大君子乐与人为善之怀，顾不佞何德以堪此？惟有铭镂肝鬲而已。

兹因材官赵安攘之便，敬谢大雅！

答来马湖

忆昔津门共事，意气忻合，道义相砥，真平生奇遘也！

台丈略不世出，动必万全。齐赵肤功，计当首蒙建牙延世之赏，而尚栖迟藩臬，远游夜郎，斯岂国家“功懋懋赏”之义乎？则或有尼之者矣！台丈不难蜉蝣轩冕，蝉蜕簪缨。而多算之所及，尤能不下堂阶而歼大憝。固知贤豪作用，果出寻常万万也。公论既明，岩栖且久，行当雄飞万里，为国长城。次公少年飞将，亦宜宣力岩疆。

不佞素辱知爱，岂不逢人说项也者！顾无奈交寡力绵。何也？试观家季自肃，资俸尚浅，辄出宁前，投之极艰险之地，则其不能庇一弟，可知矣！

不佞近日承乏留计，衰病侵寻，饮河已满，无米难炊。稍俟明春，即以满考，引身去矣！此肝鬲语也。齐、赵二抚，虽得金吾之荫，旋即削夺。不佞何敢别有希冀。夫赵抚无论矣！齐抚身在行间，淹历数月，功亦不薄。但不当筑京观以为夸诩，抑客兵以自显荣耳！而论者一概抹煞。异日国家有事，谁为效死力者。以荡平延绥[①]之大盗，而反逊于各镇固垒[②]之边功，此亦近日矫枉过正之一事也。然则，景武、邹滕之役，凡身与其间者，尚恐他人从旁揶揄，益难向耳食者喋喋其口，明矣！

佳刻自是实录，俟有相知深者，间出授之，于以表章尊乔梓鹰扬之烈。至于椽笔逊美，大序归功，尤不佞所为跼蹐，而未敢冒承者也。南都昕夕追随宗伯令弟，不独倚玉为快，若时奉台丈綦履也！

与姜神超

台丈前为不佞乡场房师张给谏所撰赠章，神采陆离，足令九原不朽矣！乃不佞会场房师，实为职方郎中，今赠光禄寺少卿杨公冲所。当壬辰、癸巳间，宁夏哱刘之乱，运筹中枢，厥功良伟。嗣以诖误削藉，赍志以殁。著述甚富。其赠官与张同在天启二年，而其后人之式微也更甚，竟不能竭蹶而北，丐求恩典。

不佞南游滁阳，乃始询而知之。斯非门墙弟子之责，而谁责[③]乎？敢恃夙爱，仍祈华衮于台丈。傥不靳椽笔，慨赐挥洒，无误九月用宝之期，俾令勔勷劳臣，泉壤增辉。而不佞亦藉手，以笃在三之义，衔戢当无纪极矣！

不腆伴缄，希在管照！

---

① “延绥”，四库本作“窥鼎”。

② “固垒”，四库本作“捣巢”。

③ “而谁责”，原脱，据四库本补。

与袁自如

前从故园，远廑翰贶，雅意殷殷，沁人心脾。时即移书亡弟，嘱以诸事同心，恭听台台指南约束为兢兢。不意寒门薄怙，天降大罚，台台未及抵关视事，而宁远之变作矣！

变起缺饷，得饷而散，似可为券。而亡弟独溘焉以殁。伤耶？病耶？殊有不可解者。传者谓亡弟出示立法，清查虚冒，又被执后急欲自裁，绝无一巽惯语，以此横遭毒手。然也？否也？今死者已矣，乱魁可竟从解网耶！且误饷、误国者，急自解纷。而人又有代为解者，谓“事有别因，抚镇自取之”。将令死者何由瞑目地下耶？

某于七月下旬，自里脂车，八月五日抵景州，闻变惊陨。嗣闻该道措饷获免，稍稍纾眉。不意十二日抵京，而即得台台《抚臣病故》之疏也。骨肉摧残，雁行中断，悲哉！痛哉！从来冲塞受抑，罹祸最惨，至亡弟极矣！幸赖台台大疏，略其瑕疵，取其才守；又许代题恤典，自是覆帱生成之恩，但恐将来议论纷纭，未卜终能仰副德意否耳！

亡弟待罪宇下者年余。客岁宁锦之捷，外城之筑，亦稍效一臂力。今岁修锦城、筑杏山、遣水卒，皆黾勉奏绩。独以名位卑微，物望轻浅，索马价不应，索月饷亦不应，反被人讥嘲，而愤懑以死。非台台，谁为垂怜者？望俯从优厚议恤，施恩于不报可也！

亡弟七月望前曾有家信，以后绝无。是以终不得其的耗，止就邸报揣摩言之。目今旅榇漂泊，家口零丁，非仗鼎力，何由归里？想台台仁人长者，不待某之喋喋矣！

兹因遣家僮出关扶柩回籍，冒昧申谢，并以为悬语不宣，心临楮哽咽！

与郭苍涵

寒门无禄，天降之罚。亡弟陨于饥军之手，亦三百年来一大变也！幸赖台下，命世豪杰，定祸难于仓卒，申纪法于安定。罪人既得，封疆晏然，谁之力乎？

家僮入辽归来，备述台下周棺衾于穷途，置幼稚于加膝，哀恸甚深，赠赙甚厚。此等交谊，古人所稀，真愚兄弟生死骨肉之感也！不佞惟有遥望宁城，五体投地，百顿稽首耳！惟是亡弟，种祸之根，其来久远。目今布散流言，煽祸未已，阅邸报可知矣！然谓亡弟居官不简，祸由自招，不过殒其身名，阻其恤典，无大关系。至谓前官存留钱粮，支用未明，则阖宗之祸福，孤幼之命脉系之矣！督师前许代为奏缴，具征至爱。但公署文卷，俱已被毁。谁为查核颠末者？悲哉，亡弟！诚不料其溘然长逝，致贻不了之局也！

因思贵道粮厅，或有卷案册藉可据。万望台下设法查核，委曲回复。其有领出官银，在外买马置器，及买抚赏货物未竟者，尤恐乘机混赖。更望台台，核其见在库者若干，实支销者若干，买办未完应于各委名下追纳者若干。俾令确有着落，据实奏缴，则眈眈虎视者，或可免其蹂躏鱼肉。而不佞与孤幼辈，亦卧得贴席矣！不者，亡弟已殁，文卷已毁，欲加之罪，何患无辞？事系公帑，家属受累，台下宁忍恝然坐视已乎？亡弟年来俸廪，俱未入家，兵变被劫，亦无厚蓄，此可矢天日者。诚恐三人言，而市有虎也！所倚重台下者，诚不啻二天矣！

辰下方会议亡弟功罪，不佞抗疏陈其颠末。即缘此事获戾以去，固亦甘之。恃在梓里通家之谊，冒昧唐突，希惟崇鉴！

答南户部司属公书

国家财赋，闾阎膏血，一耗辽左，再耗黔南。至于今日，仓庾之竭，帑藏之匮，南北皆然。不佞承乏匝月，贾生之泪，凡[①]几行下矣！

圣明在上，宵旰励精，日讲生节之术，尚未得策。目前，所恃以支给京军者，惟此漕粮耳！一开坐截之端，运弁百计营求，乐从私便。万一京储告罄，辇下十余万之饥军，其何以应之？忆昔留都共事之时，目击南庾空竭，每抱杞忧。试观近日之北庾，仅储一岁不支之粮，其万分可虑，已不在南都之后矣！

今奉明旨，仍议补还漕粮。不佞再四踌蹰，终非留计可办，乃为委曲权宜之术，议以未还楚饷之十三万抵之。盖逝波既不可挽，而黔事尤难卒省。楚弓楚得，虚来实归，既不悖天语之森悚，亦不烦留都之设处。至若堂官已荷霆旨，司属俱免吹索，此则不佞区区轸念并州之极思耳！

若夫三关钞银，当此新旧二饷疾呼不前，方苦无计搜求，恐难夺此与彼也！

答袁自如

朔日得台台大揭，次日即具小疏呼吁，冀发帑四十万，可救燃[②]眉。会兵部亦有疏，四辅立为主持，举国仓皇，实有同心。

是日午后召对，圣意仍以“内帑空匮，屡请发帑，终非长策”，似谓铸

---

① “凡”，原作“几”，据四库本改。

② “燃”，四库本作“然”。

本犒赏俱行，那借亦仅可济急矣！阁部再四哀恳，乃允发帑十万、刑部赃银八万、田尔耕赃银五万，共计可得二十三万。虽未奉旨，料不爽也！

敝部搜括新旧二库并新到外解，共得十万，即先于初三日兑发。惟望台台晓谕军士，使知圣恩浩荡，军饷已充，或可保无他虞也！

答张梁山

云中既苦旱荒，又躏戎马，重以地震为灾、陨霜见异。年台抚循一方，问疾苦而起疮痍，拯救殆无遗策。俾枵腹者、阻饥者，饱满明赐，而感奋投石。此其为勋，奚啻[①]韩范之烈。

捧读大疏，载接台札，忝附同舟之末，敢忘缨冠之谊？业经题覆，已荷俞旨。惟是太原本色，可以抵民运者，一如台谕。至临德二仓，仅各以万石应。非直漕运行粮，未便倾囊为挹注，实所积无几。方抱愧于涔蹄，欲为西江不能也！

边疆多事，天不雨粟，故拮据止此。瞻望之私与踌躕俱，谅高明自有洞照耳！

又

云中春饷，顷已照额题发，见在措解，计中翰吴君，不日当诣辕门矣！敝部三镇市赏，向皆取给年例之中，《会计录》开列甚悉。不佞曾举以入告，无奈罪过深重，不能回天听，只增战栗。

忆去岁题发冬饷时，既奉“应减不言”之旨，自不敢不议减，云中已议减二万矣！然终不敢臆减。疏内又有“仍听督抚诸臣，自行开列，量裁请旨”之语。旋奉有“宣大如何不报，着即催来，一并详核具奏”之旨。盖圣天子明见万里，知市赏属防御方略，故待督抚一言为金石耳！今四阅月矣。翘跂大疏，有如望岁。且伏读台谕：“市赏俱出年例，抚边即以恤军。”即此两言，便足了此公案，更何迟回？至于云镇年例，每年额该四十五万，内有市赏八万。台谕谓每季以二万两，咨作市赏，自是分款正论。但所云二万两者，若分于既减后之款则不足，抑分于未减内之款则悖旨，诚未敢冒昧从事者也。

此时，应酌减与否，应分款与否，统望台台，早赐题明。俾从前葛藤，不难斩截，此后部发，有所适从也！

答范质公

缅惟老公祖之秉铨也，林居已逾数载，立朝不满二旬。此其心迹双清，才

① “啻”上，原衍“不”字，据四库本删。

品复只，当于圣贤中求之，非寻常可望万一也。

序转已见龃龉，居忧复滋淹滞。海内共切东山之仰，祖台宜促舍人之装矣！

家弟自寅，初入仕途，待罪名邦。不佞窃用系心，不胜负乘瘝官之惧。惟冀祖台，轸念旧日编氓，一切地方兴除利弊，不惮指迷发蔀，则道义骨肉之至爱也！

答张凤皋

黔事蔓延八载，迄无人能挫其锋者。老公祖讦谟远猷，履奏肤功，非大豪杰而能若是乎？今复不究其用，会将得代，是真安贼之幸，而国家之不幸也！惟是一日未离地方，即有一日干系。料老公祖胸中武库，自当愈出愈奇，而千秋不朽之令名，亦于焉在矣！

答郭苍涵

今国家所最危急者，无如辽左；封疆所最依毗者，无如辽左抚道。台丈练达沈[①]毅，镇静精详，诘兵核饷，除器饬防，允称岩塞长城第一人。

臣事尧舜之主，总为公家起见，有心有口，谁忍自昧其懿好者哉！太仓之事，不佞亦第随众昭雪，犹在议罚列也。圣眷殷隆，尽赐豁免，则出意料外矣！至计典一事，先是铨部有加衔称颂之咨，不佞业[②]两次移文剖析，明其无碍。及送单时，人复有从中萋菲者，大抵皆指通厅时事也。不佞又复为剖析于冢宰之前，指天矢日，至再至三，卒获保全。则九庙之神灵，三韩之亿兆，实式凭之，非区区一人绵力之所及也。

不佞兄弟，沐台爱至渥矣！曾未卜所报，而台丈辄言报耶！

答刘青岳

台台之立朝也，一腔正气，百炼刚肠，诸所匡拂裨益，良非浅鲜。自台旌去国，而依阿风盛，人渐有追思汲长孺者矣！惟是诏赦原未分明，纶扉犹多顾忌，想仍姑俟异日耶！

台台宠辱靡惊，不忧不惧，此其涵养识见，真晚近所希觏也！盛从误罹法网，

---

① “沈”，四库本作“沉”。

② “业”，原作“也”，据四库本改。

大虑处分太过。泾渭勿淆，幸获从轻结局。似一线公道，犹在人心者。某未敢居功也。

辱明诲之惓惓，惟有愧汗！

答李蕤孺

今岁新运，赖台台调度甚早，处置得宜。顷，虽以亢旸，回空稍迟，而甘霖旋霈，舳舻无阻，挽迟为速，皆台台之力也。

不肖疏拙无似，谬肩军国，悚悚覆悚。深知民运来仪，事多不便，是以转辗图维，不得已而有言。嗣见江右两台疏，请卒归于用旗属，则知不肖非过计矣！

台台职掌所关，见解稍殊，今欲求心迹之明，岂必引异同之嫌？总之，我辈悉从公家起见，有何成心？如同舟遇风，或篙或楫，蕲共克济。其交致力者，其交相忘者也。

翰教再颁，极荷虚公雅谊，惟有愧感！

答某

《尚友编序》业已简出，就中殊多庞杂，未惬鄙意也。谨奉清览。

大抵此书，世代之升降，文体之盛衰[①]，历朝之治乱，政事之废兴，人才之邪正，谋议之得失，俱可得于诵读观览之中。是有资于劝惩，亦有裨于经济，不独有益于学问已也。

不佞因见他选，挂一漏万，俾学者如坐井观天。故不揣绵力，搜罗三十年而成。其凡例条款，尚自有说，俟稍暇图之耳！

答田御宿

昨因兵部具题，欲多备干粮炒豆，以供军兴。奉旨预储，敝部恐一时无措，故欲借力于五城司坊。前疏尚未俞允，而兵部又题:“目前兴师，急需烘炒等物。”敝部只得连夜自制，渐有头绪，而明旨始下。

夫烘炒乃行军必需之物，而市买不可得，制办颇费力。若得五城协造，以备旦晚行军之需，则至荷也。每城且先发银二百两应用，但烘炒务制如法，则有敝部之式样在耳！

---

① “衰”，原作“哀”，据四库本改。

答饶黄山

大疏，自是忧时体国。一段竑议，所为敝部佐军兴，以匡不肖之不逮者，良非浅鲜。第此中有利亦有害，政欲仰俟指南，而台教适及，极仞虚衷之雅。

招商买铜，多被骗去，开采似属便计。第铜矿藏在地下，则铜锡金银，皆在开采之内，谁为限制？万一聚众酿乱，奈何？广矿自佳，先年敝部，曾通行省直，开铸而取其息，以充新饷。然有不肯行钱地方，钱本贱而贵其价，官自肥而民自瘠，后遂相继报罢。

今欲举行，先须痛革此等弊端，而后可久。政如来教所谓争事理，非争议论者也！

答李总河灿岩

老公祖才兼文武，身系安危。自顷提兵入卫，朝宁倚作柱石；逮今回镇河干，南北恃为锁钥。

目今师老财匮，令人忧心如灼，未卜策勋饮至，是何时耳[①]？济上无兵，海内所知，曩者赴援，殊属破例。不意讹言传播，河兵溃散。幸老公祖，一腔忠赤，豚鱼为格，中途再还，按堵如故。

大疏入告，计圣明必且喜动颜色，旦暮温纶吐凤口也！兵至之日，即当照例给饷，宁敢烦顾虑哉！

与梁大眗

抚赏事会议已久，亟宜具疏解银。今接贵部大咨，又有异议，恐结局无日，奈何？

治某旧隶编户，今忝同舟，岂敢自生异同，以贾罪戾。但钱粮各有职掌，各有款项，那新补旧，固为不可。若因辽镇买马，而欲尽动新饷，一朝顿增二十七万，从此关宁蓟津之间，将何所赖以供亿乎？万一兵饷不继，庚癸频呼，非独治某之忧，亦老公祖之忧也！极知冏寺岁入不多，而新饷亦非处其有余。况贵部原疏，奉有明旨："关宁江东缺解月饷，应与援兵相权济用，不得那移作赏。"

煌煌天语，敝部岂敢悖之。即年例二十六万有奇，敝部亦非易办者，诚亦

① "耳"，原脱，据四库本补。

无可奈何也！惟老公祖裁察，幸甚！

答张皇亲

昨承枉玉，适以祈祷，未获谒谢，惟有感刻。翁台椒房懿亲，护茔[①]地土，奉有买给之旨，敢不只奉？但此时军兴孔棘，所在空乏，大虑翁台不沾实惠，故鳃鳃过虑[②]耳！

嗣拜面命之辱，地价既廉，无虞奢费。且有逃绝新垦诸田，可为通融，务在开封府属之内，则结局亦易矣！

容即酌议题覆，决不至久稽也！

答翟凌玄

饷道之议裁，起于阁部，真不知何所见而云然也！粮料船只，舟子为数孔多，夫岂部院一手一足所能集事乎？政望老亲翁出疏，亟寝其议，而大疏适至。诚所谓发当其可言，必有中者矣！独是张君资俸已深，劳绩尤懋，而尚未获加级叙功。弟昨已与冢宰昌言之。但遇便，疏中亦须老亲翁代请加衔久任。不则迁转别地，尤恐后来者之未能驾轻就熟也。

总戎暂留，以待秋冬二防，自是确论。想圣明必有亟为赐俞者矣！秦兵本色，终难凑办。盖截漕已多，而招买綦难。惟有搜括节旷，酌给折色，诚公私两便之计也！

答安德乡绅公书

二东不幸，天降之灾。漕挽重地，防御尤亟。城操不足，复借班军，此诚绸缪桑土之至计也。

今题留不谐，而征调复兴，虑饷少而工多，思预支以竣役。诸老体悉人情，良亦至矣！惟是监督之报满在即，则考核委属未便；六年之程期颇远，则坐扣更觉难行。目今，功令精明，事关钱谷，未经题请，诚未敢以冥冥决事也。

独念台命下颁，何容踞拂？万不得已，已批该仓申详，准令预借二月，即

---

① “茔”，原作“莹”，据四库本改。

② “虑”，原作“滤”，据四库本改。

于明春扣还。庶目前少资濡沫，而异时不苦葛藤[①]也！

答侯六真

二东不幸，叛兵为殃。天讨虽行，王师屡溃。枭獍大肆跳梁，莱城将成丘墟。比虽调发授兵，为数近万，只恐徒作西江之水，仍为真保之续。十二山河，坐见抗摇，可为痛哭流涕，长太息者也。

老年台文武全才，甲兵满腹。一切丰功懋赏，赫声濯灵，一见南黔，再见燕平。此正敝乡所共欲得，以救生灵于涂炭者。况用昌将，而统昌兵，非老年台，谁为调遣？不意空切《缁衣》，未荷俞旨，则敝乡之劫运，尚未终耳！

答张华东

弟前后抗章乞骸，几二十余上矣！乃圣明辄不听其去，而督责愈力。又值时事多艰，不得不腼颜复出，诚不胜顽钝之羞也！俟抚赏事，销算既竣，当再申前请耳。

弟前以题覆获戾于政府，殊觉惴惴。近日敝部诸事，多荷优容，想在首揆汪度包荒中矣！岂老年台有默为之地者乎？近日，言路诸公多得罪者，或谓皆由圣断，谅不诬也！独是吾乡登莱之事急矣。而"抚"之一字，当事多中其魔。

近日南中大疏，剖判甚明。已而围城中登抚有疏，乡绅有疏，胥同此意，似有挽回天听之机。及弟辈以公疏继之，转觉如水投石，甚矣！其德薄而言轻也！今当事即不专言"抚"，而卒不与以剿之具，又不择能剿之人，空言剿何益乎？十二山河坐见陆沈，我辈几于垂老无家，可为恸悼者此也！

疏揭附览。季弟自寅，备员司城，局促如辕下驹。幸赖老年台赐之青眼，稍为吐气耳！

与申于蕃

不肖待罪度支，四年于兹。矢心矢日，务求节省，实不敢为滥冒混淆也者！昨廊柜钱粮一项，原系各关解到。公费工食，从来俱系敝部自行支销。即或撙[②]节助饷，亦有题、不题之异。

---

① "葛藤"，四库本作"藤葛"。

② "撙"，四库本作"樽"。

比者，不肖以旦暮[1]去国之身，一切支用，正欲销算明白。又值总理视事，遍查钱粮，即廊柜似不得独遗。此不肖所为具题之由也。今总理又鼎借巡视省台，共为查覆，具谂虚公，愈庆遭逢。昨接面谭，知业已洞照无遗矣！

近日，微[2]闻台台称，廊柜寄收太仓钱粮，有与库册不相对者，深服综核之精。因查，闻儆之时，军旅倥偬，援兵盐菜，时刻难迟。其有太仓转发银两，虽在廊柜支分，原在太仓销算。新库亦然。实未混入廊柜之内。事竣之后，造有军兴钱粮文册奏缴，今底册具在也。谨简出奉览，试一磨对，库册当自券合矣！至于从前经费，亦有一二可减损者，原系历来相沿旧例，似当裁其将来，而不必追其已往也！

至每岁以五千两助饷，不肖恐贻累后人，不得不稍留余地。但任内捐助，实不止此。今后，即稍增额无妨，是在台裁耳！

答吕豫石

伏承老公祖台翰，纚纚千言，备悉南帑之匮与南饷之急。治某忝附同舟，其何敢作秦越视也。惟是北部之苦，较南部有百倍者。

援兵日集，新兵日募，苦无以谢九边；行粮正支，月粮借支，苦无以谢各省直。虽有每亩三厘加派，通计出入，一年之内，尚欠一百六十万有奇。老公祖试一平心易地而观之，谓是南匮乎？北匮乎？南急乎？北急乎？譬之有二坏舟，一则泊于曲堵安流之涯，帆樯戚楫虽敝，从容为之葺治，犹绰如也；一则放乎奔涛骇浪之中，飓风作于上，嵯石激于下。长年者将伯助予，而不能救，惟有载胥及溺而已矣！可为痛哭流涕者此也！惟是明旨森然，原有同心之谕；台谕谆切，敢昧编氓之谊！如南部事例一项，老公祖欲暂缓一年者，治者已举三年所收而尽与之矣！

关税方尔经始，上年所获，亦自无几。今政不得不清其源，尚未敢奉命也。南铸得利殊饶，治某只切健羡，真莫能赞一词矣！至于水兑改折，允属目前第一要务。前丙寅待罪时，疏称折色止欠万金者，政指各府未改本色之时，而言非漫然无据者也！今楚饷尽还本色，业已恢乎有余。兹议本折通融裒益，自是正着。历简隆、万以来故牍，固已然矣！复疏敬为极力赞成，舍此别无长策也！

此时，在在用兵，敝部岁用折色共一千二百万。时事至此，某诚未卜死所，非敢故为异同，有伤和衷之雅耳！

---

① “暮”，四库本作“莫”。

② “微”，原脱，据四库本补。

答蔡质几

滇云远在天末，素称乐土。不谓逆酋，突出决裂至此。近闻临安已陷，尚无邸报，或亦风鹤之虚声，道路之流言乎？不者，滇忧方大也！

翁台屡疏，所谈军前事宜，万里之外，情形如画。请兵请饷，无不曲中肯窾。今黔中拨楚饷十四万余，敝部又搜楚蜀饷二万余，共得十七万。而滇云五年之新旧饷，仍以十余万计者不与焉。饷似无虑不继矣！

若川贵总督已奉明旨，调兵催饷，同舟共济，当不膜外视也。以圣明之威灵，重以翁台之英略，区区小丑，料指日荡平无疑矣！敬拭目以俟！

答吴世兄祖学

不佞弟缅想生平，受吴老师恩遇，最早最深，真非捐糜顶踵，所能称塞。而弟所以报者，至浅鲜矣！

兹者，遵诸长兄命，稍志墓中之石。顾老师历任宦绩，既无所纪载，而弟又当军兴旁午，案牍倥偬之时，苦无佳思。仅摭夙昔甄拔之奇，勇退之节，离合之概，以示感怆。

大惧老师犹龙之德，或自弟而晦。意诸长兄，当弁髦置之。而竟以登梨枣，与素心居士自状并传，则惭愧无地矣！

弟比衰颓日甚，乞骸之章，业已二十余上，而未荷赐玦。计秋冬之间，疆场无儆，当再申前请耳！

答朱恒岳

鬼方一局，十年不结。老年台胸有胜兵，目无劲敌。既奏永宁之绩，旋收耆定之功。目今，我武维扬，彼①势日蹙，犁庭扫穴，当在旦晚。勒燕然而垂竹帛，夫岂异人任也！

辰下，都门震惊，兵饷两空，备御②无策。说者欲罢西南，专图东北。弟意九赞宜成，善后当周。已议分作两年，渐为收拾结局之地。不识于台指，有当否耳！

---

① “彼”，四库本作“贼”。

② “备御”，四库本作“挞伐”。

又

滇云告急，索饷甚侈，敝部苦无以应。幸老年翁慨分黔饷一十四万六千有奇，乃知忠君爱国，出自天性，真能不以畛域起见者也！

弟已借手题覆，而又量拨楚蜀，再留滇饷，以附益之。总期接济滇兵，供亿援兵，以图少弥庚癸之呼耳！乃滇中诸荐绅，尚欲辞长郴而请他府，弟未敢闻命也。但恐滇不能得之于楚，仍借老年翁鼎力督催。

又大疏，奉旨云："楚饷解黔，实未及半。此项额饷，作何开销？查三年黔饷。"老年翁尚未查参，敝部无由知其确数。幸早惟结局，似不便姑息从事矣！

又

同籍兄弟四十二年，在海内者，落落晨星。兹马见素年兄，复以远避寇乱，突为县令仇螫，加以监视。弹章竟至被逮，谪戍烟瘴，且籍没其赀产，一贫彻骨。

见素以青琐终养三十余年，三起京卿，高卧不赴，栖心禅那，家徒四壁，品可知矣！此自榜中殊绝人物，方且旦晚冀其弹冠，忽谪异域，人共扼腕，稍助橐装以行。独幸兵部定卫，适得黔中都匀，正在老年翁辖属之内。斯真见素九死一生之会也。老年翁高义薄云，岂其目击同籍兄弟颠连，而不为之所？颇闻旧有觅取盘费及委市军需二例，幸择两端之一，早给印照以归。是亦无量功德也。惟老年翁留神焉！

羽便附闻，俟见素行，仍当再有恳也！

答沈何山

前《度支奏议》，借老年翁为玄晏，顿使芜刻生色，感篆深矣！《四友图诗》，遂已成帙，得《二老图诗》继之，愈增风雅。非老年翁首倡，何能成此盛事也！所惜李湘翁诗赞未备，或稍为补之何如？

弟以谫菲，待罪民部，便已五载。撑持鞅掌，无复人理会。圣明厉精，每事督责，而卒不听其去。顷于仲春，乘警报稍息，复伸前请，遂奉有"时事艰虞，托疾规卸"之旨。弟凛凛斧锧之及，又腼颜复出矣！

及读华翁《二老序》，拳拳以恋栈为戒，痴顽为请[①]。则弟诚名教中罪人也！老年翁便问，幸于乌程相公处，委曲先容。但得放弟归田，全其晚节，无为四友、二老之羞，则拜赐侈矣！

若老年翁与华翁，久滞清署，尚未大展所抱，与弟进退，正自不侔。迩有索瘢于老年翁者，会工部有疏剖析，圣明深以为然，自无容介介也！

① "请"，四库本作"诮"。

又

伏承台翰具谂，老年翁与华老，朝夕深念，常著弟胸臆中。所谓设身而处、悉心而诲者，备极真切骨肉之爱。

两年翁优游清署，尚思退步。弟叨此艰巨，常怀不测之忧。何恋恋焉不一割也？惟是抚赏钱粮，屡旨切责，见在清查。弟不敢以不明不白之身，冒昧脱卸。稍俟秋冬之交，便可结局，然后坚意乞骸。此中亦殊有一段苦情耳！

乃老年翁遂先弟得请，浮云轩冕，啸傲林泉，翩翩乎仙哉！华老已转冬卿，此时想已脂车而北。一诗迟之，并书箑头呈览。屈指四友二老出处离合之踪，可为感慨。近日次辅冢宰，俱挂浮议。仕路风波，真自不可测矣！

又

四友中，二高蹈，一仙游，而弟独困顿缧绁，辱身辱国，兼辱谱牒图绘，惭负胡可言？独是数十疏乞骸，而不得请，究且以干圣怒。而考选朦徇，又后一重公案耳！

长安公论具知，弟非顽钝恋栈者，差可解嘲。及读老年翁台翰，亦颇不加摈弃，而感可知也！长安九卿台省，单疏申救者不少。至公疏，或虽具而未敢出，独南中剀切昌言，翕然同辞。其大僚疏，例属南太宰为首。乃青墩以请告，杜门而存忆，辄慷慨入告。正气直节，领袖台省，生平知己，指难多屈。闻系老年翁表弟，幸为一言代谢焉！

弟自春徂秋，载离寒暑，静听处分，总如台谕，殊未敢过为戚戚也。《四友图》石刻甚佳，但传布未广。弟拟并《二老诗》再合刻于燕市，尚未竣也。大都分之为六，合之实五，诚有不容判然为二者耳！

兼金远贶，以橐馆我，自是兄弟骨肉真爱。第以区区口腹，累林下年友，未免汗颜，敢用返璧。

前寄诗箑未至，想浮沈[1]矣。今再寄二箑并手卷一轴、《解网录》二册，无论陈言近况，总尘清览。年侄，闻十一龄，神王才超，可任愉快。弟次子际有，年亦十一。昨随弟于请室，迄今依依左右。家口回籍已久，独不肯归，想老年翁闻之，亦为一掀髯也！

与闵曾泉

不肖某生平硁硁一念，誓殚忠贞，以报朝廷，此可矢天日者。连年自觉认事太真，罪衅日积。前后三十余疏请告，未尝不欲急流勇退，希明哲之高风，

① “沈”，四库本作“沉”。

以保全末路也。不谓天听转高，流言甚毒，致此奇祸。嘻！亦命矣！

忆昔与台台朝夕砥砺，互相期许者谓何？而今辱身辱国，兼辱知己，一至于此。每一思之，愧汗竟踵，无地自容，夫复何言？但某与郑澹石，原无半面知交，亦无一毫交际，只以明扬大典，不胜区区怜才一念。兼以云间为旧游地，稔知财赋素重，逋欠难完。既有府申起解在途，又有商民代输在库，岂能概摈不录？且考选诸人，不乏代输及续解者，何独于澹石而靳之？计某先后五疏题明，又经台台覆疏降级，中间并无纤毫隐匿。此在他人，或不尽知，乃台台则洞若观火矣！

不意澹石一降再降，掉臂不顾。而府解亦迟延不至。此又某意想所不及也！所幸公论未泯，先后为某讼冤乞恩者，共十四疏。圣明廉其无他，颇为转环，移外候问。但不知将来可从宽政否？

言念台台，拂衣高蹈，譬之凤翔千仞，岂容以不祥姓名，上干记室？惟是台台，高谊薄云，决不作寻常冷暖态。某诚不靳区区向往一念，辄附彦威。沈年丈便鸿以闻外，回奏、申救诸疏，奉尘清览，庶悉近况耳！

与刘青岳

某度支六载，心血尽呕，惟恐上负国恩，中负知己，下负生平。不谓力绵任重，竟至一败涂地。悲夫！惟是午夜循省，差无愧怍。长安士民，颇著公论，所恃区区报称者此尔！

比者，困顿囹圄四十余日，栖迟萧寺又七阅月，近始完对簿事。顾圣意渊微，未可测识。不识终能仰仗台芘，及于宽政否！

台台四载雁塞，已逾周公居东之期。昨晤旧文登解令，具言台台清恙新愈，令人怅望无已。何时得把臂故园，相与徜徉丘壑中也！

与林鹤胎

某忝附世谊，欣瞻凤采。年来追随班行，不啻斗山在望。只缘簿书困人，未遂倾倒。兹且待罪候谴，从此益隔云泥矣！

因念亡弟自肃，猥以天幸，得缀老年台榜末。生平颇知砥砺，随分尽职。而竟以军饷不继，陨命乱兵之手，真脊原之至痛也！

客岁襄葬，幸赖上饶郑相公言念旧属，为志其墓，稍稍生色于九原。惟是墓门之碣，未得当代名硕一言表章，不揣欲以谱牒之谊，仰干椽笔。倘蒙赐之片言，而华衮之感且不朽。

不腆一芹，聊申羔雁之忱，希惟莞在！

与马胜千

《闽录》理逼濂洛，词追班马，洵衡文第一手也，可胜钦仰！

不肖待罪度支，首尾六载。每遇圣明召对，或披丹入告，或竦立拱听，盖未尝不在侧也！所有纪注，自应什袭珍之，传诸子姓，以彰熙朝盛事，以侈儒生宠荣。无奈邸报抄传，率多未备，患难漂泊，复致散佚。

缅惟台翁夙尝簪笔于殿陛，必存制锦于筐[①]笥。不揣妄干，希将崇祯元年正月起至六年三月止，一应纪注，概为简发，俾获缮写珍藏，以了宿愿。如有未备，便借九鼎，向当日在直词林诸老，一物色之，则百朋之骏惠也！

答曹葆素

某衰年潦倒，乞骸之疏，三十余上，竟未得请，而卒陷缧绁，岂非命乎？

缘客岁仲春念四日，某与高硁斋同日请告。圣明震怒，硁斋被谴，其征也。而某以郑澹石事，先为总理所谗谮，继为首揆所挑激，遂罹奇祸。盖总理先因吴中书条陈盐法，议论不合；而首揆则以周给谏开复，及登莱剿抚二事，饮恨已久耳！得罪之日，某惴惴不敢出一语。幸长安公论颇明，多上言为呼冤者，得免齑粉。旋脱囹圄，而入萧寺。爰书既具，竟行曲贷。圣明解网，恩波真浩荡无涯矣！仰视台台，忤珰虽同，而圣眷隆重。驰驿荣归者，政自天壤悬也！

三径初归，喘息未定。咫尺龙门，未能展候，乃辱翰教殷殷。远贲蓬荜，且侈谈计曹馈饷状，令人蹐踖殊甚。夫人臣事主，发肤非吾有，而何敢居功？况处危城、居危署，实与老先生同忧共戚，而又何敢独擅乎？

总之，相爱无已，不觉春风洋溢齿颊间。某从此为农夫以没世，而得大君子一言许可，有余荣矣！

石隐园藏稿卷八终

---

① “筐”四库本作“箧”。

附　录

毕自严年谱

据《明史》等相关史料记载，毕自严是一位为国尽忠、为君分忧、为民效力的好官。同时，他还是一位通政事，擅经济，而兼优文学的全才。他的著述颇多，据康熙五十七年（1718）毕自严之孙毕盛钜所撰刻“毕氏家祠碑”《明太子太保户部尚书毕公本传》载，毕自严一生“著有《石隐园藏稿》八卷，《抚津疏草》四卷,《督疏草》五卷，《度支奏议堂稿》二十卷，《饷抚疏草》七卷，《留宪疏草》一卷《留计疏草》两卷，《各司》九十八卷，具刻行世。《书牍》九十卷，《尚友编》一百一十四卷，藏之家塾”。现附毕自严之孙毕盛鉴所撰年谱如下，如有错漏，还祈方家指正。

明隆庆三年己巳（1569）　一岁

秋九月二十六日己亥时，少保公生。粤自始祖石塘翁讳敬贤者，自益之石塘坞迁于淄，偕始祖母朱耕织开家业。五传而生高祖志俨公，讳恪，行一。配高祖母王，以德行著。六传而生高祖廷佐公，讳忠臣，行四。配高祖母王，用经术拓家声。七传而生曾祖儒官舜石公，讳木，字子近，行六。晚号黄发翁，著《黄发集》。娶曾祖母刘，生长伯祖处士华阳公，讳自耕，孝弟力田。后多不育，谋置侧室三人，于是年丙越月而得三子。侧室先生二伯祖震阳公，讳自耘。继生三伯祖玉阳公，讳自慎。曾祖母刘，又生大父，宗子立矣。皆谓不妒之报。大父讳自严，字景曾，行四。以世居副岳南，故号白阳。少凝重寡言笑，为淄邑毕氏发祥之祖。大字纪，小字叙。称公称大父，各有别也。

明隆庆四年庚午（1570）　二岁

在淄。

明隆庆五年辛未（1571）　三岁

在淄。

明隆庆六年壬申（1572）　四岁

在淄。夏五月，穆宗崩。六月，神宗即位。

明万历元年癸酉（1573）　五岁

在淄。

明万历二年甲戌（1574） 六岁

在淄。雁行入乡塾，黄发翁听书声咿唔而乐。甫六龄时，曾大父欲遣就外傅。以大父视震阳、玉阳两伯祖同庚而差幼，意少需，曾大母不愿。不月日者失志也。后仿此。

明万历三年乙亥（1575） 七岁

在淄。

明万历四年丙子（1576） 八岁

在淄。

明万历五年丁丑（1577） 九岁

在淄。

明万历六年戊寅（1578） 十岁

在淄。庶弟凤阳公自裕生。不月日者，不必月日也。余仿此。后入泮、食饩年皆失志。

明万历七年己卯（1579） 十一岁

在淄。受业于黄先生。先生号柏林，布衣。庶弟旭阳公自寅生。

明万历八年庚辰（1580） 十二岁

在淄。庶弟祝阳公自强、冲阳公自肃生。曾大父又一年而得二子。两伯祖入泮年皆失志。

明万历九年辛巳（1581） 十三岁

在淄。冬应童子试。

明万历十年壬午（1582） 十四岁

在淄。

明万历十一年 癸未（1583）十五岁

在淄。

明万历十二年甲申（1584） 十六岁

在淄。

明万历十三年乙酉（1585） 十七岁

在淄。秋闰九月，黄发翁谱族获戾。为别庶也。

明万历十四年丙戌（1586） 十八岁

在淄。春，黄发翁以适济。府试也。黄发翁观试文赋辞。大父窗课素逊三伯祖，及府试，大父第一，三伯祖次之。曾大父夜呼童燃烛，重录质疑赋辞以志。督学试补博士弟子员。与三伯祖同列府庠。

明万历十五年丁亥（1587） 十九岁

之济。赴守道薛公招也。读于守道薛公衙斋。薛公雅意也，三伯祖与俱。归如胡逆女，以胡氏归。大母与大父同庚。书如书逆，志嫡也。黄发翁督课益力。受《毛诗》于高先生。先生讳捷，字中白。仕遵化兵备道。

明万历十六年戊子（1588） 二十岁

为增广生。三伯祖食饩，二伯祖入泮。夏六月，长兄处士华阳公卒。秋八月，举省试二十四名。出惺宇张公房。至自济，太公以祭祖墓。曾大父称太公以大父登科也。后仿此。葬华阳公于万安祖茔侧。万安，溪名也。

明万历十七年己丑（1589） 二十一岁

春正月，公车北上。曾大父与俱。不第归。冲阳公从学。奉父命也。

明万历十八年庚寅（1590） 二十二岁

在淄肄业。

明万历十九年辛卯（1591） 二十三岁

在淄肄业。是年叔祖旭阳公入泮。

明万历二十年壬辰（1592） 二十四岁

春正月再北上。赐进士出身，百十有四名。夏六月，释褐于云间司理。太公贻书长安。书曰：祖宗积德累世，发祥在汝，汝宜厚自树；不者，遗泽自此斩矣。归拜父母阶前，之任，太公赐三字箴。曰清、慎、勤。

明万历二十一年癸巳（1593） 二十五岁

在松谳狱平，郡人称青天公，逊谢。陆公来谒。陆公，宫保大宗伯树声也。来谒出谓人曰：新司理恭慎如书生，综核如老吏，博大凝重，如名世大臣。秋七月，胡孺人育女织姑。以育于七夕夜也。刘太孺人携乳母而南。以初得孙女为快也。太公贻书云间。书曰：云间脂膏地，汝当秋毫无点，吾力农自赡，义不取锱铢污汝。

明万历二十二年甲午（1594） 二十六岁

在松。春，刘太孺人归自云间。织姑殇。病慢惊也。葬织姑于淄。不忍遗于外也。

明万历二十三年乙未（1595） 二十七岁

在松。民歌之。

明万历二十四年丙申（1596） 二十八岁

在松。与士子讲艺。

明万历二十五年丁酉（1597） 二十九岁

在松。春，胡孺人以疾归。中湿也。二月，授阶文林郎。敕封父母推官、孺人，妻孺人。疾。亦中湿也。刻《云间雅奏》。课士镌其尤者。冬，胡孺人复之松。疾愈也。

明万历二十六年戊戌（1598） 三十岁

在松。民信之。夏五月，擢刑部主事。时号抽官。松人挽公。人者众也。绅巾黎庶如失怙恃，或至卧辙。松人送公。挽之不得，送于谷水之滑。未已，至青溪，至金阊，至昆陵，至闰州，眺望大父渡江以北，相泣而返。松人咏公。古歌谣辞，以千百计。松人镌《攀舆图》。自志送时情景也。松人筑祠、绘像、树石。公至自云间。冬十一月入都。

明万历二十七年己亥（1599） 三十一岁

在都。秋使宣府。解差也。事已返里。纂《观海编》。经济文章也。宦辙所至，行笈必携，稍有暇晷，辄为披阅。冬，太公忧公乏嗣，为娶于氏女为侧室。

明万历二十八年庚子（1600） 三十二岁

在淄。夏复入都。秋七月奉敕浙江恤刑。过家。省亲也。太公疾。脾胃疾也。侍汤药。太公疾间，南征。曾大父勉就道也。太公病。转重也。及徐返。家僮追报，飞章缴，敕还。太公伏枕，垂命析爨。震阳公长跪请少需，不许。

明万历二十九年辛丑（1601） 三十三岁

在淄。春正月敕封文林郎直隶松江府推官。黄发翁卒。大书官爵，阐功、明孝，彰恩也。读《礼》。

明万历三十年壬寅（1602） 三十四岁

在淄。读《礼》。葬太公于玉清山之阳。抱震阳公子胤丰为嗣。生甫三日，奉母命也。

明万历三十一年癸卯（1603） 三十五岁

在淄。夏服阕。秋八月。叔祖冲阳公省闱掇桂。九月入都，补刑部，添注主事。冬十一月，改工部主事，管军器局。授阶承德郎。敕赠父主事，封母太安人，妻安人。冲阳公以公家属至。

明万历三十二年甲辰（1604） 三十六岁

在都。督修都城。功捷费省。

明万历三十三年乙巳（1605） 三十七岁

在都。使临清。解差也。事已返里。省亲也。军器局有回禄变。天不与人谋。

明万历三十四年丙午（1606） 三十八岁

春入都，胡安人率于往。夏四月，胡安人归。五月，再授阶承德郎。敕赠父主事，封母太安人，妻安人。秋，同里兵马刘子少溪、王子参寰劝益东星，公择娶于李。梁驸马甥也。于病遣归，省渠母家。王子参寰归吴氏女。书归，志雅谊也。冬十一月升淮扬河道郎中。之任过家。省亲也。胡安人为脱簪珥，娶椒繁二侧室。俱李姓，大父不姓之者，示别也。故仍之。于病愈返。

明万历三十五年丁未（1607） 三十九岁

春三月，南征。夏四月，抵高邮。秋七月，升淮徐兵备道，驻彭城。淮黄安澜。冬十一月，敕封太安人刘氏卒。讣闻，四日至淄。急具公移，无俟详允。即日戒行，昼夜兼进。

明万历三十六年戊申（1608） 四十岁

读《礼》。冬十一月，为文祭忌辰。不录文者，文别见也。余多仿此。

明万历三十七年己酉（1609） 四十一岁

春正月，为文告开丧。念六日，祔葬刘太安人于敕赠承德郎、工部虞衡清吏司主事黄发翁墓。

明万历三十八年庚戌（1610） 四十二岁

春三月，服阕。嗣子胤丰殇。热病，药不当也。赋《哭子诗》。夏四月，椒氏生子随祈。以椒庶祖母常奉白衣也。举卓异。秋七月，起山西分守冀宁道。书起，非赴补也。祭告父母墓。为起官赴任也。入晋，胡安人以家属往。

明万历三十九年辛亥（1611）四十三岁

在晋。夏逆医。随祈伯患风症也。秋，赍俸入都。具疏为三晋黎氓请命。以年凶，差重也。胡安人以家属返里。子随祈殇。旧恙发也。公自都返。赋《哭子诗》。

明万历四十年壬子（1612）四十四岁

在淄。春，具公移请告。伤丧子也。宗族尼之。兄弟劝也。税驾晋阳。胡安人不行。还任，代晋按巡阅，兴革利弊。夏四月，后乐园观射。园在藩司街。秋八月，提调棘闱。中秋夜同直指苏公登明远楼，玩月赋诗。冬十月，监试武闱。转宪副分守河东道，驻蒲坂。

明万历四十一年癸丑（1613） 四十五岁

在晋。春，胡安人至。夏四月，为文祭河渎。参详苏公《求生录》。再举卓异。

明万历四十二年甲寅（1614） 四十六岁

在晋。春正月，加衔大参，引疾告。时缺广宁备兵，辽抚、晋按，交章争之。难于去就，乃引疾归。途次黎城阻雨。归告三代墓。告挂冠故也。冬，李太孺人请纳吴孺人，不许。四请，乃从。以嗣续尚未立也。吴孺人即王兵马所归吴氏女，事李太孺人者也。书李太孺人者，以后受子封也。书吴孺人者，以育子也。书请，志贤也。书纳，别娶也。

明万历四十三年乙卯（1615） 四十七岁

在淄。春，招兄弟作寻芳会，送震阳公入贡帝都。夏，游苍龙峡。同中丞高公举，即鉴曾祖岳东溟先生。游滴水泉。邑侯王公邀也。秋八月吴孺人生长男履礼公际壮。是月旭阳公省闱掇桂。镂选《四时绝句》十二卷。

明万历四十四年丙辰（1616） 四十八岁

在淄。春二月。冲阳公成进士，选定兴令。夏六月著《灾祲窾议》以上邑侯。灾民苦楚四则，拯救恩波四则，善后事宜六则。起陕西洮岷兵备道。高中丞公遣使归貂帽、兵书。秋，西征。下车问疾苦，酌抚御，修险隘，练戎马，整器械，饭饥乏，葺学宫，著禁约。

明万历四十五年丁巳（1617） 四十九岁

在秦。大兵临洮不入。大父闻警报，先期出巡，在在设伏，敌知有备，拔营以去。秋七月旱，祷雨，应。冬十一月，李太孺人生子端。

明万历四十六年戊午（1618） 五十岁

在秦。春正月，遣祭焚黄。二月，长男病甚，李太孺人率吴孺人祷于穹苍。长男愈，子端殇。祷曰：壮儿已长，端儿尚幼。若壮不寿，愿以端代。未几，长伯方愈，端伯遂殇。大父叹曰：虽修短各有命数，而李一片真心，形骸俱化，亦云难矣。赋《哭子诗》。李太孺人乳履礼公。接乳也。

明万历四十七年己未（1619） 五十一岁

在秦。三举卓异。赢千金。夏四月，升靖边兵备道。履任，痛革虚冒，力筑边城，清查营路款，战交修边，内外怀德怀威。三秋无烽火警。暇则校士，文风丕变。六月，晋布政使。赢金数千。秋九月，授阶中大夫资治尹。诰赠祖父母与父母按察使、淑人，封妻淑人。

明万历四十八年庚申（1620） 五十二岁

在秦。撰《西征记》及《西征记略》。秋七月，防秋。神宗崩。八月，光宗即位。以八月至十二月为泰昌元年。

明泰昌元年八月庚申（1620） 五十二岁

诏为太仆卿，管京营少卿事。九月朔，光宗崩。未及月。熹宗即位。冬十一月，自榆林返淄。焚黄。庶弟凤阳公、庶兄玉阳公连月卒。生殁处必书庶，重嫡也。疾。盗汗也。

明天启元年辛酉（1621） 五十三岁

在淄。春闰二月，病间，由定兴入都，寓城隍庙东。三月，授阶太中大夫资治尹。诰赠祖父母与父母俱太仆卿、淑人，封妻淑人。荫长子。登极覃恩。夏四月，改右佥都御史，巡抚天津。辽阳覆，朝议设津抚，专饬海防。改大父右佥都御使，任其事。抵津门，葺芦以居。津门创设开府，自大父始。置水军，善战船，募陆兵，市战马，备戎衣，造战器，修墩台，建营房。呼饷不应，称薪数米而治。以戚太保遗法，水军习陆战。袁公崇焕建三方布置策，广宁为正，登津为奇，又设镇海前后奇三营。用戚太保继光遗法，练水军先习陆战，军大可用。练兵获漕运，立法饬海防。津门屹若长城。五月，授阶中议大夫。诰赠父母右佥都御使、恭人，封妻恭人。秋七月忤珰。魏忠贤令锦衣千户刘侨逮天津卫废将陈天爵。大父以无驾帖上疏，申宪章。冬十一月，胡恭人至。进《摄逃亡兵亲属补伍策》。时四方新募兵多负行月逃亡者。用大父计，兵方稍稍知纪律。

明天启二年壬戌（1622） 五十四岁

在津。春正月，胡恭人归。病面。疮也。二月，发兵防山海。广宁失守，榆关告危，诸路兵不敢进，惟天津军鼓行而东。疏请主事来公斯行为监军。疏请通判张公懋德补府佐。疾。积劳也。三月，升督饷侍郎兼右佥都御使。夏五月，身肩二役。督部已行，新抚未至。授阶通议大夫。诰赠祖父母与父母侍郎、淑人，封妻淑人。秋七月，征兵平白莲妖，遣来监军率五千往，以其子燕禧为羽翼。燕禧，监军次子也，力能扛鼎，射可穿杨。望后新抚来，谢一役。八月淫雨，备粮海岸，相候扬舲。毛公文龙驻皮岛，大父毅然以接济为己任。又念风汛有期，天吴叵测，虽不能刻期税驾，决不可违候扬舲，亟于趋事。惟恐后时，以故失风绝少。积商困灾梗，令公定力持之，无他虞。疏请停召买、罢事例、追积逋，改路挽为海运，易露积立仓廒。冬十一月，齐献俘。董子世贤，移师靖景武。刘子永昌，平滕献隧道计；攻邹，来子燕禧擒妖首。捐俸助饷。赐貂。遣祭焚黄。是年叔祖冲阳公升礼部主事。镌《抚津疏草》四卷。

明天启三年癸亥（1623）　五十五岁

在津。春正月朔，赋诗纪事。有“原野锋敌堆战骨，闾阎征调朘民生”之句。渝关大赉，颁蟒缎帑金。夏五月，祷海风应，运舟出海。是役运粮，同知孟公养志兼赍敕朝鲜，以其国助兵助饷也。上《朝鲜情形疏》。孟同知还，知朝鲜国王李珲为其侄李倧所篡。倧将请封，因上疏奏其情形。其略曰：李倧之事，其不必议讨者有三，而其不可遽封者亦有三。李倧自立，虽犯无将之戒，然其假仁假义，国中臣民率多归向。今若轻言废置，必当先议兴师。航海万里，胜负难必，穷兵骛远，非力所及。是不必议讨者一也。通逆之显迹未著，享王之常礼未失。且其即位教令颁布，国中咸以恭顺天朝为念，以协力助兵为辞。岂其以此翘前王之罪过，而躬自蹈之。万一更置不得其人，违顺即逆，厥计良左。是不必议讨者二也。李倧立后，每有公移与毛师往来。固非大有协济，亦觉别无龃龉。近闻毛师往安州籴粮五千，亦未遏籴。总之，毛师近居皮岛，四面皆水，与前驻宣州时，依倚朝鲜，大是不同，可无他虞。是不必议讨者三也。惟是君父大伦，炳若日星。乱臣贼子，宜加斧锧。既逭天诛，遂叨封典，煌煌纶音，骤加匪人，彼箕子礼义之邦，将毋为有识者所笑。是不可遽封者一也。李珲之事天朝也甚谨，既助兵于四路进剿之时，又助饷于毛师驻师之日，其有功于天朝也甚巨。彼国教令，所谓欲加之罪何患无词者也。若中国不为一言昭雪，幽冥之中，未免负此忠顺外藩于地下。是不可遽封者二也。李倧语言应对之间，不失恭顺天朝之意。而其处心积虑，尚属叵测。据其公移咨文，虽称权署国事，然而居王之官，服王之服，行王之政，未尝辞尊居卑，拱听册封。诚恐别有肺肠，遽难方物，大虑觇风观变，向背倏忽。是不可遽封者三也。以臣愚见，固不必穷治其擅立之罪，使其挺而走险；亦不可遽与以封爵之荣，使其狃而成玩。俟其请封使至，止收表笺，一切方物，姑寄别所。即令来使言旋，顺赍明旨诘问，要见李珲是否当诛，李倧果否当立。俟其输服请罪，往返再三，而后许之。不则俟其进兵助剿，功绩昭著，而后封之。庶几操纵在我，刚柔互济，不以恩掩义，不以权废经，天朝之纲纪大伸，而属国之邪萌自戢矣。朝廷韪之。不录全疏者，全疏别见也。余仿此。冬十月，李太孺人生中男载积公际有。十一月，晋右都御史兼户部左侍郎。叙平妖功也。赐银币、银爵。疏辞，不允。十二月，皇长子诞生。荫中子。皇子诞生覃恩。核兵籍，赢金数万。升督饷侍郎兼天津巡抚。朝议省津抚也。镌《督饷疏草》五卷。

明天启四年甲子（1624） 五十六岁

在津。春正月，京师再地震。陈言重忤客、魏。条议四款，曰内批宜慎，恩泽宜节，人才宜惜，内操宜罢。语多危激，不纳。三月地数震。再疏陈缺失。条议二款。首修德。曰戒佚游、节赏赉、举召对，以至深宫燕处，葆精啬神，以培养无疆之祉，皆修德之属。次修政。曰边防无使弛，蚩愚无使扰，反侧无使惊，以至名硕忠谏，霁威赐环，以慰答寰宇之望，皆修政之属。语尤激切，又不纳。授阶资政大夫。诰赠祖父母与父母右侍郎、夫人，封妻夫人。

明天启五年乙丑（1625） 五十七岁

在津。春正月，洮岷、靖边人皆议筑生祠祀公。屡书止之，不听。三月，升南京都察院右都御史。疏辞，不允。五月，捐俸助工。镌《饷抚疏草》七卷。返里。冬十月赴留都任，胡夫人家居。

明天启六年丙寅（1626） 五十八岁

在南中。春正月，改南京户部尚书。疏辞，不允。镌《留宪疏草》一卷。二月履任。夏五月，疏请还借解黔饷、请留抵解漕折、请销那用事例、请禁留仓宿弊、请定部差规例、请追直省积逋、请核营卫冒滥、请停折解辽饷，又搜括积羡及各役顶首银八千，留计渐充。忤珰。忠贤议鬻南太仆牧马草场助大工，廷臣无与阻者。令守备太监来喻意，大父坚持不可。朝政益乱，遂有归思。冬十月疾。痰火症也。即丐休。急流勇退也。胡夫人驰至。闻病甚也。十一月予告，得嫮节温旨。胡夫人先归，公后行。是年叔祖冲阳公升宁远兵备道。镌《留计疏草》二卷。

明天启七年丁卯（1627） 五十九岁

在淄。春正月，疾渐愈。焚黄。陈请告也。友于子尟先来，馆于西塾。二月上巳泛觞。

明崇祯元年戊辰（1628） 六十岁

在淄。春正月，疾愈。是春，叔祖冲阳公升宁抚。夏四月，李太孺人生女戒姑。后适通政王公讳檪，诰封恭人。庶兄震阳公卒。召拜户部尚书。两疏控辞，不允。秋七月戒行。八月，庶弟冲阳公以兵变愤卒。入都为弟认罪，丐恩弗获。履任，朝。帝询饷事，大父以清汰节省对。陪祀夕月坛。不日者，有定日也。余仿此。九月上《辽饷不敷济急无奇疏》。自客、魏盗窃，三韩卧甲，内帑太仓贮积已空。大父承乏，会计累日，请清卫所屯田、省直仓谷、抽扣工食、优免丁粮、房产税契、俸薪马夫、典铺税银、钞关税银、抚按赃罚、免觐路费、杂支公费，及裁汰畿辅新兵，量复截南新饷。命移文查核。再上《旧饷告匮边镇呼庚疏》。疏请核民运逋欠，议屯粮征收，惕京边考成，汰逾额营制。而蓟、密、永、昌四镇新增盐菜银二十二万两，依议行。陪祀帝王庙。陈辽变原因，缺饷互讦，渐至失实。朝廷不欲以缺饷闻于邻国，竟削叔祖冲阳公籍。再授阶资政大夫。诰赠祖父母与父母尚书、夫人，封妻夫人。十有四日召对，奏宣、大军饷。赐茶及果饼。十月朔，享太庙，陪祀。不先陪祀者，帝亲祭也。后仿此。二日召对，请发帑济边。赐茶。题覆廷臣条议盐政。先是廷议盐政，纷纷不定。帝命侯新户臣。大父履任，参酌八款以献。一禁浮课，一革兑支，一给库价，一定交易，一慎秤掣，一禁私贩，一重考成，一重官运。论者谓尚未尽盐之利。大父曰：利亦安可尽也。得旨：八款俱凿凿可行，即造简明册进览。十一月六日召对，奏无党。赐茶。时温体仁不豫枚卜，讦钱谦益党事，帝面责诸臣不已。大父慨然对曰：臣只知尽职守，不知有党。十有四日召对，赐茶。考满奉旨复职。祭圜丘，陪祀。赐甜食。冬至贺。考满事竣，赐宝钞、羊酒。廷谢。十二月廿四日，圣诞贺。大祫，陪祀。是年叔祖旭阳公简选吴桥令。

明崇祯二年己巳（1629）　六十一岁

在都。春正月朔，朝。享太庙，陪祀。驾临雍，分献。赐羊、酒。幸学，侍坐，听讲。廿八日召对，赐茶。考满，加太子少保。疏辞，不允。陈不职。帝曰：卿清慎明炼，克称厥职。二月朔，陪祀先师庙。再社稷坛，陪祀。李太孺人以二子来。四日皇子诞生，赐宫花、红缎。贺，复赐宫花、红缎。侍经筵，宴午门。疾。政务繁剧，愁病侵寻。屡疏求退，未荷赐俞。授阶资德大夫正治上卿。诰赠祖父母与父母太子少保、夫人，封妻夫人。奏节饷四事。帝虚己，咨足饷长策。大父奏曰：最耗靡之大者，无如客饷。诸边年例合三百二十万，客饷居三之一。原夫客饷之费为征调用。今征调稀，即循例分防入卫者，用亦有限。而支放开销，宁无九实一虚事。故扣存，宁无报一漏二。至于以主为客，调遣不离本镇，何以行坐兼支，此不可不裁省。其次，抚赏、召买、修筑诸费，亦不可不节。帝嘉纳之。陪祀朝日坛。三月，陈各边年例。言自辽饷外，为银三百二十七万八千有奇。今蓟、密诸镇节省三十三万，尚应二百九十四万八千。统计京边岁入之数，田赋百二十九万二千，盐课百十一万三千，杂课十万三千，关税十六万一千，事例约二十万，凡三百二十六万五千有奇。而逋负相沿，所入不满二百万。即尽充边饷，尚无赢余。乃京支杂项八十四万，蓟、辽抚赏十四万五千，辽东提塘三千，辽左旧饷改新饷二十万。出浮于入，已一百十三万六千。况内供、召买、宣抚及一切不时之需，又有出于常额外者。乞敕下廷臣，各陈所见。帝即命会议。陪祀帝王庙。廿六日召对，奏请汰内外寝阁。赐茶。改《观海编》为《尚友编》百十五卷。大父军国政事之外，一生精力多在此编，盖亦军国政事之资也。三十年而成，心犹未歉。夏四月朔，享太庙，陪祀。大旱，连奉命祷雨，收祭设。

疏谢。闰四月，题覆会议边饷。奏曰：臣负乘国储，借箸廷议，谨采可行者十二款，仰尘睿鉴。一增盐引，一查隐田，一停修仓廒，一酌议鼓铸，一搜括杂税，一南马协济，一牙行换帖，一修衙银项，一板木改折，一寺田起科，一崇文店税，一拨兑京运。臣扪心自思，亦觉经国讦谟，原不在此，脱有以申韩、桑孔之意病臣，以头会箕敛之术责臣者，臣亦无所逃罪。但以灾患频仍，庚癸疾呼，鼓噪之衅监于前，而脱巾之情悬于后，万不得已而为，是竭泽之渔也。帝命除鼓铸、隐田、崇文店税，余并另覆。奉旨，疏款参综，累册通行。十有七日召对，赐茶。雨。命谢社稷坛，收祭设。疏谢。五月祭方泽，赐甘食，陪祀。会议事竣，奏通行，汇册颁布。奏曰：臣于明旨允行条议内，反覆斟酌，其间确有实据可济目前急需者。为班军折价，加增榷额，停修仓廒，板木改折。此已有额数，而但需征解者也。如加增盐引，搜括杂税，南马协济，修衙银两，牙行换帖，凑解纸赎，议损公费，河滨滩荡，吏农班价，寺田起科，裁革冗役，清汰虚冒，生祠变价，贯税酌征，殿工冠带，京东水田，此未有确额而犹候查核者也。总计凡二十款。然非取之民间，亦非增之额外，不过那缓以济急，裒多以益寡。举向来耗蠹于无用之物力，一转移间，便成九边之丹膏耳。望皇上叮咛、申饬，内外同心，应商榷者商榷，应承认者承认。倘有以空文支吾者，许臣部执白简以绳之。帝悉允行。进《饷银兑支策》。帝亦允行。六月旱，命祷社稷坛。雨，命谢社稷坛，收祭设。疏谢。十日召对，赐茶。上《祛饷司宿蠹十款》。一革京运库折，一涤民运出纳，一核积商召买，一禁营伍预支，一清盐引开中，一杜还官侵设，一算漕粮收支，一定季报循环，一惜部司廉隅，一汰部司加衔。俱报可。帝违和，朝见于乾清宫门，赐酒及烧割。阁、部、九卿、科、道同。秋七月朔，享太庙，陪祀。召辑《赋役全书》，上《清赋八式》。言《全书》之设，自行一条鞭始，距今已四十五年。有一事而此多彼少者，其弊为混派。有司听奸吏暗洒瓜分，其弊为花派。当大为申饬。因条八式以献：一钱粮规则宜明，一总撒确数宜核，一新旧粮额宜晰，一起存琐细宜备，一杂项开列宜详，一驿站增派宜减，一民屯出纳宜清，一裁定册式宜简。又曰：应革者革于额外还之民间。应减者，减以有余归之公帑。断未有君足民足而不国康阜者。帝即命颁之天下。廿一日召对，赐果品。八月，社稷坛陪祀。再陪祀夕月坛、先师庙、帝王庙。侍经筵，宴午门。陈漕政宿弊。言官旗转运之弊有四：一水次折干，一夹带违限，一虚捏漂没，一起欠冒支。剥运仓歇之弊有六：一抵坝剪袋，一剥船偷盗，一车驴插和，一晒扬迟缓，一仓脚包揽，一保歇押摧。方今新运兆始，宜加摄刷。帝即令申饬。熹宗哲皇帝二周年大祥，遣官诣太庙行祭告礼，奉安神主，陪祀。冬十月朔，享太庙，陪祀。遵化三屯营石门驿失防，敌将南下，调援京师师。十一月十四日召对，问边惊军情。总协李公邦华请遣京营军营，城下派民夫守垛。公力争之。疏《请豫备兵需》。煤米熟食之类。分委司属，给散守援军行粮草豆。正阳门照磨万公练，崇文门郎中吴公鸣虞，宣武门主事李公缙征，朝阳门郎中成公轸，东直门员外宋公应轸，安定门郎中董公为，德胜门员外林公一柱，西直门郎中王公复兴，阜城门员外阴公化阳，西便门员外付公国俊，广宁门主事宋公开春，右安门原外黄公中色，永安门主事王公忠孝，左安门主事戴公金，广渠门郎中阎公顾行，东便门主事宋公治宁，承行料理郎中范公矿、王公肇生，劄派料豆郎中杨公应震，劄运粮米郎中赵公建极，城上交卸督师营粮料草束员外黄公中色（兼理也）。以三里河草束接济督师主事丁公明，以五场草束供应京营援兵主事李公不伐、吴公起龙、耿公启、郎中米公世发、史公起元，分放南城收买料豆。主事刘公镐管京营选锋行粮料豆。主事陈公应豪管张鸿功行粮草料。主事李公学礼……时门禁甚肃，一切行粮草豆，隔越重城，无不遂求遂足。病。旨中夜数下，立马待奏，不敢安寝。且目不停阅，手不停书者累月。以故头目拥肿，手足破裂。祭圜丘，不与。戒密也。廿八日召对，备陈给发援兵料草。十二月，率属助饷助战马。圣诞免朝。大祫，陪祀。

明崇祯三年庚午（1630）　六十二岁

在都。春正月朔，免朝。陪祀太庙。遣李太孺人以二子归里。或谓人臣许国，此分义也。奈何困二子于危城中，大父遂命东归。二月陪祀朝日坛、先师庙。再社稷坛，陪祀。册立东宫，赐宫花、红缎。侍经筵，宴午门。三月，再率属助饷。四月，大旱，遣官祷雨。帝斋居文华，百官斋居公署。五月，陪祀方泽。六月，奉命祷雨，收祭设，疏谢。以司计无术，引六罪自劾，乞罢不允。奏曰：臣实司计，不能裕国，使士马饱腾，豫遏敌于塞上，洵臣之罪。及蹂躏内近地，又不能峙粮备糗，椎牛犒飧，作投石超距之气，洵臣之罪。左藏瓶罄，臣不能催儹外运，源源日积，致廑圣虑之焦劳，洵臣之罪；漕艘鳞集，又不能收冻粮，先为清野之防，致有被火之船、见浥之粒，洵臣之罪。海寓困穷，又不能与天下休息，而使催差四出，穷竭民力，洵臣之罪。至若新漕，尚苦屯遭盐屯，未收实效。于恒之役，正虑经费不前。铺墩之师，徒令劳人借口。凡此种种，皆臣之罪。乞即赐罢，谴为司计不效者戒。帝温旨慰留。秋七月朔，享太庙，陪祀。雨，奉命祭谢社稷坛，收祭设。疏谢。叙复滦永四城功，加太子太保，赐银币。两疏控辞，不允。廷谢，视事。八月，社稷坛陪祀，再陪祀夕月坛、先师庙。侍经筵，宴午门。十六日召对，赐茶。冬十月，享太庙，陪祀。十一月十有一日，进《神宗实录》，朝，侍宴礼部公署。宴总裁篡修官，侍宴官侯六部左都。祭圜丘，不与。病痰嗽也。冬至贺。十二月，帝命入觐，官逋欠有顺赍续解者，许与考选。圣诞贺。大祫，陪祀。

明崇祯四年辛未（1631）　六十三岁

在都。春正月朔，朝。享太庙，陪祀。廿二日召对，朝觐官请罢，不允。未谢恩，恭候文华门。二月，以吏治更始，陈《厘剔十款》。一禁加征耗羡，一禁添搭赔累，一禁滥收词讼，一禁滥科罪赎，一禁罪外苛罚，一禁官价买物，一禁淹禁犯人，一禁差役骚扰，一禁趋承上司，一禁滥用夫马。帝命饬行。陪祀先师庙、帝王庙。侍经筵，宴午门。社稷坛陪祀。东郊陪祀，赐甜食。赐大九卿。帝命吏部考选截俸，户部先核其钱谷。截俸行取，户部先将各官钱粮完欠多寡查明咨覆。欠额多者，纵令俸满，仍着回任，带罪督解，完日方许考选。自是，推知、行取，户部有查参之责。初进《行取各官钱粮疏》。疏陈：华亭知县郑友伭，虽在抚按咨送之列，而前任青浦金花未完一分，已参罚俸一级。友伭自青浦调华亭为日已久，青浦另有见任官。虽回华亭，不能督催青浦。回青浦不能回华亭，无益留部考选。又在逋欠之列，应否回任，是应请自圣裁，非臣愚敢论定者也。奉旨：这应选各官，还通列职名，将钱粮完欠分数并参罚，曾否开复，各分款项，备细开载，并依罚例，明别去留，奏来。帝命核覲官钱谷，查验司府实收。十有五日廷试，读卷东阁，宿礼部公署。赐宴。三次。十有七日，文华殿读卷，拆号填名。十有八日，传胪礼完。推吏部尚书，帝不许。谓料理正熟，不使轻移。上《兵饷日增疏》。奏曰：臣屈指计算，旧额新饷，官兵额外新增兵马，各处入卫援兵，岁计该银六百五十四万五千七百有奇。招买辽米、草豆、关鲜、海运价值，该一百六十三万四千五百有奇。闰月饷银、盐菜与蓟、永漕粮运价，约该五六十万不与焉。合之则八百七十余万矣。此今日出数之大约也。查入数，岁额加派杂项，工部分饷，总计不过七百三十余万。即如数全完，尚缺百六十万，而况未必全完也。节之一字，至于今日，万万不能讳矣。臣闻诸道路之口，似谓冲边必不可撤，而腹里似不防量撤。兵之有用者，必不可撤。而无用者，似不防量撤。释此经制，初报之时不详为更定，而日竭万姓之膏血，以供四方之骄悍，无论势必不继，即继，恐亦非久安长治之道。愿我皇上之深长思也。帝即令申饬，然不能尽行也。兵部尚书，请加天下田赋，公止之不获。旧额外又加百六十五万有奇，天下益耗。夏四月，再进《行取官员钱粮疏》。言友伭调繁华亭，经三载余矣。任内钱粮别项俱完，惟前任青浦金花尚欠三千五百九十三两零。臣部近经参及臣前疏，谓其更调已久，正望候于圣裁也。今青浦士民在长安者，思其棠荫新被，德政难忘，瓜期已周，回任未便，聚向臣部忻忻相告，俱愿照数赴部乐输。臣等顺人情之便，佐国储之急，遵顺赍续解之旨，推广圣意，辄允其请暂寄太仓，俟该府解至，一同恭进。是友伭金花今已续完，应否留部，付候圣裁。奉旨：钱粮完欠，各官分别明白，知道了，俱准一体行取考选。大旱，奉命祷雨。致斋，宿于公署。上《恒旸示儆疏》。因旱引咎也。李太孺人以二子延师于都。五月朔大旱，帝步祷南郊，随班前导，往回成礼。诏求直言，公胪十事上告。一关蓟经制宜定，一秦晋灾伤宜恤，一赋役全书宜成，一州县火耗宜禁，一省直压征宜仍，一六七年旧饷宜蠲，一内供钱粮铺垫宜减，一东江兵饷宜节，一召买钱粮宜恤，一追赃家属宜豁。帝嘉纳。陪祀圜丘。秋七月，享太庙陪祀。八月，授阶光禄大夫。诰赠曾祖父母、祖父母、父母光禄大夫太子太保户部尚书、一品夫人，封妻一品夫人。陪祀先师庙。再社稷坛，陪祀。侍经筵，宴午门。奉命祭京都太苍神。西郊陪祀。九月，陪祀帝王庙。李太孺人以长子东归。为长伯完婚也。

冬十月朔，享太庙，陪祀。搜括公用银二万三千六百，疏闻，命贮老库备缓急。余应桂劾公。大父读卷所得陈子于秦，乃首辅周延儒姻娅，而素不相协。陈子得擢第一人，延儒因嫉大父，阴使御史应桂衔之。疏留中不发，大父知，乞休。疏四上，帝慰留。廿四日召对，陈新旧兵饷，赐茶。分献圜丘。闰十一月，初进《考选开复官员缘由疏》。帝以周公瑞豹，考选在督臣开复疏先，敕吏部查议降调。仍命该部，将已考选各官来历具奏。因疏陈郑友佐前任青浦，天启七年，未完金花一分以上，照例降俸一级。续据府申称，差徐一林起解及商民李日新等代输银两寄库，即于考选。疏内开复讫，帝命再详查明白，并各官见任何职，具奏。冬至贺。十二月，疏请剿叛。山左乡绅公疏也。乱兵孔有德等反戈，吴桥旬日间破。陵县、临邑、商河、齐东、新城、青城县官多阵亡，掳劫屠戮甚惨。再进《考选开复官员颠末疏》。疏陈直隶华亭县知县续考选，云道御史今听降，郑友佐曾经户科及太仓科院参罚，已另疏开复。惟前任青浦县天启七年金花未完一分以上，降俸一级。续据松江商民李日新等具呈臣部，代输银二千九十三两，暂寄太仓内，听候解官到日恭进。又据该府申称，差官徐一林起解金花一千五百两，原数已足，故臣亦于考选疏开复。前臣疏内称，青浦士民之在长安者，棠荫新被，德泽难忘，俱愿照数赴部乐输。顺人情之便，济国储之急，则所谓开复者，非无因也。独友佐原银犹在寄库，该府解银臣部，移文屡催未到，尚非完局，而本官亦已听降矣。总缘奉有顺赍续解，酌量分数，开复升考。及查验司府实收之旨，臣部奉行惟谨耳。帝谓本内侍郎何不列名，还着详查具奏。圣诞贺。长男逆婚于王。大袷，陪祀。

明崇祯五年壬申（1632）　六十四岁

在都。春正月朔，朝。享太庙，陪祀。三进《考选开复官员颠末疏》。疏言：郑友佐等四人，皆崇祯四年四五月内开复者也。虽开复去考期不远，而钱粮非临考始完。从来臣部只以完欠为殿最，不以开复分后先也。至若续解一节，明旨既降，一时络绎完纳颇多。四年春初，军饷正乏，卒赖接济。若臣部避躁竞之嫌而靳开复，诸臣避躁竞之嫌而缓完解，即曰无营于功名，究竟何裨于军国？奉旨：临考开复各官，明属躁徇。着该部院详查，有无抚按咨题，确议奏夺。吏部、都察院议，友佐补解在四年二三等月，应量镌其级，先经调降加降可也。奉旨：郑友佐降一级，调外任用。户部前时赡徇司官，本当议处，姑不究。二月，陪祀先师庙、朝日坛、帝王庙。再社稷坛，陪祀。陵工告竣，赐银币。侍经筵，宴午门。一品夫人胡，以家属来。三月旱，奉命祷雨，遣官祭告。李太孺人生少男信涉公际孚，一品夫人胡以语贺，公悦。以昔无子，今有子，且三也。一品夫人胡复归。荫少子。以己巳皇子诞生，覃恩也。著《八镇经制》以献。明初，太仓岁入四百万余，以充京支及饷九边之用。维时，有旧兵无新兵，有旧饷无新饷。自东事起，关宁皆新兵食新饷。蓟、密、永三镇，才十之一二。己巳后，三镇所设，新兵渐倍旧兵。新兵之饷，厚浮关宁旧兵之饷。例比新兵，昌、通、津三镇，亦皆日新月盛，度支一再加派，岁赋除太仓外，又增九百余万。视旧额两倍以赢，而犹不敷。大父曰：长此安穷，民力奚堪。遂著《八镇经制》，易稿再三，始上。帝曰：可。或曰：是常也，终无变乎？大父曰：唐制三变，兵多而悍，不为用。宋制十余变，兵多而懦，不足用。顾变之何如耳。且今以兹制为八阵方图。某阵限兵若干，限饷若干。嗣此或得百金之士、千金之士焉。如九军六花，圆变无方，而总不失平沙簇石之定格。所谓因兵以置饷，勿因饷以置兵。为饷谋，尤为兵谋；为国计，兼为民计。意深远矣。夏四月朔，享太庙，陪祀。赐麦饼于午门。文武百官。陪祀方泽。六月，奉命祈晴，斋。草场火，公席藁待罪。帝曰不必引咎。推都察院左都御史，帝不许。谓边饷正借，筹躇也。秋七月朔，享太庙，陪祀。八月，社稷坛陪祀。再陪祀先师庙、帝王庙、夕月坛。侍经筵，宴午门。九月重阳，赐花羔于午门。莱围解。孔有德陷登据固，西围莱。误于抚局，八越月不解，城中困甚。大父力破抚请剿，围始解。霜降，主笔朝审。冬十月，命中涓高起潜等监视九边，张彝宪总理户工。时东林浙西，日角胜负。即称中立者，亦自树气类。大父落落无与，帝亦知悉。第大厦非一人所能为，帝觉势渐孤，思复用中涓，遂又蹈前朝故辙。会议总理公署，一再。彝宪奏：户、工二部，钱粮事务，册籍殷烦，内外有体，户、工不能兼莅，必得定所，方可按册细查，清心理剧。乞敕下两部，或议设公署，或修葺空闲房厂，立一定所，以俱职业。帝遂敕下户工两部议覆。大父奏曰：彝宪前任德陵提谷，请德陵果厂略加修整，便可驻扎，且省费颇多，不必改作。而彝宪必欲另置。帝竟随之觅民房百三十余间，改造修饰，耗饷金数千。代曹郎认罪。自是，彝宪入部署，踞上座，于诸曹郎常加凌辱。帝常以细故下旨，切责诸曹郎，外廷皆不堪。大父惟具疏引罪而已。温体仁、张彝宪短公。体仁尝以周给谏开复及登莱剿抚，饮恨大父。彝宪则以吴中书条陈盐法，议论不合，怀嫌表里，贺祸时时，帝前谗谮。累章乞休，不得。前后三十余疏乞休，帝非责以大义，及慰以温旨，不使得去。十一月，陪祀圜丘。冬至贺。十二月，圣诞贺。立春，赐春饼于午门。大祫，陪祀。

明崇祯六年癸酉（1633）六十五岁

在都。春正月朔，朝。享太庙，陪祀。二月病目，连疏乞休，不允。帝仍以温旨慰留。值经筵，不与，仍赐宴。以病目请告也。目病益甚，上《朦目万难主计，误身更以误国疏》。辞益迫切，帝知不可留，不愉。疏留中。题查追积逋金花，请进寄库银两。体仁挑激，帝怒。奉旨：郑友伭金花代输一项，显系虚捏。科道必得正大人品，似此如何做得。且着革了职为民。户部蒙题，令考堂司各官，俱着回将话来。三月，上《回话疏》。疏言：友伭之事，臣据实入告者凡五，盖有二疏在考选之先，三疏在考选之后。据事直陈之，小心前后，已再三详尽矣。使非奉有顺赍续解之旨，则李日新之代输，臣必不敢妄徇寄库。使非奉有查取司府实收之旨，则该府官差起解之印申，臣必不敢轻信作实数。若谓友伭将调之后，全不照管，致令代输二千浮寄太仓，久无着落，殊难为友伭解耳。若谓臣为徇为欺，始而金花未完，则露章参之继。因府申报解，商民代输，始以应否选迁，仰候明旨。且臣只因名扬大典，妄意怜才，不得不披陈以俟圣断。其实臣部止任开复，开复之后为科、为道、为部寺、同知等官，掌在部院，臣安能预知而曲庇之也。奉旨：友伭至今缺额，前疏辄称续完，留考何辞朦徇。毕某着革了职，并郑友伭都着法司提问。抱病诣狱，中子侍命，长子以家属归。累冠泣零。科道交章论救，不纳。户科给事中吕公黄钟一疏，广东道监察御史吴公振缨一疏，礼科给事中卢公兆龙一疏，山西道监察御史李公右谠一疏，工科给事中范公淑泰一疏，山西道试监察御史王公一鹗一疏，工科给事中孙公晋一疏，兵科给事中蒋公德璦一疏，江西道监察御史梁公士济一疏。请室赋《课子歌》。大宗伯黄公去国留言。公讳汝良，语帝曰：宽猛贵于相济，张驰要于互施。我皇上即位之初，承惰窳蛊坏之余，不得不严核之。今功令既肃，似宜济以和平，使臣下得以有为。其有罪如大奸大贪，真赃真证，三尺安能假借。其余小小过差，或可及以宽政。至若近日大臣，以诖误下狱，人情或为叹伤。伏愿皇上，推泣罪解网之意，加之矜恤。请室以书，上崔公密之《商订尚友编》。大父欲改分奏疏为名臣奏疏。尺牍为广尺牍，清裁其余词赋传记等，附于向者经济辞命之外。崔公回启云：已成之书，几经大冶之铸。恐一丝动摇，千缕不得熨帖。遂一言而定。夏四月，热审，科道等复交章论救。命移外候狱，居真如寺。刑科给事中吴公甘来一疏，广西道监察御史郭公必昌一疏，福建道试监察御史米公助国一疏，户部署掌部事总督仓场尚书钱公春左、侍郎傅公淑训、右侍郎刘公荣嗣合疏，户部司务厅司务谷公燧、贾公必选、照磨所简较张公俭、山东司署郎中事主事倪公嘉庆、郎中张公鹏翀、署郎中事主事刘公镐、韩公谦、员外郎沈公仔、主事刘公寰、赵公清衡，浙江司署司事主事叶公成文，湖广司署司事、浙江司主事王公胤懋、陕西司署司事主事蔡公秋卿、边公崙刘公呈瑞，广东司郎中焦公覲祖、员外郎张公志瑄、主事林公徽初、田公生兰，福建司崑、署郎中事都事李公梦星、员外郎孙公陛、主事周公诗雅，山西司署郎中事主事魏公公韩、主事袁公枢、江西司主事刘公在朝、李公乔崑、成公克延、毋公槐庆，河南司署郎中事主事许公捷、员外郎傅公国俊、云南司署郎中事主事刘公梦桂、员外郎张公亮、石公应崑、王公观化、主事周公天祚、郭公永泰、余公鹍翔，四川司署司事、山西司主事张公錞，广西司署司事高公凤翔，贵州司郎中聂公明楷、员外郎傅公启光、主事许公国士、任公道统合疏。浙江道御史王公之良一疏。五月，南京九卿科道等，交章论救。户科给事中戈公允礼、礼科给事中杨公兆升、兵科给事中郭公建邦合疏。河南道监察御史郭公维经、浙江道监察御史赵公志孟、福建道监察御史韩公相、广东道监察御史胡公接辉、四川道监察御史方公之翰、湖广道监察御史倪公成章、郭公绍仪合疏。都察院右都御史唐公世济、吏部尚书谢公陞、右侍郎刘公钟英、户部右侍郎吕公维祺、礼部尚书李公孙宸、右侍郎钱公士升、刑部右侍郎姚公士慎、工部右侍郎甄公淑、通政使司通政使毕公懋良、大理寺卿李公遇知、右寺丞钱公士贵、太常寺卿马公鸣起、少卿蔡公思充、光禄寺卿吴公国仕、太仆寺卿周公鼎、少卿徐公宪卿、鸿胪寺卿袁公业泗、国子监祭酒胡公尚英、司业王公锡衮、应天府府尹詹公士龙、府丞李公觉斯合疏。镌《度支奏议堂稿》二十卷，《各司》九十四卷，《抽簪赘言》一卷。又绘《四友图》，撰《衍嗣记搜》《召对记注》，镌《四友二老诗赞》。四友：吏部尚书王公永光，礼部尚书李公誉芳，刑部尚书沈公演，与大父。二老，沈公演、工部尚书张公延登，俱壬辰进士。冬十月，郑友伭逮自京山。疏辩，帝益怒。疏言：天启六七年之间，正水灾民徙之后，金花旧欠万余，力代前县征完。即本年项下，稍致延逋。偶因改调，未及补解。户部查参，谓臣已经离任，罚俸示惩外，责成见任督征。臣遂不敢问青邑事矣。且前任逋赋，乃八年前功令未一之时。近奉新政，一一完足，而户部将奉旨责成督征。三年之见任官置之不问，使臣之已经夺俸免催者，代受参罚于离任四年之后，致使还任，不能乞休，不许勉完课额。冉经降处，鞠身困衡，不得不为法受过。今奄奄困扉中，惟仰恳天威日霁，查臣逋课、完课及地方误解、补解之本末。臣虽蒙罪，甘心矣。帝曰：友伭正在究问，何得渎辩。冬十一月，诰封一品夫人胡氏卒，为文遣祭。赋《式穀歌》。镌《友伭考选处分始末》。御史疏请遣公回籍听勘，不许。吴公振缨。十二月，法司三谳，帝皆以为未当。

明崇祯七年甲戌（1634） 六十六岁

在真如寺。春，中男议婚于王。二月，叙登莱恢复功，帝命事结定夺。夏四月，法司四谳，帝念公衰病日深，又经议叙，谕遵前旨革职。镌《解网录》。跨蹇出都，赋《戴罪蒙恩诗》。归，课子于西塾。立义仓赡族。岁出粟二百石，供族人缓急。

明崇祯八年乙亥（1635） 六十七岁

在淄。春，南村建先祠。夏四月，叙四川平复功，复官，致仕。得家孙，赋诗志喜，命名盛锡。又叙粤东会剿山寇功，赐金。除日，暴风，诣邑拜阙。以家门里役，邑侯震怒。邑侯韩公承宣。

明崇祯九年丙子（1636） 六十八岁

在淄。夏四月，叙延镇各案斩获功，赐金。纂《古文隽》二十一卷，《拔萃》十七卷，《遗珠》一卷，《考谈》一卷。少男定婚于李，诣章谢李公。外大父，即己巳年宣武门散守兵行粮者，后仕保定太守。中男逆婚于。

明崇祯十年 丁丑（1637）六十九岁

在淄。春三月，邀同籍杨公槚、张公延登游岱。与店主闲语。道出华不注，如大佛、千佛、玉函、马鞍。觅宿山墅中，居民不应。舆人告困，跨款段从之，宿黄山铺。问店主：村居乐乎？对曰：差役烦苦，有司不能抚循，且加朘削，兼地近藩封府，役飞而食人，不可向迩，安得所乐。大父闻之。凄然。会五峰。闻藏经阁有《神农本草》

与俗刻迥异。历灵岩。见大士、文殊、普贤像，皆唐宋丹青。抵泰安，寓西郭。外大父别墅也。登绝巅，谒碧霞元君祠。遇雨，论铜顶。大父谓张公曰：曩者科臣，言泰山铜顶。

明崇祯十一年戊寅（1638） 七十岁

在淄。是年腊月十七，卒于家。讣闻，予祭九坛，谕有司造坟，安葬于黄埠之赐阡。一品夫人胡氏，予祭一坛，祔葬。赠少保，荫一子入监读书。际壮赴京为父请恤，归而染疾，不及襄事而卒，年仅二十八岁。此年，次子际有才十五岁，而幼子际孚刚足六龄。

明史·毕自严传

毕自严，字景曾，淄川人。万历二十年进士。除松江推官。年少有才干，征授刑部主事。历工部员外郎中，迁淮徐道参议。内艰阕，分守冀宁。改河东副使，引疾去。起洮岷兵备参政。以按察使徙治榆林西路，进右布政使。泰昌时，召为太仆卿。

天启元年四月，辽阳覆。廷议设天津巡抚，专饬海防，改自严右佥都御史以往。置水军，缮战舰，备戎器。及熊廷弼建三方布置策，天津居其一，增设镇海诸营，用戚继光遗法，水军先习陆战，军由是可用。魏忠贤令锦衣千户刘侨逮天津废将，自严以无驾帖疏论之，报闻。四方所募兵日逃亡，用自严言，摄其亲属补伍。兵部主事来斯行有武略，自严请为监军。山东白莲妖贼起，令斯行率五千人往，功多。

初，万历四十六年，辽左用兵，议行登、莱海运。明年二月，特设户部侍郎一人，兼右佥都御史，出督辽饷，语详《李长庚传》。及是，长庚迁，乃命自严代。叙前平贼功，进右都御史兼户部左侍郎。时议省天津巡抚，令督饷侍郎兼领其事，即以委自严。又议讨朝鲜，自严言不可遽讨，当俟请贡输诚，东征效力，徐许其封耳。京师数地震，因言内批宜慎，恩泽宜节，人才宜惜，内操宜罢，语甚切直。自严在事数年，综核撙节，公私赖之。五年，以右都御史掌南京都察院。明年正月，就改户部尚书。忠贤议鬻南太仆牧马草场，助殿工。自严持不可，遂引疾归。

崇祯元年，召拜户部尚书。自严以度支大绌，请核逋赋，督屯田，严考成，汰冗卒，停蓟、密、昌、永四镇新增盐菜银二十二万，俱报可。二年三月，疏言：“诸边年例，自辽饷外，为银三百二十七万八千有奇。今蓟、密诸镇节省三十三万，尚应二百九十四万八千。统计京边岁入之数，田赋百六十九万二千，盐课百一十万三千，关税十六万一千，杂税十万三千，事例约二十万，凡三百二十六万五千有奇。而逋负相沿，所入不满二百万，即尽充边饷，尚无赢余。乃京支杂项八十四万，辽东提塘三十余万，蓟、辽抚赏十四万，辽东旧饷改新饷二十万，出浮于入，已一百十三万六千。况内供召买，宣、大抚赏，及一切不时之需，又有出常额外者。乞敕下廷臣，各陈所见。”于是廷臣争效计画。自严择其可者，先列上十二事，曰增盐引，议鼓铸，括杂税，核隐田，税寺产，核牙行，停修仓廒，止葺公署，南马协济，崇文铺税，京运拨兑，板木折价。已，复列上十二事，曰增关税，捐公费，鬻生祠，酌市税，汰冗役，核虚冒，加抵赎，班军折银，吏胥纳班，河滨滩荡，京东水田，殿工冠带。帝悉允行。

诏辑《赋役全书》。自严言:“《全书》之作，自行一条鞭始，距今已四十五年。有一事而此多彼少者，其弊为混派；有司听奸吏暗洒瓜分，其弊为花派。当大为申饬。”因条八式以献。帝即命颁之天下。给事中汪始亨极论盗屯损饷之弊。自严言:“相沿已久，难于核实。请无论军种民种，一照民田起科。”帝是其议。先是忠贤乱政，边饷多缺，自严给发如期。又疏言:“最耗财者无如客饷。诸镇年例合三百二十七万，而客饷居三之一，宜大裁省。其次则有抚赏、召买、修筑诸费，皆不可不节。”帝褒纳之。其冬，京师被兵，帝忧劳国事，旨中夜数发。自严奏答无滞，不敢安寝，头目臃肿，事幸无乏。明年夏，以六罪自劾，乞罢，优旨慰留。先以考满加太子少保，叙遵、永克复功，再进太子太保。

兵部尚书梁廷栋请增天下田赋，自严不能止。于是旧增五百二十万之外，更增百六十五万有奇，天下益耗矣。已，陈时务十事，意主利民，帝悉采纳。又以兵饷日增，屡请清核，而兵部及督抚率为寝阁。复乞汰内地无用之兵，帝即令严饬，然不能尽行也。

御史余应桂劾自严殿试读卷，首荐陈于泰，乃辅臣周延儒姻娅。自严引疾乞休，疏四上，不允。时有诏，县令将行取者，户部先核其钱谷。华亭知县郑友佐已入为御史，先任青浦，逋金花银二千九百。帝以诘户部，自严言友佐已输十之七贮太仓。帝令主库者核实，无有，帝怒责自严。自严饰词辨，帝益怒，遂下自严狱，遣使逮友佐。御史李若谠疏救，不纳。逾月，给事中吴甘来复抗疏论救，帝乃释之。八年五月，叙四川平贼功，复官，致仕。又三年卒，赐恤如制。

山东通志·毕自严传

毕自严，字景曾，淄川人。万历二十年进士，除松江推官。年少有才干，征授刑部主事，累迁太仆卿。

天启元年，辽阳覆，廷议设天津巡抚，专饬海防，改自严右佥都御使以往。置水军，缮战舰，备戎器，增设镇海诸营，用戚继光遗法，水军先习陆战，军由是可用。兵部主事来斯行有武略，自严请为监军。

山东白莲妖贼起，令斯行率五千人往，功多。

叙平贼功，进右都御使兼户部左侍郎。京师数地震，因上言，甚切直。在事数年，综核撙节，公私赖之。五年，以右都御使掌南京都察院。明年，就改户部尚书。魏忠贤议鬻南太仆牧马草场助殿工，自严持不可，遂引疾归。

崇祯元年，诏拜户部尚书。二年，自严疏言："统计京边岁入之数，即尽充边饷，尚无赢余，乃京支杂项，辽东提塘等项，出浮于入，已一百十三万，况又有出常额外者，乞敕下廷臣，各陈所见。"于是，廷臣争效计划。自严择其可者，列上十二事，帝悉允行。

诏辑《赋役全书》，自严条八式以献，帝即命颁之天下。先是忠贤乱政，边饷多缺，自严给发如期。又疏请裁省客饷与抚赏、召买、修筑诸费，帝褒纳之。

京师被兵，旨中夜数发。自严奏答无滞，不敢安寝，头目臃肿，事幸无乏。寻进太子太保。兵部尚书梁廷栋请增天下田赋，自严不能止。已，陈时务十事，意主利民，帝悉采纳。

时有诏，县令将行取者，户部先核其钱谷。华亭知县郑友伭，已入为御史，逋金花银二千九百。帝以诘户部，自严饰词对。帝怒，逮下狱。给事中吴甘来，抗疏论救，乃释之。八年，叙四川平贼功，复官，致仕。又三年卒，赐恤如制。

淄川县志·毕自严传

毕自严，字景曾，号白阳。万历戊子举于乡，壬辰成进士。司李松江，持法平允，声大著。周绍节为著《三廉侯传》，公其首也。会有尼之者，不得预考选。六年，始升刑部主事，领浙江恤刑差。

遘赠宫保公木病，中道拜疏辞归，获视含殓焉。服阕，补旧职。调虞衡，迁都水正郎。回翔郎署，凡九年。升淮徐参议，履任匝月，闻母赠一品太夫人刘讣音，即日戒行。计程七百里，以四昼夜而即苫次。

庚戌，举卓异。时以读礼得之，称异数云。即家补山西参议，分守冀宁。晋副使，分守河东。癸丑，再举卓异。有辽海参政之推，旨未下，而辽督薛三才、晋抚李若星，一争一留。已从晋请矣！公耻之，引疾径归。

复即家补山西参政，备兵洮岷。三年考绩，加按察使，调备兵榆林西路。地皆孤悬绝塞，烽火时闻。公预为布置，大创之，边境以宁。复清浮冒赏额，岁省数千金。修安边、定边二城，以善后。己未，再举卓异，加右布政使。盖历方面者，十有三年矣！经四考，治能益著。

属泰昌改元，搜采俊望，乃擢太仆卿。逾月，议设海防巡抚于天津，遂推公以佥都御使往。时虽建牙而来，无军实可恃，事事创始。招募水陆兵马万人，安插客兵万人，市战马千匹，战舰、营房、甲胄、军帐、火器称是。

时妖贼徐鸿儒起邹滕也，公奉命简师五千会讨。及途，而武邑于弘志起兵密应鸿儒，景州告急。行营将董世贤，移军扑灭之。妖贼势孤就歼，实在此举。而手擒鸿儒者，则公行营将来燕禧也。诸抚镇皆受上赏，公仅晋右都，不言功也。

初，津门之设镇，一侍郎督饷。侍郎迁去，以公代之。无何，新抚又迁去，乃兼饷、抚。关运、鲜运，岁米豆百四十万、草六百万，缓急得时，军无告匮，而节省奇羡银五万余、米豆二万余，悉籍以归县。官署以内，图书萧然而已。时，客、魏用事，公因地震，陈言以“慎内批、节恩泽、惜人才、罢内操”四事极谏，中外危之。已，乃移南京掌院，旋转南户部尚书。盖以持正不阿，虽莫为推援，而操履皎洁，无可摘疵，故每报满一官，或置之危疆，或付之散地。公且随事尽职，遇军国所关，每流涕上书以争之。因见珰焰日炽，遂移疾归。

崇祯改元，特起户部尚书。会军兴日繁，帑藏空匮，出浮于入者三百余万。公首以“节用”之说进，下九边督镇，诘问士马之数，穷窦孔，塞漏卮，务期上足国用，下苏民隐。

己巳冬，京师戒严，一切需用，咄嗟立办。中旨一日夜数十下，削奏章亦数十上。面肿手裂，两月身未贴席，援兵、守兵皆得宿饱。当时论者，谓较嘉靖庚戌之役相类，惟农部给饷之敏，隃胜当年者耳！嗣以馈饷功，晋太子太保。及经制既定，出入渐足相当，于是，请蠲积逋，请复士子优免，又改佥商为官买，公私便之。会推冢宰，总宪至再，以无可代公者，不许。故事，朝审例用冢宰主笔。壬申秋，司寇循例以请，特昭公主笔。盖异典也！是时，门户分争，公独落落，惟公义为可否。柄相温体仁，时有属意，皆执法不肯听。又设总理，太监张彝宪事事掣肘，乃杜门乞骸骨。疏十余上，皆温旨慰留。有“任事勤敏”“眷意忠猷”“国事多艰，正资料理”等语。卒不得请。最后，连疏辞，益迫切，帝度不可留，意颇嗛望。盖公管度支近六年矣！内外出入，京储边需，酌剂盈绌之数，洞火列眉，以家事任之。终公之任，脱巾无闻。帝一日去公不可，公又病目，实不可支。君臣交难，而郑友佐之事起。郑友佐者，考选御史也。体仁患其异己，兼欲中伤公，乃摘其前令青浦阙金花额，临考补解为欺谩；公课考成，为朦徇。请告之疏，留中不出。逮友佐，而下公于理。南北九卿，监寺科道，前后九十余人，连章论救不已。后吴甘来力请，得移外候问。竟夺职归。逾年，以永宁馈饷功，予原官致仕。复以各镇奏捷，司马四上转输功，赉银有差。

归田后，邑建石城，捐修数百尺，建家庙，设义仓。年七十卒，崇祯之十一年也。抚按以闻，予祭九坛，谕葬淄西五十里之黄埠。赠少保，荫一子，则帝笃念前劳，始终弗替焉！公，生平无他嗜好，政暇，手一编以为常，故得一思虑专聪明。虽案牍傍午，神理豁如，执简御烦，应机立断。所历卿贰，皆剧职。钱谷浩瀚，绪散丝棼，悉手自会计，老吏退立而已。所著有《石隐园诗文藏稿》八卷，《抚津》《督饷》《饷抚》《留宪》《留计》共疏草十九卷，《度支奏议堂稿》二十卷,《各司》九十八卷,具刻行世。选定《古文尚友编》一百卷、《古今四时绝句》一百卷,藏于家。东吴沈何山演与公为同年友,其叙公奏议曰：“公受主知最深，一身管军国大计最重，亦最久。守身、守官，皆以实地见奇。宁拙迟，无巧速；暗而日章，久而弥光。”可谓深知公者矣！其《石隐园遗集》，仲子州守际有，重刻行世。松江、洮岷、靖边、天津，专祠凡四，河东入祀学宫。此其大都也。载《通志》。

淄西毕氏世谱·毕自严传

自严，字景曾，号白阳。万历戊子举人，壬辰进士。仕至光禄大夫太子太保户部尚书。赠少保，祀名宦。配胡氏，累封一品夫人，庶李氏、吴氏。三子：际壮、际有、际孚。

公释褐之年，授南直隶松江府推官。戊戌，升刑部河南司主事。庚子，领浙江恤刑差。辛丑，丁赠宫保公艰。癸卯，补旧职，寻改工部虞衡司主事，管军器局。丙午，升都水司郎中，管理淮阳河道。丁未，升河南参议、淮徐兵备道。旋丁一品太夫人艰。庚戌，补山西参议，分守冀宁道。壬子，升副使，分守河东道。癸丑，加参政衔。甲寅，告病回籍。丙辰，起补山西参政、洮岷兵备道。己未，加按察使衔，移管榆林西路兵备道。庚申，加右布政使衔，管本道事。

泰昌改元，升太仆寺卿，管京营少卿事。天启辛酉，升佥都御史，巡抚天津等处。癸亥，升户部右侍郎，督理辽东粮饷；寻加户部左侍郎、右都御史仍兼巡抚天津。乙丑，升南京都察院右都御史。丙寅，升南京户部尚书。旋告病回籍。崇祯戊辰，起户部尚书。己巳，加太子少保。辛未，加太子太保。癸酉，致仕。戊寅，终于正寝，享年七十岁。讣闻，予祭九坛，谕有司造坟，安葬于黄埠之赐阡。一品夫人胡氏，予祭一坛，袝葬。赠少保，荫一子入监读书。

方公奉命恤刑也，值赠宫保公有脾胃之疾，公中道拜疏，归侍汤药，获视含殓焉。一品刘太夫人之病也，屡移牒乞归，不得请；及讣音至徐，即日戒行，计程七百里,以四昼夜而至,哀毁几至不起。宗功族德,悉丐名笔表墓、立传阐扬。先后二十一任，悉第上考。曾祖考以下，赠皆如公官；妣皆一品夫人。制书盈箧，极哀荣之典。

创建先祠于南村，始祖以下皆设主以祀。重修世谱，始加刊行焉。甲戌岁，出粟二百石，设义仓于王村，以补家族乡党之缓急。

著有《石隐园藏稿》八卷行世。若公之立朝大节，经济吁谈，清正忠贞之概，益都孙文定公撰有墓表。《邑志》《府志》《通志》《国史》皆有传，寓内共见，此不具载。

公初艰嗣，四旬有七，吴孺人始诞长子。实李太孺人志也，且代抚之。公为撰《衍嗣记》，详载其事。又八年，诞有；又九年，诞孚。则皆李太孺人出。享年八十五岁，受子封。论者以为有天道也。公得子晚，虽极煦爱而不事姑息，时时教以孝弟，勉以勤学。俱叨恩荫，后各策励，遣入黉序。犹及见冢孙云。

附《式穀歌》于后："自昔中原歌有菽，教诲尔子期式穀。元亮虽有五男儿，衔杯委运拟恸哭。余初鞠子苦艰辛，年近半百始诞育。壮儿孱弱且多疾，爱养娇痴徒碌碌。目今年垂十九龄，胸次茫然真朴樕。有儿生晚又八祀，官邸嬉戏相追逐。诗书诵时转眼忘，督责才加便颦蹙。孚儿褓褓尚未离，贤愚优劣应难卜。吾今罪废且衰退，一声长啸入幽谷。箕裘绍述赖尔曹，安得文行常郁郁。立身孝友植本根，当效汝父与伯叔。任子官薄不足为，跼蹐辕下空匍匐。人生不学止滥竽，何异冠裳被禽犊。式穀回首成绝响，陶诗歔欷不堪读。尔曹从此须努力，荏苒光阴如转毂。勿甘暴弃堕尘埃，人为刀俎己鱼肉。"

此诗，为崇祯癸酉，少保公罢大司农后所作也。时年六十五岁。今年，康熙庚午，际有年已六十八岁，复取捧颂，如当年耳提面命时。顾老大无闻，不副先公期望，负痛负惭，复何可言？用载入谱中，以示后世，倘有观感而兴起者乎！